OUT SOUR CING

창조적 지속경영을 위한

전략적 아웃소싱

위험을 분산시키고, 성과를 집중시키는 방법
아웃소싱에서 그 해법을 찾다

IPS 산업정책연구원
The Institute for Industrial Policy Studies
ZENIEL

축하글 1

제니엘 창립 30주년을 기념하며

- 제니엘그룹 회장 **박인주** -

30년 전, 제 마음을 움직인 한 문장이 있었습니다. 조동성 교수의 『재미있는 경영이야기』책 속에 담긴 '기업이 있어야 일자리가 생기고, 일자리가 있어야 나라가 잘 산다'는 말이었습니다.

그 짧은 문장은 제 인생의 나침반이 되었습니다. 한 사람의 열정이, 한 기업의 탄생으로 이어질 수 있고 그 기업이 세상에 일자리를 만들며 사람과 사회를 더 따뜻하게 할 수 있다는 믿음이 제니엘을 세우게 한 원동력이었습니다.

그 길은 쉽지 않았습니다. 보이지 않는 길을 먼저 걸어야 했고, 때로는 이해받지 못한 채 고독한 선택을 해야 했습니다. 그러나 '사람이 곧 기업의 힘'이라는 믿음 하나로, 우리는 수많은 어려움을 이겨내며 한 걸음씩 나아갔습니다.

제니엘의 30년은 사람을 향한 여정이었습니다. 고객의 신뢰, 근로자의 웃음, 그리고 사회의 따뜻한 변화- 그 모든 순간이 제니엘의 역사이자 자부심입니다. 이제 우리는 새로운 30년을 향해 다시 출발합니다. 기술이 아무리 발전해도, 세상이 아무리 변해도 사람을 향한 진심과 신뢰는 변하지 않을 것입니다.

제니엘은 앞으로도 '사람이 행복한 일터', '기업이 사회에 기여하는 경영'을 향해 걸어가겠습니다. 이 책은 제니엘의 지난 30년을 돌아보며, 다가올 세대를 위한 작은 등불이 되기를 바라는 마음으로 쓴 기록입니다.

현재 디지털 전환의 가속화, 초연결 경제의 확산, 인구구조의 변화가 결합하면서 기업이 맞이한 도전은 과거의 해법만으로는 대응하기 어렵게 되었습니다. 변화의 규모는 크고, 속도는 빠르며, 복잡성은 깊습니다. 이러한 시대에 요구되는 것은 반드시 새로운 혁신의 방식이며, 그 중심에는 전문성과 협업에 기반한 가치 창출이 자리하고 있습니다.

아웃소싱은 이러한 시대적 요구를 가장 민감하게 반영하며 발전해 온 산업입니다. 과거의 인식처럼 단순히 비용을 절감하거나 비핵심 업무를 분리해 외부에 위탁하는 방식은 이제 더 이상 아웃소싱의 본질을 설명할 수 없습니다.

오늘날 아웃소싱은 기업의 핵심역량을 강화하고 전략적 민첩성을 확보하기 위한 경영 파트너로 자리매김하고 있습니다. 전문 조직이 보유한 기술, 인력, 운영 역량이 결합되면서 산업 전반의 경쟁력을 향상시키는 핵심축으로 성장해 왔습니다.

또한 아웃소싱은 국가 경제 차원에서도 중요한 의미를 가집니다. 고용 구조의 안정성과 다양성을 높이는 역할을 수행하며, 산업 생태계 전반의 효율을 강화합니다. 특히 빠르게 변화하는 산업 현장에서의 탄력적 대응을 가능하게 하여 지속가능한 성장 기반을 마련합니다. 이는 기업과 노동자, 더 나아가 사회 전체가 함께 이익을 공유할 수 있는 구조로 이어집니다.

이 책은 이러한 아웃소싱 산업의 실체를 객관적이고 균형 있는 시각으로 조명하고 있습니다. 오랜 기간 아웃소싱을 비용 중심의 보조적 수단으로 바라보던 기존 관점에서 벗어나, 전략적 파트너십, 디지털 기반 운영 체계, 산업 혁신의 촉매 역할 등 새로운 가치를 다각도로 고찰했습니다. 다양한 산업군에서 축적된 혁신 사례 분석을 통해 아웃소싱이 어떻게 진화해왔고, 앞으로 어떤 방향으로 발전해갈 수 있는지 명확한 근거를 제시하고 있습니다.

특히 이 책에서는 아웃소싱이 산업의 경계에서 이루어지는 단순한 기능이 아닌, 기업 생태계 전체를 연결하는 플랫폼이라는 관점을 강조합니다. 서로 다른 산업들이 긴밀히 연결되며 효율성을 확장해가는 과정은 앞으로의 경제 환경에서 더욱 중요해질 것입니다. 기술과 사람, 프로세스와 데이터가 결합되며 산업의 경쟁력은 한층 더 고도화되고 있습니다.

아웃소싱은 미래를 향한 산업의 언어이며, 함께 성장하기 위한 경제의 방법입니다. 이 책을 읽는 모든 분들이 산업의 변화를 정확히 이해하고, 각자의 현장에서 더 넓은 혁신의 길을 모색하는 데 유용한 인사이트를 얻기를 기대합니다.

제니엘그룹 회장 박인주

축하글 2

제니엘 창립 30주년을 기념하며

- (사)산업정책연구원 이사장 **조동성** -

제니엘은 창립 30주년을 맞이하고 있습니다. 30년은 한 세대가 흐르는 시간입니다. 1996년 1월 10일, '일하고 싶은 사람이 마음껏 일할 수 있는 행복한 사회'라는 꿈을 품고 첫발을 내디딘 그 날부터 지금까지, 제니엘이 걸어온 30년은 단순한 기업 성장사를 넘어 대한민국 아웃소싱 산업의 역사이자 일자리를 통한 사회 기여의 의미 있는 여정이었습니다. 제니엘의 지난 30년을 깊이 들여다보면서 한 기업이 일관된 철학으로 사회적 가치를 창출해 온 과정에 깊은 감명을 받았습니다.

모든 위대한 여정은 한 사람의 영감에서 시작됩니다. 1990년대 초, 한 독일 교수의 강연에서 '유휴 노동력의 활용'이라는 화두를 만난 순간, 박인주 회장은 이것이 단순한 경제 문제가 아닌 사회적 사명임을 깨달았습니다. 그 깨달음은 즉흥적인 사업 아이디어로 그치지 않았습니다. 대학원에서 인력효율화를 연구하며 체계적으로 준비했고, 이러한 지적 여정을 통해 '인재를 통한 가치경영'이라는 경영 철학이 탄생했습니다. 이는 오늘날까지 제니엘의 모든 의사결정과 행동을 이끄는 나침반이 되었습니다. 당시 아웃소싱은 생소하고 오해받는 산업이었습니다. '불법 인력 파견'이라는 편견과 맞서야 했지만, 일자리를 통해 사회에 기여하겠다는 신념은 모든 장벽을 뛰어넘는 힘이 되었습니다.

1997년 IMF 외환위기라는 국가적 재난 속에서, 역설적으로 유연한 고용 솔루션에 대한 시대적 요구가 폭발적으로 증가했습니다. 제니엘은 이에 부응하며 일자리 창출이라는 창립 사명을 국가적 차원에서 실현하기 시작했습니다. 위기를 기회로 전환한 것입니다. 1998년 근로자 파견사업 허가를 취득했고, 2001년에는 업계 최초로 ISO 9001 인증을 획득하며 품질과 전문성의 기준을 제시했습니다. 표준조차 부재했던 산업에서 제니엘은 스스로 표준이 되어갔습니다.

제니엘의 30년은 '토탈 아웃소싱으로의 진화'의 역사입니다. 카드 배송 등 작은 업무에서 시작해 끊임없이 사업 영역을 확장했습니다. 2000년대 들어 콜센터 운영, 의료 인력 서비스, 제조·생산, 유통·판매 등 전문 분야로 진출했습니다. 현재 10여 개 계열사, 400여 개 사업장을 운영하며 HR 전 분야를 아우르는 종합 인재 서비스 기업으로 성장했습니다. 단순 인력 파견을 넘어 고객사의 성장을 돕는 솔루션 기업으로 거듭나며, 고객의 문제를 함께 고민하고 해결하는 진정한 파트너가 되었습니다.

이러한 진화의 중심에는 '혁신을 통한 창조적 지속경영'이 있었습니다. 제니엘은 변화를 두려워하지 않고 앞서서 변화를 주도해 왔습니다. 2018년에는 자체 개발한 모바일 업무관리 시스템 제모스(ZEMOS)를 출시했습니다. 전자근로계약서, 입퇴사 관리, 근태 및 안전보건 관리 등 HR 관리 전반에 IT 기술을 접목한 제모스는 업계의 패러다임을 바꾼 혁신이었습니다. 업종별 맞춤형 기능을 제공하며 디지털 전환을 지속적으로 선도하고 있습니다.

그러나 모든 혁신의 근간은 '핵심역량에 집중'하는 것이었습니다. 제니엘의 핵심역량은 바로 '사람'입니다. "사람이 힘이 되는 기업"이라는 슬로건은 단순한 구호가 아니라 매일의 실천입니다. '인재사관학교'라 불릴 만큼 체계적인 교육 시스템을 운영하며, 전 임직원 대상 주간 MBA 교육, 직급별 리더십 교육, 직무별 전문 교육을 통해 한 사람 한 사람의 성장이 곧 기업의 성장이라는 믿음을 실천합니다. 2024년에는 5년 이상 근속한 490명의 임직원을 포상했고, 20년 이상 함께한 동료들도 배출했습니다. 이는 제니엘이 직원들이 평생 함께 성장할 수 있는 터전을 만들어왔다는 증거입니다. 박인주 회장이 강조하는 '고객을 귀한 손님(Guest)으로 대하라'는 철학은 제니엘만의 차별화된 경쟁력입니다.

제니엘의 성장은 사회적 가치 창출로 이어졌습니다. 현재 직간접 고용 20만 명, 1만 3천여 명의 임직원이 근무하며 매년 1만여 명 이상의 구직자에게 일자리를 알선하고 있습니다. 2015년 설립한 제니엘푸른꿈일자리재단은 취업 취약계층을 위한 멘토링, 세미나, 해외 연수 등을 통해 더 많은 사람이 새로운 내일을 꿈꿀 수 있도록 돕고 있습니다. 사회적기업 제니엘플러스는 110여 명의 장애인 직원 고용을 통해 일을 통한 행복을 실현하고 있습니다. 25년 넘게 이어진 임직원 봉사활동과 재난 지원은 진정성을 보여줍니다. 이러한 활동은 ESG 경영으로 체계화되어 '국가 ESG 우수기업' 선정과 고용노동부 장관상 수상으로 이어졌습니다.

제니엘의 기여는 국가로부터 최고의 영예로 인정받았습니다. 2007년 동탑산업훈장, 2013년 은탑산업훈장을 거쳐 2023년에는 금탑산업훈장을 수훈했습니다. 이는 30년에 걸쳐 제니엘이 국가 경제와 사회 발전에 기여해 온 공로를 국가가 공식적으로 인정한 것입니다.

창립 30주년은 끝이 아닌 새로운 시작입니다. 제니엘은 '일의 미래'를 선도하기 위한 담대한 항해를 준비하고 있습니다. HR 테크와 AI를 활용한 스마트워크 플랫폼, 글로벌 IT 오프쇼어링 사업 등 새로운 성장 동력을 준비하고 있습니다. 1990년대 일자리 부족이 장벽이었을 때 제니엘은 '연결'로 문제를 풀었습니다. 오늘날 기술 격차와 국경이 새로운 장벽인 시대에 제니엘은 '기술 솔루션'과 '글로벌 네트워크'로 그 장벽을 허물고 있습니다. 방법은 진화했지만 핵심 사명은 변하지 않았습니다. 사람과 함께, 더 큰 미래를 향해 나아가는 제니엘의 새로운 30년이 지금 시작됩니다. 행복한 일터의 꿈을 가슴에 안고, 사람과 함께 성장하는 제니엘의 따뜻한 도전을 계속 이어나갈 것입니다.

본서는 제니엘의 미래 성장은 물론 산업 전반의 창조적 성과를 달성하기 위해 기획되었습니다. 제니엘을 중심으로 혁신적인 아웃소싱 기업들이 다양한 산업의 경쟁력을 높이는 새로운 창조적 미래를 열어가는데 시사점을 줄 수 있기를 기대합니다.

(사)산업정책연구원 이사장 조동성

목차

머리말

'아웃소싱'이라는 말을 들으면 많은 이들이 여전히 '하청'이나 '용역'과 같은 단어를 먼저 떠올리는 경향이 있습니다. 이는 비용 절감을 위해 비핵심 업무를 외주화하고, 그 과정에서 고용 불안정이나 낮은 서비스 품질 같은 부정적 이미지가 뒤따랐던 과거의 기억 때문일 것입니다. 하지만 우리가 미처 주목하지 못한 사이, 아웃소싱은 대한민국 산업 현장의 보이지 않는 곳에서 역동적인 진화를 거듭해왔습니다. 글로벌 기업들은 이미 오래전부터 아웃소싱을 혁신의 도구로 활용해 왔고, 4차 산업혁명과 디지털 전환이 가속화되는 지금, 아웃소싱은 기업 생존의 핵심 전략으로 부상하고 있습니다. 이제 아웃소싱은 단순한 비용 절감 수단을 넘어, 기업의 핵심 역량을 강화하고 혁신을 주도하는 '전략적 파트너십'으로 재정의되면서 창조적 지속경영의 원천으로 자리매김하고 있습니다.

이 책은 아웃소싱의 전략적 의미를 재발견하는 여정을 담은 결과물입니다. 집필진은 아웃소싱을 둘러싼 오랜 오해의 막을 걷어내고, 대한민국 산업의 미래를 열어갈 핵심 전략으로서 그 본질과 가능성을 탐색하고자 이 책을 기획했습니다. 1년여에 걸친 현장 조사와 전문가 인터뷰, 해외 사례 연구를 통해 우리는 아웃소싱이 어떻게 기업과 노동자, 사회 전체에 새로운 가치를 창출할 수 있는지에 대한 답을 찾고자 노력했습니다.

책의 **1부 '시대의 오해를 넘어, 아웃소싱이라는 이름의 진화'**에서는 아웃소싱의 개념이 '외주'에서 '전략적 파트너'로 발전해 온 여정을 추적해 보았습니다. 1장에서는 코닥-IBM, P&G-HP, 도요타와 협력사들의 사례를 통해 아웃소싱이 어떻게 단순 거래 관계를 넘어 신뢰 기반의 파트너십으로 발전하며 기업의 핵심역량 강화를 위한 전략적 선택이 되었는지 살펴보았습니다. 이어 2장에서는 아웃소싱의 세 가지 얼굴인 BPO(업무 프로세스 아웃소싱), ITO(정보기술 아웃소싱), KPO(지식 프로세스 아웃소싱)의 개념과 발전 과정을 소개하며, 콜센터나 회계 처리 같은 단순 반복 업무에서 IT 시스템 개발, 나아가 R&D나 금융 분석 등 고도의 지식 기반 업무로 확장되는 산업의 고도화 과정을 분석했습니다. 3장은 한국, 일본, 미국, 독일 각국의 법과 제도가 어떻게 아웃소싱 산업의 풍경을 다르게 만들어왔는지 비교 분석하고, 각국의 상이한 규제 환경이 산업의 성장과 노동시장에 미친 영향을 심도 있게 다루었습니다. 특히 한국의 독특한 '간접고용 규제'가 산업 발전에 미친 영향과, 선진국의 균형 잡힌 접근법이 우리에게 주는 시사점을 살펴보았습니다. 4장에서는 '죽음의 외주화'와 같은 부정적 프레임이 형성된 우리 사회의 구조적 원인을 진단하고, 단순 비판을 넘어 상생을 위한 파트너십 모델을 대안으로 제시하고 있습니다.

2부 '아웃소싱의 주요 산업과 혁신 사례'는 아웃소싱이 실제 산업 현장에서 어떻게 구현되고 있는지를 영역별로 살펴보았습니다. HR(5장), 제조(6장), 물류(7장), 유통(8장), 의료(9장), 컨택센터(10장), 시설관리(11장), 단체급식(12장)에 이르기까지, 우리 경제의 핵심을 이루는 8개 산업 분야에서 아웃소싱이 어떻게 전문성을 높이고 혁신을 이끌어내고 있는지를 구체적인 사례를 통해 분석했습니다. 각 산업의 현황과 경쟁구조, 미래 가치를 조망하며, 단순 업무 대행을 넘어 각 분야가 어떻게 고유의 혁신을 만들어내고 있는지 사례와 함께 살펴보았습니다.

이 부분에서 주목할 점은 각 산업이 독립적으로 존재하는 것이 아니라, 서로 긴밀하게 연결되어 기업 생태계 전체의 효율성과 경쟁력을 높이고 있다는 사실입니다. 제조와 물류의 통합, HR과 컨택센터의 시너지, 시설관리와 단체급식의 융합은 아웃소싱이 단순한 업무 위탁을 넘어 종합 솔루션으로 진화하고 있음을 보여줍니다. 특히 각 장의 말미에는 대한민국 아웃소싱 산업의 선구자인 제니엘그룹의 사례를 중심으로 다양한 혁신사례를 심도 있게 다루었습니다. 물류센터 운영의 모든 과정을 표준화한 'ECOSYSTEM', 현장 운영을 실시간 데이터로 관리하는 모바일 솔루션 '제모스(ZEMOS)', AI 기술을 접목한 'CS 허브센터' 등, 이론이 아닌 현실 속에서 아웃소싱이 어떻게 기업과 동반 성장하는지를 입체적으로 조명해 보았습니다. 이러한 사례들은 한국 아웃소싱 산업이 글로벌 수준의 경쟁력을 갖추고 있음을 입증하고 있습니다.

마지막으로 **3부 '아웃소싱 산업의 혁신 그리고 미래'**는 거대한 시대적 전환 속에서 아웃소싱이 나아갈 길을 조망했습니다. 13장에서는 제니엘의 혁신 시스템과 '사람 중심' 조직문화를 심층 분석하여 지속가능한 성장의 원동력을 도출해 보았습니다. 디지털 전환과 인재육성을 동시에 추구하는 이들의 전략은 아웃소싱 기업이 단순 인력 공급자가 아닌 혁신의 주체로 거듭날 수 있음을 증명합니다. 14장에서는 '자기 서사'와 '프리워크'를 중시하는 Z세대의 새로운 노동 감각이 아웃소싱 산업을 어떻게 플랫폼 기반의 유연한 협업 구조로 바꾸고 있는지 설명하고 있습니다. 이어 15장은 초고령화 시대의 '실버 시프트' 속에서 시니어 인력을 사회적 자산으로 활용하는 새로운 노동의 시나리오를 제시하며, 16장에서는 AI와의 공존 시대에 인간의 역할이 어떻게 재배치되고, 기술과 사람이 협력하는 '하이브리드 아웃소싱' 모델이 부상하는 현상을 분석해 보았습니다. 그리고 이 모든 논의를 관통하는 ESG 경영의 관점에서, 17장은 '책임 있는 외주'와 '지속가능한 가치' 창출의 길을 모색하며 책을 마무리하고 있습니다. 환경, 사회, 지배구조 측면에서 아웃소싱이 어떻게 긍정적 영향력을 발휘할 수 있는지, 그리고 그것이 왜 선택이 아닌 필수인지를 설득력 있게 제시하고 있습니다.

"혼자 가면 빨리 가지만, 함께 가면 멀리 간다"는 격언이 있습니다. 이 책은 아웃소싱이 더 이상 '혼자 가기 위해 일부를 떼어내는' 방식이 아니라, '함께 멀리 가기 위해 지혜롭게 손을 잡는' 협력의 기술임을 이야기하고자 합니다. 부디 이 책이 아웃소싱에 대한 낡은 오해를 걷어내고, 새로운 시대의 지속가능한 성장을 고민하는 모든 경영자와 실무자, 그리고 미래의 일자리를 그려나가는 다음 세대에게 유용한 나침반이 되기를 기대합니다. 이 책을 통해 독자 여러분이 아웃소싱의 진정한 가치를 재발견하고, 각자의 현장에서 혁신의 씨앗을 뿌리는 계기가 되기를 진심으로 기원합니다.

이 책이 나오기까지 아낌없는 지원과 협력을 보내주신 제니엘그룹 임직원 여러분과 현장의 목소리를 들려주신 수 많은 실무자분들께 깊이 감사드립니다.

대표 집필진 이윤철

1부

시대의 오해를 넘어,

아웃소싱이라는 이름의 진화

1장

"아웃소싱, 그게 뭔가요?" 외주에서 파트너로

"아웃소싱(outsourcing)이라 하면, 그게 하청 아닌가요?" 일반적으로 사람들이 아웃소싱 이란 용어를 들으면 가장 먼저 되묻는 질문이다. 한국에서 '외주'나 '하청'이라는 단어는 오랫동안 값싼 노동력, 불안정한 일자리, 낮은 품질 등의 부정적인 이미지를 떠올리게 했다. 실제로 과거에는 대기업이 하청업체를 압박해서 단가를 낮추거나, 용역업체가 파견 근로자 급여의 20~30%를 중간에서 과도하게 가져가는 일이 비일비재했다. 이러한 부정적인 기억이 남아 있어서인지, 아직도 일부 대중은 아웃소싱을 "용역"과 동일시하고, '을'의 처지에서 울며 겨자 먹기로 계약을 하게 만드는 부정적인 갑을 관계의 산물로 인식하곤 한다. 아웃소싱 산업 전반의 부정적인 인식은 산업의 본질에 대한 정보가 부정확하거나 일부 과장된 사례가 부각되어 나타난 오해일 뿐이다. 본서에서는 아웃소싱 산업의 본질을 살펴보기 위해 산업의 전반적인 흐름에 대한 투명한 정보를 바탕으로 아웃소싱이 어떻게 다양한 산업에서 역할을 하면서 없어서는 안되는 존재로 자리매김하고 있는지 살펴보고자 한다[1]. 실제로 아웃소싱은 사회적 윤활유로 작용하면서 다양한 산업이 새로운 상황에서 지속가능할 수 있도록 촉매 역할을 수행하는 산업경쟁력의 창조적인 핵심요소이다.

이 장에서는 '외주'에서 '파트너'로 진화한 아웃소싱의 개념을 다루고자 한다. 한때 단순 하청으로 여겨졌던 외주가 어떻게 지속가능한 전략적 동반자 관계로 거듭났는지 살펴보고자 한다. 이를 위해 과거의 외주 사례와 현대의 아웃소싱 사례를 번갈아 보면서, 아웃소싱에 얽힌 흥미로운 변화의 스토리를 소개하면서 "아웃소싱, 그게 뭔가요?" 라는 물음에 대한 답을 함께 찾아보겠다.

외주의 시대: '하청'으로 시작된 외주 관행

아웃소싱이라는 말이 등장하기 훨씬 이전부터 한국 기업들은 외주를 활발히 활용해 왔다. 외주(外注)는 말 그대로 "바깥에 주문한다"는 뜻으로, 기업 내부 인력이 아닌 외부 인력을 써서 일을 처리하는 관행을 의미했다. 대기업들은 생산 공정의 일부를 하도급 형태로 외부 중소기업에 맡겼고, 이를 하청이라 불렀다. 예를 들어, 대형 건설사의 건물 공사 현장에는 수많은 하청업체 노동자들이 투입되었고, 제조 대기업들은 부품 생산을 중소 협력사에 외주 주는 일이 일상이었다. 주로 비용 절감과 생산량 확대를 위해 이용되던 외주는 철저히 계약 관계에

입각한 거래였고, 원청-하청 간 힘의 불균형으로 인해 사회적인 부작용도 많았다. 특히 "갑을 문화" 속에서 하청업체들은 낮은 단가와 불공정 계약을 감내해야 했기 때문에 장기적 파트너십이나 상호 신뢰가 자리 잡기 어려웠다. 외주는 그저 "값싸게 빨리 해주는" 수단으로 취급되었고, 그 일에 투입된 사람들의 숙련도나 사기(士氣)는 뒷전일 때가 많았다. 이로 인해 1990년대까지도 용역업체들이 파견 근로자의 임금을 가로채는 사회적 문제가 제기되는 경우가 자주 있었다. 이렇듯 외주 산업 초기에 생긴 부정적 인식들이 대중의 뇌리에 강하게 남아 있다 보니, "외주를 주면 품질이 떨어진다", "하청으로 작업하는 직원 복지가 엉망이다"라는 인식이 퍼져나갔다. 지속가능한 산업적 발전을 위한 아웃소싱이 현장에 정착되는 과정에서도 한동안 사람들은 전통적 하청과 동일시하는 경향이 남아 있었다. 특히 "갑을 문화" 속에서 하청업체들은 낮은 단가와 불공정 계약을 감내해야 했기 때문에 장기적 파트너십이나 상호 신뢰는 자리 잡기 어려웠다.

사실 한국 사회에서 용역(用役)이라는 말도 부정적 함의를 지니고 있다. 원래 용역은 사람을 보내어 시키는 일, 즉 청소나 경비 같은 서비스를 외주 주는 것을 뜻하지만, 한때 파견직 노동 착취나 심지어 노조의 파업을 진압하는 폭력적 용역 이미지까지 겹쳐 대중 정서에 각인되었다. 이런 이유로 "아웃소싱 = 용역 = 나쁜 일자리"라는 등식이 생겨난 측면이 있다. 실제 초기 아웃소싱 업계에서는 정보 부족과 일부 업체들의 일탈로 인해 근로자 처우 문제가 불거지면서, 산업 전반의 이미지가 손상되기도 했다. 오죽하면 "아웃소싱 업체는 근로자를 등쳐먹는다"는 냉소적인 말까지 나왔겠는가. 그러나 외주에 대한 이런 오래된 오해 뒤에는, 우리가 잘 몰랐던 본질적인 산업의 특성이 숨겨져 있다. 기업들은 왜 굳이 내부 인력이 있는데도 외주를 줄까? 정말 단순히 비용 때문이었을까? 외주를 받은 업체나 거기서 일하는 사람들은 정말 능력이 부족해서, 혹은 정규직이 못 돼서 어쩔 수 없이 그 일을 하는 걸까? 이러한 물음들에 답하려면, 외주가 '아웃소싱'이라는 이름으로 새롭게 조명받기 시작한 1990년대 이후의 변화를 살펴볼 필요가 있다.

1990년대: "아웃소싱"의 등장과 핵심역량 전략

1980년대 말에서 1990년대에 이르러 경영학계와 기업들 사이에 큰 발상의 전환이 일어났다. 바로 "핵심역량에 집중하고 나머지는 외부에 맡겨라"라는 전략이 부상한 것이다. 경영 구루(Guru)인 피터 드러커(Peter Drucker)는 "자신이 가장 잘하는 일에 집중하고 나머지는 아웃소싱하라 (Do what you do best, and outsource the rest)"는 말을 남기며 기업들이 모든 걸 스스로 다 할 필요는 없음을 강조했다. 즉, 각 기업이 자신이 잘할 수 있는 분야에 역량을 집중하고, 그 외의 부문은 그 일을 전문적으로 잘하는 외부 업체에 맡기는 것이 장기적으로 더 효율적이고 경쟁력을 구축하는데 유리하다는 개념이다. 이때부터 '아웃소싱'이라는 용어가 경영 전략의 키워드로 급부상했다.

아웃소싱은 “outside” + “resource using”의 합성어로 이해할 수 있는데, 쉽게 말해 “외부 자원을 활용한다”는 뜻이다. 1989년, 이 개념을 단번에 유명하게 만든 사건이 있었다. 미국의 사진필름 제조 기업인 이스트먼 코닥(Eastman Kodak)이 정보기술 (IT) 부서를 통째로 외부 기업에 맡기기로 결정한 것이다. 세계 최정상의 컴퓨터 기업 IBM이 코닥의 데이터센터 운영을 넘겨받는 이 계약은 업계에 큰 충격을 주었다. 코닥은 “우리가 가장 잘하는 핵심 사업인 사진 필름에 집중하고, IBM은 IBM이 잘하는 IT 운영을 맡는 윈-윈(win-win) 전략”이라고 설명했다[2]. 실제로 IBM 서비스부문 대표는 “이 계약으로 코닥은 본연의 핵심 비즈니스에 집중할 수 있고, 우리는 우리가 가장 잘하는 일에 집중할 수 있게 되었습니다”라고 밝혔다[2]. 코닥은 IT 아웃소싱을 통해 비용을 절감하고 운영 효율을 높일 것으로 기대했다. IBM은 새롭게 떠오르는 서비스 아웃소싱 분야에서 귀중한 경험을 얻게 되었다. 이 결정은 “코닥 이펙트(Kodak effect)”라 불리며 대기업들의 인식 전환을 이끈 상징적인 사건이 되었다. 아웃소싱이 단순한 외주가 아니라 전략적인 선택이 될 수 있음을 처음으로 명확히 보여준 사례였기 때문이다.

코닥-IBM 사례 이후, 전 세계 많은 기업이 “우리의 코어(core) 외에 다른 것은 남이 해도 된다”는 이른바 핵심역량 집중 전략을 적극 받아들이기 시작했다. 1990년대는 기업 조직 슬림화와 구조조정의 시대이기도 했는데, 특히 한국에서는 1997년 외환위기를 겪으면서 경영

합리화 바람 속에 아웃소싱 도입이 가속화되었다. 공기업과 대기업들은 비핵심 부문이나 별도의 전문성이 필요한 업무들을 잇달아 외부에 맡겼다. 이를테면 콜센터 운영, IT 시스템 유지보수, 청소·경비, 심지어 인사·채용 업무까지 전문 업체에 위탁하는 경우가 늘었다. 이 즈음부터 "아웃소싱"이라는 영어 단어가 신문과 경영 서적에 빈번히 등장했고, 산업자원부(현 산업통상자원부) 산하에 아웃소싱협회가 설립되는 등 업계도 조직화되기 시작했다. 제니엘의 사례를 보면, 1990년대 후반 처음으로 "아웃소싱"이라는 개념을 주창하여 정부와 함께 관련 산업 육성에 나섰고, 이후 여러 파견·용역 업체들이 자신들을 "아웃소싱 기업"으로 칭하며 전문화를 도모했다[3].

하지만 이러한 변화의 와중에도 일반 대중의 인식은 쉽게 바뀌지 않았다. 겉보기에는 이전의 하청과 뭐가 다른가 싶었기 때문이다. 직원들 입장에서는 소속만 바뀌었지 같은 자리에서 같은 일을 하는데, 신분만 외주업체 직원으로 바뀌는 경우도 많았다. 그래서 초기에는 아웃소싱이 확산되어도 사람들은 이를 "그럴듯한 말로 포장했을 뿐, 결국은 과거의 하청이나 용역과 같은 거 아니냐"고 생각했다. 사실 초창기 아웃소싱 도입 사례들 중에는 비용 절감에 급급한 나머지 준비 없이 무리하게 추진되어 실패를 겪은 일들도 많았다. 그럴 때마다 "역시 아웃소싱은 문제야"라는 곱지 않은 시선이 뒤따랐다.

그럼에도 불구하고, 1990년대 후반부터 2000년대에 걸쳐 기업들의 아웃소싱 활용은 양적·질적으로 성장해갔다. 단순 인력 파견 수준을 넘어, 업무 전체를 외부에 통째로 맡기는 형태도 나타났다. 이를테면 어떤 제조사는 물류센터 운영을 통째로 전문 업체에 위탁하거나, 병원에서 환자 이송 업무 전반을 외부 업체 직원들이 전담하는 식이다. 이러한 업무 도급이나 위탁 경영 형태의 아웃소싱은 더 이상 하청이라 명명할 수 없고, 지속가능한 핵심역량의 재배치로 자리잡기 시작했다. 이에 따라 아웃소싱 업체는 단순한 "을"이 아니라, 해당 업무 영역의 전문가 집단으로 인정받기 시작했다. 다시 말해, 고객기업과 아웃소싱 업체 간 관계가 과거의 단기 계약 위주에서 점차 장기 협력 관계로 바뀌기 시작했다.

파트너십의 부상: 외주에서 동반자로

아웃소싱이 진화하면서 나타난 가장 큰 변화는 상호간의 관계가 재정의되는 것이다. 과거에는 발주하는 기업(원청)과 외주 수행 기업(하청)의 관계가 단순업무를 수행하는 거래 관계였다면, 이제는 미래경쟁력을 위한 전략적 파트너십으로 거듭나고 있다. 이는 생산효율성을 극대화한 일본식 경영에서 이미 검증된 방식이기도 하다. 핵심역량을 제외한 부분은 외부 공급업체를 진정한 파트너로 만들어서 역량을 높이는 것은 더 이상 선택의 영역이 아니라 기업의 미래경쟁력을 위한 필수적인 전략적 선택으로 여겨졌다[4]. 도요타나 혼다 같은 기업들은 오래전부터 부품 공급업체들을 케이레츠(系列)라고 불리는 긴밀한 협력 네트워크로 묶어 함께 성장해왔다. 미국의 전문가들도 "미국 기업들도 일본처럼 공급업체와 가까운 관계를 구축해 함께 학습하고 개선하며 번영하는 길을 가야 한다"는 데 의견을 같이 했다[4]. 다시 말해, 품질 향상과 혁신을 위해서는 마치 한 회사처럼 끈끈하게 엮인 운명공동체적 파트너십이 필요하다는 깨달음이 확산된 것이다.

실제로 일본의 도요타자동차는 부품 협력업체들과의 돈독한 관계로 유명하다. 도요타는 협력사들과 기술정보를 공유하고, 필요한 경우 자금이나 인력도 지원하면서 동반 성장을 도모했다. 이에 반해 미국의 완성차 업체들은 오랫동안 협력사를 빈번히 교체하며 납품 단가 인하에만 집중했다. 양자의 차이는 극명했다. 하버드 비즈니스 리뷰에 소개된 연구에 따르면, 1990년대에 도요타와 혼다는 일부 동일한 협력업체들을 미국 경쟁사들과 공유하고 있음에도 불구하고, 일본 기업과 손잡은 업체들은 훨씬 낮은 원가와 뛰어난 품질을 구현했다. 이는 신뢰에 기반한 장기 파트너십이 얼마나 큰 경쟁력 차이를 낼 수 있는지를 보여준 사례였다. 도요타의 한 임원은 "우리는 협력사를 파트너로 대합니다. 우리가 성장하면 그들도 성장하고, 함께 이익을 나눕니다"라고 강조했다. 이런 철학 덕분에 도요타는 오랜 기간 세계 최고 수준의 품질과 생산성을 유지할 수 있었다.

이러한 파트너십 모델은 제조업뿐 아니라 서비스와 기술 분야 아웃소싱에도 접목되었다. IBM의 사례를 다시 들여다보자. IBM은 한때 메인프레임 컴퓨터를 팔던 회사에서 이제는 전 세계 기업들의 IT 서비스를 관리해주는 거대 아웃소싱 기업으로 변신했다. 그 과정에서 IBM이 내세운 모토는 "고객과 파트너가 되자"는 것이었다. 1989년 코닥과의 계약을 체결할 때부터 IBM은 "우리가 고객사의 비즈니스에 깊숙이 임베드(embed)되어 함께 일하고 있습니다"라고 표현했다[2]. 단순히 컴퓨터 시스템만 공급하는 벤더가 아니라, 고객의 내부 부서처럼 일하는 동료가 되겠다는 뜻이었다. 실제로 그 계약으로 코닥의 데이터센터에서 일하던 약 300명의 코닥 직원이 IBM으로 고용이 이전되었는데, 이렇게 사람과 시스템까지 통합하면서 IBM은 고객사의 내부 파트너 역할을 수행했다[2]. IBM 경영진은 이런 서비스를 "우리가 앞으로 더 많이 하고 싶은 비즈니스"라고 지칭하며, 고객과의 파트너십을 회사의 새로운 성장 방향으로 삼았다[2].

이렇듯 외주 관계를 파트너십으로 승화시킨 기업들은 눈에 띄는 성과를 거두곤 했다. 서로 간의 신뢰를 바탕으로 정보를 개방하고 공동 목표를 설정하면, 비용 절감은 자연스러운 결과로 따라오고 품질과 혁신 속도는 배가되었다. 이에 따라 아웃소싱 업체를 선정할 때도 단순히 가격 경쟁력만 보는 것이 아니라 전문성과 신뢰성을 최우선 기준으로 삼는 경향이 뚜렷해졌다. "이 회사와 오래 함께 갈 수 있는가? 우리의 눈높이에 맞춰 품질과 서비스를 제공하면서도 유연하게 협력할 수 있는가?" 이런 질문들이 발주를 하는 고객기업의 핵심 평가 요소가 되었다.

국내에서도 이러한 변화 조짐이 나타났다. 예컨대, 한 업계 선도 아웃소싱 기업 대표는 "우리 회사는 '신뢰를 바탕으로 업무를 지원하는 사람 중심 회사'라는 비전 아래, 전문화된 서비스와 체계적인 관리를 통해 고객사들과의 신뢰 관계를 두텁게 쌓아 왔다"고 말한다[5]. 실제로 이 회사는 매년 계약을 갱신하면서도 10년 넘게 거래를 지속하는 고객사들이 많고, 그 덕분에 20여 년간 연평균 25% 이상의 고속 성장을 이뤘다고 한다. 기존 거래처가 끊이지 않고 오히려 더 많은 업무를 제안해오는 비결을 묻자, 그는 "두터운 신뢰 관계 속에서 우리의 적극적인 역량을 발휘하고 있기 때문"이라고 답했다. 이렇듯 파트너로 대우받는 외주사는 고객사의 성장을 함께 견인하며 공동의 성과를 창출한다. 어느덧 아웃소싱은 을의 울며 겨자 먹기가 아니라, 동반자의 의기투합이 되어가고 있는 것이다.

속도와 전문성의 무기: 글로벌 사례로 본 아웃소싱의 진화

파트너십 기반의 아웃소싱이 얼마나 위력을 발휘하는지는 몇 가지 유명한 글로벌 사례를 통해 생생하게 드러난다. 앞서 언급한 코닥-IBM 이야기는 그 시작점이었고, 이후에도 여러 기업들이 아웃소싱을 통해 새로운 가능성을 열어보였다. 이번에는 다양한 업계의 사례들을 들여다보겠다. 이 이야기들은 하나같이 "왜 이제는 아웃소싱을 단순 외주가 아닌 지속가능한 전략적 선택으로 여겨야 하는가"를 잘 보여준다.

HP와 P&G: 거대 기업의 과감한 선택

2003년, 글로벌 소비재 기업 P&G(프록터앤드갬블)는 당시 IT 업계에 큰 충격을 준 발표를 한다.[6] HP(휴렛팩커드)와 10년 30억 달러(한화 약 4조 원) 규모의 IT 아웃소싱 계약을 맺겠다고 밝힌 것이다. 이 계약에 따라 P&G의 전 세계 IT 인프라(데이터센터, 데스크톱 관리, 네트워크, 일부 애플리케이션 개발 등)를 HP가 통째로 운영하게 되었고, P&G의 관련 부서 직원 1,850여 명이 HP로 고용 승계되었다. P&G 입장에서는 핵심 제품 개발이나 마케팅이 아닌 IT 인프라는 내부에서 직접 잘할 자신이 없다고 판단했고, 차라리 그 분야 최고 수준의 전문성을 가진 HP에 맡겨 서비스 품질을 높이고 비용을 절감하길 원했다. P&G는 HP를 선택한 이유로 "비용, 서비스 품질, 기술 전문성"을 꼽았으며, 이 아웃소싱으로 IT 운영 비용이 크게 내려가고 효율은 개선될 것으로 기대했다.

재미있는 건, P&G가 처음부터 HP 한 곳에 모든 업무를 몰아준 게 아니라는 점이다. P&G는 애초에 더 광범위한 아웃소싱을 검토했으나, 위험 분산과 전문성 극대화를 위해 IT, 시설 관리, 직원 서비스(HR 업무), 회계 처리 이렇게 네 개 분야로 나누어서 각각 최적의 파트너를 찾기로 했다. 그 결과 IT는 HP, 시설 관리는 부동산 관리 전문업체, HR 업무는 인사 아웃소싱 전문업체 등으로 나눠 맡겼다. 한 회사에 다 떠넘기는 것보다, 분야별로 가장 전문성 있는 기업에 맡겨 맞춤형 파트너십을 구성한 것이다. 이 전략을 통해 P&G는 각 부문에서 최고의 서비스를 확보했고, 내부 자원은 제품 혁신과 시장 전략 등 자신이 가장 잘할 수 있는 핵심역량에 집중할 수 있었다. P&G 사례는 아웃소싱이 더 이상 제조 하청이 아니라, 기업 운영 전반에 걸쳐 활용되는 경영 기법임을 보여주었다. 동시에 "아웃소싱은 원가를 절감하는(cost-cut) 것이다"라는 단편적 시각을 넘어, 품질과 전문성 제고를 위한 투자로서 아웃소싱을 활용한 선구적 사례라는 평가를 받는다.

도요타와 협력업체: 함께 성장하는 가치사슬

앞서 파트너십 부분에서 잠깐 언급한 도요타(Toyota)의 이야기를 조금 더 해볼까 한다. 도요타는 사실 "아웃소싱"이라는 말을 쓰진 않는다. 대신 협력사와의 관계로 이야기한다. 그러나 개념적으로 보면 도요타는 생산의 상당 부분을 외부 부품 업체에 맡겨왔으니 일종의 제조 아웃소싱을 오래전부터 해온 셈이다. 다만 방식이 남달랐다. 도요타는 1차 협력업체들과 교류회(協力会)를 조직해 정기적으로 소통하고 정보를 나눴다. 신차 개발 목표, 필요한 기술, 품질 기준 등을 투명하게 공유하면서 함께 목표를 달성하기 위한 계획을 세웠다. 경우에 따라 도요타의 엔지니어들이 협력업체 공장에 상주하며 공정 개선을 도와주기도 했다. 이런 노력이 쌓여 협력사들은 도요타의 요구에 부응하는 품질 혁신을 이루어 내었고, 도요타 차량의 경쟁력이 높아지면 협력사들의 매출과 수익도 증가하는 윈-윈 관계가 형성되었다. 단가 인하에만 급급했던 경쟁사들과 대조적으로, 도요타는 신뢰(信頼)

라는 보이지 않는 자본을 공급망 전체에 심어놓은 것이다.

그 결과는 수치로도 드러난다. 한 연구에 따르면, 도요타가 미국 GM보다 신차 개발에 걸리는 시간이 훨씬 짧았는데, 이는 협력사들이 초기부터 긴밀히 참여해 문제를 빨리 발견하고 해결한 덕분이라고 한다. 또한 도요타 협력사의 부품 불량률과 납기 준수율 등이 동종 업계 최고 수준을 보여주었는데, 이것도 서로 허심탄회한 개선 노력과 정보 공유가 있었기에 가능했다. 사실 이런 관계는 하루아침에 이루어지지 않는다. 도요타는 협력사 선정에 매우 신중하며, 한 번 인연을 맺으면 쉽게 바꾸지 않는다. 상호 성장을 중시하기 때문에 단기적인 손익보다 장기적인 공동 경쟁력을 우선시한다. 이러한 철학은 비단 제조업뿐 아니라, 오늘날 모든 아웃소싱 파트너 관계에 시사점을 준다. 길게 보고 함께 가야 제대로 성과를 낸다는 것이다. 결국 도요타식 파트너십은 아웃소싱이 성공하려면 상대를 내 일부처럼 여기라는 교훈을 남긴다.

인도의 에어텔과 IBM: 속도로 승부한 동맹

이번에는 속도의 측면에서 아웃소싱의 가치를 극적으로 보여준 사례를 살펴보자. 인도의 통신회사 바르티 에어텔(Bharti Airtel) 이야기이다. 2000년대 초반, 에어텔은 인도 내 이동통신 가입자를 폭발적으로 늘려가던 신흥 기업이었다. 회사를 창업한 수닐 미탈(Sunil Mittal) 회장은 한 가지 기발한 결정을 내린다. 통신사업의 핵심이라고 할 수 있는 네트워크 운용과 IT 시스템을 모두 외부에 맡기기로 한 것이다. 2004년 에어텔은 IBM과 에릭슨, 노키아 등 글로벌 기업들과 대규모 계약을 체결한다. 에릭슨과 노키아는 통신망 구축 및 운영을, IBM은 IT 시스템 전체(청구·과금, 정보시스템 등)를 책임지는 내용이었다. 업계 사람들은 깜짝 놀랐다. 많은 전문가는 "통신사로서 가장 중요한 핵심 기능들을 남에게 모두 맡기다니 미쳤다"고까지 했다. 그러나 정작 미탈 회장은 이렇게 말했다. "기술은 우리가 고객에게 팔기 위해 사오는 것입니다. 에릭슨, 노키아, IBM 같은 회사들은 그 기술을 업으로 삼고 있으니, 그냥 그들에게 맡겨버립시다. 그들이 제일 잘 아니까요. 덕분에 우리 비즈니스 모델은 매우 지속가능해졌습니다."[7] 이 한마디에 미탈 회장의 전략이 고스란히 드러난다. 즉, 에어텔은 고객 확보와 서비스 혁신에 집중하고, 기술적인 백엔드(back-end)는 그 분야 최고들에게 넘겨버린 것이다.

결과는 대성공이었다. 아웃소싱 계약 당시 1천만 명 남짓이던 에어텔의 가입자 수는 불과 몇 년 만에 수억 명 규모로 급증했다. 에어텔이 한 달에 300만 명씩 신규 고객을 받는 광속 성장 속에서도 시스템 장애 없이 서비스를 제공할 수 있었던 건 IBM과의 협업 덕분이었다. 최초 7억5천만 달러 규모였던 IBM 계약은 업무 범위 확장으로 계속 커져서 2009년에는 그 가치가 25억 달러에 이르렀다[8]. 성장에 성장을 거듭하며 계약 규모가 세 배로 뛴 셈인데, 이는 에어텔과 IBM의 파트너십이 그만큼 깊어지고 함께 벌어들이는 가치도 커졌음을 의미한다.

IBM은 이 사례를 발판 삼아 다른 나라 통신사들과 비슷한 아웃소싱 계약을 연이어 맺으며 글로벌 사업을 확장했다. 한편 에어텔은 인도는 물론 아프리카 등지에서도 공격적으로 사업을 펼쳐 세계 3위 통신사 반열에 올랐다. 미탈 회장은 훗날 인터뷰에서 "만약 우리가 처음부터 모든 걸 직접 구축하려 했다면 이 속도를 따라잡지 못했을 것"이라고 회고했다. 핵심 기능까지 외주 줬다는 이유로 한때 손가락질 받았지만, 그는 속도로 시장을 제패하며 아웃소싱의 새로운 가능성을 입증한 것이다. 이처럼 에어텔-IBM 동맹은 "아웃소싱은 비용 절감을 위한 것이다"라는 통념을 깨고, 아웃소싱이 "사업의 스피드 엔진"이 될 수 있음을 보여준 대표적 예로 남아 있다.

다양해지는 협업의 형태

오늘날 아웃소싱은 위의 사례들처럼 대담한 전략적 제휴 형태로 나타나기도 하고, 혹은 보다 다양한 분야의 전문 서비스로 우리의 일상에 스며들고 있다. 예컨대 미국의 거대 제약사인 화이자(Pfizer)는 연구개발 과정에서 외부 임상시험수탁기관(CRO, Contract Research Organization)에 상당 부분을 맡겨 신약 개발 속도를 높이고 있고, 글로벌 IT기업들은 클라우드 운영을 외부 전문업체에 맡겨 보안을 강화하는 한편 자체 인력은 AI 개발 등 핵심 프로젝트에 투입한다. 애플이 아이폰을 포함한 자사의 대부분의 제품을 대만 기업인 폭스콘에서 생산위탁을 하는 방식을 도입한 것은 애플 경쟁력의 원천으로 평가받는다. 이렇듯 제조업에서는 OEM·ODM 형태로 제품 생산을 외주 주는 것이 보편화되었고, 아웃소싱은 산업의 지속가능한 핵심역량 재배치의 전형이 되고 있다. 서비스업도 이와 유사하게 업무 프로세스 아웃소싱(BPO)을 통해 콜센터, 회계, 물류 처리 등을 위탁해 전문 업체가 대행하는 경우가 산업의 대세로 자리잡고 있다. 이러한 전반적인 산업경향에 발맞추어 아웃소싱 산업은 세분화와 전문화를 거듭하고 있다. 예를 들어 컨택센터 분야에 특화된 업체, 물류 풀필먼트에 특화된 업체, 인사채용(RPO: Recruitment Process Outsourcing)에 특화된 업체 등 각양각색의 전문 솔루션 기업들이 등장하여, 기업들은 자신의 니즈에 꼭 맞는 파트너를 선택할 수 있게 되었다.

종합해보면, 아웃소싱은 더 이상 주변적인 선택지가 아닌 경영의 주요 구성 요소로 자리 잡고 있다. 기업 간 경쟁이 치열해질수록, 그리고 기술 변화 속도가 빨라질수록, 무엇을 직접 하고 무엇을 외부와 협력할 것인가에 대한 전략적 선택이 산업의 승패를 좌우하는 핵심요소가 되었다. 앞서 살펴본 글로벌 기업들의 사례는 이러한 경향을 여실히 보여주고 있다. 아웃소싱은 단순히 남에게 일을 시키는 것이 아니라, 우리 회사의 경영 자원을 최적 배분하는 지속가능한 전략적 선택으로 자리매김하고 있다. 그리고 그 핵심에는 언제나 "어떤 파트너와 어떻게 협력할 것인가"가 놓여 있다.

외주에서 함께하는 시대로

지금까지 우리는 아웃소싱이 외주로 불리던 시절의 부정적인 그림자에서 벗어나 파트너십의 긍정적인 방향으로 나아온 여정을 살펴보았다. 한때 "그게 뭔가요?"라는 질문에 선뜻 대답하기 어려웠던 아웃소싱이 이제는 경영의 필수 개념이자, 성공의 열쇠로 자리잡고 있다. 그 과정에서 많은 오해도 있었고 시행착오도 있었지만, 많은 사례들이 보여주듯이 아웃소싱은 변화해 왔다. 하청이라 불리며 홀대받던 외주는 이제 전략적 제휴로 격상되었고, 비용 절감 수단이라는 오명은 속도와 혁신의 촉진제라는 명성으로 바뀌어 가고 있다. 무엇보다 값싼 노동으로만 여겨지던 아웃소싱 인력이 이제는 소중한 인적 자산으로 재평가받기 시작했다.

"아웃소싱, 그게 뭔가요?"라는 물음에 이제 우리는 이렇게 답할 수 있을 것 같다. "아웃소싱은 함께 잘하기 위해 손을 잡는 것이다." 내게 없는 기술과 자원을 지닌 파트너와 협력하여 더 빨리, 더 잘, 그리고 함께 성장하는 것이 현대적 의미의 아웃소싱이라 하겠다. 이 말은 아웃소싱을 한다는 것은 신뢰할 수 있는 동반자를 얻는 일이라는 뜻이기도 하다. 그래서 아웃소싱에는 신뢰가 가장 중요하다. 신뢰 없이 값을 깎는 데만 급급했던 외주는 결국 품질 문제나 관계 단절로 손해를 봤지만, 신뢰를 바탕으로 한 아웃소싱 파트너십은 장기적인 성과와 공동의 번영을 가져왔다. 우리는 IBM과 코닥의 이야기에서, P&G와 HP의 협업에서, 도요타와 협력사들의 동행에서, 또 에어텔과 IBM의 질주에서 그 교훈을 읽을 수 있다.

결국 아웃소싱의 이야기는 사람에 대한 이야기이다. 모든 비즈니스의 본질은 사람과 사람의 관계에 있다. 아웃소싱도 마찬가지다. 결국 사람이 하는 일이고 사람과 하는 일이다. 그러니 사람을 중심에 둘 때 비로소 아웃소싱도 제대로 꽃핀다고 할 수 있다. 제니엘의 박인주 회장은 "회사와 개인이 서로 무엇을 하는지 알아야 존중할 수 있습니다"라고 말했다[3]. 발주하는 회사와 실행하는 회사의 구분을 넘어서, 서로를 알아가고 이해할 때 진정한 파트너십이 가능해진다.

앞으로 이어질 장들에서는 아웃소싱의 다양한 측면(세부 영역의 분류, 제도와 법률의 뒷이야기, 그리고 현장의 생생한 경험들)을 더 깊이 있게 다룰 것이다. 하지만 그 모든 내용을 관통하는 큰 흐름은 결국 하나로 모인다. "혼자 가면 빨리 가지만, 함께 가면 멀리 간다"는 평범한 진리가 경영의 세계에서도 통한다는 것이다. 아웃소싱은 혼자가 아닌 함께 가는 길을 선택한 이들이 만들어가는 새로운 경영 패러다임이다. 급변하는 시대에 함께 멀리 가고자 하는 모든 이들에게, 아웃소싱은 든든한 동반자가 되어줄 것이다. 우리가 지금 그 파트너십을 구축하는 시대의 문턱에 서 있다는 사실을 기억하면서, "아웃소싱, 그게 뭔가요?"라는 질문에는 이제 이렇게 답해보면 어떨까 한다. "아웃소싱은 신뢰를 바탕으로 함께 가치를 만드는 동행이다."

2장

아웃소싱 산업의 세 가지 얼굴 BPO, ITO, KPO

월요일 아침, 직장인 김현수 씨는 은행에 문의 전화를 걸었다. 수화기 너머에서 응대하는 상담원의 말투가 어딘가 낯설었다. 알고 보니 이 상담원은 수천 킬로미터 떨어진 다른 나라에서 일하는 직원이었다. 점심 식사 후 김 씨의 회사는 신규 소프트웨어 개발을 논의하며, 자사 팀 대신 인도의 전문 IT 업체에 프로젝트를 맡기기로 결정했다. 저녁 무렵, 그는 업무에 참고할 시장 분석 보고서를 받았는데, 이 역시 외부 전문기관의 분석가들이 작성한 것이다. 하루 동안 김 씨가 경험한 이 모든 일들의 공통점이 있다. 바로 아웃소싱(outsourcing), 즉 기업이 자신의 일부 업무를 외부 전문 업체에 맡기는 현상이다. 우리가 일상에서 접하는 고객센터 상담, IT 지원, 심지어 전문적인 시장 조사까지도 보이지 않는 곳에서 외부 업체가 대신 처리하고 있다.

아웃소싱에도 여러 가지 종류가 있다는 사실을 알고 있는가? 아웃소싱 산업을 대표하는 세 가지 유형인 업무 프로세스 아웃소싱(BPO: Business Process Outsourcing), 정보기술 아웃소싱(ITO: Information Technology Outsourcing), 지식 프로세스 아웃소싱(KPO: Knowledge Process Outsourcing)이 어떻게 등장하고 발전해 왔는지를 흥미로운 사례와 함께 살펴보겠다. 아웃소싱에 대해 잘 모르는 분들도, 이 세 가지가 "무엇을 위한 아웃소싱인지", "어떻게 발전해 왔는지", "어떤 기업과 사례에 활용되고 있는지" 이야기를 통해 쉽게 이해할 수 있도록 풀어 보려고 한다.

우선 큰 흐름을 짚어 보면, 과거 기업들은 주로 비핵심적인 반복 업무와 비용을 절감하기 위해 아웃소싱을 시작했다. "값싸고 숙련된 인력이 있으니 단순한 일은 맡기자"라는 전략이었다. 이것이 BPO, 즉 비즈니스 프로세스 아웃소싱의 출발이다. 이후 기술이 중요해지면서 ITO, 즉 IT 인프라와 개발 작업을 외부에 맡기는 시대가 왔다. 그리고 요즘에는 한걸음 더 나아가 KPO, 고도의 지식과 전문성이 요구되는 업무까지 외부 전문가에게 맡기는 단계로 산업이 고도화되었다[6]. 실제로 단순 반복 업무뿐 아니라 AI 개발, 데이터 분석, 원격 인프라 운영, 마케팅 자동화 같은 첨단 분야까지 아웃소싱이 활발해지면서, 아웃소싱은 단순 비용 절감이 아닌 전문성과 기술 중심의 새로운 성장 동력으로 부상하고 있다. 이제 각각의 아웃소싱 유형에 담긴 이야기를 하나씩 살펴보겠다.

반복 업무 아웃소싱의 시대: BPO

"여보세요, 씨티은행 고객센터입니다." 우리가 흔히 듣는 이 말 뒤에는 BPO의 세계가 숨쉬고 있다. 1990년대 후반, 미국의 한 소비자가 신용카드 회사에 전화를 걸었을 때를 상상해보자. 수화기 건너편 상담원의 이름은 '제니퍼'였지만, 사실 그녀는 인도 방갈로르의 콜센터에서 일하고 있었다. 당시 많은 기업들은 비용을 절감하고 업무 효율을 높이기 위해 이렇게 고객 상담, 콜센터 업무를 해외로 아웃소싱하기 시작했다. 이처럼 BPO란 기업의 핵심 역량 영역이 아닌 반복적이고 표준화된 업무 프로세스를 외부 전문업체에 맡기는 것을 말한다[1]. 외주를 주는 업무는 매우 다양하다. 고객센터, 회계·급여 처리, 세무 신고, IT 지원, 인사관리, 주문처리, 데이터 입력 등 회사 운영에 필수적이지만 반복적이고 정형화된 지원 업무들이 대표적이다. 예를 들어, 급여처리 전문회사에 월급 계산을 맡기거나, 외부 콜센터 업체에 고객 상담을 위탁하는 것이 전형적인 BPO이다. 이를 통해 기업은 인력을 효율화하고 비용을 줄이며, 무엇보다도 제품 개발이나 영업 같은 자사의 본업에 더 많은 자원을 투입할 수 있게 된다.

그렇다면 BPO는 어떻게 시작되어 성장해 왔을까? 역사적으로 BPO의 뿌리는 제조업 분야의 하도급에서 출발했지만, 현대적 의미의 BPO 산업은 1980~90년대에 본격적으로 성장했다. 1989년, 미국의 대형 금융회사 아메리칸 익스프레스(Amex)가 일부 비핵심 업무를 외부에 맡긴 것을 비롯해, 여러 글로벌 기업들이 경쟁력 강화를 위해 핵심이 아닌 업무를 아웃소싱하기 시작했다. 결정적으로 1990년대 중후반, 통신과 인터넷 기술의 발전은 BPO에 날개를 달아주었다. 기업들은 국경의 경계 없이 전 세계의 인력과 연결될 수 있게 되었고, 인건비가 저렴하면서도 영어 등 업무 능력이 뛰어난 인력풀을 찾아 해외로 눈을 돌렸다. 그 결과 인도, 필리핀 같은 나라들이 전세계 BPO의 중심지로 급부상했다[1]. 실제로 인도는 방대한 영어 구사 인력을 바탕으로 미국·유럽 기업들의 콜센터와 백오피스 업무를 대거 도맡았고, 필리핀 역시 친절하고 유창한 영어를 구사하는 젊은 층 덕에 콜센터 산업에서 두각을 나타냈다. 어느새 우리는 밤늦게 휴대폰 고객지원센터에 전화를 걸면 필리핀 마닐라의 상담원이 응대하는 광경을 자연스럽게 받아들이게 되었다.

이러한 BPO 열풍 속에서 전문 아웃소싱 기업들도 성장했다. 대표적으로 IBM 같은 기업은 원래 컴퓨터 제조사였지만 서비스 사업에 집중하면서, 2004년에는 인도의 콜센터 기업 다크쉬(Daksh)를 인수해 BPO 영역을 강화했다. 이로써 IBM은 단숨에 수천 명 규모의 고객센터 사업부를 확보했고, 2년 만에 인도 BPO 직원 수를 6천 명에서 2만 명으로 늘렸다[2]. 액센츄어(Accenture) 역시 컨설팅 회사로 출발했지만, 고객사의 운영 업무까지 대신 수행하는 아웃소싱 서비스로 사업 범위를 넓혔다. 그 결과 현재 액센츄어는 글로벌 컨설팅-아웃소싱 분야의 최정상 기업으로 자리매김하고 있다[3]. 인도의 TCS(Tata Consultancy Services)나 인포시스(Infosys) 같은 회사들도 원래는 IT 서비스 기업으로 시작했지만, 이후 고객사의 콜센터 운영 등 BPO 사업으로 확장하여 거대한 종합 아웃소싱 기업으로 성장했다. 특히 TCS와 인포시스는 2000년대 중반 서구 기업들의 업무를 대량으로 맡으며 매년 40% 안팎의 고속 성장을 기록하기도 했는데, 이는 서구 경영진들이 "인도 인력도 국내 인력 못지않게 일을 훌륭히 해내는데, 비용은 훨씬 저렴하다"는 것을 깨달았기 때문이었다[5].

BPO의 사례는 우리 주변에서도 쉽게 찾을 수 있다. 대형 통신사나 은행의 고객센터 직원들이 사실은 외주 업체 소속인 경우가 많다. 한국에서도 중대형 금융사나 통신사들은 계열사, 관계사 및 전문 민간 BPO 기업들을 통해 고객 상담을 대행하며 AI 챗봇 도입 등 첨단화된 서비스를 제공하고 있다. 제조 분야에서도 BPO와 유사한 흐름이 있는데, 화장품 업계의 코스맥스, 한국콜마 등은 글로벌 유명 뷰티 브랜드들의 제품 생산을 대신 맡아주는 ODM/OEM 전문업체로 성장했다. 이러한 사례들은 기업의 부수적인 기능을 전문 외부 업체가 맡아 시너지를 내는 BPO 모델이 보편화되었음을 보여준다.

한국에서 '아웃소싱'이라는 개념을 본격적으로 산업에 도입한 선구자로 자주 언급되는 대표적인 기업은 제니엘(Zeniel)이다. 1990년대 후반 제니엘의 박인주 회장은 국내에 생소했던 아웃소싱 개념을 퍼뜨리며 산업자원부와 함께 아웃소싱 협회를 설립하는 등 업계 기반을 만들었다. 당시만 해도 파견업 정도로만 여겨지던 분야를 개척하고 새로운 영역에 도전한 덕분에, 오늘날 다양한 BPO 서비스들이 한국 시장에도 정착할 수 있었다. 이렇게 BPO는 "단순하고 반복적인 일은 외부 전문가에게 맡기자"는 아이디어에서 출발하여, 전세계적으로 거대한 산업으로 성장했다. 기업들은 BPO를 통해 비용 절감과 운영 효율화라는 실리를 얻었고, 서비스 품질도 전문 업체의 역량으로 유지할 수 있었으며, BPO 시장은 꾸준히 성장하여 이제는 한국을 포함한 전세계 고용과 경제에 빼놓을 수 없는 핵심 축으로 자리잡고 있다.

기술 아웃소싱의 부상: ITO

1990년대 초, 영국의 대표적인 ITO 기업인 캐피타(Capita)는 영국 정부와 민간 부문을 대상으로 IT 아웃소싱을 본격적으로 시작했다. 캐피타는 1987년 독립적인 기업으로 전환된 후, 공공 부문의 다양한 서비스 운영을 아웃소싱하며 성장했다. 특히, 1992년 이스트 캠브리지셔 디스트릭트 카운슬(East Cambridgeshire District Council)와의 첫 아웃소싱 계약을 통해 지방 정부의 수입 관리 업무를 효율적으로 관리하며 공공 서비스의 혁신을 이끌었다. 캐피타는 이와 같은 성공적인 사례를 바탕으로 IT 아웃소싱 시장에서 두각을 나타내었으며, 영국 내 다양한 부처와 계약을 체결하게 되었다[10]. 캐피타의 IT 아웃소싱 모델은 단순한 비용 절감을 넘어서 고객 맞춤형 솔루션 제공과 전략적 파트너십을 통한 공공 서비스의 효율성 증대에 중점을 두었다. 이러한 접근을 바탕으로 캐피타는 영국 최대의 아웃소싱 기업으로 자리매김하게 했으며, IT 아웃소싱의 선도주자로 자리잡았다. 캐피타의 성공은 많은 기업들이 ITO의 이점을 인식하고 도입하게 만드는 계기가 되었으며, 현재까지도 영국 IT 아웃소싱의 상징적인 기업으로 평가된다.

ITO란 말 그대로 기업의 IT 관련 업무인 시스템 개발, 애플리케이션 프로그래밍, 소프트웨어 유지보수, 데이터센터 운영, 네트워크 관리, 사이버 보안 등을 외부 전문 업체에 위탁하는 것을 의미한다. 한마디로, 컴퓨터와 기술로 돌아가는 업무 전반의 아웃소싱이다. ITO의 목적은 단순하다. 빠르게 변하는 IT 기술을 매번 자체적으로 따라가기 어려운 기업들이, 그 분야 전문회사에 맡겨 더 나은 품질과 효율을 얻기 위함이다. 또한 대규모 IT 인프라를 운영하거나 소프트웨어를 개발하는 데 드는 비용을 절감하고, 최신 기술과 전문 인력을 필요할 때만 활용하려는 의도도 있다. 기업 입장에서 보면, IT 분야의 비핵심 또는 전문성이 부족한 부분을 외부의 전문가에게 맡겨 '덜어낸다'는 점에서, 앞서 설명한 BPO와 철학이 통한다. 다만 ITO는 기술 자체가 핵심인 영역이라, BPO에 비해 전문성의 요구 수준이 높고 업무의 복잡성도 큰 편이다. 이를테면 단순 콜센터 운영보다는 ERP 시스템 개발을 외주 준다거나, 클라우드 서버 운영을 위탁하는 경우를 떠올리면 이해가 쉽겠다. 이러한 ITO는 1990년대 이후 정보화 시대의 도래와 함께 폭발적으로 증가했다.

앞서 소개한 캐피타 사례처럼, 80년대 말에서 90년대 초 사이에 미국과 영국 등에서 잇달아 대형 IT 아웃소싱 계약이 등장했다. 영국 런던시가 어떤 IT 운영을 외부에 맡기려 할 때는 "공공 기능을 외부 업체에 맡긴다니 말도 안 된다"는 사회적 반발도 있었지만, 90년대에 접어들며 상황이 달라졌다[3]. 존 메이저 영국 총리 정부는 민간의 효율을 믿고 IT 아웃소싱을 추진했고, 기업들도 "생각보다 가치 있다"는 걸 깨달으며 시장 분위기가 바뀌었다. 1960년대에 이미 EDS(Electronic Data Systems)가 미국에서 데이터 처리 업무를 외주로 대신 해주는 사업을 시작했지만, 진정한 ITO 붐은 IBM과 EDS가 80년대 말에서 90년대 초에 연이어 거대 계약을 따내면서 촉발되었다. 예를 들어 EDS는 미국의 기업가 로스 페로(Henry Ross Perot)가 세운 회사로, 1980년대 GM, 은행 등 여러 기업과 수십억 달러 규모의 장기 IT 아웃소싱 계약을 체결하며 큰 성공을 거두었다. 이러한 선구자들의 등장은 IT 아웃소싱 모델을 전세계 기업문화의 한 부분으로 정착시켰다[3].

ITO 산업을 얘기할 때 빼놓을 수 없는 나라가 인도(India)이다. 인도는 어떻게 IT 아웃소싱의 중심지가 되었을까? 재미있는 역사적 사건이 하나 있다. 1990년대 말 "Y2K 버그"에 대해 들어봤는가? 2000년이 되면 오래된 컴퓨터 소프트웨어들이 연도를 제대로 인식하지 못해 대혼란이 올 것이라며 당시 크게 이슈가 된 문제였다. 전 세계 기업들이 발등에 불이 떨어졌다. 수십 년간 써온 프로그램 코드를 일일이 수정해야 했지만, 시한은 코앞인데 미국 내에는 숙련된 코볼(COBOL) 프로그래머가 부족했다. 이때 뜻밖의 해결책으로 떠오른 것이 바로 인도였다. 인도에는 컴퓨터 공학 인재들이 풍부하고 영어 소통도 가능했기 때문이다. 결국 미국 기업들은 대거 인도의 소프트웨어 인력에게 Y2K 문제 해결 작업을 맡겼다. 이 일을 계기로 인도의 IT 서비스 산업은 폭발적으로 성장했다. 한 보고서에 따르면, "Y2K 문제의 놀라운 반전이 인도에 대한 소프트웨어 아웃소싱 붐을 일으켰다"는 평가도 있다[4]. 실제로 서구 기업들의 Y2K 대비 작업을 인도 인력들이 도맡은 것은 인도의 잠재력을 전세계에 각인시켰다[5]. 이후 2000년대 초 닷컴 붐과 함께, 기업들은 비용 절감과 24시간 개발 체계 구축을 위해 IT 개발 업무를 시차가 다른 인도 등지로 오프쇼어(offshore) 아웃소싱하기 시작했다. 그 결과 TCS, 인포시스(Infosys), 위프로(Wipro)와 같은 인도 IT 기업들은 매년 30~40%의 경이적인 성장률로 덩치를 키우며, 전세계 유수 기업들의 IT 파트너로 자리잡았다[5]. 서구의 CEO들은 "인도 프로그래머들이 국내 인력만큼이나 훌륭한 성과를 내는데, 비용은 훨씬 낮다"는 사실을 깨닫고는 앞다투어 인도 업체와 계약을 맺었다[5]. 2000년대 중반에 이르러 인도의 주요 IT 아웃소싱 기업들은 매출 수십억 달러의 글로벌 기업이 되었고, 인도 정부도 IT 업계를 국가 전략 산업으로 적극 지원했다.

현재 ITO 분야의 글로벌 대표 기업으로 역시 IBM, 액센츄어(Accenture), TCS, 인포시스 등을 들 수 있다. IBM은 1980년대 말 코닥과의 계약을 시작으로 수많은 기업들의 IT 인프라를 대신 운영해 주는 IBM 글로벌 서비스(Global Services) 사업부를 키워왔다. 액센츄어는 2001년에 회계법인에서 독립한 이후 컨설팅 뿐만 아니라 IT 아웃소싱까지 포트폴리오를 넓혀, “경영 컨설팅과 IT 운영 대행을 모두 해주는” 독보적인 입지를 구축했다[3]. 인도의 TCS 또한 직원 수가 무려 60만 명에 달하는데, 방대한 프로그래머와 엔지니어 인력을 앞세워 전세계 은행, 보험사, 제조사의 시스템 개발을 도맡는 거대 기업이 되었다[5]. 인포시스와 위프로 역시 북미, 유럽의 유수 기업들과 장기 계약을 맺고 소프트웨어 개발, 유지보수, 컨설팅 서비스를 제공한다. 이렇듯 ITO는 BPO보다 한층 전문화된 영역으로, 기업의 정보시스템과 기술 역량을 외부 전문기업이 책임지는 모델로 정착했다.

오늘날 ITO의 트렌드는 클라우드 컴퓨팅과 보안으로 요약할 수 있다. 예전에는 기업이 자체 서버를 두고 운영했지만, 이제는 아마존 웹 서비스(Amazon Web Services, AWS)나 MS 애저(Azure) 같은 클라우드 플랫폼으로 이전하면서, 그 클라우드 환경 운영을 아웃소싱하는 경우가 늘고 있다. 또한 사이버 보안 역량을 갖춘 전문회사에 보안 관제와 데이터 보호 업무를 맡기는 일도 흔해졌다. 기업들은 내부에 보안 전문가를 두기 어렵다면, 믿을 만한 외부 업체와 계약해 24시간 사이버 보안 모니터링을 하곤 한다. 그리고 IT 아웃소싱 업체들도 이제 단순 유지보수뿐 아니라 고객사의 디지털 전환 전략 수립까지 돕는 파트너로 진화하고 있다. 예컨대, 어떤 은행이 오래된 전산 시스템을 최신 핀테크 환경으로 바꾸려 할 때, ITO 업체가 기술 컨설팅부터 구축, 운영까지 함께하며 전략적 동반자 역할을 하는 것이다. 한마디로 ITO 산업도 고도화되어 가는 중이다. ITO를 활용하는 업계도 과거의 금융, 제조에 국한되지 않고, 헬스케어, 교육, 공공 부문까지 폭넓어졌다. 한국에서도 정부 공공기관의 정보시스템이나 대기업의 시스템 통합(SI) 사업을 삼성SDS, LG CNS 등과 같은 대형 IT 서비스 기업들이 맡는 등 ITO 형태가 자리잡고 있다. 다만 국내에서는 그룹 계열 IT 회사가 내부 일을 주로 담당하는 경우도 많기 때문에 순수 외부 아웃소싱은 해외만큼 활발하지 않다는 지적도 있다. 그럼에도 클라우드 전환, 인공지능 도입 등 새로운 기술 물결 속에서 한국 기업들도 전문 ITO 파트너를 찾는 경우가 갈수록 증가하고 있다.

ITO는 기업에 큰 이점을 주지만 동시에 파트너 선택에 신중을 기해야 하는 분야이기도 하다. IT 시스템은 기업의 중추이기 때문에, 외부 업체의 실수나 보안 사고가 곧바로 치명타로 이어질 수 있다. 잘 활용하면 기업의 디지털 경쟁력을 높여주는 든든한 조력자가 되지만, 그렇지 않으면 "IT 시스템을 남에게 맡겼다가 낭패 본" 사례가 회자되기도 한다. 실제로 2000년대 중반 미국 스프린트(Sprint) 통신사가 IBM에 IT 아웃소싱을 맡겼다가 발생한 갈등은 업계 교훈이 되었는데, 기대만큼 성과가 나지 않자 관계가 틀어져 결국 법정 분쟁으로까지 번졌다[8]. 이처럼 ITO는 효과도 크지만 그만큼 파트너 선정과 관리가 중요한 분야임을 기억해야 한다.

지식 아웃소싱의 등장: KPO

이제 KPO의 이야기로 넘어가 보겠다. 어느 연구소의 풍경을 상상해 보자. 미국의 한 제약회사가 신약 개발을 위해 방대한 데이터를 분석해야 하는데, 사내 인력만으로는 역부족이다. 그래서 인도에 있는 전문 분석 업체에 데이터 분석을 의뢰한다. 며칠 뒤, 체계적으로 정리된 분석 보고서가 도착하고, 이를 바탕으로 제약회사 연구원들은 효율적으로 의사 결정을 내린다. 또 다른 사례로, 한국의 한 중소기업이 신제품 디자인을 위해 유럽의 전문 디자인 컨설팅 회사에 설계를 위탁하고, 그 결과물을 받아 제품을 완성한다. 이처럼 고도의 전문 지식과 창의력이 필요한 업무를 외부에 맡기는 것이 바로 지식 프로세스 아웃소싱인 KPO 이다[6].

KPO는 앞선 BPO나 ITO와는 결이 조금 다르다. BPO가 비교적 단순하고 정형화된 지원 업무라면, KPO는 분석, 연구, 설계, 창작, 전략 수립처럼 부가가치가 높고 전문 지식을 요하는 업무를 외부 전문가에게 맡기는 형태이다[6]. 사실 KPO라는 용어 자체가 등장한 지 그리 오래되지 않았다. 2000년대 초반, 아웃소싱의 최강자였던 인도의 업체들이 "우리는 단순 콜센터만 하는 게 아니다, 더 고급 서비스를 한다"고 강조하기 위해 만든 마케팅 용어가 바로 KPO였다[6]. 당시 인도의 아웃소싱 산업은 콜센터나 자료 입력 등 BPO 위주였는데, 점차 금융 분석, 법률 자문, R&D 지원 등 고부가가치 서비스로 진화하면서 이를 BPO와 구분 짓기 위해 KPO라는 이름을 내세운 것이다. 예를 들어 법률 프로세스 아웃소싱(Legal Process Outsourcing)이라 하여 미국 로펌들이 문서 검토나 리서치 업무를 인도 변호사들에게 맡기는 모델이 나왔고, 연구 아웃소싱(Research Outsourcing)이라 하여 투자은행들이 기업 분석 작업을 해외 전문 인력에게 시키는 경우도 생겼다. 아웃소싱이 이제 단순 업무에서 한발 더 나아가, 기업의 핵심 영역인 지식 분야까지 확대된 것이다. 물론 여기에는 IT의 발전도 한몫했다. 통신 인프라와 협업 도구가 발달하자, 물리적 거리를 넘어 전문 지식을 사고팔 수 있는 시대가 열렸다.

KPO를 이해하기 위해 한 금융회사의 예를 들어보겠다. 어느 증권사의 애널리스트는 원래 기업 재무제표를 직접 분석하고 산업 동향을 조사하여 투자 보고서를 작성하는 것이 일이다. 그런데 만약 분석 과정의 상당 부분을 외부 전문기관에 맡긴다면 어떻게 될까? 애널리스트는 외부에서 기업의 재무 분석 리포트를 받아보고, 거기에 자신의 통찰과 전망만 더해 최종 보고서를 완성한다. 이렇게 되면 애널리스트는 보다 고차원적인 판단과 의사결정에 집중할 수 있게 된다. 이 사례가 바로 KPO 방식이다[6]. 즉, 기존에는 내부에서 하던 지식 노동의 일부를 외부 전문가에게 맡겨 기업이 최종적인 부가가치를 창출하는 모델이다. R&D 아웃소싱도 비슷하다. 예컨대, 한 글로벌 자동차 회사가 신소재 배터리를 개발하면서 국내 대학 연구실이나 외국 전문 연구기관에 일부 연구를 위탁하고, 그 결과를 받아 제품 개발에 응용한다면 이것이 R&D 분야의 KPO라고 할 수 있다. 디자인 아웃소싱의 예도 흔하다. 패션업계에서 해외 유명 디자이너를 외부 고문으로 두고 제품 라인을 개발한다거나, 영화 CGI 작업을 외국의 특수효과 스튜디

오에 맡겨 결과물을 받는 것 등이 모두 KPO에 해당한다.

KPO가 각광받는 이유는 기업 입장에서 명확하다. 첫째, 높은 숙련도의 인력을 저렴한 비용으로 활용할 수 있다. 미국 기업이 현지에서 박사급 분석가를 채용하면 연봉이 매우 비싸지만, 인도나 동유럽의 전문 인력에게 프로젝트 단위로 맡기면 훨씬 경제적이다. 둘째, 전문적인 분석 기법과 도구를 갖춘 외부 업체를 활용하여 데이터에 근거한 의사결정을 할 수 있다. 전문 업체는 통계 모델, 트렌드 정보, 예측 알고리즘 등 첨단 기법을 갖추고 있어서, 이를 통해 의사결정의 신뢰성과 과학성을 높일 수 있다. 한마디로, KPO는 단순히 비용을 줄여주는 게 아니라 기업의 경쟁력을 한층 업그레이드하는 전략적 수단이 될 수 있다는 점에서 매력적이다. 실제로 "앞으로 KPO 도입은 기업 경쟁력 강화를 위해 불가피한 선택이 될 것"이라는 전망도 나오고 있다[6].

KPO 영역에서는 어떤 분야들이 활발할까? 앞서 언급한 금융 분석(Financial Analytics)이나 시장조사(Market Research)는 이미 2000년대 중반부터 인도, 중국 등에 전문 업체들이 생겨 성장했다. 제약·바이오 분야 R&D 지원도 중요 KPO 시장이다. 글로벌 제약사들은 신약 후보 물질의 실험, 임상 데이터 분석 등을 비용 절감과 전문성 확보 차원에서 외부 연구소와 협업한다. 엔지니어링 및 디자인 분야도 KPO의 범주에 들어온다. 가령 항공기 제조사가 일부 부품의 설계를 우크라이나나 인도의 설계사무소에 위탁한다거나, 건축 설계회사가 해외의 전문 엔지니어와 함께 구조 해석을 수행하는 식이다. 법률 서비스는 KPO의 선구자 격이다. 미국, 영국의 로펌들이 비용 절감을 위해 인도의 변호사들에게 계약서 초안 작성, 특허 조사, 소송 자료 검토 등을 맡기는 LPO가 2010년경 붐을 이뤘다. 그 외에도 인사조직 컨설팅, 전략 컨설팅, 교육 콘텐츠 개발, 지식 번역/요약 서비스 등 지식 기반 업무 전반이 KPO의 영역이 될 수 있다.

이렇듯 KPO의 스펙트럼은 넓지만, 공통점은 "높은 지적 능력을 지닌 사람이 해야 할 일"이라는 점이다. 그래서 KPO는 해당 분야의 전문성, 경험, 창의력 등을 두루 갖춘 인재 풀이 핵심 자원이다. 인도나 필리핀 등이 KPO에서도 부상하고는 있지만, 사실 KPO는 인재를 좇아 미국, 유럽, 선진국 현지 또는 전세계에 분산된 형태로 이루어지는 경우도 많다. 예컨대 독일 기업이 아주 특수한 엔지니어링 과제를 아웃소싱해야 한다면, 굳이 임금이 낮은 국가보다는 그 기술에 특화된 미국이나 일본의 전문가 그룹과 협업할 수도 있다. 그런 면에서 KPO는 단순히 인건비 절감만을 노리는 BPO와 달리 품질과 전문성 확보가 더욱 중요한 동기이다[6].

KPO를 활용할 때의 과제와 고려사항도 분명하다. 첫째, 핵심 업무를 남에게 맡긴다는 것에 따른 심리적 저항이다. 기업 내부에서는 "이렇게 중요한 일을 외부에 맡겨도 될까?" 하는 불안이 있을 수밖에 없다. 특히 KPO는 기업의 핵심 지식이나 전략이 오가는 경우가 많아 정보보안, 기밀 유지가 대단히 중요하다. 외부 업체와 계약을 맺을 때 철저한 비밀 유지 협약(NDA)과 보안 프로토콜을 마련하지 않으면 위험 부담이 크다. 둘째, 성과 품질에 대한 기대 관리이다. 예를 들어 내부 직원이 했다면 100% 만족할 일을, 외부 파트너가 95% 수준으로 해왔을 때 기업은 만족하지 못할 수 있다. "지식 작업"은 정량화하기 어려운 면이 있어서, KPO 파트너와 서비스 수준에 대한 명확한 합의를 해야 한다. 그러지 않으면 추상적인 기대치 차이로 재계약을 포기하는 경우도 생긴다. 실제로 미국 듀크대 연구에 따르면, 클라이언트가 아웃소싱 업체와 재계약하지 않는 최대 이유는 기대 수준 미달이었다고 한다. 따라서 KPO를 성공적으로 활용하려면 단순한 외주 계약을 넘어 "파트너십"을 구축해야 한다는 조언이 나온다. 서로 목표를 공유하고 지속적으로 소통하며 품질을 개선해가는 긴밀한 협업 모델이 바람직하다는 것이다. 셋째, 조직 문화의 통합이다. KPO를 도입하면 내부 직원 중 일부는 자신의 업무가 외부로 넘어가는 것에 불안감을 느낄 수 있다. "우리 부서 일이 줄어들면 구조조정 되는 것 아니냐"는 걱정부터 "외부 사람이 해온 결과를 우리가 검토만 하면 성장이 없다"는 반발까지, 내부 갈등 요소를 관리하는 일도 중요하다. 결국 경영진은 내부 직원들에게 KPO의 목적이 일자리를 없애는 게 아니라, 그들이 더 핵심적인 일에 집중하도록 하는 것임을 인식시켜야 한다. 즉, "허드렛일은 외부에 맡기고 우리는 더 중요한 일로 회사 가치를 높이자"는 긍정적인 마인드 정립이 필요하다는 지적이다[6].

KPO는 현재 가파른 성장세를 보이고 있다. 글로벌 시장조사에 따르면 2020년 약 540억 달러 규모이던 전세계 KPO 시장이 연 15% 이상 성장하여 2027년에는 1,500억 달러를 넘길 것으로 전망되기도 한다. 특히 데이터 분석, 엔지니어링 디자인, 금융 서비스, 법률 서비스 분야가 KPO 성장의 견인차로 꼽힌다. 실제로 법률 아웃소싱은 연 21.5% 성장이 예상되고, 분석 및 시장조사 분야는 2025년까지 450억 달러 이상 시장 확대가 전망되는 등 거의 모든 지식 산업 분야에서 아웃소싱 수요가 늘고 있다[7]. 이는 기업 환경이 그만큼 복잡해지고 전문화되었음을 의미한다. 한 기업 내부의 지식과 인력만으로는 모든 영역을 커버하기 어려워졌고, 전 세계 어디에 있든 최고 전문가와 협업하는 것이 경쟁력을 좌우하는 시대가 된 것이다.

한국의 경우, KPO라는 용어는 아직 대중화되진 않았지만 비슷한 현상은 존재한다. 예를 들어 대기업들이 경영 전략 수립을 글로벌 컨설팅 회사에 맡기는 것도 일종의 KPO이다. 또한 국내 기업들이 특허 출원 시 해외 특허법인에 선행기술 조사를 의뢰하거나, 중소기업들이 정부출연연구소나 대학에 기술자문을 받는 것 등도 넓게 보면 KPO로 볼 수 있다. 다만 한국 기업 문화에서는 핵심 업무는 웬만해선 외부에 맡기지 않으려는 경향이 강해서[6], 아직까지 R&D나 전략 분야를 과감히 외주화하는 사례는 드문 편이다. 그보다는 사내 협력 또는 산학 협력 형태를 선호한다. 하지만 4차 산업혁명 시대를 맞아 AI, 빅데이터, 신소재 등 새로운 지식 영역에서는 외부 전문기관과의 협업이 필수가 되고 있다. 따라서 한국도 점차 전략적 KPO 활용에 눈을 돌릴 것으로 보인다.

글로벌 아웃소싱을 이끄는 기업들

앞서 언급한 사례들을 통해 이미 언급되었듯이, 아웃소싱 산업의 성장은 곧 글로벌 전문 기업들의 성장사와 맞물려 있다. 특히 BPO, ITO, KPO 각 분야에서 두각을 나타내는 대표 기업들이 있다. 대표적인 기업 사례를 정리해 보면 다음과 같다.

먼저 미국의 대표 기업으로 IBM과 액센츄어(Accenture)가 있다. 원래 컴퓨터 제조업체였던 IBM은 1990년대 위기를 겪으며 서비스 기업으로 대전환을 했다. IBM은 코닥과의 ITO 계약을 시작으로 BP, 엑슨모빌 등 글로벌 기업들의 IT 시스템을 운영하며 세계 최대 IT 아웃소싱 업체로 성장했다. 2004년에는 인도 BPO 회사 Daksh를 인수하며 BPO 사업에도 진출했다[2]. 회계법인 아서앤더슨의 컨설팅 부문에서 출발한 액센츄어는 2001년 독립 후, 컨설팅과 아웃소싱을 결합한 비즈니스 모델로 성장했다. 이 회사는 IT 시스템 구축·운영, BPO, 인사·재무 컨설팅 등 포괄적 서비스를 제공하며, 전 세계 50만 명 이상을 거느린 초대형 기업으로 자리잡았다[5]. 다음으로 인도의 대표적인 IT 아웃소싱 기업들인 TCS, Infosys, Wipro로, 2000년대 초반 서구 기업들의 Y2K 대응과 ERP 구축 프로젝트를 수주하며 급성장했다. 이들은 BPO, ITO, KPO를 포함한 종합 서비스 포트폴리오를 갖추고 있으며, 24시간 서비스를 제공하는 글로벌 인재 네트워크를 바탕으로 지속적으로 성장하고 있다[5].

이 밖에 컨센트릭스(Concentrix), 텔레퍼포먼스(Telepeformance) 등은 콜센터 BPO 분야의 세계적 기업이고, 젠팩트(Genpact)는 GE의 금융부서에서 출발해 독립한 후 금융·회계 BPO와 분석 KPO 분야에서 이름을 떨쳤다. 이벨류서브(Evalueserve) 같은 기업은 연구·분석 KPO 전문회사로, 2000년대 초 KPO라는 용어 자체를 처음 확산시킨 주역이기도 하다[9]. 또한 맨파워그룹, 아데코(Adecco) 등 글로벌 인재파견 업체들은 HR 아웃소싱 분야에서 활약하며 BPO 영역 일부를 담당한다. 한국에서도 앞서 언급한 제니엘그룹을 비롯해, IT와 AI 기술에 강점이 있는 효성 ITX, 물류 아웃소싱의 CJ대한통운 등 분야별 전문 기업들이 시장을 이끌고 있다.

이러한 선도 기업들은 단순히 규모가 크다는 의미 이상으로, 아웃소싱 서비스의 표준과 혁신을 이끌고 있다는 공통점이 있다. 예컨대 IBM, 액센츄어는 디지털 시대에 맞춰 AI와 자동화 도구를 도입해 아웃소싱 효율을 높였고, 인도 기업들은 저비용 고품질 모델을 정착시켜 경쟁 구도를 바꾸었다. 이들 기업 덕분에 이제 웬만한 글로벌 기업은 아웃소싱을 경영 전략의 일부로 당연히 고려하게 되었다.

한국의 아웃소싱 활용 현황과 인식 차이

한국에서도 아웃소싱은 다양한 형태로 활용되고 있지만, 문화와 제도 면에서 글로벌 트렌드와 다소간의 차이가 있다. 인사·총무, 콜센터, 생산 도급 등의 분야에서는 아웃소싱이 보편화되어 있지만, 기업의 핵심 영역을 외부에 맡기는 것에는 상대적으로 보수적인 경향이 있다[6].

예를 들어 제조업에서 공장 경비, 청소, 시설관리 등을 전문 용역회사에 맡기는 것은 일반적이지만, R&D나 제품 설계 같은 핵심 분야는 내부 인력으로 해결하려는 의지가 강한 편이다. 이는 우리나라 기업 문화가 핵심기술과 노하우 유출에 대한 경계심이 크고, 직접 통제 범위를 중시하기 때문으로 볼 수 있다. 또한 과거에 파견이나 도급 형태의 아웃소싱이 "비정규직 남용"이나 "고용 불안" 이슈와 연결되면서, 사회적으로 부정적인 인식이 생긴 면도 있다. 하지만 최근에는 이런 인식도 많이 변화하고 있다. 기업들이 디지털 전환, AI, 클라우드 도입 등을 서두르면서 국내에도 전문 아웃소싱 업체와 협력이 늘고 있다. 특히 IT 분야에서는 해외 개발자나 국내 프리랜서 전문가와 협업하는 사례도 증가했다. 정부와 공공기관도 효율화 일환으로 민간위탁이나 외주 용역을 활용하는 비중이 커지고 있다.

한국 시장만의 독특한 아웃소싱 활용 사례를 든다면, 대기업들의 계열사 활용을 들 수 있다. 예컨대 모 그룹사가 IT 계열사에 그룹 전사의 IT 업무를 맡기거나, 건설사들이 인력 파견 자회사를 두고 계열사 직원들을 파견 형태로 쓰는 경우 등이다. 이것은 겉보기엔 내부거래처럼 보이지만, 넓게 보면 계열사를 통한 아웃소싱이라고 할 수 있다. 또 하나, 한국 소비자들은 서비스 품질 기대치가 높기 때문에, 단순히 저가 외주로는 만족을 못 시키는 경우가 많다. 그래서 콜센터 아웃소싱의 경우도, 해외보다는 한국어에 능숙한 국내 인력을 활용하거나, 아예 지방 자치단체와 연계한 콜센터를 운영하기도 한다. 이는 언어와 문화의 장벽을 고려한 전략이다. 반면, 제조업 분야에서는 국내 인건비 상승으로 동남아시아나 중국 협력사에 생산 공정을 위탁하는 일이 늘었는데, 이를 두고는 오히려 해외 아웃소싱이 지나치다며 국내 일자리 감소를 우려하는 목소리도 있다.

한국 기업들도 단순 비용 절감을 넘어 장기적 경쟁력 강화를 위한 전문 파트너 활용을 고민하고 있다. 또한 ESG 경영, 상생 문화 등이 강조되면서, 아웃소싱 업체 근로자의 처우나 윤리적 경영에도 관심이 높아지고 있다. 한마디로, 한국에서도 아웃소싱에 대한 인식이 점차 성숙 단계로 넘어가는 중이라고 볼 수 있다.

BPO · ITO · KPO 한눈에 비교하기

앞서 각각의 특징을 살펴보았는데, 이제 세 가지 아웃소싱 유형을 비교하여 정리해보겠다. 아래 표는 업무 성격, 필요 역량, 부가가치 수준, 진입장벽 측면에서 BPO, ITO, KPO를 비교한 것이다.

BPO는 주로 단순하고 반복적인 업무를 다루므로 비교적 낮은 진입장벽으로 시작할 수 있지만, 그만큼 경쟁이 치열하고 부가가치가 낮은 편이다. ITO는 기술력이라는 진입장벽이 존재하여 신뢰할 수 있는 실력을 갖춘 업체만 참여할 수 있고, 기업 입장에서는 BPO보다 전략적으로 중요한 파트이다. KPO는 가장 높은 부가가치를 창출하지만, 동시에 가장 높은 수준의 전문성과 신뢰가 요구된다. 그래서 KPO 서비스를 제공하려면 해당 분야의 최고 전문가 집단과 데이터/보안

표 1-1. BPO · ITO · KPO 비교

구분	BPO (비즈니스 프로세스 아웃소싱)	ITO (정보기술 아웃소싱)	KPO (지식 프로세스 아웃소싱)
업무 성격	반복적·표준화된 지원 업무(예: 콜센터, 회계처리, 급여계산, 데이터입력 등)	기술 전문성이 요구되는 IT 업무(예: 소프트웨어 개발, 시스템 운영, 인프라 관리, 보안 관제)	고도의 지식·분석이 필요한 업무(예: 금융 분석, R&D 연구, 설계 디자인, 법률 자문)
필요 역량	업무 매뉴얼 준수 능력, 기본적인 의사소통 및 처리 숙련도대량 인력 관리 체계	프로그래밍/네트워크 등 IT 전문기술프로젝트 관리 능력, 최신 기술에 대한 지속 학습	분야별 전문지식(석박사급), 분석력, 창의적 문제해결능력, 업계 경험과 도메인 전문성
부가가치 수준	낮음 ~ 중간→ 비용 절감 및 효율화에 초점	중간 ~ 높음→ 운영 효율 + 기술혁신 효과(핵심 지원)	매우 높음→ 전략 수립 및 핵심 경쟁력 강화 기여
진입 장벽	낮음→ 비교적 많은 국가/업체 진출, 인건비 위주 경쟁	중간→ 기술 역량과 신뢰 필요, 대규모 인프라 투자 요구	높음→ 고숙련 인재 확보 어려움, 기업의 신뢰·보안 이슈 극복 필요

(주: 상기 표에서 부가가치 수준은 해당 아웃소싱이 기업 가치 창출에 기여하는 정도를 의미함.)

체계를 갖춰야만 가능하다. BPO는 보통 계약 범위가 제한적이고 성과가 눈에 보이지만, KPO는 계약 범위도 유동적이고 성과를 평가하기가 어려운 경우가 많다. 이런 차이들 때문에 기업들은 업무의 성격과 중요도에 따라 어떤 업무를 외주화할지 신중히 결정한다. 한편 BPO에서 ITO 및 KPO로 진화할수록 아웃소싱 파트너를 고르는 데 중요시되는 요소가 "가격"에서 "역량"으로 바뀐다는 점이다. BPO에서는 비용 절감이 주요 동기였다면, ITO에서는 비용과 함께 기술 전문성이, KPO에서는 비용보다는 전문가의 지식과 신뢰가 결정적인 요소이다. 아래에는 BPO에서 ITO, KPO로 이어지는 산업 고도화 3단계를 도식화하면 다음과 같다.

그림 1-1. 아웃소싱 산업 고도화 3단계

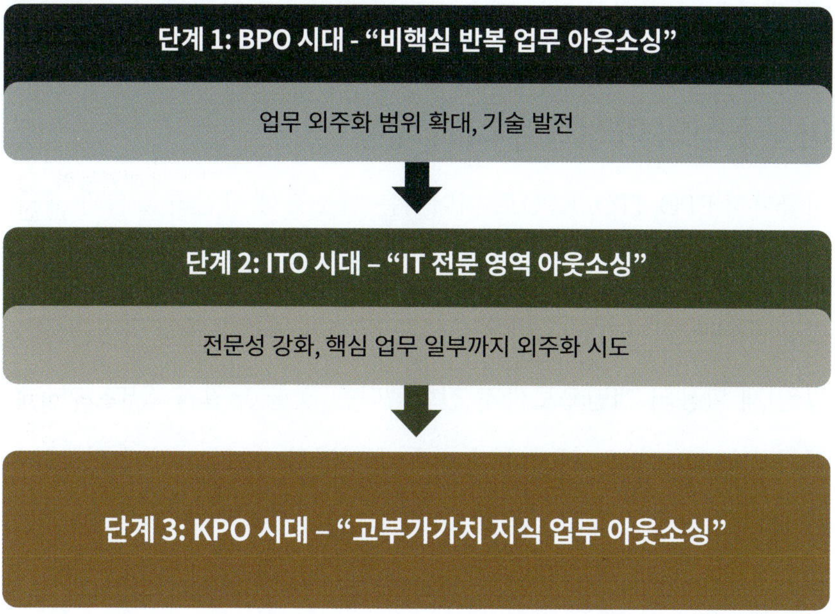

위 도식을 통해 알 수 있듯이, 산업이 고도화될수록 아웃소싱하는 업무의 범위와 깊이가 더욱 핵심 영역으로 파고든다는 특징이 있다. 초기에는 "남이 해도 품질 차이가 거의 없을 일'을 맡겼다면, 이제는 "남이 더 잘할 수 있는 일이라면 핵심이라도 맡기자"는 발상으로 진화한 것이다. 이는 기업 경영 패러다임의 변화를 반영한다. 예전엔 핵심역량은 반드시 내부에 두어야 한다고 믿었지만, 이제는 "핵심역량일수록 외부의 최고 전문가와 협력하여 극대화하자"는 사고로 바뀌고 있다. 예컨대 구글이나 애플 같은 회사도 AI 연구나 제조 공정 일부를 외부 전문업체나 파운드리에 의존하면서, 자신들의 핵심 가치를 더 키우는 전략을 취하고 있다. 아웃소싱은 더 이상 부차적 선택이 아니라, 핵심을 더 빛내기 위한 필수 전략이 되어가고 있는 셈이다.

아웃소싱의 미래와 우리의 대응

지금까지 BPO, ITO, KPO로 이어지는 아웃소싱 산업의 흐름과 각 특성을 산업의 진화와 함께 살펴보았다. 한때는 단순히 비용을 줄이기 위한 수단으로 여겨졌던 아웃소싱이, 이제는 전략적 파트너십과 글로벌 인재 활용의 개념으로까지 진화했다는 것을 느낄 수 있다. 아웃소싱의 궁극적 목적은 기업이 자신이 가장 잘할 수 있는 일에 집중하여 더 큰 성과를 내는 것이다[1]. 따라서 무엇을 내부에 남기고 무엇을 외부와 협력할지는 기업 전략의 핵심 의사결정 중 하나가 되었다. 정해진 정답은 없다. 산업 종류와 기업 문화에 따라 답은 다를 테지만, 한 가지 분명한 점은 신뢰할 수 있는 파트너와의 협업이 갈수록 중요해진다는 사실이다. 아웃소싱 업체는 단순 하도급 업체가 아니라 함께 성공을 만들어가는 동반자로 자리매김해야 하며, 의뢰 기업은 파트너를 공정하게 대우하고 정보를 투명하게 공유하며 윈윈(win-win)을 추구해야 한다.

이 글을 읽은 독자 분들이 혹시 경영자라면 스스로에게 이런 질문을 던져보길 권한다. "우리 회사의 진짜 핵심 역량은 무엇인가? 나머지 부분은 외부 전문성을 활용해 더 잘할 방법이 없을까?" 아웃소싱이 선택이 아니라 필수가 되어가는 시대, 지혜로운 개방과 협력이야말로 기업 혁신의 지름길일 것이다. 직장인 독자 분들이라면 이러한 흐름 속에서 자신의 경쟁력이 무엇인지 생각해 보면 좋을 것이다. 기계나 외부 인력이 대체하기 어려운 창의적이고 부가가치 높은 역량을 키우는 것이 생존과 성장의 열쇠다. BPO, ITO, KPO로 이어진 아웃소싱의 이야기는 결국 사람과 조직이 어떻게 변화에 적응하고 협력하는가의 이야기와 맞닿아 있다. 우리 모두 그 흐름을 이해하고 지혜롭게 활용하여, 다가오는 미래에도 경쟁력과 성장의 기회를 놓치지 않도록 해야 한다.

3장

산업을 흔드는 규칙들 법과 제도의 역사

한겨울의 공장, 생산라인이 멈추자 관리자들은 발을 동동 구르고 있었다. 급히 인력을 투입해야 했지만 "규칙"이 문제였다. 한쪽에서는 규제가 없어 언제든 사람을 불러 쓸 수 있었지만, 다른 한쪽에선 법이 가로막혀 있었다. 이렇게 나라별로 다른 법과 제도는 아웃소싱 산업의 풍경을 완전히 바꾸어 놓았다. 이 장에서는 한국, 일본, 미국, 독일의 법·제도 변화가 아웃소싱 산업을 어떻게 키우거나 때로는 옭아맸는지 살펴보겠다. 법이라는 게임의 규칙이 산업의 성장과 왜곡을 어떻게 결정지었는지, 각국의 사례를 통해 생생하게 들여다보겠다.

법과 아웃소싱: 규칙이 만들어낸 다른 풍경

아웃소싱 산업 초기에는 "인간의 노동은 상품이 아니다"는 원칙 아래 많은 국가에서 민간의 인력 공급 사업을 원칙적으로 금지했다. 한국 근로기준법 제9조는 "누구든지 법률에 따르지 아니하고는 영리로 다른 사람의 취업에 개입하거나 중간인으로서 이익을 취득하지 못한다"고 규정해, 민간 브로커나 중간 착취 구조를 엄격히 금지했다. 이 조항은 본질적으로 인간의 노동력 거래를 상품화하지 않겠다는 철학 아래 도입된 것이었다. 이같은 법적 제약으로 인해 한국에서는 파견근로가 불법화되었으며, 아웃소싱 산업은 공식 시장보다는 비공식적·음성적으로 이루어지는 형태가 많았다. 그러나 경제 위기와 노동인력 유연성 요구가 증가하면서, 정부는 1998년 "파견근로자 보호 등에 관한 법률"을 제정하여 파견근로사업을 일부분 합법화함으로써 시대적 요구에 대응했다.

흥미로운 점은 국가마다 규제의 수준과 방식이 달랐다는 것이다. 어떤 국가들은 노동자 보호를 우선시하며 규제를 엄격히 유지했고, 어떤 국가들은 시장 논리에 따라 훨씬 관대하게 규제를 완화했다. 또 어떤 국가는 복지체제와 결합하여 점진적으로 아웃소싱 제도를 조율하는 방식으로 대응했다. 이렇게 규칙이 달랐기에, 아웃소싱 산업의 발전 형태도 각 국가의 사회·경제적 맥락에 따라 다양하게 전개되었다. 결과적으로 "다른 규칙이 만든 다른 산업"이 탄생했다. 예컨대, 미국의 한 사무실에서는 아침에 전화를 걸어 오후에 임시직원(temp)을 받을 수 있지만, 1990년대 초 한국 기업에서는 그런 일을 상상하기 어려웠다. 일본의 대기업은 1980년대 후반까지 평생직장 문화 속에 외부 인력을 쓰지 않았지만, 2000년대 중반 이후에는 파견사원이 당연해졌다. 독일 기업들은 한때 민간 파견회사를 아예 쓸 수 없었지만, 2000년대 들어 엄격한 조건부로 활용 폭을 넓혔다. 이렇듯 법과 제도는 산업의 경계를 규정하고, 변화의 방향을 틀어주는 핵심 요소로 작용한다.

이제부터는 일본, 미국, 독일과 한국의 제도 변화를 시간의 흐름과 함께 비교해 보겠다. 그리고 이러한 법 변화가 기업경영과 노동시장 그리고 사회 인식에 어떤 파장을 일으켰는지도 사례를 통해 살펴볼 것이다. 단순히 연표만 나열하지 않고, 변화의 맥락과 흥미로운 이야기들을 곁들여 법이라는 제도적 틀이 어떻게 아웃소싱이라는 새로운 경영 패러다임의 각 단계를 바꾸었는지 구체적인 사례로 살펴보겠다.

일본: 점진적 완화와 조정의 길

1980년대 중반의 도쿄, 한 중소기업 인사담당자는 숙련된 비서가 필요한데 정규직을 새로 뽑을 여력이 없었다. 마침 "파견 회사"라는 곳에서 잠시 사람을 보내줄 수 있다는 이야기를 들었지만, 곧바로 고개를 저었다. 당시 일본에서는 민간인이 노동자를 고용해 다른 회사에 보내는 행위가 법적으로 금지돼 있었기 때문이다. 전후 일본은 직업안정법으로 고용 알선을 국가의 권한으로 묶고, 기업 간 노동자 이동을 엄격히 통제했다. 1960년대부터 일부 민간 업체들이 사무직 여성들을 기업에 보내는 '인재소개' 비즈니스를 시작했지만, 이는 법의 회

색지대에서 반쯤 불법(semi-illegal)적으로 이루어지는 일이었다. 일본의 평생고용 문화와 맞물려, 파견근로는 한동안 공개적으로 논의조차 힘든 금기에 가까웠다. 그런 일본이 변화의 신호탄을 쏘아올린 건 1985년이었다. 급속한 경제성장과 노동력 수급 변화를 겪으며, 일본 정부는 마침내 "노동자파견법"을 제정하기에 이른다. 1986년 7월, 이 법이 시행되면서 일본에서도 제한적이지만 민간 파견업이 합법화되었다[2]. 물론 처음부터 모든 분야에 문을 연 것은 아니었다. 당시 허용된 분야는 "특정 전문적인 업무" 등 13개 직종에 한정되었고, 파견기간도 1년 이내로 제약되는 등 매우 신중한 출발이었다[2]. 이를 두고 "부분 합법화"라 부를 만했다. 당시 정부가 밝힌 취지는 "산업계의 인력운용 효율을 높이되, 정규직 고용질서에 지장을 주지 않겠다"는 것이었다. 말하자면 유연성과 고용안정의 균형을 모색한 셈이다

그러나 1990년대에 접어들면서 상황은 크게 달라졌다. 버블경제붕괴로 장기불황이 시작되자, 많은 기업들이 인건비 부담에 시달리게 되었다[2]. 인력 구조조정 압력이 커지면서, 기업들은 정규직 대신 파견직 활용에 눈을 돌리기 시작했다. 때마침 기존 파견법 체계도 변화의 국면을 맞이했다. 1999년, 일본 정부는 파견법을 전면 개정하면서 허용업종을 네거티브 리스트로 전환했다[8]. 이는 원칙 허용, 예외 금지의 형태로 바꾼 것으로, 이전까지 열거된 일부 직종에만 허용하던 것을 원칙적으로 모든 직종에 파견을 쓸 수 있도록 개방한 조치였다. 다만 몇 가지 예외가 있었는데, 제조업 생산라인은 여전히 파견 금지

대상이었다. 그럼에도 불구하고 1999년의 규제 완화는 일본 파견시장에 폭발적 성장을 가져왔다. 사무직, 소프트웨어 개발 등 과거에 금기시됐던 분야까지 파견이 확대되며, 2000년대 초반 몇 년 간은 매년 20~40%대의 고속 성장이 이어졌다[2]. 파견회사가 공급하는 인력 공급은 급증했고, 대기업들도 앞다투어 파견직을 활용하기 시작했다. 한때 "파견 OL(Office Lady)"이라 불리며 일부 여성들의 단기 사무보조 역할에 머물던 파견근로가, 이제는 기업 인력운용의 핵심 수단 중 하나로 떠오른 것이다.

2004년에는 마지막 남은 큰 제약도 풀렸다. 일본 정부는 제조업 파견 금지 조항을 폐지하고, 기간 제한도 일부 완화하는 법 개정을 단행했다. 이로써 제조 공정에도 파견근로자를 쓸 수 있게 되어, 파견 시장은 정점을 향해 치달았다. 실제로 2008년 금융위기 직전 일본 파견산업 시장규모는 약 7조7천억 엔에 달해 사상 최고치를 기록했다[2]. 이는 불과 20여 년 전만 해도 파견이 불법이었던 나라에서 이룬 놀라운 변화라 할 만했다. 기업들은 인건비 절감과 유연성 확보의 수단으로 파견직을 광범위하게 활용했고, 특히 제조업과 서비스업 전반에 걸쳐 젊은 비정규 노동자 층이 크게 늘어났다. 사회적으로는 "파견 노동은 불안정한 노동"이라는 인식이 확산되기 시작한 것도 이 무렵이다. 정규직과 파견직 간 이중구조, 이른바 "격차 사회" 문제가 부상했고, 20대30대 청년들 사이에 프리터(freeter)나 사토리 세대 같은 신조어가 유행하며 파견·계약직의 삶을 표현하기도 했다.

2008년 글로벌 금융위기는 이 거대한 흐름에 제동을 거는 사건이었다. 경기가 급랭하면서 기업들은 가장 먼저 파견계약을 해지했다. 이른바 "파견 자르기(파견切り)"라는 말이 뉴스 헤드라인에 오를 정도로, 수많은 파견 노동자가 하루아침에 일자리를 잃었다. 당시 해고된 파견 노동자들이 모여 만든 "파견촌(はけん村)"이 도쿄 한복판에 생겨나 노숙 투쟁을 벌이자, 사회적 충격이 컸다. 일본 정부와 국민들은 파견 노동의 폐해를 직시하게 되었고, 정치권에서도 제도 개선 논의가 본격화되었다.

그 결과 2010년대에는 파견 규제의 조정기가 찾아왔다. 2012년에는 단기(30일 이내) 파견을 제한하고 제조업 파견 기간제한을 3년으로 두는 등 일부 규제가 강화되었다. 이어서 2015년 큰 폭의 법 개정이 시행된다. 이 개정법의 핵심은 동일 업무에 대한 파견 사용기간 제한을 폐지한 것이었다. 겉보기엔 규제를 푼 듯하지만, 실은 "개인별 최대 3년"이라는 다른 제한을 두어 파견 노동자가 3년 이상 한 자리에서 일하면 정규직 전환하거나 다른 사람으로 교체해야 하도록 했다. 이는 사실상 계속 파견근로 활용을 가능하게 한 조치로 받아들여졌고, 기업들은 환영했다. 2015년 개정 후 일본 파견시장은 다시 성장세를 보였는데, 이는 경직적이던 규제를 유연화하면서 산업 활성화를 도모한 사례로 볼 수 있다[2]. 한편으로 정부는 이 무렵부터 "동일노동 동일임금" 기치 아래 파견·계약직의 처우 개선을 천명했다. 아베 내각은 비정규직에게 정규직과의 불합리한 임금격차를 시정하겠다며 가이드라인을 만들고 기업들에 권고했다. 2020년대에 이르러 이러한 정책 기조는 입법으로 구체화되어, 파견 노동자에 대한 기업의 책임과 차별 금지 의무가 한층 명확해지고 있다.

일본의 경험을 한마디로 요약하면 "점진적 조정"이라 할 수 있다. 처음엔 소극적으로 문을 열었다가, 경기 상황에 따라 폭을 넓히고, 부작용이 터지면 다시 규제를 보완하는 식으로 조율하는 방식이었다. 이 과정에서 일본 특유의 고용문화와 사회 분위기가 법률에 반영되었다. 예컨대, 평생고용제가 지배적일 땐 파견을 극도로 제한했고, 버블 붕괴 후 장기불황에 처하자 기업 활로를 위해 규제를 과감히 풀었으며, 그로 인한 사회문제가 부각되자 다시 노동자 보호 쪽으로 무게를 옮기는 식이었다. 현재 일본 아웃소싱 산업은 법의 이러한 변천사 속에서 성장해 왔으며, 덕분에 파견업계도 시장 규모 6조 엔을 넘나드는 거대 산업으로 정착했다[2].

미국: 시장의 자유와 그림자

1948년 미국 위스콘신, 두 젊은 변호사가 아픈 비서를 대신할 사람을 구하지 못해 골머리를 앓고 있었다. 엘머 윈터와 아론 쉐인필드, 이들은 문득 "필요한 순간에 사람을 빌려 쓸 수 있다면?"이라는 아이디어를 떠올렸다. 그해 둘은 밀워키에 작은 사무소를 열고 맨파워(Manpower Inc.)라는 회사를 차린다[3]. 이것이 최초의 현대적 의미의 인력 파견 기업 중 하나로 기록된다. 이후 미국 전역으로 번진 이 혁신은 곧

바로 "임시직 고용(temporary employment)"이라는 새로운 산업의 탄생으로 이어졌다. 파견법이나 별도의 허가 제도도 없던 미국에서, 아웃소싱은 태생부터 시장 친화적인 자유분방함을 타고났다고 할 수 있다.

미국은 근본적으로 해고가 자유로운(employment at will) 고용 문화 위에 서 있다. 굳이 파견이나 계약직이 아니더라도 정규직도 비교적 쉽게 채용하고 해고할 수 있는 환경이다. 그렇다 보니 다른 국가들처럼 정부가 인력 파견을 엄격히 규제해야 할 필요성이 상대적으로 적었다. 초창기엔 민간 고용알선업에 대한 사회적 시선이 곱지만은 않았다. 1940년대 ~ 1950년대 노조와 공공기관들은 사설 직업소개소나 임시직 알선업을 "음지의 산업"으로 보고 비판했다[5]. 실제로 일부 주(州)에서는 노동자 공급업에 면허제를 적용하거나, 폭리를 막기 위한 법을 두기도 했다. 그러나 전반적으로 연방 차원에서 민간 인력시장에 특별한 제한을 두지 않았고, 오히려 1960년대 이후 서비스경제로의 전환과 함께 임시직 산업은 점차 제도권의 인정을 받아갔다[6].

미국 아웃소싱 산업 발전의 흥미로운 대목은 기업 문화의 변화이다. 1950년대 켈리 걸즈(Kelly Girls)로 대표되는 사무보조 임시직 여성들이 등장했을 때, 이를 둘러싼 사회적 인식은 꽤 긍정적이었다. 주부들이 남는 시간에 용돈(pin money)을 벌기 위해 세련된 사무일을 돕는다는 이미지로 포장되었다[5]. 이는 노조의 반발을 무마하기 위한 업계의 전략이기도 했는데, 덕분에 임시직은 여성의 사회 참여라는 관점과 함께 비교적 순조롭게 받아들여졌다. 그러나 1970년대에 들어 경제 불황과 경쟁 심화로 기업들은 노동비용 절감에 몰두하게 되었고, 임시직 활용에 대한 인식이 180도 전환된다. 과거엔 직원들을 "회사의 자산(assets)"으로 여겨 충성심과 복지를 중시했다면, 이때부터는 노동력을 유연하게 쓰고 버릴 수 있는 "부채(liability) 모델" 관점이 퍼져나갔다[5]. 기업 인사담당 MBA 교과서에는 "필요할 때 쓰고, 아니면 바로 줄이는" 다운사이징과 핵심-주변 인력 전략이 등장했다. 이 변화의 선봉에 미국의 거대 인력파견 기업들이 있었다. 이들은 기업들에게 상시 인력을 줄이고 대신 필요 시 공급되는 임시 인력을 쓰라고 적극적으로 마케팅했다. 그 결과 1980년대에는 미국의 거의 모든 대기업에 외주 인력이 스며들었다. 한 연구에 의하면 1985년에 이르러서는 연방정부까지도 임시직 없이는 돌아가지 않을 정도였다고 지적한다[5]. 또 다른 통계에 따르면 1990년대에 창출된 신규 일자리 12개 중 1개는 파견 등 임시고용 형태였다고 하니[6], 얼마나 빠르게 이 형태가 자리 잡았는지 알 수 있다.

그렇다면 미국에서는 법과 제도가 전혀 역할을 하지 않았을까? 꼭 그렇지는 않다. 비록 파견근로자 보호법 같은 직접적 법률은 없었지만, 다른 방식으로 규제가 작용했다. 예를 들어 1970년 제정된 직업안전보건법(OSHA)은 고용 형태를 불문하고 모든 노동자의 안전을 보호하는데, 1990년대 이후 논란이 된 것은 "과연 임시 파견노동자의 안전 책임은 누구에게 있는가" 하는 문제였다. 파견직들은 위험한 일에 투입되고도 제대로 된 안전교육을 받지 못해 사고를 당하는 일이 많았는데, 기업들은 책임을 파견회사에 떠넘기고 파견회사는 다시 사용기업을 탓하며 책임 공방이 벌어지곤 했다. 결국 2013년 미국 OSHA와 국립산업안전보건연구소(NIOSH)는 공동 지침을 통해 "파견 노동자의 안전은 사용기업과 파견업체 공동의 책임"임을 분명히 했다[6]. 이로써 사용사업주는 파견직에게도 적절한 안전교육과 보호구 제공 등을 할 의무가 있으며, 파견업체도 이를 감독해야 한다는 규칙이 정립되었다. 이렇듯 직접적이지는 않아도, 일반 노동관계 법령과 판례들이 누적되면서 "파견근로는 이러이러하게 운용되어야 한다"는 원칙들이 형성되었다.

또 하나 중요한 사건은 1990년대 후반 마이크로소프트 "퍼마트템프(permatemp)" 소송이다. IT업계 거인인 마이크로소프트는 수천 명의 계약직/파견직을 장기간 고용하면서도 이들에게 정규직 직원에게 제공되는 주식매입권 등 복리후생을 일절 주지 않았다. 이에 수년간 사실상 상시직으로 일하던 이들이 소송을 제기했고, 결국 2000년 회사는 거액의 합의금을 지급하며 사건이 일단락되었다. 이 판결은 미국 기업 전반에 "임시직 남용에 따른 공동고용 이슈"를 환기시켰다. 이후 많은 기업이 파견직원의 사용 기간을 제한하거나, 일정 기간 이상 근무 시 정규직 전환을 검토하도록 내부정책을 세우는 계기가 되었다. 비록 이것이 법으로 강제된 것은 아니지만, 시장 스스로 일정한 자정규칙을 만든 경우라 할 수 있다.

미국의 아웃소싱 산업은 자유와 경쟁 속에서 성장했지만, 그 그림자도 뚜렷하다. 2000년대 들어 미국에서는 매년 약 250만 ~ 300만 명이 파견회사 소속으로 일하고 있었고[6], 이들의 임금은 정규직 평균의 75%~80% 선에 불과하다는 조사도 있다[6]. 사회 전반적으로 임금 정체와 고용 불안이 문제가 되자, 파견 등 비정규 고용의 확대가 그 원인 중 하나로 지목되기도 했다. 다만 미국은 그 해결 또한 시장 기능에 맡기는 경향이 강했다. 2010년대 들어 플랫폼 경제가 부상하면서 우버 기사나 배달원처럼 개인도급 형태의 새로운 아웃소싱이 확산되었지만, 여전히 연방 차원에서 이들을 포괄하는 새로운 법제 정비는 더디었다. 일부 주에서 플랫폼 노동자들을 종속적 계약자로 인정해 최저임금이나 안전망을 적용하려는 움직임이 시작되는 수준이다. 이렇듯 미국 모델은 규칙이 아예 없는 것은 아니지만, 가능한 한 시장 자율에 맡겨 산업을 키우고 사후에 필요한 최소한의 교정을 하는 접근으로 요약할 수 있다.

결과적으로 미국 아웃소싱 산업은 세계 최대 규모로 성장했다. 글로벌 컨설팅사의 분석에 따르면 전 세계 임시 인력 시장의 상당 부분을 미국이 차지하고 있고, 대형 인력회사들도 미국 기반 다국적 기업이 많다. 이는 법의 최소한의 개입이 산업 성장을 촉진한 사례라 할 수 있다. 하지만 그 역작용으로서 노동자의 권익이나 사회 안전망 문제가 끊임없이 제기되는 것 또한 사실이다. 한 보고서는 “미국 임시직 산업의 60년 성공이 미국 노동자의 삶의 질 전반에 부정적 영향을 미쳤다”고

지적하기도 했다[5]. 결국 미국의 이야기는, “너무 느슨한 규칙은 산업을 키우지만 노동자에게 어려움을 만들 수 있다”는 교훈을 남긴다.

독일: 복지와 통합을 향한 규제의 진화

1950년대 독일 함부르크에서 스위스에 본사를 둔 ADIA라는 회사가 사무직 임시인력을 기업에 공급하기 시작했다. 곧바로 독일 연방노동청은 제동을 걸었다. 당시 독일에서는 모든 직업소개와 노동력 배치를 정부가 독점하고 있었기에, 사설 임시고용은 불법이었다. 이 갈등은 독일 헌법재판소까지 가게 되었고, 1967년 역사적인 판결이 나온다. 법원은 “민간의 유료 직업알선 금지는 직업선택의 자유에 어긋난다”며, 국가의 독점을 일부 깨뜨렸다[3]. 이는 노동시장 자유화의 시작점이 된 사건으로, 독일에서 아웃소싱 합법화 논의의 분수령이 되었다.

헌재 판결 이후 독일 정부는 제도적 장치 마련에 착수한다. 1972년, 마침내 노동자임대법(AÜG)이 제정되어 현대적 의미의 인력파견이 합법화되었다. 하지만 독일식은 미국식과 달랐다. 법은 “최소한의 사회적 보호”를 강조하며 여러 제한을 두었다[3]. 첫째, 파견업을 영위하려면 정부 인가를 받도록 했다. 둘째, 파견 회사를 직업소개소와 구별되는 별도 범주로 규정하고, 노동청의 엄격한 감독을 받게 했다. 셋째, 파견 기간을 제한하여 한 기업이 동일 노동자를 장기간 쓰지 못하도록 막았다. 넷째, 파견 노동자도 사회보험 등 일반 근로자와 동일한 보호를 받도록 했고, 외국인 노동자의 경우 특별 보호조항을 뒀다.

한마디로, “필요는 인정하되, 관리와 규율은 철저히”라는 접근이었다. 이렇듯 법 테두리 안에서 조심스럽게 성장하던 독일 파견산업은, 1980년대 들어 또 하나의 제약을 마주한다. 일부 불량 업체들이 법망을 피해 열악한 고용을 일삼자, 정부는 1982년 건설업 파견을 전면 금지하는 결정을 내린다. 건설업종에서 특히 임시직 남용과 임금 착취 사례가 많았기 때문이다. 이에 반발한 업계가 위헌 소송을 냈지만, 1988년 헌재는 이 조치가 정당하다고 판결했다[3]. 이로써 독일에서는 건설현장에서는 오랫동안 파견근로자를 찾아보기 어려웠다.

1990년대 독일은 유럽 통합과 글로벌 경쟁, 동서독 통일 여파 등으로 높은 실업률에 시달리게 된다. 2000년대 초반 실업률 두 자릿수를 기록하자, 게르하르트 슈뢰더 총리는 노동시장 유연화를 핵심으로 한 개혁 프로그램을 추진한다. 이것이 유명한 “하츠(Hartz) 개혁” 시리즈로, 2002~2005년 사이 단계적으로 실행되었다. 파견근로 분야에도 대대적인 변화가 찾아왔다. 2003년 법 개정을 통해, 1972년 이래 유지되던 파견 관련 각종 제한이 상당 부분 풀렸다. 파견기간 제한이 삭제되어 한 파견근로자를 기업이 무기한 사용할 수 있게 되었고, 동일 사용자에 3개월 이내 재파견을 금지하는 등의 이른바 재고용 금지 조항도 폐지되었다. 또한 파견업체가 노동자를 해고한 즉시 다른 곳에 파견 보내지 못하도록 하는 동시해고 및 동시파견 금지도 사라졌다[3]. 이러한 자유화 조치들은 기업들이 훨씬 유연하게 파견직을 활용할 수 있게 만들었다. 실제로 Hartz 개혁 이후 독일의 파견노동자 수는 급증하여, 개혁 전 약 30만 명 수준이던 것이 5년 만에 두 배 이상으로 늘어났다.

그러나 독일은 동시에 균형추를 잃지 않으려 했다. 2004년 개정법에는 중요한 단서가 하나 붙어 있었는데, 바로 "동일노동 동일임금의 원칙"이 법률에 명시된 것이다[3]. 다만 즉각 모든 파견직에 적용된 것은 아니고, 노사 단체교섭을 통해 별도 규정을 둘 수 있는 여지를 주었다. 이는 노조와 사용자단체에게 "너희들이 알아서 파견 노동자의 임금과 처우에 합의해봐라"는 신호였다. 이 제도를 활용해 곧바로 산별노조와 파견업체 협회 간 전국단위 단체협약이 체결되었다. 금속노조 등 독일 노총(DGB) 산하 노조들과 주요 파견업체 연합(iGZ 등)이 맺은 이 협약은, 파견직에 별도의 낮은 임금 테이블을 적용하되, 일정 기간이 지나면 사용기업의 정규직과 임금차를 줄여나가는 조정방안(예: 업종별 수당)을 포함했다[3]. 즉, 법으로 당장 강제하진 않되 노사 합의를 통해 점진적 동등대우를 모색한 것이다. 이러한 독일식 타협은 산업을 위축시키지 않으면서도 노동자 보호를 도모하려는 조화로운 규칙 운영의 사례라 평가받았다.

2008년 금융위기 후 독일도 파견시장 성장세가 주춤했지만, 전반적인 기조는 유지되었다. EU 차원에서 2008년 「파견근로지침」(Temporary Agency Work Directive)이 채택되어, 각 회원국에게 파견노동자에 대한 차별금지와 권리보호 강화를 요구했다. 독일은 이를 수용하는 2011년 법 개정을 통해 법적 최저임금제 도입 등 추가 조치를 시행했다[3]. 특히 파견직에 대한 첫 법정 최저임금이 이때 설정되었는데, 이는 당시 독일 전체적으로 법정최저임금이 없던 상황에서 파견직을 위한 별도 보호장치를 마련한 것이어서 이목을 끌었다. 아울러 회전문 방지 조항도 도입되었다. 이는 사용기업이 한 노동자를 정규직으로 고용했다가 해고한 뒤 곧바로 파견직으로 다시 쓰는 편법을 막기 위한 것이었다.

2017년에는 독일 파견법에 또 한 차례 굵직한 변화가 있었다. 그간 무제한이던 파견기간에 최대 18개월 제한을 두고, 9개월 이상 장기 파견 시 정규직과 동등임금을 지급하도록 의무화한 것이다. 다만 이 역시 노사 협약에 따라 약간의 유예나 예외를 둘 수 있게 했다. 예컨대 금속 분야 협약에서는 파견직이 15개월에 걸쳐 점진적으로 임금을 인상받아 최종적으로 정규직 100% 수준에 도달하는 식의 세부 규정을 두었다. 이처럼 독일은 EU 지침의 이념인 "동일노동 동일임금"을 실현하면서도, 산업 충격을 최소화하도록 조정장치를 마련하는 신중함을 보였다.

독일의 아웃소싱 법제 역사는 "규제 속 통합"으로 요약된다. 초기에 강한 통제로 출발했지만, 시대적 요구에 따라 규제를 풀어주되 사회적 합의와 복지체계 속에서 흡수해 나갔다. 덕분에 독일의 파견노동은 비교적 제도권 노동으로 인정받으며 발전할 수 있었다. 기업들은 부족한 기술인력을 파견사를 통해 충원하고, 노동자들은 파견사를 통해 정규직 전환을 모색하는 일종의 취업 경로로 자리잡았다. 실제 조사에 따르면 상당수 파견노동자가 사용기업의 정규직으로 전환되거나, 파견사와 정규 고용계약을 맺고 안정적으로 근무하는 비율이 높아졌다. 이는 규칙의 역할 덕분이다. 법과 제도가 처음부터 노동자를 보호할 안전망을 깔아주고, 노사가 그 틀 안에서 상생을 도모하게 함으로써 아웃소싱을 "좋은 일자리 생태계"의 일부로 통합하려 한 것이다.

물론 독일도 비판이 없는 것은 아니다. 자유로운 미국이나 유연한 일본과 견줘보면, 여전히 행정절차와 규제가 까다로워 기업 입장에서는 답답하다는 목소리가 나온다. 또한 노조 영향력이 약한 소규모 파견업체나 비조직 노동자들의 경우 여전히 저임금과 처우 문제가 남아 있다. 하지만 큰 틀에서 볼 때, 독일 모델은 복지 국가의 원칙과 시장 효율을 절충하며 아웃소싱 산업을 운영해온 사례로 평가받고 있다. "룰을 잘 설계하면 산업도 살리고 노동자도 지킬 수 있다"는 독일 사례에서 얻을 수 있는 통찰이다.

한국: 보호를 앞세운 늦은 출발

"파견근로자 보호 등에 관한 법률"은 이름부터가 심상치 않다. 1998년 한국에서 처음 제정된 이 법은 세계에서 유례없이 '보호'를 강조하며 등장했다. 배경에는 1997년 말 외환위기로 촉발된 경제위기가 있었다. 실업률이 치솟고 기업 구조조정이 불가피해지자, 정부와 노사 대표들은 노동시장 유연화 방안을 긴급 논의했다. 그 결과 1998년 2

월, 노·사·정 협의에서 마침내 파견근로를 합법화하기로 합의한다[1]. 이렇게 해서 같은 해 7월 1일, 한국 최초의 파견법이 시행되었다. 이는 이전까지 금지되었던 민간인력 파견 사업이 공식적으로 허용되는 역사적 순간이었다.

왜 이렇게 늦었을까? 사실 한국에서도 90년대 내내 파견제를 도입하려는 움직임은 있었다. 그러나 노동계의 거센 반대와 "중간착취가 팽배할 것이다"라는 사회적 우려로 법안이 번번이 좌초되었다[1]. 그 사이 산업 현장에서는 음성적인 파견이 빠른 속도로 늘어나고 있었다. 법의 테두리 밖에서 인력을 공급하는 브로커들이 암암리에 활동하고, 기업들은 도급 등의 형태로 사실상 파견과 유사한 운영을 해왔던 것이다. 결국 규칙이 없던 시장에서 여러 부작용이 나타나자, 뒤늦게나마 이를 양지로 끌어내 규제의 틀 안에 넣을 필요성이 제기되었다. 1998년 파견법 제정은 "법이 너무 늦으면 오히려 혼란이 커진다"는 교훈을 남겼다. 초기 파견법은 노동자 보호를 최우선에 두고 설계되었다. 우선 파견이 허용되는 업무를 엄격히 제한했는데, 제조업 생산라인 업무는 아예 금지했다. 허용 직종도 "전문지식·기술이 필요한 업무" 등 대통령령으로 정한 26개 분야로 한정했다. 기간 역시 원칙상 1년(일부는 3개월)을 넘길 수 없고, 최장 2년이 지나면 사용 사업주가 그 노동자를 직접 고용한 것으로 간주하도록 했다[1]. 이를 어길 경우 사용자에게 해당 노동자를 정규직으로 받아들일 '고용간주' 제재를 뒀다. 또 파견사업을 하려면 정부 허가를 받도록 하고 3년마다 갱신하도록 하는 등 업계 진입 장벽도 세웠다. 한마디로, 무분별한 활용을 막고 최소한의 보호망을 치는 데 주안점을 둔 것이다.

이러한 보호 일변도의 접근은 양면성을 가져왔다. 한편으로는 합법 테두리 안에서 아웃소싱 산업이 태동할 수 있는 기반이 만들어졌다. 1998년 이후 수백 개의 인력파견 업체들이 등장하며, 기업들도 점차 이 새로운 인력 활용 방식에 적응해 갔다. 그러나 다른 한편으로는 법의 빈틈과 현실의 괴리가 드러났다. 예를 들어 제조업 파견이 금지되자, 기업들은 이를 우회하기 위해 사내도급을 폭넓게 활용하게 되었다. 대형 제조사는 공식적으로는 협력업체 소속 도급근로자들을 공장에 투입했지만, 실제로는 마치 자기 직원처럼 지휘·관리하는 일이 빈번했다. 2004년 현대자동차의 사례가 이를 극명하게 보여준다. 현대차 공장에서 수천 명의 사내하청 노동자가 일했는데, 정부 조사 결과 이들이 대부분 불법 파견에 해당한다는 판정이 내려졌다[7]. 파견법의 엄격한 제한을 피해 도급 형식으로 운영하던 관행이 드러난 것이다. 이 사건을 계기로 수년간의 소송 끝에 법원은 해당 노동자들을 정규직으로 인정하라는 판결을 확정지었다. "법이 현실을 따라가지 못하면, 현실이 법의 빈틈을 파고든다"는 사실을 보여준 사례였다.

한국 파견법은 이후로도 부분적인 완화와 보완을 거듭했다. 2000년대 중반에 들어 일부 규제를 풀어 허용 직종을 32개까지 확대했고[10], 파견 노동자의 사용 기간 규정 등도 탄력적으로 손봤다. 2007년 개정에서는 불법파견 적발 시 '고용간주' 대신 '고용의무' 규정으로 바꾸어, 사용자에게 해당 노동자를 직접 고용하도록 명령하는 형태로 제재 방식을 조정했다[11]. 이러한 변화에는 산업계의 요구와 노동계의 우려가 팽팽히 반영되었다. 기업들은 "더 자유롭게 인력을 쓰게 해달라"고 요구했고, 노동계는 "파견이 남용되어 고용이 불안정해진다"고 맞섰다. 정부는 그 사이에서 절충을 찾으며, 한편으로는 기간제법 등 비정규직 보호입법을 도입해 정규직 전환을 유도하기도 했다.

또 하나 주목할 변화는 산업안전 관련 법·정책이다. 아웃소싱된 노동자들이 주로 위험하고 열악한 업무에 몰리면서 산업재해의 희생양이 되는 문제가 대두되었다. 2018년 한국 사회를 흔든 태안 화력발전소 하청노동자 사망사건 이후, 정부는 산업안전보건법을 개정해 원청의 책임을 대폭 강화했다. 이른바 "김용균법"으로 불린 개정안은 도급 업무 시 안전 조치 의무를 대폭 늘리고, 아예 일정 수준 이상 위험한 작업은 원청이 도급을 줄 수 없도록 제한했다. 이어서 2022년엔 중대재해처벌법을 시행하여 안전 조치를 소홀히 한 사업주에게까지 형사책임을 물을 수 있게 했다. 이러한 움직임은 아웃소싱으로 인한 부작용을 법과 규제로 보완하려는 시도로 볼 수 있다. 다시 말해, 초기 파견법이 고용형태의 규제에 초점을 맞췄다면, 최근의 법 개정들은 파견이든 도급이든 일하는 사람의 권리와 안전 보장에 무게를 싣고 있다.

정리하면 한국의 아웃소싱 법제 역사는 "통제와 보호"의 틀 안에서 전개되었다. 늦은 도입, 엄격한 제한, 그에 따른 편법 등장, 그리고 이를 따라잡기 위한 추가 규제의 연속이었다. 이는 한국 아웃소싱 산업에 독특한 흔적을 남겼다. 법이 산업을 일정 규모 이상 커지지 않도록 제약을 가한 덕에, 한국의 파견시장 규모는 GDP 대비 비교적 작은 편에 속한다. 대신 파견보다 한층 자유로운 도급, 용역 형태의 아웃소싱이 발달했고, 이는 또 다른 노동쟁점들을 낳았다. 이러한 보호 중심 접근의 성과와 한계에 대해서는 의견이 갈리지만, 분명한 것은 법이 산업의 모습을 결정짓는 강력한 요소임을 한국 사례가 보여준다는 점이다.

2025년 들어 한국 아웃소싱 제도는 또 다른 변곡점을 맞았다. 이재명 정부에서 이른바 노란봉투법이 국회를 통과하고 대통령이 승인함으로써, 하청·파견 노동자도 실질적 사용자에게 교섭을 요구할 권리를 보장받게 되었다. 동시에 파업에 나선 노동자와 노조를 상대로 거액의 손해배상을 청구하던 관행도 제한되었다. 그동안 법의 사각지대에 있던 간접고용 노동자들의 권리 보장이 제도적으로 강화된 것이다[12]. 또한 이재명 정부는 2025년 내에 동일노동 동일임금 원칙을 근로기준법에 명문화하는 입법을 하고, 2026년 하반기부터는 고용형태를 이유로 한 임금·처우 차별의 금지를 시행할 계획이다. 이는 정규직과 비정규직 간 임금 격차가 OECD 평균 85% 대비66.4%인 한국 노동시장의 구조적 문제를 개선하려는 시도로, 아웃소싱 산업에도 직접적인 영향을 주게 된다[13]. 원·하청 간 인건비 격차 축소는 단순 저비용을 목적으로 한 아웃소싱의 유인을 줄이고, 기업들로 하여금 고용 안정과 서비스 품질 경쟁으로 전환하도록 압박하게 될 것이다[14].

결국 한국의 아웃소싱 산업은 보호 위주의 늦은 출발에서 한 발

더 나아가, 이제는 "사람 중심 아웃소싱"으로의 전환을 강제받는 국면에 들어섰다. 규제 완화와 감독 공백 속에서 비용 절감 수단으로만 활용되던 아웃소싱이, 새로운 제도 환경에서는 노동권 보호와 전문성 강화라는 질적 변화를 요구받고 있는 것이다. 산업의 성장 방정식이 달라지고 있다는 점에서, 한국 아웃소싱의 다음 장은 과거와는 전혀 다른 길 위에서 열리고 있다.

각국 제도 변화 타임라인 비교

이제 앞서 살펴본 국가들의 주요 제도 변화를 한눈에 비교해보겠다. 연표 형식으로 정리하면 다음과 같다.

표 1-2. 각국 주요 제도 타임라인

연도 (국가)	주요 제도 내용
1948년 (미국)	미국에서 Manpower 등 최초의 현대적 인력파견 회사 설립[3]. 연방법상 특별한 파견 규제 없음. 민간 임시직 시장 형성 시작.
1967년 (독일)	헌법재판소, 민간 직업소개 금지 조항 위헌 결정[3]. 사설 파견업 합법화의 기반 마련.
1972년 (독일)	노동자파견법(AÜG) 제정[3]. 파견업 허가제 도입, 기간 제한(최초 3~6개월) 등 엄격 규율 시작.
1985년 (일본)	노동자파견법 제정, 1986년 시행[2]. 13개 전문직종 한정 파견 허용, 기간 1년 제한.
1982년 (독일)	파견근로자의 건설현장 투입 전면 금지[3]. (1988년 헌재 합헌 판결으로 확정).
1998년 (한국)	파견근로자보호법 제정[9], 7월 시행. 26개 업종 허용, 제조업 파견금, 기간 1년 (최대 2년), 위반 시 고용간주 등의 보호 규정.

연도 (국가)	주요 제도 내용
1999년 (일본)	파견법 개정으로 포지티브->네거티브 리스트 전환[8]. 제조업 등 일부 제외 거의 전 업종 파견허용. 파견기간 1년→3년에 일부 완화.
2003년 (독일)	Hartz 개혁 일환으로 파견법 대폭 개정. 파견기간 제한 폐지, 동종업무 연속파견 허용 등 규제 완화[3]. 단, 동일노동 동일임금 원칙 법제화 및 단체협약 허용 병행.
2004년 (일본)	제조업 파견 전면 허용으로 규제 최절정 완화[2]. 파견시장 급성장.
2007년 (한국)	파견법 개정. 허용업종 32개로 확대[10]. 불법파견 적발 시 고용간주 → 직접고용 의무화로 제재조항 변경[11].
2008년 (EU) –	EU 파견근로지침 채택. 각 회원국에 파견직 차별금지와 권리보호 강화 요구.
2011년 (독일)	AÜG 개정으로 EU 지침 이행[3]. 파견직 최저임금 도입, "회전문" 방지 조항 등 시행.
2012년 (일본)	파견법 개정. 30일 미만 단기파견 금지, 제조업 파견 3년 제한 등 일부 규제 강화.
2015년 (일본)	파견법 개정. 개별 노동자 동일사업장 파견 3년 제한 규정 신설, 직무별 기간제한 폐지[2]. 사실상 파견 연속사용 가능케 함. 동시에 "동일 노동 동일임금" 가이드라인 발표 등 보호대책 병행.
2017년 (독일)	파견법 개정. 동일 사업장 파견 18개월로 제한, 9개월 초과 시 임금 정규직과 동등 지급 의무 부과. 노사협약으로 예외 가능.
2022년 (한국)	중대재해처벌법 시행, 원청 경영자 형사책임 강화
2025년 (한국)	노란봉투법 국회 통과·공포, 간접고용 교섭권·손배 제한 동일노동 동일임금 근로기준법 개정 추진

위 타임라인에서 볼 수 있듯, 각국의 법·제도 변화의 방향은 상이하다. 한국은 비교적 최근에 보호 위주로 제도를 도입하여 천천히 개방하는 모습이고, 일본은 부분 허용에서 전면 자유화를 거쳐 부작용 시 조정이라는 단계별 완화의 길을 걸었다. 미국은 애초에 별도 규제가 없다 보니 큰 변화 없이 시장 주도로 발전했고, 독일은 일찍 제도를

마련하되 엄격 관리에서 점차 유연화, 그리고 복지적 요소 통합의 경로를 택했다.

법과 산업, 그 상호작용의 명암

사람들은 흔히 법을 건물의 토대에 비유한다. 겉으로 드러나지는 않지만 산업이라는 건물을 밑에서부터 떠받치고 그 모양을 결정하는 것이 법과 제도다. 아웃소싱 산업의 역사에서도 이 말은 그대로 들어맞았다. 규칙이 산업을 만들기도 하고, 망치기도 했다.

앞서 살펴본 각국의 사례에서 몇 가지 인사이트를 얻을 수 있다. 첫째, "규제가 너무 늦으면 시장이 혼란에 빠진다"는 것이다. 한국에서 1990년대 불법파견이 난무했던 것이나, 일본에서 1980년대까지 비공식 인력소개업이 활개쳤던 것은 제도가 현실을 따라가지 못한 탓이었다. 룰이 공백인 상태에서는 노동자 보호도 기업 경쟁환경도 무법지대처럼 혼탁해지기 쉽다. 결국 두 나라 모두 뒤늦게라도 법제화를 하여 비공식적 관행을 공식화한 뒤에야 비로소 산업이 정상궤도에 올라설 수 있었다.

둘째, "규제가 과하면 산업이 위축되거나 왜곡된다"는 점이다. 독일에서 1970년대 파견을 엄격히 제한했을 때 시장 규모는 매우 작았고, 기업들은 대신 인력을 해외 하청이나 자동화로 대체하려 했다. 한국도 초기 제조업 파견 금지로 기업들이 편법 도급을 늘리면서 또 다른 문제를 낳았다. 유럽 일부 국가처럼 정규직 해고는 매우 어렵지만 파견은 허용된 국가에서 파견시장이 가장 빠르게 성장했다[6]. 이는 기업이 엄격한 정규직 보호를 우회하는 출구로 파견을 택한 결과이다. 한편 미국처럼 자유로운 시장에서는 파견이 필요한 만큼만 활용되다가, 경기가 좋으면 다시 줄어드는 자연조정이 이루어진다. 결국 규제가 너무 강해 공식시장을 제약하면, 기업들은 대안적 경로를 찾거나 산업 자체가 발전하지 못하며, 너무 느슨하면 노동자의 권익이 희생되는 양상이 나타난다.

그렇다면 어떻게 해야 할까? 이상적인 해법은 각 나라의 사회·경제적 맥락에 따라 균형점을 찾는 것이다. 독일은 노사정 대화를 통해 단체협약으로 임금 수준을 조절하는 방식을 택했고, 일본은 기간 제한과 직접고용 노력의무 등을 두어 정규직 전환을 유도하고 있다. 한국은 파견 허용 업종을 관리하는 한편, 2025년 노란봉투법을 통과·공포해 간접고용 노동자의 교섭권을 강화했고, "동일노동 동일임금" 원칙을 근로기준법에 명문화하는 개정도 추진 중이다. 미국은 비교적 느슨하지만, 개별 기업들이 자체 가이드라인을 만들거나, 주 정부 단위에서 새로운 보호법을 시도하는 등 내부 보완을 하고 있다. 이처럼 규칙은 고정불변이 아니라, 산업과 사회의 변화에 따라 진화한다.

무엇보다 중요한 것은 사람 중심의 시각이다. 법과 제도가 경제 논리만을 앞세우면 숫자는 성장할지 몰라도 사람은 소외된다. 반대로 사람만 생각해 규제를 강화하면 현실의 경제활동이 얼어붙는다. 이를 푸는 열쇠는 양측의 조화를 이루는 통합적 관점일 것이다. 아웃소싱이라는 것도 결국 사람이 하는 일이기에, 사람을 지키는 규칙이면서도 사람에게 기회를 주는 산업으로 만들어가는 지혜가 필요하다. 각국의 시행착오를 돌아보면, 이제는 어느 한쪽의 극단이 아닌 지속가능한 균형의 해답을 모색할 때임을 알 수 있다.

마지막으로, 법은 결정짓는 힘인 동시에 가능성을 여는 열쇠다. 규칙의 변화에 따라 산업은 때로 급성장했고, 때로는 새로운 길을 찾았다. 예컨대 일본의 1999년 규제완화는 파견업을 거대 산업으로 키웠지만 동시에 사회 안전망 확충이라는 과제를 안겼고, 한국의 엄격한 법은 산업 규모를 제한했지만 질서 있는 성장을 도모했다. 결국 산업을 만든 규칙들은 그 사회가 무엇을 지향하느냐를 담은 거울이기도 하다. 유연성, 안정성, 공정성 중 어떤 가치를 중심에 두느냐에 따라 법의 모양이 달라지고, 산업의 얼굴도 달라졌다.

이 장의 이야기를 마무리하며, 독자가 한 가지 이미지로 이 내용을 기억했으면 한다. 아웃소싱 산업이라는 현장에서, 법과 제도라는 중요한 요소가 환경을 조성하고 방향을 제시하는 모습이다. 주체인 기업과 노동자는 그 변화에 따라 다양한 상황을 경험했다. 하지만 이제는 모든 이해관계자들도 제도 개선에 참여해야 할 때다. 법과 제도의 개선을 노사정이 함께 고민함으로써, 더 좋은 결과를 만들어갈 수 있기 때문이다. 법은 곧 게임의 규칙이다. 그 규칙을 어떻게 설계하느냐에 따라 활동 범위도 참여자들의 안전도 좌우된다. 아웃소싱이라는 영역도 마찬가지다. 이 책이 전하고자 하는 "사람 중심 아웃소싱" 철학 역시, 올바른 규칙 아래서 빛을 발할 때 비로소 완성될 것이다. 산업을 움직이는 것은 사람이고, 그 사람들을 지켜주는 것이 결국 규칙임을 잊지 말아야 하겠다.

4장

싸고 불안정한 일자리의 함정 아웃소싱에 대한 오해와 진실

2016년 5월, 서울 지하철 2호선 구의역에서 19살의 하청 업체 직원이 혼자 스크린도어를 수리하다 열차에 치여 숨지는 사고가 발생했다[1]. 청년 비정규직이 "원청 직원들은 400만원대 임금을 받는데 우리는 컵라면도 먹기 힘들다"며 열악한 처우를 견디다 목숨까지 잃은 이 사건은 사회에 큰 충격을 주었다. "구의역 김군"으로 불린 이 청년의 죽음은 지하철역 승강장에 빼곡히 붙은 포스트잇 추모 물결로 이어졌고, 한국 사회에 "죽음의 외주화"라는 분노 섞인 유행어를 낳았다. 불과 몇 년 뒤인 2018년 12월, 충남 태안화력발전소에서도 비슷한 비극이 반복되었다. 24살 청년 노동자 김용균씨가 컨베이어벨트 이상을 점검하던 중 기계에 끼여 숨진 채 발견된 것이다[2]. 그는 입사한 지 3개월 된 하청업체 소속 비정규직으로, 깊은 밤 홀로 위험한 설비를 관리하다 목숨을 잃었다. 이후 그의 이름을 딴 "김용균법"(강화된 산업안전법)이 제정되고 정부는 공공부문 비정규직의 정규직화 정책을 내놓았지만, 2020년대 중반까지도 비정규 하청 노동자들의 산재 사망은 끊이지 않았다[3]. 두 사건 모두 원청이 아닌 하청 소속의 젊은 노동자가 열악한 조건에서 일하다 희생된 전형적인 "죽음의 외주화" 사례였다.

이렇듯 잇따른 비극을 통해 한국 사회에는 외주와 하청은 불안정한 일자리의 동의어라는 뿌리 깊은 인식이 자리 잡게 되었다. 위험과 비용을 외주화하는 기업 행태에 분노하고, 하청 노동자의 처우 개선을 요구하는 목소리가 언론과 시민사회에 넘쳐났다. 하지만 한편으로는 이런 프레임이 아웃소싱 산업 전반에 대한 부정적 인식을 고착시키고 있지는 않을까? 정말 아웃소싱은 싸고 불안정한 일자리일 뿐일까?

싸구려 일자리의 프레임은 어떻게 만들어졌나

구의역과 태안화력 사고 이후 언론과 시민단체는 앞다투어 "외주화의 폐해"를 고발했다. 특히 "위험의 외주화"라는 표현이 유행하며, 원청 기업이 위험한 업무를 하청 노동자에게 떠넘기고 정작 사고가 나면 책임지지 않는다는 비판이 거세졌다. 실제로 2021년 시점 국내 주요 기업들의 최근 5년간 사망자 103명 중 82.5%에 해당하는 85명이 하청 노동자였다는 통계도 나왔다[4]. 오직 18명만이 원청 소속이었다는 이 충격적인 수치는 많은 이들에게 '위험의 외주화'라는 부정적인 인식을 각인시켰다. 언론은 이러한 단편적 수치와 몇몇 극단적 사례들을 반복적으로 조명하며 아웃소싱을 "싸구려 위험 업무 처리 수단"으로 묘사하곤 했다.

언론 보도와 사회적 담론은 몇 가지 상징적인 사건에 집중되었다. 그 중 하나가 2007년 이랜드 사태였다. 대형 유통업체 이랜드그룹은 비정규직 보호법 시행을 코앞에 둔 시점에, 산하 홈에버 매장의 계산원 등 비정규직 직원 수천 명을 한꺼번에 해고했다[5]. 6천 명 중 절반 가까이가 비정규직이었던 홈에버에서 단 1/3만 정규직으로 전환되고 나머지는 일자리를 잃게 된 것이다. 법을 피해가기 위한 이 대량 해고에 분노한 노동자들은 매장을 점거하고 510일간 장기 파업에 돌입했다. 이랜드 사태는 영화 <카트>의 모티브가 될 만큼 큰 사회적 반향을 일으켰고, 많은 국민들에게 "간접고용은 비정규직 해고 위험을 높인다"는 인상을 남겼다.

이후 2017년에는 인천국제공항의 간접고용 문제가 뜨거운 이슈로 부상했다. 당시 인천공항공사 정규직 직원은 1천여 명에 불과했지만, 보안검색·청소·시설관리 등의 업무에 종사하는 외주 용역 노동자는 무려 1만 명에 달했다[6]. 문재인 대통령이 취임 직후 "공공부문 비정규직 제로"를 선언하며 인천공항 비정규직의 직접고용 전환을 약속하자, 언론은 이를 대대적으로 보도했다. 국민 다수는 "그동안 이렇게 많은 사람들이 불안정한 용역 신분으로 일해왔단 말인가" 하고 놀라면서도, 한편으로는 정규직 전환 방식과 형평성 문제를 두고 갑론을박이 벌어졌다. 결국 인천공항공사는 보안검색 등 안전 필수 분야 3천명을 직접고용하고 나머지 7천명은 자회사 정규직으로 전환하는 절충안을 실행했다[6]. 이 과정에서 드러난 것은 그동안 우리 사회 곳곳에 숨은 하청 노동자들이 얼마나 광범위하게 존재해왔는가 하는 사실이었다.

그러나 대중이 접하는 이러한 이야기들은 아웃소싱 세계의 극히 일부분을 보여주는데 불과하다. 감정적으로 달아오른 여론 속에서, 몇몇 극단적인 사건들이 마치 업계 전부를 대표하는 양 과장되기도 했다. 언론 보도는 자극적인 사례에 집중하는 경향이 있고, 일반 국민들은 아웃소싱 산업의 실상에 대한 정보가 턱없이 부족하다. 그 결과 일부 비극적 사건과 열악한 하청의 이미지가 아웃소싱 전체에 덧씌워져 버렸다. 싸고 나쁜 일자리라는 프레임은 이렇게 형성되었다. 하지만 과연 이것이 산업 전반의 진실일까? 오해는 어디서 비롯되었으며, 구조적인 원인은 무엇일까?

불안정 고용을 낳는 네 가지 구조적 덫

아웃소싱에 대한 부정적 인식 뒤에는 한국 고용 시스템의 구조적 문제가 놓여 있다. 겉으로는 하청 업체의 탐욕이나 원청의 무책임만이 부각되지만, 그 이면에는 제도적·구조적 요인들이 아웃소싱 노동을 불안정하게 만드는 환경이 자리잡고 있다. 이를 이해하기 위해 네 가지 핵심 원인을 짚어볼 수 있다.

첫째, 정규직 중심의 이중 임금구조를 들 수 있다. 우리나라 대기업과 공공부문은 오랫동안 정규직에게 높은 임금과 복리후생을 보장해왔다. 이에 비해 비정규직이나 파견직 노동자의 임금은 상대적으로 낮게 책정되어 있다. 예를 들어 2020년대 들어 정규직 노동자의 시간당 임금을 100으로 볼 때 비정규직의 임금은 불과 66% 수준에 그쳤으며, 그 격차는 해마다 벌어지고 있다[7]. 기업 입장에서는 비용 절감을 위해 핵심 인력 외의 주변 인력은 저임금 비정규직으로 활용하려는 유인이 크다. 결과적으로 정규직 1명분 임금으로 비정규직 2명을 쓰는 현실이 지속되며, 정규직과 비정규직 간의 양극화와 비정규 일자리의 불안정이 구조적으로 고착화됐다.

둘째, 다단계 하도급 관행이다. 한국 산업 현장에서는 원청 업체가 직접 고용을 최소화하고 여러 하청 업체에 업무를 떨어뜨리는 다층 구조가 일반화되어 왔다. 심지어 재하청이나 불법 하도급까지 성행하면서, 실제 일을 하는 노동자는 원청에서 두세 단계 떨어진 업체 소속인 경우가 많다. 이러한 복잡한 외주 구조에서는 공사 대금이나 인건비가 각 단계별로 조금씩 삭감된다. 결국 최말단 하청 노동자에게 돌아가는 몫은 최소화되고, 안전관리나 교육 투자 여력도 줄어들 수밖에 없다[8]. 책임 소재도 불분명해져, 원청은 "우리는 몰랐다"며 사고 책임을 회피하고 하청은 실질적 권한 없이 위험을 떠안는 구조적인 문제가 발생한다.

셋째, 최저가 입찰제의 영향이다. 공공은 물론 민간 영역까지도, 용역이나 공사의 계약자 선정에 최저가 낙찰 관행이 뿌리깊다. 말 그대로 가장 싼 가격을 제시한 업체와 계약을 맺는 방식이다. 문제는 이렇게 수주한 업체가 수익을 내기 위해 인건비와 운영비를 극단적으로 줄일 위험이 크다는 점이다. 실제로 건설현장의 경우 오랫동안 최저가 낙찰제가 만연하여 부실 공사와 안전사고의 원인이 되어왔다[9]. 낙찰가가 터무니없이 낮으면 업체는 숙련 인력을 줄이고 안전 장비 예산을 삭감하는 등 알게 모르게 비용을 줄일 수밖에 없다[8]. 그 피해는 고스란히 노동자들에게 돌아가며, 결국 작업 현장의 불안정과 위험도를 높이는 구조적 원인이 된다.

넷째, 비핵심 업무의 외주화 관행이다. 현대 경영에서는 기업이 자신의 핵심역량(core competence)에 집중하고 그 외의 부수적인 기능은 과감히 외부에 맡기라는 조언이 일반적이다. 실제로 국내 대기업들을 보면, 생산제조나 연구개발 등의 핵심부서 인력은 정규직으로 직접 보유하되 청소, 경비, 시설관리, 콜센터, 운전기사와 같은 주변 업무는 대부분 전문 용역업체에 위탁한다. 이렇게 하면 기업은 핵심 업무에 집중할 수 있고 인건비 부담도 줄일 수 있다는 계산이다. 그러나 이러한 관행이 쌓이면서 원청 정규직과 외주 노동자의 처우 격차가

표 1-3. 비핵심 업무의 외주화 관행의 구조적 요인

구조적 원인	작동 방식	결과
정규직 중심 임금구조	정규직에 높은 임금·복지 제공, 비정규직은 저임금으로 활용	정규직-비정규직 임금 격차 확 대,비정규직 처우 열악[7]
다단계 하도급 구조	원청 → 하청 → 재하청으로 업무 분산,단계별로 대금 삭감	책임 소지 불분명,말단 노동자 임금·안전 투입 감소[8]
최저가 입찰제	계약자를 최저 가격으로 선정 (덤핑 입찰)	업체 수익성 악화, 인력·안전 예산 축소[8]
비핵심 업무 외주화	핵심 업무 외엔 외부 전문업체에 위탁하는 관행	기업은 핵심역량 집중, 외주 인력은 주변화되어 저평가

큰 문제로 떠올랐다. 비핵심 업무라고 해서 그 일을 수행하는 사람이 덜 중요하다고 볼 수 없음에도 불구하고, 관행적 외주화는 업무의 계급화와 고용의 경계선을 만들어내는 결과를 낳았다.

이처럼 아웃소싱을 둘러싼 부정적 현실에는 임금체계, 하도급 구조, 계약 제도, 경영 관행 등 복합적인 구조적 문제가 깔려 있다. 이러한 구조를 개선하지 않고서는 아웃소싱을 둘러싼 오해와 문제도 지속될 수밖에 없다. 결국 싸고 불안정한 일자리라는 인식도 이러한 환경의 산물인 셈이다.

파트너십으로 다시 쓰는 아웃소싱

앞서 살펴본 오해와 구조적 문제는 분명 현실의 한 단면이다. 그러나 아웃소싱의 세계에는 이와 다른 진실의 얼굴도 존재한다. 모든 아웃소싱이 노동자를 착취하고 위험을 전가하는 건 아니다. 오히려 "외주를 준다"는 말 대신 "파트너와 협력한다"는 표현이 더 어울리는 모범적인 아웃소싱 사례들도 국내외에 많이 나타나고 있다. 이러한 윤리적 아웃소싱(ethical outsourcing) 혹은 파트너십 모델에서는 아웃소싱이 단순한 비용 절감 수단이 아니라 사람을 키우고 함께 성장하는 동반자 관계로 재해석된다.

국내 사례로 종합 아웃소싱 기업 제니엘(Zeniel)을 들 수 있다. 1990년대에 설립되어 30년 넘게 업계를 이끌어온 제니엘은 "일하고 싶은 사람이 마음껏 일할 수 있는 행복한 사회"를 모토로 사람 중심 경영을 실천해 왔다[10]. 특히 주목할 점은 이 회사가 시니어 인재 활용에 앞장서고 있다는 것이다. 제니엘 박인주 회장은 "퇴직 후에도 전문가로 계속 일할 수 있게 직원들을 키우고 좋은 일자리를 만들어 준다"고 강조한다. 실제로 제니엘은 정년퇴직한 베이비붐 세대나 경력이 단절된 여성들을 재고용하거나 일자리 연결해주는 프로그램을 운영하고, 장기근속자들이 경력을 설계하며 오래 일할 수 있도록 지원하고 있다. AI와 디지털 기술을 도입해 고령 인력도 새로운 역할을 수행할 수 있게 재교육하는 등 "회사와 사람이 함께 성장한다"는 신념으로 사람에 대한 투자를 아끼지 않는다. 그 결과 제니엘은 종합인재고용서비스 기업으로써 윤리경영대상을 5회 연속 수상하고 고용서비스 우수기관으로 인증받는 등 아웃소싱 업계의 모범 사례로 인정받고 있다. 흔히들 생각하는 외주는 착취적이라는 통념과 달리, 제니엘은 외주를 인재 육성과 좋은 일자리 창출의 플랫폼으로 승화시킨 사례라 할 수 있다.

국외로 눈을 돌려보면, 글로벌 파트너십 아웃소싱의 대표적인 예는 일본 도요타(Toyota)와 협력사들의 관계에서 찾아볼 수 있다. 도요타는 오랫동안 하청업체들을 협력업체라고 부르며, 이들과 운명공동체적 파트너십을 구축해왔다[12]. 이미 1990년대 초부터 도요타는 미국에 진출한 자사 부품 협력사들에 기술 지원 인력을 상주시켜 생산성 향상을 도왔다. 또한 협력업체와 원가를 공동 분석하고 가격을 공동 결정하며, 원가 절감으로 창출된 이익을 협력업체와 나누는 합리적 협력 구조를 운영하고 있다. 예컨대 도요타는 신차 개발 단계부터 1차 협력사와 목표 원가를 설정하고, 이를 달성하면 추가 이익분을 협력사 몫으로 배정한다. 미국 자동차업계가 부품 계약을 단기간에 수시로 바꾸는 것과 달리, 일본은 협력사와 통상 4년 이상의 장기 계약을 맺어 안정적 관계를 유지한다. 그 결과 협력사는 안심하고 연구개발에 투자할 수 있고, 완성차 업체는 양질의 부품을 적기에 공급받는 윈윈(win-win) 효과를 거두었다. 도요타 사례는 "하청은 갑을관계"라는 공식을 깨고, 모두가 승리하는 파트너십의 가능성을 세계에 증명해 보인 것이다.

다국적 기업들의 전략적 아웃소싱 사례도 눈여겨볼 만하다. 미국의 생활용품 기업 프록터 앤드 갬블(P&G)은 한때 펫푸드(pet food) 사업부를 직접 운영했지만, 2014년에 이 부문을 전문기업인 스펙트럼 브랜드(Spectrum Brands)에 통째로 매각했다. P&G 측은 주력 사업에 집중하기 위해 부수 사업을 과감히 외부에 넘긴 것이었고, 스펙트럼은 그 덕분에 IAMS와 유카누바(Eukanuba) 등 유명 펫푸드 브랜드를 인수하여 사업을 확장했다[13]. P&G 입장에서는 비핵심 분야를 정리하여 자원을 세제·미용 등 핵심제품에 집중할 수 있었고, 스펙트럼 입장에서는 새로운 시장을 확보하여 성장 동력을 얻는 윈윈 효과가 나타났다. 단순히 내부 인력을 외부 인력으로 대체한 것이 아니라, 각자가 잘하는 분야에 전념하면서 협력을 극대화한 아웃소싱의 사례라 할 수 있다. 이처럼 글로벌 기업들은 아웃소싱을 단가 후려치기 수단이 아닌 전략적 제휴의 관점에서 접근함으로써, 모두의 가치를 높이는 결과를 만들어내고 있다.

이상의 사례들이 시사하는 바는 분명하다. 아웃소싱이라고 해서 꼭 값싼 불안정 일자리만 양산하는 것이 아니라, 어떻게 설계하고 운영하느냐에 따라 서로에게 이익이 되는 파트너십이 될 수 있다는 것이다. 전통적인 하청 관행과 이러한 파트너십형 아웃소싱의 차이를 정리하면 다음과 같다:

표1-4. 전통적인 하청과 파트너십형 아웃소싱의 차이

전통적 하청	파트너십형 아웃소싱
비용 절감이 최우선 목표	품질 향상과 상호 성장이 목표
단기 계약, 갑을관계로 접근	장기 동반자 관계지향, 협력적 의사소통
노동력 등 자원 착취 우려	인재 투자 및 역량 강화에 공동 노력
위험·책임을 하청에 전가	위험 부담과 책임을 공유(안전 공동관리)
문제 발생 시 하청 교체로 해결	문제 발생 시 함께 개선하며 신뢰 유지

위 표에서 보듯, 하청을 바라보는 시각을 바꾸면 아웃소싱의 모습도 완전히 달라진다. 즉, "값싼 노동력을 사고판다"는 패러다임에서 벗어나 "파트너와 함께 성장한다"는 접근법이 중요하다. 윤리적 아웃소싱이 실현되려면 원청은 협력업체를 동등한 경영 파트너로 존중하고, 협력업체 역시 자사의 직원들을 원청 직원 못지않게 교육·훈련하며 전문성을 키워나가야 한다. 이런 선순환 구조에서는 아웃소싱이 더 이상 위험과 비용을 떠넘기는 장치가 아니라, 사람과 시스템을 효율적으로 연결하는 플랫폼으로 기능하게 될 것이다.

싸구려 일자리인가, 사람을 잇는 플랫폼인가

“아웃소싱은 싸고 불안정한 일자리”라는 정의는 과연 절대적인 진실일까? 앞서 본 여러 사건들이 그러한 이미지를 만들었지만, 동시에 우리는 동일한 ‘아웃소싱’이라는 단어 뒤에 전혀 다른 얼굴들이 공존한다는 것도 확인했다. 어떤 아웃소싱은 분명 값싼 노동력에 의존하는 나쁜 고용일 수 있다. 그러나 또 다른 아웃소싱은 전문 회사를 파트너로 삼아 서로의 가치를 높이는 전략이 되기도 하고, 외주 근로자가 회사와 함께 성장하는 동료로 대우받으며 커리어를 쌓아가기도 한다. 결국 문제는 아웃소싱 그 자체가 아니라, 어떻게 운영하고 어떤 철학으로 이끌어 가느냐에 달려 있다.

생각해보면, 우리가 일상에서 누리는 서비스 상당수는 이미 아웃소싱의 산물이다. 택배 물류, 콜센터 상담, 건물 청소와 보안, IT 시스템 유지보수, 병원의 환자 이송과 진료 보조까지 외주 전문가들이 맡아 주기에 사회가 돌아간다. 이들이 없다면 우리는 불편을 감수하거나 훨씬 더 큰 비용을 치러야 할 것이다. 아웃소싱은 현대 사회의 필수적 분업 구조이며, 중요한 것은 그것을 얼마나 윤리적이고 지속가능한 방식으로 운영하느냐는 점이다. 따라서 지금 우리에게 필요한 것은 아웃소싱을 무조건 적대하거나 미화하는 태도가 아니다. 한쪽 눈으로는 여전히 남아 있는 부조리를 직시하고 개선을 요구해야 하고, 다른 눈으로는 산업 내부의 긍정적 변화 노력도 인정하고 응원할 필요가 있다. 최근의 중대재해처벌법이나 공공부문 정규직화 정책은 어두운 면을 줄이려는 사회적 노력이고, ESG 경영과 윤리적 아웃소싱은 밝은 면을 키우려는 기업 내부의 혁신이다. 두 흐름은 대립하는 것이 아니라 함께 가야 할 길이다.

"싸고 불안정한 일자리"라는 말은 어쩌면 우리 시대 노동에 대한 편견을 압축한 표현일지도 모른다. 정규직이라고 해서 반드시 안전한 것도 아니고, 비정규직이라고 해서 반드시 불안정한 것도 아니다. 기술 변화와 산업 환경 속에서 정규직도 더 이상 평생 안정이 보장되지 않으며, 반대로 프리랜서나 파견 근로자도 전문성과 네트워크를 통해 안정적 수입과 삶의 질을 누릴 수 있는 길이 열려 있다. 중요한 질문은 "정규직이냐 비정규직이냐"가 아니라, 어떤 일을 어떤 방식으로 지속 발전시켜 나갈 수 있는가이다.

경영 구루(guru) 피터 드러커는 "핵심 역량에 집중하고 나머지는 과감히 외부에 맡기라(Do what you do best and outsource the rest.)"고 조언했다. 이 통찰은 아웃소싱을 비용 절감의 꼼수가 아니라, 사람과 시스템을 연결하는 플랫폼으로 보라는 메시지와 닿아 있다. 이제 우리에게 필요한 것은 언론 헤드라인의 자극적 프레임을 넘어, 잘못은 개선하고 가치는 살리는 지혜로운 시각이다. 아웃소싱을 여전히 "싸구려 일자리"라 부를 것인가, 아니면 "합리적이고 유연하며, 윤리적이고 지속가능한 일자리"라는 새로운 정의를 써 내려갈 것인가는 우리의 선택에 달려 있다.

2부

아웃소싱의

주요 산업과 혁신 사례

5장

일과 사람을 연결하는 기술
인적자원(HR) 아웃소싱의 진화

과거에는 채용부터 급여, 교육, 평가까지 기업의 인적자원(HR: Human Resource) 기능을 내부에서 직접 처리하는 것이 당연한 일이었다. 그러나 전문성 있는 외부 파트너에게 HR 업무를 맡기는 추세가 늘어나고 있다. 실제로 전 세계 기업의 절반 이상(약 57%)이 최소 하나 이상의 HR 기능을 외부에 아웃소싱하고 있으며[1], 이를 통해 HR 업무의 효율성과 전문성을 높이고 있다. 이러한 흐름은 디지털 전환과 일하는 방식의 변화 속에서 가속화되고 있는데, 예를 들어 AI 채용 솔루션과 원격 근무 관리 도구 등의 발전으로 기업들은 외부 전문가와 시스템을 연계하여 인재 관리를 수행하는 새로운 모델을 도입하고 있다[2].

HR 아웃소싱은 많은 기업들이 선택하는 일반적인 경영 방식이 되었다. 내부 HR 조직은 중요한 전략 수립에 집중하고, 일상적인 업무는 믿을 만한 외부 전문 업체에 맡기는 형태로 변화하고 있다. 이 장에서는 HR 아웃소싱 시장의 현황을 분석하고, 주요 기업들의 동향과 핵심 경쟁요인을 살펴보고자 한다.

인적자원(HR) 아웃소싱의 현황

HR 아웃소싱이 처음 도입될 때 기업들의 주된 목적은 인건비와 운영비용의 절감이었다. 실제로 HR 업무를 아웃소싱하면 내부 인력 유지 비용을 줄여 최대 70%까지 비용을 절감할 수 있다는 연구 결과도 있다[3]. 그러나 현대의 HR 아웃소싱은 단순한 비용 절감 수단을 넘어 전략적 파트너십의 관점에서 새롭게 주목받고 있다. HR 아웃소싱은 더 이상 비용 절감만이 아니라, 전문성에 대한 접근, 첨단 기술 활용, 그리고 비즈니스 변화에 대한 유연성 확보에 관한 것이다[4]. 이는 기업들이 HR 아웃소싱을 통해 최신 인사기술과 노하우를 가진 전문가 집단과 협업함으로써 내부 HR 부서를 전략적 의사결정 파트너로 바꾸려고 하기 때문이다[5]. 예컨대 관련 법규를 지키는 컴플라이언스 업무나 인재 유지 및 개발과 같은 영역에서 외부 HR 전문가는 풍부한 경험과 데이터를 바탕으로 기업에 조언을 해주어 리스크를 낮추고 회사의 능력을 높여준다. 또한 빠르게 변화하는 사업 환경 속에서 기업들은 핵심 사업에 집중하기 위해 HR 아웃소싱을 활용하고 있는데, 이를 통해 얻는 평균 ROI(투자대비효과)가 191%에 달한다는 조사도 있다[1]. 결국 HR 아웃소싱은 단순히 업무를 맡기는 것이 아니다. 사람과 기술이 함께 협력하여 기업의 성과를 높이는 새로운 인재 관리 방식으로 발전하고 있다.

HR 아웃소싱의 시장 규모

전 세계 HR 아웃소싱 시장 규모는 꾸준한 성장세를 보이고 있다. 2018년 약 1,907억 달러였던 글로벌 시장 규모는 2022년에 약 2,360억 달러로 확대되었다[1]. 연평균 5% 이상의 안정적 성장률을 바탕으로 2030년대 초에는 4천억 달러를 넘을 것으로 전망된다[1]. 이러한 성장은 디지털화(digitization)에 따른 운영 효율 향상, 글로벌 인재 활용 수요, 그리고 복잡한 노동법·규제 환경에서 전문 파트너의 필요성 증가에 기인한다. 아래 그림은 최근 글로벌 HR 아웃소싱 시장 규모의 추이를 보여준다.

그림 2-1. 글로벌 HR 아웃소싱 시장 규모 추이 (2018~2033)

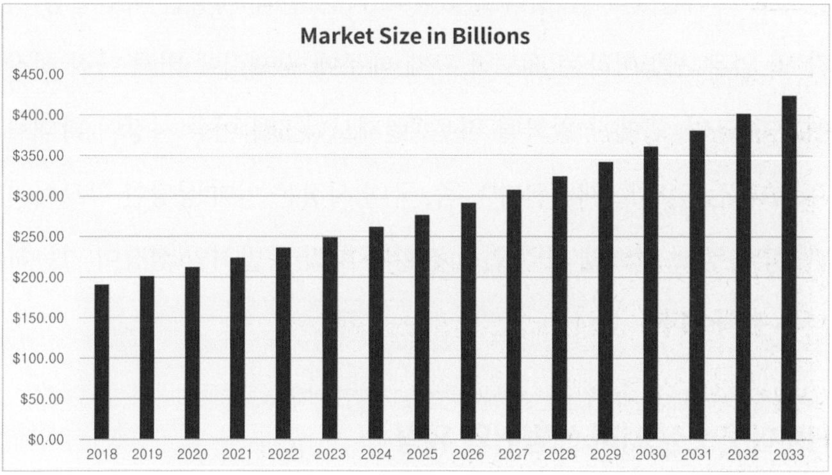

HR 아웃소싱 시장은 지난 수년간 지속적으로 성장하여 2024년에는 약 2,617억 달러 규모에 이르렀으며, 2025년 이후로도 완만한 성장세가 이어질 전망이다[6]. 1990년대 후반 시작 당시에 비해 현재 시

장은 수배로 커졌고, 이는 기업 경영의 필수 요소로서 HR 아웃소싱이 자리잡았음을 보여준다. 한편, 국내 시장 역시 상당한 규모와 잠재력을 지니고 있다. 2022년 기준 대한민국 전체 아웃소싱 시장 규모는 약 106조 8천억 원으로 추산되며, 이 중 HR 아웃소싱 분야는 약 29조 3천억 원(약 27.5%)을 차지했다[7]. 국내 시장은 매년 3~5%대의 성장률로 확대되고 있으며, 기업들이 인사관리 부담을 덜고 전문성을 확보하려는 수요가 이를 뒷받침하고 있다[7].

특히 한국의 경우, 산업 전반에 걸쳐 아웃소싱이 활용되고 있는데 "현재 거의 모든 산업 분야에서 HR 아웃소싱이 중요한 인력 운용 수단으로 자리잡았다"는 평가도 있다[8]. 다만 한국 시장은 파견법상 기간 및 업무 제한이라는 제도적 규제 때문에 잠재력에 비해 아직 성장 여지가 크며, 규제가 완화될 경우 "현재보다 5배 이상 시장이 확대될 수 있다"는 전망도 제시된다[8]. 즉, 국내 시장은 이미 상당한 규모이지만, 향후 정책 변화와 기업 인식 전환에 따라 폭발적인 성장이 가능하다는 분석이다.

HR 아웃소싱 서비스 범위와 유형

HR 아웃소싱이 다루는 서비스의 범위는 넓고 다양하다. 크게 나누면 부분 아웃소싱과 토탈 아웃소싱으로 구분할 수 있으며, 업계에서는 이를 전문 용어로 구분하여 부른다. 먼저 HRO (Human Resources Outsourcing)는 말 그대로 인사(HR) 기능 전반을 외부에 위탁하는 것으로, 급여 및 보상 관리, 복리후생 운영, 인재 교육·평가, 노무 관리, 직원 관계 관리 등 폭넓은 HR 업무를 포함한다[3]. 기업은 필요에 따라 이 중 일부 또는 전부를 외부 HR 서비스 업체에 맡기며, 이를 통해 전문적인 HR 운영 체계를 도입하고 내부 인력은 핵심 업무에 집중할 수 있게 된다. 한 예로 글로벌 기업 휴맥스(Humax)는 HR 전 영역을 외부에 아웃소싱하여, 내부적으로는 자신들의 핵심 역량인 제품 개발과 시장 개척에 집중한 바 있다[5]. 이처럼 HRO는 기업의 전체 HR 기능에 대한 종합적 아웃소싱을 지칭하며, 외부 업체가 마치 그 기업의 HR 부서처럼 역할을 수행하는 파트너십 형태로 발전하고 있다.

다음으로 RPO(Recruitment Process Outsourcing)는 특정 HR 기능 중에서도 채용 업무에 특화된 아웃소싱을 의미한다. 기업의 채용 프로세스 일부 또는 전체를 전문 업체에 위탁하여, 인재 채용에 관한 전략 수립부터 지원자 소싱, 면접 및 선발, 채용 후 온보딩까지를 대행한다[3]. RPO는 HR 아웃소싱 중 가장 빠르게 성장하는 분야로 꼽히며, 전문 RPO 업체들은 채용 브랜딩 컨설팅, 인재 후보군 구축, 면접 대행, 채용 후 정착 지원 등 부가 서비스까지 제공함으로써 기업의 우수 인재 확보 경쟁력을 높여준다. 예를 들어 글로벌 기업들은 대규모 채용 캠페인을 RPO 파트너와 함께 진행하여 더 넓은 인재 풀(pool)을 확보하고 채용 효율을 극대화하고 있다. RPO의 도입으로 채용 품질과 속도가 향상되고, 내부 인사팀은 전략적 인재 운영에 더 많은 시간과 자원을 투입할 수 있게 된다.

이 밖에도 기업들은 필요에 따라 개별 HR 기능을 전문 업체에 맡기는 경우가 많다. 급여(payroll) 아웃소싱은 가장 전통적인 형태로, 한 조사에 따르면 전체 HR 아웃소싱 계약의 70%가 급여 처리를 포함할 정도로 보편화된 서비스다[6]. 이외에도 복리후생 및 보험 행정 아웃소싱, 교육·훈련 아웃소싱, 평가 및 승진 프로세스 아웃소싱, 노무 컨설팅 등 세분화된 영역별 서비스가 존재한다. 최근에는 여러 HR 기능을 묶어서 일괄 아웃소싱(multi-process HRO)하는 추세도 늘고 있다[6]. 예를 들어 한 업체에 급여·성과관리 시스템 운영부터 채용 대행, 노사관계 자문까지 통합적으로 맡기는 사례도 등장하고 있다. 또한 중소기업을 중심으로 PEO (Professional Employer Organization) 서비스도 주목받고 있는데, 이는 아웃소싱 업체가 해당 기업의 공동 고용주 역할을 맡아 채용, 급여지급, 세무, 복지 등 인사행정 전반을 관리해주는 형태다. PEO를 활용하면 소규모 기업도 전문 HR 부서를 둔 것처럼 운영할 수 있어, 스타트업 등에서 각광받는 추세다.

요약하면, HR 아웃소싱은 필요한 HR 기능을 골라서 맡기는 부분 아웃소싱부터 아예 HR 전부를 맡기는 종합 아웃소싱까지 스펙트럼이 넓다. 기업 입장에서는 자신들의 규모와 필요에 맞춰 전략적으로 아웃소싱 범위와 방식을 선택할 수 있으며, 이를 통해 비용 절감과 서비스 품질 향상이라는 두 가지 목표를 달성하려고 한다.

주요 산업별 HR 아웃소싱 활용 현황

HR 아웃소싱은 산업 분야를 막론하고 광범위하게 활용되고 있지만, 특히 몇몇 업종에서 두드러진 수요를 보인다. 아래의 그래프는 산업별 HR 아웃소싱 활용 비중과 그 이유를 보여준다.

그림 2-2. 산업별 HR 아웃소싱 활용 비중

글로벌 기준으로 금융·보험(BFSI) 업종이 전체 HR 아웃소싱 계약의 약 22%를 차지해 가장 높은 비중을 보이고, 정보기술(IT) 분야가 20%, 의료/헬스케어 18%, 소매유통 15%, 숙박·서비스 10% 순으로 뒤를 잇는다[6]. 금융업의 경우 엄격한 규제 준수와 대규모 인력 운영

을 위해 HR 아웃소싱을 적극 도입하고 있으며, IT와 헬스케어 분야는 숙련 인력의 신속한 확보와 스케일 업(scale-up) 필요성 때문에 외부 전문 인재 풀을 활용하는 경향이 강하다[6]. 소매유통과 서비스업은 상시적 인력 교체 수요(계절적 고용변동, 높은 이직률 등)로 인해 채용 및 교육 업무를 아웃소싱하는 비중이 높다.

이러한 통계는 산업별 특성과 HR 아웃소싱의 역할을 잘 보여준다. 예를 들어, 은행·보험 등 금융권에서는 매년 변화하는 규제와 내부통제 이슈에 대응하기 위해 컴플라이언스 전문 HR 서비스를 도입하거나, 지점 운영 인력에 파견사원을 활용하는 등 HR 아웃소싱을 전략적으로 활용한다[6]. IT 기업들은 프로젝트 단위로 대규모 개발자나 전문가를 필요로 할 때 RPO 및 계약직 아웃소싱을 통해 신속하게 인력을 충원하고, 해외 인재까지 활용하는 유연성을 확보하고 있다. 제조업의 경우 생산라인 인력의 파견/도급 활용이 오래전부터 보편적이었고, 현재도 많은 제조기업들이 생산직 및 기능직 인력을 아웃소싱하여 비용을 절감하고 생산 탄력성을 높이고 있다.

공공기관과 공기업들 또한 전문성 확보와 효율화를 위해 일부 HR 기능을 외부 위탁하는 사례가 늘고 있다. 예를 들면, 중앙정부 및 지자체 산하기관들이 콜센터 운영, 청소·시설관리, 정보시스템 인력 등을 아웃소싱으로 조달하며, 심지어 일부 행정 업무 보조 인력도 파견 형태로 활용하고 있다. 이러한 공공부문의 아웃소싱은 민간 기업보다 규제가 엄격하지만, 예산 절감과 서비스 품질 향상을 위해 점진적으로 확대되는 추세다.

한국 산업계를 보면, 모든 분야에서 HR 아웃소싱 활용 흔적을 찾을 수 있을 정도로 범용적이다[8]. 특히 대기업과 중견기업은 이미 채용 대행(RPO), 급여 아웃소싱 등을 보편적으로 활용 중이며, 중소기업도 전문 인사담당자를 두기 어려운 현실을 극복하기 위해 외부 HR 대행 서비스를 찾는 경우가 많다. 2020년대 들어서는 플랫폼 경제와 프리랜서 인력시장 성장에 힘입어, 프로젝트성 업무를 수행할 전문 인력을 필요할 때마다 연결해주는 HR 아웃소싱 플랫폼들이 등장하여 산업 전반의 인력 운용 방식을 바꾸고 있다[2]. 예컨대 미국 핀테크 스타트업 브렉스(Brex)는 설립 초기부터 회계, 세무와 함께 HR 기능 전체를 외부에 맡겨 핵심 사업에 집중해 빠르게 성장한 사례가 있다[17]. 이처럼 필요한 순간에 필요한 인재를 외부에서 확보하는 전략이 기업 경쟁력의 한 축으로 자리매김하고 있다. 결국 HR 아웃소싱은 산업의 종류를 막론하고 "인력이 곧 경쟁력"인 시대에 각 기업이 자신만의 인재 전략을 펼치는 수단으로 활용되고 있으며, 그 형태도 업종 특성에 맞게 진화하고 있다.

HR 아웃소싱의 경쟁구조

글로벌 주요 기업들

세계 HR 아웃소싱 산업은 소수의 글로벌 대형 기업들이 주도하면서도 동시에 수많은 중소 전문업체들이 공존하는 구조를 보인다. 글로벌 시장을 살펴보면, 란드스타드(Randstad), 아데코(Adecco), 맨파워그룹(ManpowerGroup) 세 기업이 대표적인 선도주자이다. 이들은 각각 유럽과 미국을 기반으로 전 세계에 지사를 운영하며, 단순 인력 파견부터 RPO, 교육훈련, 컨설팅까지 종합 인재 서비스를 제공하는 거대 기업이다.

네덜란드에 본사를 둔 란드스타드(Randstad)는 2021년 기준 전 세계 매출 약 260억 달러(약 30조 원)로 업계 1위를 달성했고, 스위스의 아데코(Adecco), 미국의 맨파워그룹(ManpowerGroup)이 그 뒤를 잇고 있다. 이들 글로벌 Top 3 업체의 시장점유율을 합하면 약 11% 수준이며[9], 나머지 시장은 수많은 현지 기업들이 분담하고 있을 정도로 범위가 넓다. 또한 머서(Mercer)도 빼놓을 수 없는 기업으로, 모기업 MMC의 네트워크를 통해 전 세계적인 HR 컨설팅 및 아웃소싱, 특히 보상 및 복리후생 분야 서비스에서 두각을 나타내고 있다. 이밖에 ADP, 켈리 서비스(Kelly Services), 헤이즈(Hays), 리크루트 홀딩스(Recruit Holdings, 일본) 등도 각 분야에서 강점을 지닌 글로벌 플레이어다. 이들 기업은 전 세계적인 인재 풀과 IT 인프라를 바탕으로 한 광범위한 서비스를 무기로 다국적 기업들의 HR 아웃소싱 파트너로 활약하고 있다.

국내 주요 기업들

한국 HR 아웃소싱 시장의 주요 플레이어들은 국내 환경과 고객 특성에 맞게 발전해왔다. 1990년대 중반 국내 아웃소싱 산업 태동기에 설립된 제니엘(Zeniel)은 한국 최초의 종합 아웃소싱 기업으로 꼽히며, 30여 년 간 인재파견과 도급, 채용대행 사업을 개척해온 선구자이다. 제니엘은 2025년 기준 매출액 7,000억 원 규모의 중견 기업으로 성장하여, 제조·물류·서비스 등 다양한 산업에 인력을 공급하고 HR 솔루션을 제공하고 있다.

인크루트(Incruit)와 사람인(SaraminHR)은 원래 온라인 채용포털로 시작하여 디지털 HR 서비스 기업으로 진화한 사례다. 사람인의 경우 구직 포털 운영과 더불어 채용대행, HR컨설팅 사업을 확장하여 2022년 매출 약 1,135억 원을 기록했으며, AI 기반의 인재 매칭 솔루션을 개발하는 등 기술 역량을 갖춘 HR 기업으로 자리매김하고 있다. 인크루트 역시 채용 사이트를 기반으로 RPO와 헤드헌팅 서비스를 병행하며, 2023년 매출 약 334억 원 수준의 사업을 전개하고 있다. 이외에 국내 파견·아웃소싱 업계에는 유니에스(UNIES), 맨파워코리아(Manpower Korea), 퍼솔코리아(Persol Korea) 등 국내외 다양한 기업들이 경쟁하고 있다[10].

국내 HR 아웃소싱 기업들은 사업 포트폴리오와 강점 면에서 글로벌 기업들과 차별화되는 경향이 있다. 예컨대, 국내 기업들은 제조업 생산라인 인력공급, 물류센터 운영 인력도급, 공공기관 위탁운영 등에 강점을 보여왔는데, 이는 한국의 산업 구조와 파견법 규제 환경에 특화된 서비스라 할 수 있다. 반면 글로벌 기업들은 전 세계를 대상으로 전문직부터 블루칼라까지 아우르는 인재 풀과 다국적 운영 역량을 내세워, 국내 대기업의 해외 법인까지 지원하는 등 글로벌 연계 서비스에 경쟁력이 있다. 또한 사람인이나 인크루트처럼 디지털 플랫폼 기반의 기업들은 방대한 데이터베이스와 AI 기술을 앞세워 온라인 매칭, 비대면 채용 서비스 분야에서 두각을 나타내고 있다. 요약하면, 글로벌 대형사, 국내 토착 기업 및 신흥 HR테크 기업으로 구성된 경쟁 구조 속에서, 각각 자신의 장점을 기반으로 시장을 세분화하며 경쟁하고 있는 상황이다.

HR 아웃소싱 경쟁의 핵심 요인

HR 아웃소싱 업계에서 경쟁우위를 결정짓는 요소로는 크게 네 가지를 들 수 있다. 첫째, HR 테크(tech) 기술 역량이다. 오늘날 HR 서비스에서 기술의 활용 수준은 곧 경쟁력과 직결된다. 예를 들어 대규모 클라우드 기반 HR 플랫폼, AI 인재매칭 및 평가 시스템, RPA를 활용한 급여 자동화 등은 HR 아웃소싱 업체들이 경쟁사와 차별화하기 위해 앞다투어 도입하는 기술들이다[6]. 2025년 기준 HR 아웃소싱 계약의 68%는 클라우드 HR 시스템을 포함하고 있고, 72,000건 이상의 계약에 AI 도구가 활용되고 있다는 통계도 있다[6]. 한국의 경우 사람인은 "채용 센터" 서비스를 선보여 AI가 채용공고 작성부터 지원자 평가, 면접 일정 조율, 합격 통보까지 자동화하여 인사담당자의 업무 부담을 크게 줄이고 있다[11]. 이처럼 AI와 자동화 기술을 선도적으로 도입한 기업은 고객사에게 보다 신속하고 정확한 서비스를 제공할 수 있어 시장에서 우위를 점한다. 따라서 기술력 확보를 위한 HR 테크 스타트업 인수나 자체 플랫폼 개발에 투자하는 움직임이 활발하다. 예컨대 란드스타드는 글로벌 구인 사이트 몬스트닷컴(Monster.com)을 인수하고 아데코는 데이터 분석 기업을 인수하는 등 기술 중심의 경쟁을 벌이고 있다.

둘째, 디지털 전환 (digital transformation)이다. 기술력과 맥을 같이하지만, 여기에서는 내부 운영과 서비스 제공 측면의 디지털화 능력을 강조한다. 전통적 아웃소싱 기업이라도 디지털 전환에 성공한 기업은 업무 처리 속도와 품질에서 앞서게 된다. 온라인 포털을 통한 실시간 지원자 관리, 모바일 앱을 통한 파견직원 근태관리, 전자계약·전자명세서 시스템 등은 이제 표준적인 경쟁 요소가 되었다. 제니엘의 경우 자체 개발한 모바일 인력관리 시스템(제모스 V4)으로 현장 파견 인력을 효율적으로 관리하여 2024년 모바일 어워드에서 수상하기도 했다. 이렇듯 디지털 혁신에 투자하고 조직문화까지 혁신한 기업은 운영 효율성과 데이터 기반 의사결정 능력에서 강점을 보이며, 이는 고객사의 만족도로 이어진다. 반대로 디지털 전환에 뒤처진 업체는 시장에서 도태될 가능성이 크기 때문에, 전사적 IT 인프라 업그레이드와 데이터 보안 역시 핵심 경쟁 요인으로 부상했다.

셋째, 고객사 맞춤화 (customization & flexibility)이다. HR 아웃소싱 서비스는 고객 기업의 특성에 얼마나 밀착하여 서비스를 제공하느냐가 성패를 좌우한다. 따라서 각 업체들은 고객 맞춤화된 솔루션을 제공하기 위해 노력하고 있다. 예를 들어 글로벌 HR 파트너인 머서(Mercer)는 각 기업의 조직문화와 인재전략에 부합하는 맞춤형 복리후생 패키지를 설계해주고 있다. 아데코는 대형 제조사의 현장에 전담팀을 파견하여 상주 관리 서비스를 제공하는 등 고객의 요구에 특화된 서비스를 제공한다. 한국의 제니엘은 산업별 전문 인력풀을 14,000여 명 확보하고 고객사 현장에 전담 팀장을 두어 운영을 관리함으로써, 변화나 문제가 생길 때 기민하게 대응하는 체계를 갖추고 있다. 이처럼 서비스의 유연성(flexibility)과 맞춤 컨설팅 제공 여부는 주요 경쟁 요소다. 특히 코로나19 이후로 기업별 상황이 다양해지면서, 어떤 고객사에는 원격근무 인력 관리 솔루션이, 어떤 고객사에는 제조 라인 증설 시 대량 채용을 단기간에 처리하는 역량이 중요해지는 등 요구가 분화되었다. 이에 따라 HR 아웃소싱 업체들은 고객별 전담 매니저 체계, 맞춤형 보고서와 KPI 관리, 필요 시 계약 규모 증감에 탄력 대응 등의 서비스를 통해 파트너십의 깊이를 더하고 있다. 결국 "누가 고객사를 위해 더 잘해줄 수 있는가"가 생존의 관건이라는 말처럼, 고객사와 동반 성장하는 전략적 파트너가 되는 것이 목표이다.

넷째, 공공시장 진입 전략이다. 공공부문 HR 아웃소싱은 규모 면에서 매력적이지만 진입장벽이 높다. 정부기관, 공기업 등의 아웃소싱 사업은 입찰 제안서 평가, 법적 요건 충족, 높은 수준의 투명성 등이 요구된다. 제니엘은 일찍이 클린 기업 인증을 획득하고 정부로부터 일자리 창출 유공 표창 및 ESG 경영 우수기업상을 수상하는 등 대외 신뢰도를 높여 공공부문 파트너로 선정되는 기반을 닦았다. 또한 주요 HR 서비스 업체들은 별도 조직을 두어 공공 입찰을 준비하고, 정부 정책 방향에 부합하는 취업지원센터 운영, 청년인턴 사업 위탁 등의 사업제안을 통해 점차 공공시장을 개척하고 있다. 한국HR서비스산업협회의 김정현 회장은 "제도적 규제만 완화된다면 한국 HR 서비스 시장은 현재의 몇 배로 성장할 것"이라고 언급하며[8], 특히 공공 부문의 개방이 갖는 의미를 강조했다. 이에 따라 업체들은 공공기관으로부터 "신뢰할 수 있는 파트너"로 인정받기 위한 노력을 경주하고 있다. 노동 관련 법규 준수, 노사관계 안정화 능력, 사회적 가치 실현 노력 등이 HR 아웃소싱 기업의 중요한 경쟁 요소로 작용할 것이며, 이는 곧 공공시장 진출에도 결정적인 영향을 줄 것으로 보인다.

HR 아웃소싱 플랫폼 스타트업의 부상과 차별점

HR 아웃소싱 분야에서 눈에 띄는 변화는 플랫폼 기반 스타트업들의 부상이다. 이들은 전통적인 HR 아웃소싱과 달리, 디지털 플랫폼을 통해 기업과 인재 또는 아웃소싱 업체를 직접 연결하는 비즈니스 모델을 취한다. 아웃파인드(Outfind)라는 스타트업은 B2B HR 아웃소싱 플랫폼을 표방하며, 인력이 필요한 기업과 인재 파견·도급 업체를 효율적으로 매칭시켜주는 서비스를 제공하고 있다[12]. 아웃파인드는 이를 통해 기업 입장에서는 영업비용과 시간을 절감하고 인력 공급업체는 새로운 거래 기회를 확보할 수 있도록 만드는, 혁신성을 인정받아

우수 스타트업으로 선정되기도 했다[12]. 이처럼 새로운 플랫폼들은 마치 "인력 시장의 우버(Uber)"를 지향하면서, 복잡한 계약 절차를 온라인화하고 다수의 인력 공급자를 한데 모아 투명한 가격 경쟁과 신속한 매칭을 구현한다.

HR 플랫폼 스타트업의 또 다른 차별점은 첨단 기술 적용의 민첩성이다. 이들은 태생부터 AI와 빅데이터를 활용하여 기업-인재 매칭 알고리즘을 개발하고, 챗봇 면접관이나 자동 이력서 스크리닝 등의 기능을 서비스에 통합해 왔다[2]. 그 결과 인력을 찾는 데 걸리는 시간을 혁신적으로 단축하고 매칭 성공률을 높였다는 평가를 받는다. 또한 플랫폼 기반 서비스는 규모의 경제를 통하여 전통업체 대비 수수료를 낮추거나 투명하게 공개함으로써 가격 경쟁력을 갖추기도 한다. 미국의 한 온라인 프리랜서 플랫폼은 엔지니어 등 고숙련 인력을 시간제 계약으로 연결해주면서, 기존 헤드헌팅 대비 낮은 중개 수수료와 즉시 계약의 편의로 시장을 빠르게 확대했다. 한국에서도 원티드(Wanted)나 프리모아 등 전문직 매칭 플랫폼, 알바몬 같은 단기인력 매칭 앱, 그리고 SAP 시스템 기반 인사관리용 클라우드 소프트웨어를 제공하는 스타트업 등이 등장하여 HR 아웃소싱의 개념을 재해석하고 있다. 이들의 공통된 강점은 사용자 경험(UX)에 집중하여, 기업과 구직자 모두 앱이나 웹을 통해 간편하게 필요한 서비스를 이용할 수 있게 한 점이다. 이는 일일이 계약을 협의하고 대면 면접 조율을 하는 등의 전통적인 방식의 불편함을 해소해 주고 있다.

다만 플랫폼 스타트업들은 전문 인력풀의 깊이(depth)나 맞춤 컨설팅 측면에서는 아직 전통 강자들에 비해 보완이 필요하다는 평가도 있다. 즉, 플랫폼이 자동으로 매칭해줘도 현장 운영의 책임은 고객사 몫이 되기 쉬운데, 전통 HR 아웃소싱 업체들은 현장 관리자를 파견하여 사후관리와 이슈 대응까지 해주는 반면 순수 플랫폼은 그 부분이 취약하다. 이를 보완하기 위해 일부 스타트업은 "관리형 서비스(managed service)" 형태로 진화하여, 플랫폼과 더불어 전문인력의 컨설팅 지원까지 제공하기도 한다. 글로벌 원격근무 플랫폼 리모트(Remote)는 소프트웨어로 계약·급여지급 등을 처리해줄 뿐 아니라, 현지 고용법 전문가의 자문을 연결하는 서비스를 제공해 기업의 글로벌 HR 아웃소싱을 원스톱 지원한다. 결국 신생 HR 플랫폼들은 기민한 기술 적용과 혁신적 모델로 시장을 넓히는 한편, 전통 업체들이 가진 인간적인 터치와 운영 노하우를 얼마나 확보하느냐가 앞으로의 관건일 것이다.

주요 기업의 진화 방향

HR 아웃소싱 업계의 주요 기업들은 급변하는 고용환경과 기술 발전에 대응하기 위해 저마다 진화 전략을 펼치고 있다. 첫째, AI 기반 솔루션 도입이다. 글로벌 리더 기업들은 AI 기술을 활용해 인재 평가 자동화, 직원 경험 분석, 감성 분석 등의 서비스를 출시했다[6]. 란드스타드(Randstad)는 AI 스타트업과 협업하여 면접 영상에서 지원자의 역량을 분석하는 도구를 개발했고, 맨파워그룹(ManpowerGroup)은 자사의 방대한 채용 데이터를 머신러닝을 활용하여 구직자와 직무 매칭 정확도를 높이는 알고리즘을 운영 중이다. 인시그니아(Insignia) 리서치에 따르면 이미 HR 아웃소싱 계약 상당수가 AI 및 자동화 도구를 포함하고 있으며, 매달 110만 건 이상의 급여 트랜잭션이 RPA 봇에 의해 처리되고 있다고 한다[6].

국내에서도 사람인이 AI 자기소개서 분석과 모의면접 서비스를 통해 구직자의 준비를 돕고 기업에게는 지원자 순위를 제공하는 등 혁신을 선보였고[13], 인크루트는 AI 면접관 솔루션을 도입하여 채용 시간 단축 효과를 거두고 있다. 이런 AI 도입 성과로 채용 소요 시간이 단축되고 급여처리 오류율이 약 19% 감소하는 등의 지표 개선이 보고되고 있다[6]. 향후에는 생성형 AI를 활용한 HR 코파일럿이 등장하여 회사의 정책을 학습하고 인사 이슈에 대해 자동 응답하거나 의사결정을 도와주는 단계로 발전할 전망이다. 즉, AI는 HR 아웃소싱 서비스를 더 개인화되고, 빠르고 효율적으로 만들고 있으며, 이러한 기술 리더십이 기업들의 경쟁 우위로 이어지고 있다.

둘째, 채용 브랜딩과 HR 마케팅 지원 역시 주요 진화 방향이다. 인재 확보 전쟁이 심화되면서, 단순히 사람을 구해주는 것을 넘어 어떤 사람을 어떻게 끌어모을지 전략을 제시하는 것이 중요해졌다. 이에 따라 HR 아웃소싱 업체들은 고객사의 채용 브랜딩을 함께 구축해주는 서비스를 제공한다. 맨파워그룹(ManpowerGroup)은 “탤런트 솔루션(Talent Solutions)”이라는 브랜드로 고객사의 고용 브랜드 향상을 위한 채용 캠페인 기획, 소셜미디어 홍보, 채용 이벤트 운영 등을 대행하고 있다. 아데코(Adecco)도 "한 달 동안의 최고경영자 (CEO for one month)"와 같은 글로벌 이벤트를 운영하여 젊은 인재들에게 고객사를 매력적으로 어필하는 프로그램을 제공하고, 이를 통해 양질의 지원자를 모으는 독특한 서비스를 한다. 국내에서도 제니엘이 다수의 청년 취업 지원 프로그램을 운영하며 고객사가 필요로 하는 인재 풀을 사전에 육성하는 역할을 했고, 사람인은 기업별 브랜딩 페이지와 리뷰 시스템을 강화하여 구직자들이 고객사를 잘 이해하고 호감을 갖도록 돕고 있다. 이런 노력은 HR 아웃소싱 업체를 단순 인력 공급상이 아닌 HR 마케팅 파트너로 격상시켰고, 실제로 채용 브랜딩을 잘 한 기업일수록 우수 인재 채용에 성공하는 사례가 늘면서 그 가치를 인정받고 있다.

셋째, ESG 요소의 통합이다. 특히 사회적 책임 분야, 즉 고용에서의 공정성과 포용성을 강조하는 움직임이 뚜렷하다. 글로벌 HR 기업들은 다양성·형평성·포용성(DEI) 지표를 서비스에 포함시켜 고객사가 채용과 인사관리에서 편향 없이 공정한 프로세스를 갖추도록 지원하고 있다[6]. 예컨대 어떤 RPO 업체는 후보자 풀을 다양화하고 블라인드 채용 기법을 도입하여 고객사의 여성·장애인 채용 비율 목표 달성을 도왔고, 머서(Mercer)는 데이터 분석을 통해 고객 조직 내 동일노동 동일임금 준수 여부를 점검해주는 컨설팅을 제공한다. 한국의 HR 아웃소싱 기업들도 노동법 준수와 종사자 처우 개선 측면에서 ESG 경영을 실천하고 있다. 제니엘은 아웃소싱 업계 최초로 2002년에 ISO 9001 인증을 받으며 표준화되고 투명한 경영을 추구했고, 최근 국가 지속가능경영 대상 ESG 우수기업으로 선정되어 노사상생 문화와 일자리 창출 기여를 인정받았다. 또한 많은 파견·용역 회사들이 근로자 보호와 복지 향상 프로그램을 운영하여, 외부 인력이라도 정규직 못지않은 교육과 복지를 누릴 수 있게 노력하고 있다. 나아가 일부 기업은 아웃소싱 근로자의 경력 개발까지 지원하여 파견 종료 후 정규 취업으로 연계시키거나, 취약계층을 우선 채용하여 사회적 가치를 추구하는 모습도 보인다. 이러한 ESG 경영 노력은 브랜드 신뢰도 향상과 함께, 앞서 언급한 공공시장 진출에도 긍정적인 효과를 가져와 지속가능한 성장의 동력이 되고 있다.

혁신사례

제니엘 HR 아웃소싱
사람 중심의 철학을 구현하다

1990년대 후반 우리나라에 아웃소싱 산업이 시작될 때부터 이 길을 걸어온 기업 제니엘은 "일하고 싶은 사람이 마음껏 일할 수 있는 행복한 사회"를 만들겠다는 철학으로 출발했다[15]. 아웃소싱을 단순한 인력 파견이 아닌 사람과 시스템의 협업 플랫폼으로 발전시키고 있다. 비용을 줄이는 대신 가치를 더하는 아웃소싱, 위험을 전가하는 대신 책임을 함께 지는 파트너십을 구축하는 것이 제니엘 HR 아웃소싱 사업의 핵심이다. 각 현장에서는 눈에 보이지 않는 변화들이 일어나고 있다. 공정한 채용의 원칙을 지키기 위해 노력하는 채용대행팀, 위기에 빠진 조직을 회복시키기 위해 현장에 투입되는 컨설턴트, 그리고 취업 취약계층에게 새로운 기회를 열어주는 고용 서비스까지 제니엘의 HR 아웃소싱 현장은 사람을 중심에 둔 이야기들로 가득하다.

공정으로 이어진 일자리: 블라인드 채용 대행 서비스

한 시험장에서 긴장된 표정의 응시자들이 자리에 앉고, 감독관들이 신분 확인 대신 수험표 번호만 부른다. 이름도 사진도 가려진 블라인드 채용 시험장에서, 한 청년은 마음속으로 다짐한다. "이제 학벌도 스펙도 아니라 내가 가진 능력 그대로 평가받을 수 있어." 이 시험의 전 과정을 운영하는 곳이 민간 HR 아웃소싱 기업 제니엘이노베이션이다. 공공기관 채용의 외주화, 그중에서도 블라인드 채용 기반의 채용 대행은 2010년대 후반 등장한 새로운 흐름이다. 과거에는 공공 부문의 채용에 연줄, 스펙 논란이 적지 않았지만, "채용절차의 공정화에 관한 법률" 제정으로 전형 단계에서 공공기관에서는 지원자 정보를 블라인드 처리하고 NCS(국가직무능력표준) 기반 능력 검증을 시행하게 되었다. 문제는 이 복잡한 채용 절차를 전문 인력과 시스템 없이 내부에서 수행하기 어렵다는 점이었다. 채용 공고 게시, 원서 접수와 서류평가, NCS 필기시험과 인적성 검사, 면접위원 구성 및 진행까지 한두 달 만에 수천 명을 처리해야 하는 고도의 전문 영역이었다. 그래서 많은 공공기관이 외부 전문 업체에 이 업무를 아웃소싱하기 시작했다.

제니엘은 경험과 꼼꼼함으로 이 도전에 맞섰다. 1996년 창립 이래 30년 가까이 수많은 기업의 인재를 뽑아 공급해온 경험이 가장 큰 자산이었다. 자체 IT 솔루션이 부족한 점은 기성 플랫폼을 임대해 보완하되, 휴먼 에러를 막는 꼼꼼한 운영으로 차별화했다. 예를 들어 이중·삼중 검수 시스템을 도입하여 채점이나 서류전형에서 실수를 줄였고, 축적된 데이터를 활용하여 고객 기관의 인재상에 맞는 평가 기준을 마련했다. 이러한 노력으로 제니엘은 진입장벽을 뚫고 점차 실적을 쌓기 시작했다. 이로 인해 인천국제공항 보안 자회사 등의 특수 분야 인재 채용까지 담당하며 공공 부문 채용대행 시장에서 입지를 굳혔다. 채용대행 사업에 대해 지원자들의 신뢰와 고객사의 만족이 함께 높아지면서, 제니엘이 대행한 채용은 공정하고 효율적이라는 평가를 얻고 있다. 무엇보다 스펙이나 배경보다 직무 역량으로 사람을 뽑는 문화가 확산되는 데 기여한 것이 제니엘에게는 큰 보람이다. 한 공기업 인사담당자는 "블라인드 채용을 외부 전문기관에 맡기니 부정합격 시비도 사라지고 채용 과정이 투명해졌습니다"라고 평가했다. 제니엘의 공정 채용 플랫폼이 사람이 일자리를 얻는 출발선의 공평함을 실현하고 있는 것이다.

장애인 고용의 새로운 모델

서울의 한 카페 헤이듀(HEWDEW)에서는 매일 아침 향긋한 커피와 함께 의미 있는 변화가 일어난다. 이 카페의 바리스타들은 모두 발달장애인 직원들로, 능숙하게 에스프레소 머신을 다루고 밝은 미소로 손님을 맞이한다. 제니엘이 2011년 설립한 사회적 기업 제니엘플러스를 통해 운영되는 이 카페에는 약 110여 명의 장애인 직원이 근무 중이다[16]. 제니엘은 이들에게 맞춤 교육을 제공하고, 각각의 역량에 가장 잘 맞는 역할을 배정했다. "장애인도 충분히 훌륭한 직업인으로 설 수 있다"는 믿음으로 시작된 이 사업은 이제 제니엘의 중요한 정체성으로 자리잡았다.

박춘홍 제니엘 대표는 "우리 회사에 장애인 직원만 221명 있습니다. 이들에게 적성과 능력에 맞는 효율적인 일자리를 찾아주는 것이 우리의 몫입니다"라고 말했다[16]. 실제로 제니엘은 장애인 직원들이 카페 외에도 다양한 아웃소싱 현장에서 일할 수 있도록 직무를 개발하고 배치하여, 사회적 가치와 비즈니스 성과를 동시에 거두고 있다.

경력단절여성을 위한 재취업 지원

또 다른 사례는 경력단절여성들의 재취업 성공 스토리다. 결혼과 육아로 오랫동안 일을 쉬었던 한 여성은 재취업을 준비하며 어려움을 느꼈지만, 가까운 '새일센터'(여성 새로일하기 센터)를 찾으면서 기회를 얻었다. 이 센터는 2015년 제니엘이 설립한 푸른꿈일자리재단이 운영을 맡은 곳으로, 취업 취약계층 여성들을 위해 직업 훈련부터 일자리 알선까지 지원하고 있다[16]. 이 여성은 프로그램을 통해 최신 사무 스킬을 배우고 자신감을 되찾아, 결국 한 중소기업의 정규직 회계담당자로 채용되는 데 성공했다.

전국 단위 고용 서비스 확산

제니엘은 이러한 고용지원 서비스를 전국으로 확대해왔다. 인천, 수원, 천안, 아산 등 지역 곳곳의 일자리센터를 수탁 운영하며 청년, 중장년, 경력단절여성, 노년층 등 다양한 계층에게 맞춤형 취업 지원을 제공한다[16]. 상담사들이 구직자의 이야기를 들어주고, 필요한 교육을 연계하고, 알맞은 일자리를 연결해준다. 그 결과 매년 수만 명의 구직자가 제니엘의 도움을 통해 새로운 일터를 찾고 있다. 제니엘은 이러한 공로로 고용창출 대통령 표창, 윤리경영 실천 우수기관 국민권익위원장상과 같은 인정을 받으며[15], 아웃소싱 업계에서는 드물게 '사회적 책임 경영'의 모범으로 불린다.

표 2-1. 아웃소싱 패러다임 비교

과거의 아웃소싱	제니엘 방식의 아웃소싱
값싼 인건비로 비용 절감 ⬇ 노동 여건 악화, 서비스 품질 저하	전문인력+시스템으로 가치 향상 ⬇ 효율 개선과 품질 향상 동시에
책임과 위험의 외주화 ⬇ 안전사고 및 사회적 비용 증가	윤리·안전 중시 파트너십 ⬇ 위험관리 강화, 신뢰받는 서비스
단기 계약 위주 관계 ⬇ 고용 불안정, 숙련 저하	동반성장 지향 파트너십 ⬇ 인재 육성, 장기적 성과 창출

위 표는 제니엘의 사람중심 아웃소싱이 기존 관행과 어떻게 다른지 보여준다. 한마디로 제니엘은 아웃소싱에 대한 통념을 바꾸었다. "아웃소싱은 비용절감을 위한 수단"이라는 등식이 지배적이던 산업에, 제니엘은 "아웃소싱은 사람과 시스템을 통한 혁신"이라는 새로운 접근법을 제시한 것이다. 그 결과, 앞서 살펴본 것처럼 기업은 전문업체의 도움으로 핵심 역량에 집중하면서도 업무 품질을 높일 수 있었고, 사람은 능력과 적성에 맞는 일자리를 얻고 성장 기회를 누릴 수 있었다.

제니엘그룹이 걸어온 길은 한국 아웃소싱 산업의 편견을 깨는 동시에 새로운 가능성을 보여준다. 물론 제니엘 역시 수많은 시행착오와 어려움이 있었다. 하지만 사람을 중심에 세웠기 때문에 지속적인 성장이 가능했다[16]. 기업 환경이 불확실하고 급변할수록, 사람에 대한 투자와 신뢰가 결국 성과로 돌아온 것이다.

인천 맨홀 사고 이후 "위험의 외주화를 근절하라"는 사회적 요구가 커지고 있다[14]. 더 이상 아웃소싱이 잘못된 관행으로 흘러가서는 안 된다는 경고다. 제니엘 HR 아웃소싱 사업 사례는 그 경고에 대한 해답을 제시한다. 아웃소싱의 본질은 '외주'가 아니라 '협업'임을 증명해 보인 것이다. 제니엘의 30년 역사는 곧 우리나라 HR 아웃소싱 산업의 성장사이기도 하다. 그들이 개척한 '사람 중심 아웃소싱'은 업계의 판도를 바꾸어 놓았고, 수많은 기업과 사람들에게 새로운 기회를 제공하고 있다. 일자리 문제와 사회적 과제들도 사람의 힘으로 해결할 수 있다는 것을 제니엘의 사례는 명확히 보여주고 있다. 아웃소싱에 대한 새로운 인식이 필요한 시점에서, “아웃소싱의 진정한 가치는 사람에 있다”는 박인주 회장의 메시지가 더욱 의미 있게 다가온다.

6장

품질과 효율성의 만남
제조, 생산 현장의 혁신 이야기

2024년 가을, 경기도 평택의 한 자동차 부품 제조공장에서 30년간 자체 생산라인을 고집해왔던 회사가 처음으로 아웃소싱을 도입했다. “처음엔 정말 고민이 많았습니다. 하지만 지금 생각해보면 정말 잘한 선택이었다고 생각합니다.” 이 회사 생산담당 김부장의 말이었다. 급변하는 글로벌 경제 환경에서 제조업은 품질과 효율성을 동시에 확보하며 시장 변화에 유연하게 대응해야 하는 과제에 직면해 있다. ‘제조업 아웃소싱’이 기업들이 핵심 역량에 집중하고 생산 효율성을 극대화하는 중요한 전략으로 부상하고 있다. 2023년 이후 제조업계에서는 단순 비용 절감을 위한 아웃소싱이 아니라, 혁신과 성장을 위한 지속가능한 전략적 파트너십으로서의 아웃소싱이 주목받기 시작했다. “예전엔 인건비 절약이 목적이었는데, 지금은 아웃소싱 기업의 전문가들이 우리보다 더 좋은 품질을 구현해 내고 있습니다.” 충남 천안의 한 전자부품 제조업체 대표의 말이다.

여기서는 제조업 아웃소싱 시장의 현재와 미래를 분석하고, 주요 기업들의 동향과 당면 과제를 살펴보며, 현장 사례를 통해 제조업 아웃소싱이 어떻게 기업들의 미래를 바꿔가고 있는지 살펴보고자 한다. 특히 디지털 전환과 자동화 기술의 도입이 전통적인 제조업 패러다임을 어떻게 변화시키고 있는지, 그리고 이러한 변화가 기업 경쟁력과 시장 구조에 미치는 영향을 종합적으로 분석하였다. 또한 글로벌 공급망의 재편과 지속가능성 이슈가 제조업 아웃소싱 생태계에 미치는 영향과 더불어, 업계 관계자들이 미래 전략을 수립하는 데 도움이 되는 통찰력을 제공하고자 한다.

제조업 아웃소싱의 현황

제조업 아웃소싱은 기업이 제품 생산의 일부 또는 전체 과정을 외부 전문 제조업체에 위탁하는 것으로, 단순 하청을 넘어 기술 개발, 품질 관리, 생산 최적화 등을 포괄하는 전략적 파트너십으로 발전하면서, 전문성 확보, 시장 대응 속도 향상, 혁신 역량 강화 등 복합적인 가치 창출이 핵심 동력이 되고 있다. 아웃소싱은 제조업 생태계 전반에 걸쳐 새로운 협력 모델과 가치 사슬을 만들어내고 있으며, 기업들로 하여금 핵심 역량에 더욱 집중할 수 있는 환경을 조성하고 있다. 2024년 제조업 아웃소싱 컨퍼런스에서 한 애널리스트는 "Industry 4.0 분야 시장이 연평균 17.9%씩 성장할 것으로 예상되는 것은 거의 매년 새로운 시장이 생기는 수준"이라고 말했다.

국내 제조업 아웃소싱 시장은 놀라운 속도로 성장하고 있으며, 여러 세부 분야에서 동시다발적인 확장세를 보이고 있다. 이러한 성장은 단순히 시장 규모의 확대를 의미하는 것이 아니라, 제조업 생태계 전반의 구조적 변화를 반영하고 있다. 특히 한국의 경우 반도체, 자동차, 조선, 화학 등 주력 제조업 분야에서 글로벌 경쟁이 심화되면서, 기업들이 경쟁력 확보를 위해 아웃소싱을 전략적으로 활용하고 있다. 스타티스타 마켓 포캐스트(Statista Market Forecast)에 따르면, 한국의 IT 아웃소싱 시장은 2025년 130.9억 달러에서 2030년 174.9억 달러로 연평균 5.97% 성장할 것으로 예상되어 제조업 전반의 디지털 전환 가속화를 보여주고 있다[1]. 부산의 한 정밀기계 제조업체 IT담당자는 "3년 전엔 단순 시스템 유지보수였는데, 지금은 AI 기반 생산 최적화, IoT 데이터 분석, 실시간 품질 모니터링을 모두 아웃소싱으로 해결하고 있습니다"라고 설명했다.

제조업이 고질적인 인력난에 시달리고 있으며[2], 2024년 취업포털 조사에 따르면 20대 구직자 중 제조업 희망 비율은 8.5%에 불과했다[3]. 아웃소싱은 인재 발굴 신속성과 인력 관리 용이성을 제공하고 있다[2]. 기업들은 자체 확보가 어려운 첨단 생산 기술, 품질 관리 노하우, R&D 역량을 아웃소싱으로 확보하려 하며, 특히 2024년 들어 'AI와 데이터 분석 역량' 수요가 급증했다.

제조업 아웃소싱은 기업에게 '초기 투자 비용을 절감'하고 생산을 빠르게 시작할 수 있는 기회를 제공하고 있다. 이는 특히 자본이 제한적인 신생 기업이나 새로운 시장에 진입하려는 기업에게 큰 이점이 되고 있다. 아웃소싱을 통해 기업은 자체적으로 모든 공정을 갖추는 대신, 특정 분야에 특화된 '전문 업체의 기술과 노하우'를 활용하여 제품의 품질과 생산 효율성을 높일 수 있다. 2024년 들어 가장 주목받기 시작한 것은 '디지털 혁신 가속화' 가치다. 대전의 한 정밀기계 제조업체 IT담당 차장은 "우리가 자체적으로 스마트팩토리를 구축하려면 최소 3년은 걸렸을 텐데, 전문 업체와 파트너십을 맺어서 1년 만에 구축할 수 있었습니다"라고 말했다.

미래 제조업 아웃소싱의 핵심 가치는 '생산 공정의 자동화와 로봇화'에 있다. 인건비 상승과 기술 발전이 생산 자동화를 가속화하고 있으며, 이는 저임금 국가로의 아웃소싱 매력을 줄이는 동시에 자체 제조의 경제성을 높이는 추세를 보이고 있다. 부산 강서구의 한 선박부품 제조업체에서는 2024년 협동로봇(코봇) 도입 프로젝트를 아웃소싱으로 진행했다. 이 회사 생산부장은 "처음엔 로봇이라고 하니까 직원들이 일자리를 잃을까 봐 걱정했는데, 막상 도입해보니 사람이 하기 힘든 반복 작업은 로봇이 하고, 사람은 더 창의적이고 부가가치 높은 일에 집중할 수 있게 되었습니다. 생산성도 40% 이상 향상되었습니다"라고 설명했다. 한편 제조업 아웃소싱에서 가장 혁신적인 가치 중 하나는 'AI와 빅데이터를 활용한 예측적 유지보수'다. 경남 창원의 한 공작기계 제조업체는 IoT 센서와 AI 분석을 결합한 시스템을 아웃소싱으로 도입했다. 이 회사 설비관리팀장은 "예전엔 기계가 고장 나면 그때 가서 수리했는데, 지금은 고장 나기 전에 미리 알 수 있습니다. AI가 센서 데이터를 분석해서 부품 교체 시기를 알려주어 가동 중단 시간이 70% 줄었습니다"라고 말했다.

핵심 역량에 집중하게 만드는 제조업 아웃소싱

제조업체는 생산을 아웃소싱함으로써 마케팅, R&D, 제품 디자인 등 기업의 핵심 가치를 창출하는 분야에 자원과 노력을 집중할 수 있게 되었다. 이에 따라 '고객 맞춤형 서비스'에 집중하게 된 기업들의 사례가 늘어나고 있다. 인천의 한 의료기기 제조업체 CEO는 "생산은 전문업체에 맡기고, 우리는 온전히 고객과의 소통과 맞춤형 솔루션 개발에 집중할 수 있게 되어 고객 만족도가 크게 높아지고 매출도 30% 증가했습니다"라고 밝혔다.

2024년 경기도 시흥의 한 플라스틱 재활용 업체는 아웃소싱을 통해 자사의 핵심역량과 전문업체의 역량을 결합한 순환경제 시스템을 구축했다. 이 회사 환경경영팀장은 "단순히 재활용하는 것에서 한 걸음 더 나아가서, 제품 설계 단계부터 재활용을 고려한 시스템을 만들었습니다. 여러 전문 업체들과 협력해서 폐기물을 90% 줄이면서도 비용은 오히려 절감되었습니다"라고 설명했다.

고객사가 자신의 핵심역량에 집중하면, 다양한 새로운 비즈니스모델이 창출된다. 예를 들어 '서비스형 제조(Manufacturing as a Service, MaaS)' 모델과 같은 비즈니스 모델의 도입이다. 즉, 기업이 필요한 만큼만 생산 서비스를 이용하고 비용을 지불하는 구독형 모델로 발전하는 것이다. 울산의 한 스타트업 CEO는 "전통적으로는 공장을 지어야 제품을 만들 수 있었는데, 이제는 클라우드 서비스 쓰듯이 제조 서비스를 이용할 수 있습니다. 필요할 때만 생산 라인을 빌려서 쓰고, 시장 반응을 보고 나서 확대하거나 축소할 수 있어 스타트업에게는 정말 혁명적인 변화입니다."라고 강조했다.

또 다른 모습은 스마트팩토리 기술과 아웃소싱의 융합이다. 시장조사기관들의 보고에 따르면 우리나라의 스마트팩토리 관련 시장이 높은 성장률을 보이고 있다[4]. 이러한 가치 변화는 제조업 아웃소싱이 단순한 생산 능력 확장이나 비용 절감을 넘어, 생산 공정의 지능화, 품질 고도화, 그리고 기업의 전략적 선택을 지원하는 방향으로 진화하고 있음을 보여준다. 특히, 자동화 및 로봇화 기술 도입이 인력난 해소와 효율성 증대라는 두 마리 토끼를 잡는 핵심 수단이 되고 있다[2].

제조업 아웃소싱의 경쟁구조

제조업 아웃소싱 시장은 다양한 규모와 전문성을 가진 기업들이 경쟁하는 역동적인 환경이다. 대기업 계열의 전문 아웃소싱 기업부터 특정 제조 공정에 특화된 중소기업까지, 각자의 강점을 바탕으로 시장에서 입지를 다지고 있다. 전통적인 인력 제공 중심의 서비스에서 기술 기반의 토털 솔루션으로 경쟁 영역이 확대되면서, 기업들은 차별화된 역량 확보를 위해 치열한 경쟁을 벌이고 있다. 특히 디지털 전환, 자동화, 지속가능성 등 새로운 가치 요구사항이 등장하면서 시장 재편이 가속화되고 있다. 또한 글로벌 경제 불확실성과 지정학적 리스크 증가로 인해 공급망 안정성과 회복탄력성이 핵심 경쟁 요소로 부상하고 있어, 기업들은 기존의 비즈니스 모델을 재점검하고 새로운 전략을 수립해야 하는 상황에 직면해 있다.

국내 시장의 주요 기업들

국내 제조업 아웃소싱 시장에는 다양한 유형의 기업들이 경쟁하고 있다. 대형 HR 서비스 기업들이 생산 도급 분야에서 강세를 보이고 있으며, 특정 산업군이나 공정에 특화된 전문 기업들도 존재한다. 2024년 가을, 서울 코엑스에서 열린 '제조업 아웃소싱 EXPO'에서 업계 관계자들이 모여 시장 동향을 논의했다. 그 자리에서 한 업계 전문가는 이렇게 말했다. "국내 아웃소싱 시장이 정말 빠르게 성숙해지고 있습니다. 예전에는 그냥 인력만 공급하면 됐는데, 지금은 기술력, 시스템, 서비스 품질 등 모든 면에서 경쟁이 치열해지고, 고객사들의 눈높이도 엄청 높아지는 추세입니다."

국내 시장에는 제니엘을 비롯한 여러 아웃소싱 전문 기업들이 제조업 아웃소싱 시장에서 활발하게 활동하고 있다. 이들은 주로 생산 도급, 인력 파견, 공정 관리 등의 서비스를 제공하며 고객사의 생산 효율성 향상에 기여하고 있다. 첫 번째 대표기업은 제니엘이다. 업계에서 유일하게 산업 부문에서 탁월한 공로를 세운 유공자에게 정부가 수여하는 훈장인 '금탑, 은탑, 동탑 산업훈장'을 모두 수여 받은 제니엘은 혁신적인 성장과 차별화된 시스템 및 서비스를 선보이고 있다[16]. 생산 도급, 물류센터 운영, 시설관리 등 다양한 산업 분야에서 전문성을 인정받고 있다. 제니엘의 한 임원은 회사의 성장 비결을 이렇게 설명했다. "저희는 단순히 사람을 보내주는 회사가 아닙니다. 고객사의 문제를 해결하는 솔루션 제공자로 자리매김하려고 노력하고 있습니다. 그래서 제모스 V4 같은 토탈 업무관리 시스템도 개발했고, 직원 교육 프로그램도 체계화하고 있습니다."

두 번째는 고객 중심철학을 표방하는 동양EMS이다. 동양EMS는 고객 가치를 최우선으로 하며, 2024년 '리딩 컴퍼니' 및 '아웃소싱 10대 기업'에 선정되었다. 업계에 기여한 공로와 산업 발전을 이끌어가는 리더십을 인정받고 있다. 동양EMS의 대표는 회사의 경영 철학을 이렇게 표현했다. "아웃소싱 업계에서 20년 넘게 일하면서 느낀 게 있어요. 결국 고객이 성공해야 우리도 성공한다는 것입니다. 그래서 저희는 항상 고객사의 입장에서 생각하고, 그들의 성공을 위해 최선을 다하고 있습니다."

세 번째는 20년 노우하우를 지닌 아람인테크이다. 2004년 설립되어 2024년 창립 20주년을 맞이한 아람인테크는 HR 서비스 전문 기업으로, 생산 도급 분야에서 혁신적인 고객 서비스를 통해 성장하고 있다. 아람인테크의 창업자는 20년간의 여정을 돌아보며 이렇게 말했다. "20년 전만 해도 아웃소싱이라는 개념 자체가 생소했습니다. 하지만 저희는 이 분야의 미래를 믿고 꾸준히 투자했고, 특히 사람에 대한 투자를 소홀히

하지 않았습니다. 그게 지금의 성장 동력이 되었다고 생각합니다."

네 번째는 생산 도급 분야와 물류센터 운영 서비스 분야에서 급성장을 이룬 애드민이다. 애드민의 경영진은 급성장의 비결을 이렇게 설명했다. "시장의 변화를 빠르게 읽고 대응한 게 성공 요인이었습니다. 특히 물류 분야의 성장에 주목하고 일찍부터 투자했고, 직원들의 전문성 향상에도 많이 신경을 썼습니다."

다섯 번째는 지속적인 성장을 하고 있는 유니에스이다. 유니에스는 2024 대한민국 퍼스트브랜드 대상에서 아웃소싱 서비스 부문 12년 연속 대상을 수상했으며, 고용 창출, 인재 육성 등 사회적 책임과 산업 경쟁력 강화를 이끌고 있는 업계 리딩 기업이다. 유니에스의 한 임원은 지속 성장의 비결을 이렇게 밝혔다. "12년 연속 대상 수상이라는 것은 단순히 한두 해 잘한 게 아니라, 지속적으로 혁신하고 발전했다는 의미입니다. 저희는 항상 업계 표준을 만들어가는 기업이 되려고 노력하고 있습니다."

여섯째는 지역 특화전략에 집중한 퍼스트인이다. 퍼스트인은 생산 도급 전문성을 기반으로 건물 관리, 물류 인력 공급 등 사업 확장을 거듭하고 있으며, 부산·경남 지역을 넘어 전국권 우수 기업으로 발돋움하고 있다. 퍼스트인의 대표는 지역 특화 전략에 대해 이렇게 설명했다. "처음에는 부산·경남 지역에서만 사업을 했습니다. 하지만 이 지역을 완전히 장악한 다음에 전국으로 확장하고 있습니다. 지역별 특성을 잘 아는 게 경쟁력의 원천이 되었다고 생각합니다."

표 2-2. 국내 주요 제조업 아웃소싱 기업별 특징 및 강점 (2024년 기준)

기업명	핵심 서비스/강점	특징적인 성과/인정
제니엘	현장 맞춤형 솔루션, 품질관리 컨설팅, 스마트워크 시스템	2024년 '리딩 컴퍼니' 및 '아웃소싱 10대 기업' 선정, 제모스V4 시스템
동양 EMS	고객 가치 최우선, 업계 기여 및 리더십	2024년 '리딩 컴퍼니' 및 '아웃소싱 10대 기업' 선정
아람인테크	HR 서비스 전문, 생산 도급 분야 혁신적 고객 서비스	2024년 창립 20주년, '리딩 컴퍼니' 및 '아웃소싱 10대 기업' 선정
애드민	생산 도급 및 물류센터 운영 급성장, HR 아웃소싱 전문	매출 1,000억 목표, '리딩 컴퍼니' 및 '아웃소싱 10대 기업' 선정
유니에스	고용 창출, 인재 육성, 산업 경쟁력 강화 선도	2024 대한민국 퍼스트브랜드 대상 아웃소싱 서비스 부문 12년 연속 대상
퍼스트인	생산 도급 전문성 기반 사업 확장, 지역 선두에서 전국권 발돋움	2024년 '리딩 컴퍼니' 및 '아웃소싱 10대 기업' 선정

마지막으로 신생 강자들의 도전이다. 2024년 들어서는 기존 강자들 외에도 새로운 플레이어들이 시장에 진입하기 시작했다. 특히 AI와 로봇 기술을 핵심으로 하는 신생 기업들이 주목받고 있다. 대전의 한 AI 기반 생산관리 스타트업 CEO는 이런 변화를 설명했다. "기존 업체들은 사람 중심의 서비스에 강점이 있었습니다. 그러나 저희 같은 신생 업체들은 기술 중심으로 접근하면서, AI로 생산 최적화하고 로봇으로 자동화하는 등의 노력에 집중하고 있고 이런 게 저희 강점입니다."

이들 기업들은 제조업의 고질적인 인력난을 해소하고, 복잡한 생산 공정을 효율적으로 관리하며, 급변하는 시장 환경에 유연하게 대응할 수 있도록 돕는 핵심 파트너로 자리매김하고 있다. 특히, 제니엘과 같이 '리딩 컴퍼니'로 선정된 기업들은 단순히 인력을 공급하는 것을 넘어, 차별화된 시스템과 서비스를 통해 고객사의 생산성 향상과 경쟁력 강화에 실질적으로 기여하고 있다.

글로벌 시장의 거대한 흐름

국내 시장뿐만 아니라 글로벌 시장에서도 주목할 만한 변화들이 일어나고 있다. 특히 아시아 태평양 지역에서는 새로운 강자들이 등장하고 있다. 2024년 하반기, 베트남의 한 대형 EMS(Electronic Manufacturing Services) 업체가 한국 시장 진출을 발표했다. 이 회사의 한국지사장은 진출 배경을 이렇게 설명했다. "한국은 기술력이 높고 품질 요구사항이 까다로운 시장입니다. 하지만 그만큼 우리가 성장할 수 있는 기회도 크다고 판단합니다. 특히 반도체, 디스플레이 분야에서는 한국 기업들과의 협력이 필수적이라고 전망합니다." 중국의 BYD, 대만의 TSMC 등도 제조 서비스 분야에서 적극적인 확장을 시도하고 있다. 이들의 공통점은 단순한 제조를 넘어 R&D부터 애프터서비스까지 포괄하는 '전주기 서비스'를 제공한다는 것이다.

제조업 아웃소싱 시장의 경쟁 이슈

제조업 아웃소싱 시장은 높은 성장 잠재력에도 불구하고 여러 가지 복합적인 경쟁 이슈와 도전 과제에 직면해 있다. 첫째, 심각해지는 인력난과 세대교체의 어려움이다. 제조업이 이미 심각한 인력 부족에 직면해 있으며, 특히 청년층의 제조업 기피 현상과 숙련 인력의 고령화는 심각한 문제가 되고 있다[2][3]. 2024년 10월 기준 전체 부족인원은 522천명으로 인력부족률이 2.8%를 기록했으며, 이 중 제조업이 115천명으로 가장 많은 부족인원을 나타내고 있다[2]. 2024년 봄, 경남 창원의 한 기계부품 제조업체에서는 '20년 후 우리 공장은 누가 운영할 것인가'를 주제로 특별한 회의가 열렸다. 이 회사의 인사담당 부장은 "우리 공장 직원 평균 연령이 52세이고, 젊은 사람들은 제조업을 기피하며, 기존 직원들은 점점 나이가 들어가는 정말 심각한 상황입니다"라고 말했다. 특히 숙련 기술자의 은퇴는 더 큰 문제가 되고 있다. 부산의 한 조선업체 용접 기술자는 "40년 넘게 용접 일을 했는데, 이 기술을 배우려는 젊은 사람이 없어서 제가 은퇴하면 이 기술은 그냥 사라지는 것입니다"라고 토로했다. 이런 상황에서 아웃소싱 업체들은 가상현실(VR)을 활용한 기술 전수 프로그램, 멘토링 시스템, 체계적인 지식 관리 시스템 등을 도입하기 시작했다.

둘째, 치솟는 생산 비용과 가격 경쟁력 문제이다. 한국은 선진 제조 공정과 품질에 대한 강조로 인해 중국이나 베트남 등 다른 국가에 비해 생산 비용이 높은 편이다. 2024년 중반, 서울의 한 글로벌 전자제품 업체 구매담당자는 "한국 업체들의 품질은 정말 좋지만 가격 면에서는 동남아시아 업체들과 비교가 안 되고, 어떤 제품은 거의 2배 차이가 납니다."고 말했다. 하지만 단순 가격 경쟁 시대는 지나가고 있다. 대신 '가치 기반 가격책정(Value-based Pricing)'이 중요해지고 있다. 경기도 안산의 한 정밀기계 제조업체 대표는 "요즘은 품질 보증, 납기 준수, 기술 지원 등의 가치를 인정하고 그에 맞는 대가를 지불하려는 고객들이 늘고 있습니다"라고 설명했다.

셋째, 복잡해지는 데이터 보안과 지적 재산권 이슈이다. 아웃소싱 과정에서 민감한 생산 기술 정보, 고객 데이터 등의 유출 위험이 존재하며, 지적 재산권 보호 문제 또한 중요한 이슈가 되고 있다. 2024년 여름, 업계를 뒤흔든 사건이 하나 있었다. 국내 한 대기업의 핵심 기술이 해외 아웃소싱 과정에서 유출된 것이었다. 해당 기업의 보안담당자는 "정말 충격적이게도 수년간 개발한 핵심 기술이 한 순간에 경쟁사에 넘어갔습니다. 그 이후로는 아웃소싱 업체를 선정할 때 보안 시스템을 가장 먼저 확인하고 있습니다"라고 회상했다. 이런 상황에서 아웃소싱 업체들은 블록체인 기반 보안 시스템, 암호화 기술, 접근 권한 관리 시스템 등을 적극 도입하기 시작했다.

넷째, 품질 관리의 복잡성과 표준화 문제이다. 아웃소싱을 통해 생산을 위탁할 경우, 품질 관리에 대한 통제력이 약화될 수 있다는 우려가 있다. 특히 2024년 들어서는 고객사들의 품질 요구사항이 더욱 까다로워지고 있다. 단순히 기능적 품질뿐만 아니라 환경 친화성, 지속가능성, 윤리적 생산 등까지 고려해야 한다. 충남 아산의 한 자동차 부품업체 품질관리팀장은 "예전에는 기능만 제대로 작동하면 됐는데, 지금은 어떤 소재를 썼는지, 생산 과정에서 환경 오염은 없었는지, 근로자 안전은 지켜졌는지까지 다 확인해야 합니다"고 설명했다. 이에 대응하기 위해 아웃소싱 업체들은 ISO 14001(환경경영), ISO 45001(안전보건경영) 등 다양한 인증을 취득하고 실시간 품질 모니터링 시스템을 도입하고 있다.

다섯째, 공급망 복잡성과 리드 타임 관리의 어려움이다. 아웃소싱된 생산 공정의 진행 상황에 대한 투명성이 부족할 수 있으며, 특히 해외 아웃소싱의 경우 운송 시간, 통관 등으로 인해 리드 타임이 길어질 수 있다. 2024년 하반기, 수에즈 운하 통과 지연과 중국 일부 지역의 코로나19 재확산 등이 복합적으로 작용하면서 글로벌 공급망 불안정성이 다시 주목받았다. 인천의 한 전자제품 수입업체 물류담당자는 "평소 같으면 2주면 도착할 제품이 6주나 걸렸습니다. 그 이후로는 여러 경로를 통한 공급망 다변화를 추진하고 있습니다"라고 말했다. 이런 문제를 해결하기 위해 많은 기업들이 '니어쇼어링(Nearshoring)' 전략을 채택하기 시작했다.

여섯째, 노동 환경과 근로자 권익 보호 문제이다. 서울 구로구의 한 아웃소싱 업체 HR담당자는 "젊은 직원들의 요구사항이 정말 달라졌습니다. 단순히 월급만 많이 준다고 되는 게 아니라, 교육 기회, 복리후생, 근무 환경 모든 면에서 정규직과 차별 없는 대우를 원하는 상황입니다"고 말했다. 이에 대응하기 위해 선진적인 아웃소싱 업체들은 '동일 노동 동일 임금' 원칙을 도입하고, 직원 교육 프로그램을 강화하며, 근무 환경 개선에 투자하고 있다.

일곱째, 복잡해지는 법적·규제적 환경 변화이다. 한국은 엄격한 제품 안전 기준, 인증 및 라벨링 요구 사항을 가지고 있어, 현지 규제 환경에 익숙하지 않은 기업에게는 어려움이 될 수 있다. 2024년 중반, 정부는 아웃소싱 업계에 영향을 미치는 새로운 규제안을 발표했다. 주요 내용은 근로자 보호 강화와 불법 파견 단속 강화였다. 한 아웃소싱 업체 법무팀장은 "규제가 강화되는 것 자체는 좋은 일이지만 너무 빠르게 변하다 보니 대응하기가 어려운 면이 있습니다. 특히 중소 업체들은 법무팀이 없어서 더 힘든 상황입니다"고 우려를 표했다. 반면, 일부 전문가들은 이런 규제 강화가 업계 전체의 수준을 높일 수 있다고 긍정적으로 평가했다.

이재명 정부는 2025년 6월 출범 이후 '실용주의와 국민주권, 사회통합'을 기반으로 하는 정책 기조를 채택했다[5]. 특히 근로자 권익 보호를 핵심 가치로 내세우며 '일하는 사람 권리보장 기본법' 제정을 추진하고 있었다[6]. 새 정부는 '국민의 생명·안전을 보호하는 규제는 보완하고, 불합리한 규제는 해소해 민생안정과 내수활성화를 위한 규제합리화를 추진'하는 이원적 접근을 취하고 있다[7]. 대전의 한 노무법인 대표는 이런 변화에 대해 "이재명 정부의 규제 철학은 '선택과 집중'이라고 볼 수 있습니다. 근로자 보호나 안전 관련해서는 규제를 강화하지만, 혁신을 저해하는 불합리한 규제는 과감하게 없애고 있습니다"라고 평가했다. 정부는 특수고용·플랫폼노동·프리랜서 등 모든 일하는 사람을 포괄적으로 보호하는 제도 개선을 추진하고, 노란봉투법(노동조합법 2·3조 개정안) 통과를 공약으로 내세웠다[8][9]. 이는 아웃소싱 업계에 직접적인 영향을 미칠 것으로 예상된다. 동시에 AI·바이오헬스·재생에너지 등 핵심전략산업에 대해서는 '규제 제로화'와 네거티브 방식의 규제 전환을 추진하여 혁신을 지원하겠다는 입장을 밝히고 있다[7]. 인천의 한 제조업체 법무담당자는 "정부가 혁신 분야에서는 규제 샌드박스를 대폭 확대하겠다고 하니 기대가 크지만, 근로자 보호 강화로 인한 컴플라이언스 부담은 늘어날 것 같습니다"라고 말했다.

여덟 번째, 글로벌 경쟁 심화와 지정학적 리스크 심화이다. 저렴한 인건비를 가진 국가로의 아웃소싱 업무 이동 경향은 선진국의 아웃소싱 산업에 위축 요인이 될 수 있다. 2024년 말, 미국과 중국 간의 무역 분쟁이 다시 격화되면서 글로벌 공급망에 큰 변화가 예상되고 있다. 한국무역협회의 한 연구원은 "한국은 미국과 중국 사이에서 어려운 위치에 있습니다. 양쪽 모두 중요한 파트너인데, 선택을 강요받는 상황이 올 수도 있어서 아웃소싱 업체들도 이런 리스크를 고려해서 전략을 세워야 합니다"고 분석했다.

아홉번째, 기술 혁신 속도와 투자 부담의 딜레마이다. 제조업의 디지털 전환이 가속화되면서 아웃소싱 업체들도 지속적인 기술 투자가 필요해지고 있다. 하지만 이런 투자는 막대한 비용을 요구하고 있으며, 특히 중소 업체들에게는 큰 부담이 되고 있다. 경기도 시흥의 한 중견 아웃소싱 업체 대표는 "고객사들이 요구하는 기술 수준이 점점 높아지고 있습니다. AI, IoT, 로봇 등을 다 도입하려면 수십억 원이 들지만 투자하지 않으면 경쟁에서 뒤처질 수밖에 없습니다"라고 고민을 털어놓았다. 이런 문제를 해결하기 위해 일부 업체들은 자체적으로 모든 기술을 개발하는 대신 전문 기술 업체와 협력하는 '기술 파트너십' 전략을 채택하고 있다.

위기를 기회로 바꾸는 혁신적 대응

위기는 곧 기회이기도 하다. 2024년 하반기, 업계의 한 원로는 "어려운 시기일수록 진짜 실력 있는 업체들이 살아남습니다. 지금의 도전들을 잘 극복하는 기업이 미래의 승자가 될 것이고, 특히 기술 혁신과 인재 육성에 투자를 아끼지 않는 기업들 부상할 것입니다"라고 말했다. 따라서 제조업 아웃소싱 기업들은 이러한 도전을 극복하기 위해 단순 인력 제공을 넘어 자동화, AI 등 첨단 기술을 도입하여 생산 효율성과 품질을 높이고, 강력한 데이터 보안 시스템을 구축하며, 근로자 권익 보호와 안전한 작업 환경을 제공함으로써 사회적 책임을 다하고, 변화하는 국내외 규제 환경과 글로벌 공급망 동향을 면밀히 주시하며 유연하고 선제적인 대응 전략을 마련하여 시장 변화에 따른 리스크를 최소화하려고 노력하고 있다.

이와 더불어 고객사별 특성에 맞춘 맞춤형 서비스 제공 능력이 핵심 경쟁력으로 인식되기 시작했다. 충남 아산의 한 자동차 부품 아웃소싱 업체는 고객사별 맞춤형 생산 라인을 구축하여 주목받고 있다. 이 회사 생산본부장은 "각 자동차 브랜드별로 요구하는 품질 기준과 생산 방식이 다르기 때문에, 우리는 고객사별로 전용 라인을 구축하고 전담팀을 운영하고 있습니다. 이를 통해 고객사의 브랜드 가치와 품질 철학을 완벽하게 구현할 수 있었습니다"라고 설명했다. 특히 스마트 제조와 데이터 분석을 결합한 맞춤형 서비스가 주목받고 있다. 대전의 한 정밀 기계 아웃소싱 업체는 고객사별 생산 데이터를 실시간으로 분석하여 최적화된 생산 조건을 제안하는 서비스를 제공하고 있다.

한편 코로나19 팬데믹과 글로벌 공급망 불안정성을 경험한 후, 많은 기업들이 '공급망 회복탄력성' 강화에 주목하고 있으며, 이는 오히려 새로운 기회를 창출하고 있다. 특히 '니어쇼어링(Nearshoring)'과 '리쇼어링(Reshoring)' 트렌드가 국내 아웃소싱 업체들에게 새로운 기회를 제공하고 있다. 지정학적 리스크와 공급망 불안정성으로 인해 글로벌 기업들이 생산 기지를 가까운 지역으로 이전하거나 본국으로 회귀시키는 추세가 강화되면서, 한국의 우수한 기술력과 안정적인 사회 시스템을 갖춘 아웃소싱 업체들이 새로운 고객을 확보할 기회가 증가하고 있다. 인천자유경제구역의 한 전자제품 아웃소싱 업체 대표는 "최근 몇 년간 일본과 유럽 기업들의 문의가 크게 늘었습니다. 중국 리스크를 줄이고 싶어하는 기업들이 한국을 대안으로 고려하고 있으며, 우리의 기술력과 품질 수준에 높은 관심을 보이고 있습니다"라고 설명했다.

미래를 향한 새로운 도약

제조업 아웃소싱 시장의 경쟁은 단순한 가격 경쟁을 넘어, 기술력, 서비스 품질, 혁신 능력, 지속가능성, 리스크 관리 능력을 종합한 가치 경쟁으로 발전하고 있다. 이런 변화 속에서 살아남고 성장하는 기업들이 미래 시장의 주역이 될 것이다. 제조업 아웃소싱 업계는 과거의 단순한 인력 공급 모델에서 벗어나 기술 혁신, 지속가능성, 고객 맞춤화, 글로벌 경쟁력을 갖춘 종합 솔루션 제공자로 진화하고 있다. 이러한 패러다임 변화는 제조업 아웃소싱을 단순한 비용 절감 수단에서 기업의 핵심 경쟁력을 강화하는 전략적 파트너십으로 발전시키고 있으며, 이는 업계 전체의 가치 창출과 지속가능한 성장을 위한 토대가 되고 있다. 향후에는 기술 혁신, 지속가능성, 고객 맞춤화, 리스크 관리, 사회적 가치 창출 등 다양한 영역에서의 종합적 역량을 갖춘 기업들이 시장을 선도해나갈 것으로 전망된다. 이는 개별 기업의 역량 강화를 넘어 업계 전체의 생태계적 진화를 의미하며, 협력과 상생을 통한 공동 성장이 새로운 성공 모델로 자리잡을 것으로 예상된다.

무엇보다 이러한 변화는 제조업 아웃소싱이 한국 제조업의 글로벌 경쟁력 강화와 지속가능한 발전에 핵심적인 역할을 할 것임을 시사하고 있으며, 이는 단순한 산업적 변화를 넘어 사회적, 환경적 가치 창출로 이어지는 의미 있는 전환이 될 것이다. 특히 젊은 세대의 가치관과 글로벌 트렌드가 결합되면서, 혁신과 지속가능성을 동시에 추구하는 새로운 패러다임이 업계의 미래를 이끌어갈 것으로 전망되며, 이는 한국 제조업 전체의 패러다임 변화에도 중요한 영향을 미칠 것으로 예상된다.

혁신사례

제니엘-A전자

제조업 아웃소싱의 새로운 표준을 만들다

2019년, 제니엘에게는 특별한 기회가 찾아왔다. A전자의 생산도급 운영 프로젝트에 참여하게 된 것이었다. 하지만 이 프로젝트는 단순한 인력 공급 사업이 아니었다. 당시 A전자는 급변하는 전자 산업 환경 속에서 생산성 극대화와 품질 혁신이라는 두 마리 토끼를 모두 잡아야 하는 상황이었다. 특히 글로벌 경쟁이 치열해지면서 원가 절감과 동시에 품질 향상이라는 상반된 요구를 모두 충족해야 했다. 기존의 아웃소싱 방식으로는 한계가 명확했다. 기존 방식으로는 협력업체들은 인력만 보내주고 품질 문제가 생기면 서로 책임을 미루기 바쁜 구조였고 개선 제안도 이루어지지 않았다.

이런 상황에서 제니엘의 제안은 A전자에게 새로운 가능성을 보여주었다. 다른 업체들이 인력 공급과 비용 절감에만 초점을 맞춘 반면, 제니엘은 완전도급 기반의 통합 솔루션을 제시했다.

단순 인력공급에서 완전도급 시스템으로

A전자가 원하는 건 단순한 인력 지원이 아니었다. 생산 전체 프로세스를 책임질 수 있는 진정한 파트너를 찾고 있었다. 당시 제니엘 영업팀장은 "A전자 담당자가 '우리가 원하는 건 사람만 보내주는 게 아니라, 생산 품질부터 안전관리까지 모든 걸 함께 책임질 수 있는 파트너입니다'라고 했던 이야기를 회상했다. A전자가 제시한 조건들은 까다로웠다. 경영 독립성을 보장하면서도 최고 수준의 전문성을 요구했다. 인사채용부터 기자재 조달, 품질보증까지 모든 걸 독립적으로 운영하되, A전자의 까다로운 품질 기준은 완벽하게 맞춰야 했다.

추진 프로세스

첫 번째 단계는 제니엘만의 완전도급 운영시스템을 구축하는 것이었다. 이는 단순히 인력을 파견하는 기존 방식과는 완전히 다른 접근이었다. 초기에는 상당한 어려움이 있었다. A전자의 기존 운영 방식과 제니엘의 시스템을 통합하는 과정에서 예상치 못한 문제들이 계속 발생했다. 당시 현장 관리자는 이렇게 회상했다. "처음 2주간은 정말 힘들었습니다. 우리 방식대로 하자니 A전자 기준에 안 맞고, A전자 방식을 그대로 따르자니 효율이 떨어졌습니다. 매일 회의하고 조정하고, 또 조정하고 하는 과정을 반복했습니다."

하지만 이런 시행착오 과정이 오히려 더 완성도 높은 시스템을 만드는 계기가 되었다. 인사채용에서부터 독립성을 확보해야 했다. 제니엘은 자체 채용 기준을 새롭게 수립하고 면접 프로세스를 구축했다. 특히 A전자의 전자제품 생산 특성상 정밀함과 안전의식이 중요했기 때문에, 이런 역량을 평가할 수 있는 독특한 면접 방식을 개발했다. 동시에 A전자의 까다로운 품질 기준에 맞는 인재를 선별할 수 있는 시스템을 개발했다. 여기에 정기적인 직원 교육과 평가 체계까지 갖춤으로써 완전한 독립 운영 기반을 마련했다. 기자재 조달 시스템도 완전히 새롭게 구축했다. 생산에 필요한 모든 기자재를 독립적으로 조달할 수 있는 체계를 만들었고, A전자의 품질 기준에 맞는 자재 공급업체 네트워크를 구축했다. 이 과정에서 공급업체 발굴과 검증에만 3개월이 걸렸다. 재고 관리부터 비용 최적화까지 고려한 통합 시스템을 도입해서 효율성을 극대화했다.

두 번째 단계는 제니엘이 30년간 쌓아온 품질관리 노하우를 A전자 현장에 맞게 적용하는 것이었다. 핵심은 4M+1M 품질관리 시스템의 도입이었다. Material(재료), Machine(설비), Method(방법), Man(인력)에 Measurement(측정)를 더한 이 시스템은 제니엘의 노하우가 집약된 품질관리 방법론이었다. 각 공정별로 품질 체크포인트를 설정하고, 실시간으로 품질을 모니터링할 수 있는 시스템을 구축했다. 처음에는 현장 직원들의 반발이 있었다. 기존보다 복잡하고 까다로운 절차 때문에 작업 속도가 느려질 것이라는 우려였다. 현장 작업자 박○○ 씨(3년차)는 당시를 이렇게 회상했다. "솔직히 처음에는 '왜 이렇게 복잡하게 하나' 싶었습니다. 매번 체크하고 기록하는 것이 번거롭다고 생각했었습니다. 그런데 한 달 정도 지나니까 확실히 달라지는 게 보였습니다. 불량품이 확 줄어들고, 작업도 더 안정적으로 되었습니다." 실제로 시스템 도입 2개월 후부터는 품질 관련 클레임이 눈에 띄게 감소했다. 무엇보다 작업자들 스스로가 품질에 대한 책임감을 갖게 되면서 전체적인 품질 의식이 향상되었다. 당시 품질관리 담당자는 이렇게 설명했다. "처음에는 A전자 기준이 정말 까다롭다고 생각했었습니다. 하지만 막상 우리 4M+1M 시스템을 적용해보니까 오히려 더 체계적으로 관리할 수 있게 되었습니다. 지금은 이 시스템 없이는 일을 할 수 없을 정도입니다."

세 번째 단계는 제니엘의 스마트워크(Smart Work) 시스템을 도입하는 것이었다. 이는 ECOSYSTEM의 제조업 버전이라고 할 수 있었다. 앱(APP) 기반의 업무관리 시스템을 구축했다. 출퇴근 관리부터 작업 스케줄까지 모든 것을 모바일로 통합 관리할 수 있게 만들었다. 실시간으로 작업 진행상황을 모니터링하고, 품질 이슈가 발생하면 즉시 보고할 수 있는 시스템도 갖췄다. 이 시스템의 가장 큰 장점은 투명성이었다. 관리자와 작업자, 그리고 A전자 담당자 모두가 실시간으로 같은 정보를 공유할 수 있게 되었다. 작업 지연이나 품질 이슈가 발생하면 즉시 모든 관련자가 알 수 있어서 신속한 대응이 가능했다. 현장 관리자 이○○ 씨는 이렇게 말했다. "예전에는 문제가 생겨도 보고 받기까지 시간이 걸렸습니다. 그런데 이제는 현장에서 바로 앱으로 올리면 5분 내에 모든 관련자가 알 수 있게 되어 대응 속도가 확실히 빨라졌습니다." 온라인 교육시스템도 새롭게 도입했다. 개인별 맞춤형 직무 교육 프로그램을 운영하고, 안전교육과 품질교육을 정기적으로 실시했다. 특히 게임화(Gamification) 요소를 도입해서 교육 참여도를 높였다. 개인별 교육 이력을 체계적으로 관리하고 평가할 수 있는 시스템까지 완성했다.

마지막 단계는 지속적인 개선 활동을 통한 혁신 문화 정착이었다. 현장 개선 제안제도를 본격적으로 운영하기 시작했다. 제니엘은 A전자 현장에서 28개의 구체적인 개선 항목을 도출했다. 이는 단순한 제안이 아니라, 실제 현장에서 직면한 문제들을 해결하는 실용적인 솔루션들이었다. 가장 대표적인 사례가 전극판 육안검사 방법의 개선이었다. 기존에는 외부 노출 공간에서 3명이 육안으로 검사했는데, 조명이 부족해서 크랙 발견이 어려웠다. 제니엘 팀에서 제안한 개선안은 밀폐된 공간에서 빛을 투사해서 크랙을 더 쉽게 식별할 수 있게 하는 것이었다. 이 개선을 통해 검사 정확도가 크게 향상되었을 뿐만 아니라, 1명이 기존 3명의 일을 할 수 있게 되어서 연간 인건비를 절감할 수 있었다. 또 다른 중요한 개선은 동박적층판(CCL: Copper Clad Laminate) 공정에서의 병목 현상 해결이었다. Tact Time과 Cycle Time을 체계적으로 분석해서 재고 낭비와 대기 낭비를 제거했다. 작업 순서를 최적화하고 급출고품을 별도로 관리하는 시스템을 도입해서 전체적인 작업 효율을 크게 향상시켰다. "이런 개선이 가능했던 이유는 현장 직원들이 직접 문제를 찾고 해결책을 제시했기 때문입니다. 위에서 지시해서 되는 게 아니라, 실제 일하는 사람들이 불편함을 느끼고 개선하려고 노력했기 때문입니다." 현장 관리자의 이야기다.

A전자의 성과

A전자 입장에서 가장 만족스러운 부분은 생산성과 품질이 동시에 향상된 것이었다. 완전도급 시스템 도입으로 생산 효율성이 15% 향상되었다. 작업 흐름이 최적화되면서 같은 시간에 더 많은 제품을 생산할 수 있게 되었다. 특히 전극판 검사 공정에서는 기존 대비 200% 이상의 생산성 향상을 달성했다. 4M+1M 시스템과 실시간 품질 모니터링의 효과로 품질 불량률도 20% 감소했다. 체계적인 안전 교육과 예방 시스템 덕분에 안전사고 제로를 달성할 수 있었다. 예전에는 품질 문제가 생기면 원인 분석부터 대책 수립까지 며칠씩 걸렸지만, 제니엘과의 협력 이후 즉시 대응이 가능해졌

다. 나아가 고객사가 예상하지 못했던 개선 아이디어들을 지속적으로 제시해 줄 수 있게 되었다.

무엇보다 A전자는 핵심 사업에 집중할 수 있게 되었다. 생산 관련 모든 운영을 제니엘에서 책임지면서, A전자는 기술 개발과 사업 전략에 더 많은 리소스를 투입할 수 있었다. 효율적인 인력 운영과 자재 조달로 운영 비용을 12% 절감할 수 있었다. 완전도급 시스템으로 관리 포인트가 대폭 축소되면서 관리 부담도 70% 감소했다. 기존에는 인사관리, 교육, 안전관리, 품질관리 등을 모두 A전자에서 직접 해야 했지만, 이제는 제니엘에서 일괄 담당하니 A전자 관리자들의 업무 부담이 크게 줄어들었다. 독립적 운영 체계 덕분에 신속한 대응이 가능해져서 의사결정 속도도 30% 향상되었다. 고객사 입장에서 예전에는 협력업체 관리만으로도 많은 시간이 소요되는 구조였다. 예컨대, 인력 충원 요청, 교육 계획 수립, 품질 문제 대응 등에 골몰하느라 정작 중요한 전략 업무는 뒷전인 경우가 많았다. 그러나 제니엘에서 전담해서 문제를 해결하니, 고객사는 진짜 중요한 일에 집중할 수 있게 되었다.

제니엘의 성과

A전자 프로젝트를 통해 제니엘은 단순한 인력공급업체에서 종합 솔루션 제공업체로 진화할 수 있었다. 이는 제니엘의 사업 모델

자체를 한 단계 업그레이드시키는 계기가 되었다. 가장 큰 변화는 직원들의 마인드셋이었다. 단순히 주어진 일만 하는 게 아니라, 품질과 효율성에 대해 스스로 고민하고 개선하는 문화가 자리 잡았다. 특히 젊은 직원들의 변화가 눈에 띄었다. 스마트워크 시스템에 빠르게 적응하면서 오히려 기존 직원들을 이끌어가는 경우가 많았다. 월별 개선 제안 발표회에서도 20-30대 직원들의 참여가 활발했다. 현장 직원 김○○ 씨(5년차)는 다음과 같이 말했다. “예전에는 그냥 시키는 대로만 했는데, 지금은 ‘어떻게 하면 더 잘할 수 있을까’를 항상 생각하게 돼었습니다. 제가 제안한 개선 방법이 실제로 적용되고 효과를 보니까 정말 뿌듯합니다.” 또 다른 직원 이○○ 씨(2년차)는 이렇게 덧붙였다. “회사에서 우리 의견을 진짜로 들어주고 반영해주니까 일하는 보람이 달라졌습니다. 친구들한테도 우리 회사를 자랑하게 되었습니다”

A전자와의 성공적인 파트너십을 통해 제니엘은 제조업 분야에서의 입지를 확고히 할 수 있었다. 이는 다른 제조업체들로의 확장을 위한 훌륭한 레퍼런스가 되었다. 실제로 A전자 사례가 알려지면서 여러 제조업체들로부터 벤치마킹 요청과 사업 제안이 들어오기 시작했다. 대기업 계열의 전자부품 제조업체 3곳에서 공식적인 사업 제안을 했고, 그 중 2곳과는 실제 계약을 체결했다.

업계에서의 인정과 파급효과

A전자 프로젝트의 성공은 제조업 아웃소싱 업계에 새로운 표준을 제시했다. 단순한 인력 공급이 아닌, 완전도급 기반의 통합 솔루션 모델이 실제로 작동한다는 것을 증명한 것이다. 이러한 성과를 바탕으로 제니엘은 2022년 디지털조선일보로부터 '종합인재고용서비스 부문을 선도하는 리딩 기업'이라는 평가를 받으며, 제조업 아웃소싱 분야의 새로운 성공 사례를 만들어냈다[10]. 다른 아웃소싱 업체들도 제니엘의 사례를 벤치마킹하려고 했지만, 30년간 축적된 노하우와 체계적인 시스템 없이는 쉽게 따라할 수 없는 것이 현실이었다. 특히 스마트워크 시스템과 디지털 기반의 품질 관리는 4차 산업혁명 시대에 맞는 새로운 아웃소싱 모델로 주목받고 있다.

지속적인 혁신과 발전

A전자와의 성공적인 파트너십을 바탕으로, 제니엘은 제조업 아웃소싱의 미래를 그려가고 있다. 구체적인 계획들을 살펴보면, 먼저 AI 기반의 품질 예측 시스템 개발이 있다. 과거 데이터를 학습한 AI가 품질 이슈를 사전에 예측해서 예방할 수 있는 시스템을 도입할 예정이다. IoT 센서를 활용한 실시간 설비 모니터링 시스템도 개발하여, 설비의 미세한 변화까지 감지해서 예방 정비를 할 수 있게 된다. 향후 AI와 IoT 기술을 활용한 스마트 팩토리 솔루션,

친환경 생산 시스템, 그리고 글로벌 제조업체와의 파트너십 확대 등 더 큰 비전을 실현해 나갈 것이다. 특히 친환경 생산 시스템에 대한 관심이 높아지고 있다. 탄소 중립이 화두가 되면서 제조업체들도 친환경 생산에 대한 요구가 커지고 있다. 제니엘은 이미 A전자 현장에서 폐기물 제로 프로젝트를 시범 운영하고 있으며, 이를 다른 현장으로 확대할 계획이다.

A전자 사업장에서의 성공은 단순한 하나의 프로젝트 성공을 넘어, 제조업 아웃소싱의 새로운 가능성을 보여주었다. 진정한 파트너십을 통해 서로 윈-윈할 수 있다는 것, 그리고 위기를 기회로 바꿀 수 있다는 것을 증명한 것이다. 이제 제니엘의 A전자 사업장은 단순한 협력업체를 넘어 진정한 전략적 파트너가 되었다. 앞으로도 이런 신뢰관계를 바탕으로 제조업 아웃소싱의 새로운 표준을 만들어갈 것으로 기대된다.

7장

물류기능 10% 생산성 향상의 비밀

2024년 여름, 서울 강서구의 한 이커머스 스타트업 물류센터에서 놀라운 일이 벌어졌다. 창업 3년 차에 접어든 이 회사는 하루 평균 1만 건의 주문을 처리하며 급성장했다. 하지만 문제가 있었다. 물류는 여전히 대표이사가 직접 관리하고 있었던 것이다. "정말 한계였어요." 김대표의 고백이었다. "새벽 3시까지 포장하고, 배송 문제로 고객 클레임을 받다보면 도저히 사업 확장에 집중할 수가 없더라고요." 그러던 중 전문 물류 업체와의 파트너십을 결정했다. 3개월 후 극적인 변화가 일어났다. 물류비는 20% 절감되었고, 배송 시간은 단축되었으며, 무엇보다 핵심 사업인 상품 기획과 마케팅에 온전히 집중할 수 있게 되었다.

물류는 우리 일상 속에서 공기와도 같은 존재다. 눈에 띄지는 않는다. 하지만 우리가 사용하는 모든 제품이 제때 우리 손에 들어오기까지 물류의 역할은 절대적이다. 특히 기업의 경쟁력을 좌우하는 핵심 요소로 자리매김하면서, 물류를 전문 기업에 맡기는 '물류 아웃소싱'은 이제 선택이 아닌 필수가 되어버렸다. 2023년 이후 물류업계에 변화의 바람이 불기 시작했다. 단순 운송이나 보관을 넘어, AI와 빅데이터를 활용한 스마트 물류가 주목받기 시작한 것이다. "예전에는 그냥 물건을 A에서 B로 옮기는 게 물류였는데, 이제는 완전히 달라졌습니다." 업계 20년 차 물류 전문가 박과장의 설명이다. "실시간 예측, 자동화 분류, 맞춤형 배송까지, 이제는 물류 자체가 기술 혁신의 최전선이 되었습니다."

이 장에서는 물류 아웃소싱 시장의 현재와 미래를 분석하고, 주요 기업들의 동향과 당면 과제를 살펴보며, 현장 사례를 통해 물류 아웃소싱이 어떻게 기업의 생산성을 10% 이상 향상시키는 핵심 동력이 될 수 있었는지 살펴보고자 한다. 특히 디지털 전환과 자동화 기술의 도입이 전통적인 물류 패러다임을 어떻게 변화시키고 있는지, 그리고 이러한 변화가 기업 경쟁력과 시장 구조에 미치는 영향을 종합적으로 분석해 보았다.

물류 아웃소싱의 현황

물류 아웃소싱 전략은 기업이 제품의 생산, 보관, 운송, 유통 등 물류 활동의 일부 또는 전부를 외부 전문 기업에 위탁하는 것을 의미한다[1]. 이는 재고 관리, 통관, 정보 시스템 운영, 심지어 공급망 컨설팅까지 포함하는 광범위한 서비스 영역을 포괄한다. 기업들은 왜 물류 아웃소싱을 선택할까? 비용 절감, 효율성 증대, 핵심 역량 집중, 그리고 시장 변화에 대한 유연한 대응 능력을 확보하기 위해서다[2]. 과거에는 비용 절감이 주된 목적이었다면, 이제는 전문성 확보, 시장 대응 속도 향상, 혁신 역량 강화 등 복합적인 가치 창출이 핵심 동력이 되고 있다.

물류 아웃소싱 시장의 성장

한국의 물류 아웃소싱 시장은 전 세계에서 가장 역동적인 성장을 보이는 시장 중 하나다. 특히 '제3자 물류(3PL)' 시장과 이커머스 물류의 폭발적 성장이 이러한 변화를 이끌고 있다. 3PL은 기업이 제품 생산이나 판매에만 집중하고, 물류는 전문 업체에 맡겨 효율성을 높이는 전략을 의미한다[3]. 한국의 경우 첨단 IT 인프라와 높은 이커머스 침투율을 바탕으로 글로벌 물류 혁신을 선도하고 있으며, 정부의 디지털 뉴딜 정책과 제조업 혁신 지원 정책이 맞물리면서 시장 성장에 추가적인 동력을 제공하고 있다.

숫자로 살펴보자. 여러 시장조사기관의 데이터를 종합하면, 한국 3PL 시장 규모는 상당한 성장세를 보이고 있었다. 모도르 인텔리전스(Mordor Intelligence)에 따르면 한국 3PL 시장 규모는 2025년 297억 6천만 달러에서 2030년 362억 9천만 달러로 성장할 것으로 전망된다. 연평균 성장률(CAGR)은 4.05%를 기록할 것으로 예상된다[4]. 마크엔텔 어드바이저스(MarkNtel Advisors)의 분석에서는 2024년 185억 달러에서 2030년 320억 달러로 성장할 것으로 보며, 연평균 9.8%의 높은 성장률을 예측하고 있다[5]. 차이가 있지만 한 가지는 분명한 사실은 물류 아웃소싱 시장이 계속 성장한다는 것이다. 한 시장 분석 전문가는 이렇게 전했다. "한국 3PL 시장의 성장 잠재력은 매우 높습니다. 특히 이커머스 물류와 특수 물류 분야에서 지속적인 성장이 예상되며, 디지털 전환과 자동화 투자가 이러한 성장을 가속화하고 있어요."

이러한 성장을 촉진하는 핵심 동인은 네 가지이다. 첫째, 한국의 높은 이커머스 침투율이다. 놀라운 수치다. 한국은 소매 거래의 32%가 온라인으로 이루어지는 세계 2위의 이커머스 시장이다. 이는 빠르고 정확한 배송에 대한 소비자들의 기대치를 극도로 높였다 [6]. 둘째, 정부의 대규모 디지털 전환 투자다. 제5차 국가물류기본계획(2021-2030)을 통해 스마트 물류 인프라 구축에 대한 지속적인 투자가 이루어지고 있다 [7]. 대한상공회의소의 '2024 유통물류 통계집'에 의하면, 물류산업은 코로나19 직후 2020년 13.5% 역성장한 이후 회복 추세로 전환되어 꾸준히 10% 이상 성장률을 유지하고 있다. 2023년 기준 물류산업 GDP 규모는 92.8조원. 전체 부가가치 생산의 4.1%를 차지하며 GDP 성장률의 0.5%p를 담당하고 있다 [8]. 이는 물류산업이 한국 경제의 핵심 성장 동력 중 하나로 자리매김했음을 보여주는 명확한 지표다. 셋째, 제약·바이오 물류의 급성장으로, 콜드체인과 같은 특수 물류 수요가 크게 늘어나고 있다는 점이다. 이 분야는 2028년 전후로 일반 물류 시장과 대등한 규모에 도달할 것으로 예측된다 [7]. 넷째, 한국이 지닌 아시아 물류 허브로서의 지정학적 위치 때문이다. 한국은 중국과 일본 사이에 위치한 지정학적 입지와 수출주도형 경제에 힘입어 수도권은 인천항 및 인천국제공항, 부산권은 부산항 중심의 국제 물류산업이 발달해 있다[7]. 한 물류업계 CEO의 말을 들어보자. "예전에는 단순히 A에서 B로 물건을 옮기는 게 물류였는데, 이제는 완전히 달라졌습니다. 실시간 추적, AI 예측, 자동화 분류 등이 기본이 되었고, 특히 이커머스 때문에 당일배송, 새벽배송까지 요구받고 있는 상황입니다. 그래서 전문 물류기업 없이는 도저히 감당할 수 없는 현실입니다." 이러한 변화는 물류 아웃소싱이 단순한 비용 절감 수단에서 경쟁력 확보의 핵심 전략으로 진화했음을 보여준다.

시장 구조도 변하고 있다. 이커머스 물류가 가장 높은 성장률을 보이며 전체 시장 성장을 견인하고 있다. 전자상거래의 급성장에 따라 택배 및 배달업 등 생활물류산업의 성장세가 지속되고 있다. 하지만 택배산업의 경우 2020년 20.9%에서 2021년 7.6%, 2022년 2.8%로 성장세가 다소 둔화되고 있다[8]. 이러한 성장 둔화에도 불구하고 전체적인 물류 아웃소싱 시장은 여전히 견고한 성장세를 유지하고 있다. 특히 B2B 물류 분야에서는 제조업체들이 글로벌 공급망 복잡성 증대와 비용 효율성 요구에 대응하기 위해 3PL 서비스 도입을 가속화하고 있다. 글로벌 비교에서도 한국 시장의 특수성이 드러난다. 한국은 세계 2위 환적항인 부산항과 세계 2위 항공화물 거점인 인천국제공항을 보유하고 있다. 수출입에 필요한 소요 시간이 빠르고 비용이 낮아 기업의 무역 활동에 용이하다[7].

고객사들은 물류 아웃소싱에서 무엇을 원할까?

과거의 물류 아웃소싱의 주된 목적이 단순히 비용 절감이었다면, 이제는 기업의 핵심 경쟁력을 강화하고 미래 성장을 위한 전략적 파트너십으로 진화하고 있다. 고객사들은 물류 아웃소싱을 통해 단순한 서비스 제공을 넘어, 기업의 비즈니스 목표 달성에 기여하는 전략적 가치를 기대한다 [9]. 이러한 패러다임 변화는 물류 생태계 전반에 걸쳐 새로운 협력 모델과 가치 사슬을 만들어내고 있으며, 기업들로 하여금 핵심 역량에 더욱 집중할 수 있는 환경을 조성하고 있다. 특히 글로벌 경쟁이 심화되고 고객 니즈가 다양화되면서, 아웃소싱을 통한 전문성 확보와 유연성 증대는 기업 생존의 필수 조건이 되고 있다.

첫째, 물류 아웃소싱의 가장 기본적인 동기는 비용절감과 효율성 증대이다. 전문 물류 기업은 다수의 고객사를 대상으로 서비스를 제공하기 때문에 '규모의 경제'를 실현할 수 있다. 이는 대량 구매를 통한 운송 장비 확보, 통합 운송 시스템 운영 등을 통해 개별 기업이 달성하기 어려운 수준의 비용 절감을 가능하게 한다 [10]. 예를 들어, 여러 기업의 화물을 통합하여 운송하면 개별 운송보다 비용이 30-40% 저렴해진다. 물류센터의 공간 활용도를 높여 고정비를 절감할 수 있다. 한 제조업체 물류 담당자는 다음과 같이 언급하고 있다. "저희가 직접 물류를 운영할 때는 비어있는 트럭으로 돌아오는 경우가 많았습니다. 하지만 전문 물류업체와 계약하고 나서는 그들이 다른 고객의 화물까지 함께 운송해서 왕복 운송비를 크게 절약할 수 있었고, 연간 물류비가 25% 정도 줄어들었습니다." 이러한 변화는 단순한 비용 절감을 넘어 자원 활용의 최적화를 의미하며, 이는 지속가능한 경영에도 기여하는 중요한 요소가 되고 있다.

둘째, 고객사의 핵심 역량에 집중할 수 있다. 기업은 모든 분야에서 최고가 될 수 없다. 물류가 중요하기는 하지만, 많은 기업의 핵심 사업이 물류가 아닌 경우가 많다. 물류 관리에 투입되는 시간, 인력, 재정적 자원을 줄여 기업의 '핵심 사업'인 제품 개발, 마케팅, 영업 등에 더욱 집중할 필요가 있다 [11]. 이는 빠르게 변화하는 시장 환경에서 기업이 민첩하게 대응하고 혁신을 가속화하는 데 필수적인 요소이다. 의류 브랜드 CEO는 다음과 같이 솔직하게 고백했다. "물류를 직접 관리하던 시절엔 CEO인 제가 창고 임대료 협상부터 배송 지연 클레임 처리까지 신경 써야 했습니다. 정작 중요한 신제품 기획이나 마케팅 전략 수립에는 시간을 제대로 쓸 수 없었던 상황이었습니다. 그러나 아웃소싱 이후엔 정말 핵심 사업에만 집중할 수 있게 되었고, 덕분에 신제품 출시 주기도 30% 단축할 수 있었습니다." 특히 2024년 들어서는 '고객 맞춤형 서비스'에 집중할 수 있게 된 기업들의 사례가 늘어나고 있다. 인천의 한 의료기기 제조업체 CEO는 "생산은 전문 업체에 맡기고, 우리는 온전히 고객과의 소통과 맞춤형 솔루션 개발에 집중할 수 있게 되어 고객 만족도가 크게 높아지고 매출도 30% 증가했습니다"라고 언급하고 있다.

셋째, 첨단 기술 도입이 용이하다. 물류 산업은 빠르게 변하고 있다. 물류는 인공지능(AI), 빅데이터, 로봇 자동화 등 첨단 기술이 빠르게 도입되고 있는 분야다. 이러한 기술을 자체적으로 구축하고 운영하는 것은 막대한 투자와 고도의 전문 지식을 요구한다. 고객사들은 물류 아웃소싱을 통해 이러한 첨단 기술과 전문성을 손쉽게 확보할 필요가 있다 [12]. 예를 들어, 물류 아웃소싱 기업은 최신 운송 관리 시스템(TMS)이나 창고 관리 시스템(WMS)을 도입하여 재고를 실시간으로 추적한다. 배송 경로를 최적화한다. 예측 분석을 통해 잠재적인 문제를 사전에 파악하여 대응할 수 있다. 이러한 기술 접근은 단순한 효율성 향상을 넘어 새로운 비즈니스 기회 창출로 이어지고 있다. AI 기반 수요 예측, IoT를 활용한 실시간 추적, 빅데이터 분석을 통한 고객 행동 패턴 분석 등은 기업의 전략 수립에 핵심적인 인사이트를 제공하고 있으며, 이는 물류 아웃소싱의 가치를 한층 더 높이는 요소가 되고 있다.

넷째, 유연성 및 회복탄력성을 확보할 수 있다. 코로나19 팬데믹 시기에는 예측 불가능한 상황으로 물류 공급망의 취약성이 여과없이 드러났다. 고객사들은 물동량 변동이나 외부 충격에 유연하게 대응하고, 공급망의 '회복탄력성'을 높일 수 있는 아웃소싱 서비스를 원했다 [13]. 한 전자상거래 업체 관계자는 다음과 같이 당시 상황을 설명했다. "작년 블랙프라이데이 때 예상보다 주문이 3배나 몰렸는데, 저희 물류 파트너가 24시간 만에 임시 창고와 추가 배송 인력을 확보해주었습니다. 만약 자체 물류였다면 고객들에게 2주 이상 배송 지연을 안내해야 했을 텐데, 덕분에 평소와 같은 배송 서비스를 유지할 수 있었습니다." 이러한 유연성은 단순한 물량 대응을 넘어 다양한 시장 변화에 대한 적응력을 의미한다. 계절적 수요 변동, 신제품 출시에 따른 물류 패턴 변화, 새로운 시장 진출 시 필요한 물류 인프라 확보 등 다양한 상황에서 아웃소싱 파트너의 유연한 대응 능력은 기업의 사업 연속성과 성장 기회 확보에 핵심적인 역할을 하고 있다.

다섯째, SCM(공급망 관리) 컨설팅 및 솔루션을 제공받을 수 있다. 물류는 공급망의 한 부분이다. 전체 공급망의 효율성을 높이고 리스크를 관리하기 위한 통합적인 SCM 컨설팅 및 솔루션 제공이 중요해지고 있다. 물류 아웃소싱 기업들은 물류 네트워크 최적화, 프로세스 개선, 재고 관리 효율화 등 종합적인 SCM 컨설팅을 통해 고객사의 공급망 경쟁력을 강화하는 가치를 제공한다[15]. 한 자동차 부품업체 임원의 말이다. "물류업체에서 저희 전체 공급망을 분석해보니, 문제가 단순히 배송비가 아니라 재고 관리와 수요 예측에 있었습니다. 그들이 제안한 통합 솔루션을 도입한 결과, 재고 비용이 20% 줄어들고 고객 만족도도 크게 향상되습니다." 이러한 종합적 접근은 물류 아웃소싱이 단순한 운송 서비스에서 비즈니스 최적화 파트너로 진화하고 있음을 보여준다. 수요 예측, 재고 최적화, 공급업체 관리, 리스크 분석 등 전략적 의사결정을 지원하는 다양한 서비스가 물류 아웃소싱의 핵심 가치로 인식되고 있으며, 이는 고객사의 전체 비즈니스 성과 향상에 직접적으로 기여하고 있다.

물류 아웃소싱이 제공하는 핵심 가치

첫째, 물류 아웃소싱 기업들은 '고급 분석 및 인공지능(AI)'을 적극적으로 활용하고 있다[16]. AI 기반의 경로 최적화 시스템, 실시간 교통 정보, 날씨, 배송 우선순위 등을 고려하여 가장 효율적인 배송 경로를 찾아낸다. 운송 시간을 단축하고 연료비를 절감한다. 한 물류 기술 전문가의 흥분된 목소리다. "정말 놀라운 변화입니다. AI가 도입되면서 예측 정확도가 엄청나게 높아지고 있습니다. 과거 판매 데이터, 시장 트렌드, 계절적 요인 등을 다 분석해서 미래 수요를 정확하게 예측할 수 있게 되었습니다. 덕분에 재고 과잉이나 부족을 거의 방지할 수 있었습니다." 이러한 기술 혁신은 단순한 효율성 향상을 넘어 새로운 비즈니스 모델 창출로 이어지고 있다. 머신러닝을 활용한 동적 가격 책정, 컴퓨터 비전을 이용한 자동 품질 검사, 블록체인 기반 투명한 물류 추적 등 첨단 기술이 물류의 모든 영역에서 혁신을 만들어내고 있으며, 이는 고객사에게 이전에는 상상할 수 없었던 수준의 서비스를 제공하고 있다.

둘째, 디지털 전환을 통한 최적화 방식을 제공한다. 최근 물류센터는 변화하고 있다. 설비와 장비 중심의 웨어하우스에서 AI, 클라우드, 빅데이터 등 DX신기술 기반의 디지털 웨어하우스로 전환되고 있다[17]. 예를 들어 삼성SDS의 디지털 물류 플랫폼 '첼로스퀘어'는 생성형 AI 기술을 활용하여 물류 분야에서 혁신적인 변화를 이끌고 있다. 생성형 AI는 실시간 교통 데이터, 연료 비용 및 배송 일정을 기반으로 경로와 가격을 동적으로 조정한다[15]. 이러한 디지털 전환은 물류의 모든 과정에서 투명성과 추적 가능성을 제공하고 있다. 고객사는 실시간으로 화물의 위치를 확인할 수 있고, 예상 도착 시간을 정확히 알 수 있으며, 문제 발생 시 즉시 대안을 모색할 수 있다. 또한 축적된 데이터를 바탕으로 한 예측 분석은 향후 물류 계획 수립에 핵심적인 인사이트를 제공하고 있으며, 이는 기업의 전략적 의사결정을 지원하는 중요한 자산이 되고 있다. 클라우드 기반 통합 플랫폼을 통해 다양한 이해관계자들이 실시간으로 정보를 공유하고 협력할 수 있는 환경이 구축되고 있어, 물류 효율성이 획기적으로 개선되고 있다.

셋째, 물류 아웃소싱 기업은 고객사와 '전략적 파트너십' 관계를 형성하고 있다. 공급망 관리(SCM)의 최적화를 통해 고객 만족을 향상시키고, 궁극적으로는 최소 비용과 고객 만족 향상을 목표로 한다 [18]. 이러한 파트너십은 장기적 관점에서 양방향 가치 창출을 추구한다. 아웃소싱 업체는 고객사의 비즈니스를 깊이 이해하고 그에 맞는 맞춤형 솔루션을 제공하며, 고객사는 전문 업체의 역량을 활용하여 자신의 핵심 경쟁력을 강화한다. 이 과정에서 서로의 성장과 발전을 지원하는 진정한 의미의 동반자 관계가 형성되고 있다. 혁신적인 물류 솔루션 공동 개발, 시장 확장 시 물류 인프라 공동 투자, 새로운 기술 도입을 위한 리스크 공유 등이 이러한 전략적 파트너십의 구체적인 사례들이다. 또한 데이터 공유를 통한 시너지 창출, 공동 연구개발 프로젝트 추진, 글로벌 시장 진출을 위한 협력 등도 활발히 이루어지고 있어, 물류 아웃소싱이 단순한 서비스 구매를 넘어 전략적 제휴의 성격을 띠고 있다.

물류 아웃소싱의 경쟁구조

물류 아웃소싱 시장은 빠르게 성장하고 있지만 그만큼 경쟁 또한 치열하다. 글로벌 대기업부터 국내 대형 물류사, 그리고 특정 분야에 특화된 중소기업들까지 다양한 플레이어들이 시장에서 각자의 강점을 내세우며 경쟁하고 있다. 전통적인 인력 제공 중심의 서비스에서 기술 기반의 토털 솔루션으로 경쟁 영역이 확대되면서, 기업들은 차별화된 역량 확보를 위해 치열한 경쟁을 벌이고 있다. 또한 글로벌 경제 불확실성과 지정학적 리스크 증가로 인해 공급망 안정성과 회복탄력성(resilience)이 핵심 경쟁 요소로 부상하고 있어, 기업들은 기존의 비즈니스 모델을 재점검하고 새로운 전략을 수립해야 하는 상황이다.

물류 아웃소싱 시장의 주요 기업들

한국 물류 아웃소싱 시장은 일부 대형 기업들이 주도하고 있다. 이들은 광범위한 물류 인프라와 첨단 기술력을 바탕으로 경쟁 우위를 확보하고 있다. 오랜 업력과 전국적인 네트워크, 그리고 지속적인 기술 투자를 통해 시장 지배력을 강화해왔다 [19]. 이러한 한국 시장의 구조는 DHL, 퀘네 나겔 (Kuehne+Nagel), DSV 등이 주도하는 글로벌 3PL 시장의 양상과도 유사하다 [4]. 글로벌 시장에서도 대형 업체들이 방대한 네트워크와 첨단 기술력을 바탕으로 시장을 선도하고 있다. 하지만 국내 시장에서는 경쟁의 양상이 더욱 복잡하고 치열해지는 추세이다. 예컨대, 기존 대형 업체들의 시장 지배력이 여전히 강력한 가운데, 특화된 서비스나 혁신적 기술을 앞세운 중견 업체들의 도전이 활발해지고 있으며, 스타트업들도 새로운 비즈니스 모델로 시장에 진입하고 있다.

첫째, CJ대한통운으로 국내 최대 규모의 물류 인프라와 네트워크를 지니고, 육상, 해상, 항공을 아우르는 종합 물류 서비스를 제공한다[20]. 특히 이커머스 물류 분야에서의 강력한 경쟁력을 바탕으로 온라인 쇼핑 급성장에 따른 수요 증가에 효과적으로 대응하고 있다. 전국에 구축된 물류센터 네트워크와 첨단 분류 시스템을 통해 당일배송, 새벽배송 등 까다로운 서비스 요구사항을 충족하고 있으며, 이는 다른 경쟁사들이 쉽게 따라하기 어려운 진입 장벽을 형성하고 있다. 또한 글로벌 네트워크를 활용한 국제물류 서비스에서도 강점을 보이고 있어, 한국 기업들의 해외 진출과 글로벌 기업들의 한국 시장 진입을 지원하는 핵심 파트너 역할을 하고 있다.

둘째, 순수 3PL 대기업 한진으로 특히 택배 부문에서 강력한 브랜드 인지도를 가지고 있다. 이를 기반으로 3PL 사업을 확장하고 있고[21], 물류 컨설팅 역량도 지니고 있다. 한진은 오랜 기간 축적된 물류 노하우와 전국적인 배송 네트워크인데, B2B 시장에서의 전문성을 바탕으로 제조업체, 유통업체들의 복잡한 물류 요구사항을 효과적으로 해결하고 있다. 정시 배송률, 파손률 등 핵심 성과지표에서 업계 최고 수준을 유지하고 있다.

셋째, 국내외 거점 간 연계를 기반으로 하는 롯데글로벌로지스이다. 창고 관리, 해상/항공 운송, 항만 하역 및 현지 내륙 운송까지 물류 전 분야에 걸친 글로벌 원스톱 서비스를 제공한다. AI 기반의 첨단 자동화 물류 기술에 투자하며 스마트 물류센터 인증을 획득했다 [13]. 롯데글로벌로지스의 차별화 포인트는 롯데그룹의 다양한 사업 영역과의 시너지에 있다. 백화점, 마트, 편의점 등 오프라인 유통망과 온라인 쇼핑몰을 연결하는 옴니채널 물류 서비스를 제공하고 있으며, 이는 다른 물류업체들이 제공하기 어려운 독특한 가치이다. 또한 동남아시아 시장에서의 강력한 입지를 바탕으로 한국 기업들의 해외 진출을 적극 지원하고 있다. 콜드체인 물류 분야에서도 전문성을 인정받고 있어, 신선식품, 의약품 등 온도 관리가 중요한 제품들의 유통에서 핵심적인 역할을 하고 있다.

넷째, "글로벌 넘버원 비즈니스 파트너(Global No.1 Business Partner)"를 지향하는LX판토스이다. "물류를 뛰어넘는 가치(Beyond Logistics)"라는 슬로건으로, 운송, 창고, 재고 관리, 통관, 배송에 이르는 통합 물류 관리를 제공한다. LX판토스는 LG그룹의 계열사로서 전자, 화학, 에너지 등 다양한 산업 분야에서 축적한 물류 노하우를 보유하고 있다. 특히 글로벌 SCM(공급망관리) 분야에서의 전문성이 뛰어나며, 복잡한 국제물류 요구사항을 효과적으로 해결하는 능력을 갖추고 있다.

다섯째, 디지털 물류 플랫폼을 통해 수출입 물류 최적화 서비스를 제공하는 삼성SDS이다. 삼성그룹의 IT 역량을 바탕으로 생성형 AI

기술을 접목한 물류 프로세스의 디지털 전환을 선도하고 있다[15]. 반도체, 전자제품 등 삼성그룹의 핵심 산업에서 축적된 정밀 노하우를 바탕으로 하이테크 산업 전문 물류 서비스를 제공하여 시장에서 독특한 포지션을 확보하고 있다. 삼성SDS의 가장 큰 강점은 IT 기술과 물류 전문성의 융합에 있다. 클라우드, AI, 빅데이터, IoT 등 최신 기술을 현장에 적용하여 스마트 물류 생태계를 구축하고 있으며, 이는 전통적인 물류업체들과는 차별화되는 경쟁우위다. 특히 첨단 제조업 분야에서 요구되는 정밀한 물류 관리, 실시간 품질 모니터링, 예측 기반 유지보수 등의 서비스를 제공하고 있어, 고부가가치 산업 분야에서 강력한 경쟁력을 보이고 있다.

표 2-3. 국내 주요 3PL 기업별 서비스 특징 및 강점 비교

기업명	핵심서비스/강점	특징적인 기술 투자 사례	ESG 경영 사례	출처
CJ대한통운	종합 물류 서비스, 전국 네트워크	AI, 빅데이터 활용한 스마트 물류	친환경 물류 및 지속가능 경영 추진	[20]
한진	택배 기반 3PL 서비스, B2B 전문	IT 접목 고객 서비스 차별화	친환경 차량 도입 및 에너지 효율화	[21]
롯데 글로벌로지스	글로벌 물류 네트워크, 원스톱 서비스	자동화 물류 기술 도입	친환경 포장재 및 물류 솔루션 개발	[13]
LX판토스	통합 물류 관리, 글로벌 서비스	WMS, TMS 등 디지털 솔루션	글로벌 표준 지속가능성 경영	
삼성SDS	디지털 물류 플랫폼 특화	AI 기반 예측 및 최적화 기술	디지털 전환 통한 효율성 향상	[15]

이들 기업은 각각 고유한 강점을 바탕으로 시장에서 차별화된 경쟁력을 구축하고 있다. CJ대한통운은 압도적인 인프라 규모와 기술 투자로, 한진은 순수 3PL 전문성과 B2B 특화 서비스로, 롯데글로벌로지스는 글로벌 네트워크와 첨단 자동화 기술로, LX판토스는 통합 물류 관리와 글로벌 역량으로, 삼성SDS는 디지털 플랫폼과 AI 기술로 각각 시장 내 독특한 포지셔닝을 확보하고 있다. 특히 주목할 점은 모든 주요 기업들이 ESG 경영과 디지털 전환에 적극적으로 투자하고 있다는 것이다. 이는 물류업계가 단순한 운송 서비스에서 종합적인 가치 창출 플랫폼으로 진화하고 있음을 보여주는 중요한 신호다. 또한 고객사들의 요구사항이 점점 복잡해지고 높아지면서, 단일 영역의 강점만으로는 경쟁우위를 유지하기 어려워지고 있어, 각 기업들은 자신의 핵심 강점을 바탕으로 하되 다른 영역으로의 확장과 통합을 통해 종합적인 경쟁력을 구축하려 노력하고 있다.

물류 아웃소싱 시장의 경쟁 이슈

물류 아웃소싱 시장의 성장 잠재력은 크지만, 동시에 여러 가지 복합적인 경쟁 이슈와 도전 과제에 직면하고 있다. 첫째, 치열한 가격 경쟁과 수익성 악화 이슈이다. 물류 아웃소싱 시장에서는 여전히 '낮은 입찰 가격'을 제시해야 사업권을 따낼 수 있다는 관행이 뿌리내려 있다[22]. 한 물류 업계 관계자의 솔직한 고백이다. "솔직히 말하면 정말 힘들어요. 사업권을 따려면 계속 가격을 낮춰야 하거든요. 그러다 보니 마진은 점점 줄어들고 기술 투자할 여력도 없어지고 있으니, 이게 과연 지속 가능한 구조인지 의문이 들어요." 낮은 수익률로 인해 기술 투자나 인프라 개선에 필요한 자금 확보가 어려워지고, 이는 다시 서비스 품질 저하로 이어져 장기적으로는 고객사의 만족도 하락을 초래하게 된다. 특히 중소 물류업체들의 경우 대형 업체들과의 자본력 격차로 인해 더욱 심각한 어려움을 겪고 있으며, 이는 시장의 양극화를 심화시키는 요인이 되고 있다. 하지만 일부 선진적인 고객사들을 중심으로 가격보다는 서비스 품질과 혁신 역량을 중시하는 변화가 나타나고 있어, 향후 경쟁 구조의 개선에 대한 기대감도 높아지고 있다.

둘째, 물류 아웃소싱 시 고객사는 자체적으로 물류를 관리할 때보다 '제어 및 정보 가시성 상실'에 대한 우려를 가질 수 있다[2]. 실시간 데이터 접근, 재고 수준 추적, 배송 진행 상황 모니터링의 어려움은 의사 결정 지연이나 문제 발생 시 대응 제한으로 이어질 수 있다. 이러한 우려는 특히 핵심 제품이나 중요한 고객을 대상으로 하는 물류에서 더욱 크게 나타난다. 고객사들은 자신의 브랜드 이미지와 직결되는 물류 서비스에 대한 통제력을 잃는 것에 대해 불안감을 느끼고 있으며, 이는 아웃소싱 도입을 주저하게 만드는 주요 요인 중 하나가 되고 있다. 이에 대응하기 위해 선진적인 물류 아웃소싱 업체들은 고객사에게 실시간 대시보드를 제공하고, 투명한 데이터 공유 체계를 구축하며, 정기적인 성과 보고와 개선 제안을 통해 신뢰를 구축하려 노력하고 있다.

셋째, 물류 현장은 '노동력 부족과 고령화'라는 고질적인 문제에 시달리고 있다. 특히 택배, 운송 현장의 근로자 확보가 더욱 어려워지고 있다 [13]. 한 물류센터 관리자의 고민 어린 목소리다. "인력 구하기가 정말 어려워졌습니다. 젊은 사람들은 물류 현장을 기피하고 기존 직원들은 나이가 들어가고 있어, 자동화를 도입하려고 해도 그걸 운영할 기술 인력이 또 부족한 현실입니다." MZ세대는 첨단 기술이 적용된 스마트한 작업 환경과 워라밸을 중시하는 반면, 많은 물류 현장은 여전히 전통적인 노동집약적 방식에 의존하고 있어 젊은 인력의 유입이 어려운 상황이다. 또한 숙련된 베테랑 작업자들의 은퇴가 가속화되면서 현장 노하우와 경험이 사라지는 문제도 심각해지고 있다. 이에 대응하기 위해 물류업체들은 작업 환경 개선, 자동화 설비 도입, 교육 프로그램 강화, 복리후생 확대 등 다각도의 노력을 기울이고 있지만, 근본적인 해결책을 찾기에는 아직 시간이 더 필요한 상황이다.

넷째, 스마트 물류 시스템 구축을 위해서는 높은 기술 투자 비용이 요구된다. 자동화 설비(로봇, 컨베이어벨트), AI 기반 솔루션, 빅데이터 분석 시스템 등에 대한 기술 투자는 서비스 경쟁력 강화를 위해 필수적이다 [23]. 하지만 중소 물류 기업에게는 큰 재정적 부담으로 작용한다. 한 중견 물류업체 대표의 고민이 깊다. "고객사들이 요구하는 기술 수준이 점점 높아지는데, AI나 로봇 시스템을 도입하려면 수십억 원이 들어갑니다. 투자하지 않으면 경쟁에서 뒤처지고, 투자하자니 자금 부담이 너무 큰 딜레마에 직면해 있습니다." 이러한 기술 투자 부담은 업계의 양극화를 심화시키는 요인이 되고 있다. 대형 업체들은 풍부한 자본력을 바탕으로 첨단 기술에 적극 투자하여 경쟁우위를 확대해나가는 반면, 중소업체들은 자금 부족으로 인해 기술 격차가 점점 벌어지고 있다. 이를 해결하기 위해 정부는 중소 물류업체 대상 기술 투자 지원 프로그램을 운영하고 있으며, 일부 업체들은 기술 리스나 공동 투자 등의 방식을 통해 부담을 줄이려 노력하고 있다. 또한 기술 업체들과의 전략적 파트너십을 통해 초기 투자 비용을 분산하고 단계적으로 기술을 도입하는 사례도 늘어나고 있다.

다섯째, 글로벌 공급망의 불확실성 증대이다. 미·중 무역 갈등, 지정학적 위험, 기후 변화로 인한 자연재해. 글로벌 공급망의 불확실성은 물류 기업들에게 새로운 도전 과제를 안겨준다 [7]. 한 글로벌 물류 담당자의 생생한 경험담이다. "예전에는 A 루트가 막히면 B 루트로 우회하면 됐는데, 이제는 A, B, C 루트가 동시에 문제가 생기는 일이 다반사입니다. 코로나 때도 그랬고, 최근 중동 정세 불안으로도 홍해 항로가 막히면서 전 세계 해운료가 급등했기 때문입니다. 이제는 리스크 관리가 물류의 핵심 역량이 되는 상황입니다." 이러한 공급망 불안정성을 극복하기 위해서는 단순한 운송 서비스 제공을 넘어 대안 루트 확보, 리스크 분석, 비상 계획 수립 등 종합적인 리스크 관리 서비스가 요구된다. 물류업체들은 이에 대응하기 위해 다중 공급업체 전략, 지역별 분산 운영, 실시간 모니터링 시스템 구축 등에 투자하고 있으며, 고객사와의 긴밀한 협력을 통해 예측 불가능한 상황에 신속하게 대응할 수 있는 체계를 구축하고 있다.

여섯째, 서비스 품질 표준화 및 차별화의 어려움이다. 시장 참여자가 늘어면서 서비스 품질의 표준화와 함께 각 기업만의 차별화된 가치를 제공하는 것이 중요해지고 있다. 한 물류 컨설턴트의 조언이다. "이제는 단순히 싸게 해주는 게 아니라, 정말 고객에게 도움이 되는 서비스를 만들어야 합니다. 특정 산업에 대한 깊이 있는 이해를 바탕으로 한 전문 물류 서비스나, 고객사의 특정 요구사항에 맞춰 유연하게 변화할 수 있는 맞춤형 솔루션이 차별화의 핵심이 되고 있기 때문입니다." 이러한 차별화 요구는 물류업체들로 하여금 단순한 운송업체에서 종합 솔루션 제공업체로의 전환을 가속화하고 있다. 업종별, 고객별 특성을 깊이 이해하고 그에 맞는 전문화된 서비스를 개발하는 것이 경쟁력의 핵심이 되고 있으며, 이를 위해 각 업체들은 전문 인력 확보, 업종별 노하우 축적, 맞춤형 시스템 개발 등에 집중하고 있다. 데이터 분석을 통한 개인화된 서비스, AI를 활용한 예측 서비스, 지속가능성을 고려한 친환경 물류 등이 새로운 차별화 영역으로 주목받고 있다.

기회 속의 위기, 위기 속의 기회

물류 아웃소싱을 위해서는 자동화 및 디지털화 투자에 막대한 초기 투자 비용을 요구되는데, 이는 중소기업에게는 큰 진입 장벽으로 작용하게 된다. 현재의 경쟁 이슈들은 업계 전체의 질적 향상을 이끄는 긍정적인 압력으로 작용하고 있다. 생존을 위해서는 더 나은 서비스, 더 혁신적인 기술, 더 효율적인 운영이 필요하며, 이는 결국 고객사와 최종 소비자들에게 더 나은 가치를 제공하는 결과로 이어지고 있다.

따라서 물류 아웃소싱 기업들은 이러한 도전을 극복하기 위해 여러 전략을 채택하고 있다. 단순 운송 서비스를 넘어 AI, IoT 등 첨단 기술을 도입하여 물류 효율성과 투명성을 높이고 있다. 강력한 데이터 보안 시스템과 실시간 모니터링 플랫폼을 구축하고 있다. 또한 환경, 사회, 지배구조(ESG)에 대한 관심이 높아지면서 이를 잘 실천하는 물류 아웃소싱 업체들이 경쟁우위를 확보하기 시작했다. 인공지능과 빅데이터를 활용한 예측 분석, 경로 최적화, 수요 예측 등이 새로운 차별화 요소로 부상했다. 특히 주목할 만한 변화. '서비스형 물류(Logistics as a Service, LaaS)' 모델의 등장이다. 울산의 한 중견기업 물류담당자의 설명이다. "예전에는 물류센터를 임대하고 시스템을 구축해야 물류를 할 수 있었는데, 이제는 클라우드 서비스 쓰듯이 필요한 만큼만 물류 서비스를 이용할 수 있습니다. 이에 따라 성수기에는 확장하고, 비수기에는 축소하면서 비용을 최적화할 수 있게 되었습니다."

한편 글로벌 공급망 불안정성이 오히려 '회복탄력성 강화'라는 새로운 기회를 창출했다. 부산의 한 국제물류 전문업체 대표의 말이다. "코로나19와 각종 지정학적 리스크 때문에 고객사들이 이제는 단순히 비용만 보는 게 아니라 위기 대응 능력을 중시하게 되었습니다. 그래서 저희 같은 전문 업체의 가치가 더욱 높아지는 계기가 되었습니다."

물류 아웃소싱 시장의 경쟁은 단순한 가격 경쟁을 넘어, 기술력, 서비스 품질, 혁신 능력, 위기 대응력을 종합한 가치 경쟁으로 발전하고 있다. 이런 변화 속에서 살아남고 성장하는 기업들이 미래 시장의 주역이 될 것이다. 이러한 패러다임 변화는 물류 아웃소싱을 단순한 비용 절감 수단에서 기업의 핵심 경쟁력을 강화하는 전략적 파트너십으로 발전시키고 있다. 향후에는 기술 혁신, 지속가능성, 고객 맞춤화, 리스크 관리 등 다양한 영역에서의 종합적 역량을 갖춘 기업들이 시장을 선도해 나갈 것으로 전망된다.

혁신사례

제니엘시스템

신용카드 배송에서 종합물류 기업으로

제니엘시스템은 1998년 신용카드 배송이라는 특별한 영역에서 출발했다. 당시 금융업계는 배송간 카드 분실과 도난 문제로 골머리를 앓고 있었다. 신용카드 배송은 단순히 카드를 배달하는 게 아니라 고객에게 안전하게 전달하는 것이 핵심이었다. 이에 대응해서 제니엘시스템이 주목한 것은 본인확인 배송이었다. 신용카드, 상품권, 전자티켓 등은 정확한 수령인 확인이 필수적인 배송 시장이었다. 일반적인 물류가 빠른 배송에만 집중할 때, 금융권은 정확성과 보안을 더 중요하게 여겼다. 제니엘시스템은 이 틈새시장에서 새로운 기회를 발견했다.

추진 프로세스

첫 번째 단계는 전국 배송망과 자체 시스템을 구축하는 것이었다. 제니엘시스템은 전국 21개 지사와 8개 지소를 전략적으로 배치하고 365일 야간 간선망 운영을 시작했다. 본사에서 밤 12시~새벽 1

시까지 배송물을 분류하고, 새벽부터 오전 6시까지 각 지사로 배달하면, 지사는 오전 8시까지 세부 분류를 마치고 오전 9시부터 배송을 시작하는 시스템을 구축했다. 기존 시스템으로는 본인확인 배송을 관리하기 어려워 자체 신배송시스템을 개발했다. QR코드와 바코드로 수령인을 확인하고, 생년월일 등 추가 정보로 본인 여부를 검증하는 시스템이다. 나아가 실시간 배송 현황 파악과 태블릿PC를 통한 전자서명으로 분실 위험을 제거했다.

두 번째 단계는 안정적인 배송을 위한 체계적인 인력운영에 집중했다. 시스템이 안정되기 위해서는 일정수준의 전문 인력을 확보하는 것이 필수적이었다. 이를 위해 법률 준수와 공정 선발을 원칙으로 다양한 채용 경로를 확보했다. 특히 중간관리자 공백 시 즉시 투입할 인력 풀을 확보하고, 예비인력 제도를 운영했다. 또한 안정적인 인력 확보를 위해 경력자 위주 채용과 대기자 명부 활용으로 수시 투입 가능한 인력을 유지했다.

세 번째 단계로 보안 역량 강화를 통해 새로운 사업확장을 도모했다. 먼저 금융권이 가장 민감하게 여기는 보안을 위해 정보보안 전문가를 영입했다. 전문적인 보안 역량을 강화하여 CCTV와 지문인식 출입통제, VPN 네트워크 분리, 데이터 암호화, 24시간 보안관제를 효과적으로 운영했다. 이런 노력의 결과 고객인 카드사 입장에서는 제니엘시스템의 보안 수준이 웬만한 금융사보다 높다고 평가하는 수준에 이르렀다. 차별화된 보안 역량을 축적한 제니엘시스템은 신용카드 배송 노하우를 바탕으로 상품권, 공연 티켓, 의약품 등 특화배송으로 영역을 확대했다. 한편 배송에서 축적한 경험을 바탕으로 다수의 대형 고객사를 수주하며 일평균 600명 규모의 대형 물류센터 운영으로 사업을 확대했다.

고객사 성과

본인확인 시스템으로 카드 분실과 오배송이 거의 사라졌다. 한 카드사는 고객 클레임이 40% 이상 줄어들었다고 평가했다. 당일 배송률 72.4%에 전국 어디든 3일 안에 도착하는 시스템을 제공하여 고객가치를 높였다. 나아가 철저한 보안 시스템으로 26년간 중대한 보안 사고가 거의 없었다.

제니엘시스템의 성과

제니엘시스템은 신용카드 배송 전문회사에서 특화배송, 물류 터미널 운영, 3PL 서비스를 제공하는 종합 물류기업으로 성장했다. 고객은 주요 카드사와 유통사, 물류사로 다변화되었다. 이러한 성장을 바탕으로 제니엘시스템은 카드 배송 기업에서 첨단 시스템을 갖춘 전문 물류기업으로 발돋움했다.

미래를 향한 도전

제니엘시스템은 물류 전문 고급인력을 활용해서 고객맞춤형 서비스를 지속적으로 발전시키는 것을 목표로 한다. AI와 빅데이터 활용 배송 최적화, IoT 센서 실시간 물류 추적, 로봇 자동화 등 디지털 전환도 가속화하고 있다. 제니엘시스템의 성공사례는 단순 배송회사가 종합 물류기업으로 성장한 모범 사례를 보여준다. 26년간 한 우물을 파면서도 끊임없이 혁신한 결과, 신용카드 특화 영역에서 시작해 물류업계의 든든한 파트너가 되었다. 신속·정확·안전 배송이라는 핵심 가치를 지키며 시대 변화에 맞춰 사업을 확장한 것이 성공 비결이었다.

혁신사례

제니엘휴먼

물류 아웃소싱의 새로운 패러다임을 구축하다

제니엘휴먼이 30년간 쌓아온 아웃소싱 노하우도 2010년대 중반부터는 한계를 느끼기 시작했다. 그동안은 나름 잘해왔다고 자부했다. 고객사에서 인력이 필요하다고 하면 적절한 인원을 파견하고, 급여 관리도 깔끔하게 처리했다. 아웃소싱 업계에서는 이런 식의 '인력 공급업' 방식이 당연한 것이었다. 그런데 뭔가 분위기가 달라지고 있다는 걸 현장에서 먼저 느꼈다. 고객사 담당자들이 예전과는 완전히 다른 질문들을 하기 시작한 것이었다.

전자상거래 환경 변화의 충격

고객사들은 이제 단순한 인력 공급이 아닌 근본적인 해결책을 원했다. "단순히 사람만 보내주는 게 아니라, 우리 물류센터 전체 효율을 어떻게 높일 수 있을까요?" "비용은 줄이면서 서비스 품질은 더 올릴 수 있는 방법이 없을까요?"라는 도전에 직면했다. 이런 질문들 앞에서 기존의 해결방식으로는 부족하다는 걸 절실히 느꼈다. 전자상거래가 폭발적으로 늘어나면서 물류 환경 자체가 완전히 바뀌었다. 당일배송, 새벽배송은 기본이 되었고, 각종 할인 이벤트 때마다 주문량이 몇 배씩 뛰는 상황이 일상이 되었다.

변화를 가장 절실하게 느낀 사람은 바로 이창수 대표였다. 어느 날 고객사 미팅에서 정말 당황스러운 경험을 했다고 회상했다. "물류센터 효율화 방안에 대해 질문받았는데, 우리가 할 수 있는 대답이 '더 좋은 사람들을 보내드리겠습니다' 정도 밖에 없었습니다. 그 순간 우리가 지금까지 해온 방식으로는 더 이상 고객의 진짜 니즈를 충족시킬 수 없다는 것을 깨달았습니다." 대표는 그때부터 본격적으로 고민하기 시작했다. 제니엘휴먼이 단순한 인력공급업체를 넘어서려면 무엇이 필요할까? 답은 의외로 가까운 곳에 있었다. 제니엘휴먼은 이미 30년간 다양한 물류현장에서 일해왔지만, 문제는 이런 지식들이 체계화되지 않고 개별 현장에 흩어져 있다는 것이었다.

ECOSYSTEM의 탄생

경영진은 시장 변화를 면밀히 분석한 끝에, "단순 인원공급에서 그치지 않고 고객사의 물류 전문 담당자들처럼 물류의 모든 것을 꿰뚫고 있으며,

문제에 대한 해결책을 가지고 있어야 한다"는 비전을 세웠다. 이것이 바로 ECOSYSTEM이라는 혁신적 서비스의 출발점이 되었다. ECOSYSTEM이라는 이름을 정하기까지도 긴 고민의 시간이 있었다. 전환점은 팀 미팅에서 누군가가 "물류센터도 하나의 생태계 같지 않나요?"라고 말했을 때였다. 자연의 생태계에서 각 구성요소가 자신의 역할을 수행하면서도 전체 시스템의 균형과 지속가능성에 기여하는 것처럼, 물류센터도 똑같다는 것이었다. 입고, 검수, 보관, 피킹, 패킹, 출고, 반품, 재고관리의 모든 과정들이 따로따로 돌아가는 게 아니라 하나의 유기체처럼 연결되어 있다는 것이었다. 제니엘휴먼 물류 컨설턴트는 다음과 같이 회상했다.

"우리는 물류 센터를 단순히 상품이 들어오고 나가는 공간이 아니라, 가치가 창출되고 흐르는 살아있는 유기체로 바라보기 시작했습니다."

추진 프로세스

첫 번째 단계는 프로세스 표준화를 위한 도전이었다. ECOSYSTEM의 실질적 구현은 물류센터 운영의 전 과정을 체계화하는 것에서 시작되었다. 가장 큰 문제는 현장마다 다른 관행들이었다. 같은 '검수' 작업이라고 해도 A 물류센터에서는 이렇게 하고, B 물류센터에서는 저렇게 했다. 각자 나름의 이유가 있었고, 그동안 큰 문제없이 해왔기 때문에 바꾸려고 하니 저항도 있었다. 표준화 과정에는 다양한 시행착오가 발생했다. 담당자는 당시 상황을 이렇게 설명했다. "처음 6개월은 정말 힘들었습니다. 표준화된 프로세스를 만들어서 현장에 적용해보면 '이건 우리 현장에는 맞지 않다'는 피드백이 계속 올라왔습니다. 그때마다 다시 수정하고, 또 적용해보고... 이런 과정을 수없이 반복했습니다." 첫 번째 돌파구는 '검수 프로세스 표준화'에서 나왔다. 검수 담당자마다 조금씩 다른 방식으로 일했던 걸 완전히 통일한 것이었다. 어떤 상품을 어떤 순서로 확인할지, 불량품 발견 시 어떻게 처리할지, 시스템에는 어떤 식으로 입력할지 등 모든 걸 세세하게 정했다. 결과는 놀라웠다. 검수 오류가 30% 넘게 줄어들었다. 이 성공을 바탕으로 하나씩 확장해나갔다.

두 번째 단계는 각 공정별 상세 작업 지침서 개발이었다. 이 지침서는 단순한 매뉴얼을 넘어 제니엘휴먼의 물류 운영 노하우를 체계화한 지식 자산이 되었다. 특히 중요하게 생각한 건 '예외 상황' 대응이었다. 물류센터에서는 예상치 못한 일들이 정말 많이 일어난다. 시스템이 갑자기 다운되거나, 예상보다 훨씬 많은 주문이 들어오는 경우 등이 그것이었다. 이를 위해서는 노하우를 체계적으로 집대성할 필요가 있었다. 당시 프로젝트 리더는 이렇게 설명했다. "예전에는 이런 상황이 생기면 그때그때 경험 많은 관리자가 판단해서 처리했습니다. 그런데 그 판단 기준이나 해결 방법을 문서화해놓지 않으니까 같은 문제가 반복해서 나타났습니다. 이를 극복하기 위해 이런 모든 케이스들을 다 정리해서 누가 와도 일관되게 처리할 수 있도록 체계화했습니다." 숨겨진 노하우의 발굴을 통한 지침서 작성 과정에서 정말 흥미로운 발견들이 많았다. 어떤 현장에서는 아주 효율적인 방법을 쓰고 있는데 다른 현장에서는 모르고 있거나, 누군가의 개인적인 노하우가 회사 전체에 공유되지 않고 있는 경우들이었다. 이런 것들을 다 발굴해서 체계화했다.

세 번째 단계는 지속적 개선 활동의 제도화였다. ECOSYSTEM은 처음부터 완벽한 시스템이 아니라, 현장의 피드백을 통해 끊임없이 진화하는 유기체로 설계되었다. 제니엘휴먼은 정기적인 '개선 제안 발표회'를 통해 현장 작업자들의 아이디어를 수집하고 평가하여 시스템에 반영하는 체계를 구축했다. 이를 위해 현장 주도의 혁신 문화를 구축했다. 현장의 실질적인 문제를 가장 잘 아는 작업자들의 통찰을 활용하여 시스템을 지속적으로 개선할 수 있었다. 그리고 작업자들이 단순한 업무 수행자가 아닌 개선의 주체로 참여함으로써 주인의식과 책임감이 강화되었다.

네 번째 단계는 모든 준비가 끝나고 나서 가장 중요한 현장 적용 과정이었다. 첫 번째 테스트는 제니엘휴먼이 운영하는 패션 브랜드 물류센터에서 실시했다. 시즌 전환기라는 가장 복잡하고 바쁜 시기를 의도적으로 선택했다. 처음 일주일은 혼란의 연속이었다. 새로운 프로세스에 익숙하지 않다 보니 오히려 효율이 떨어지는 것 같았다. 그때 일부에서는 "역시 기존 방식이 나았다"는 목소리도 나왔다. 하지만 2주차부터는 확실히 달라지기 시작했다. 표준화된 프로세스 덕분에 업무 흐름이 매끄러워졌고, 실수도 눈에 띄게 줄어들었다. 무엇보다 직원들이 "이제 뭘 해야 할지 명확해서 좋다"는 반응을 보였다.

시즌의 악몽을 기회로 전환한 패션 이커머스 A사

A사는 시즌 전환기마다 정말 큰 어려움을 겪고 있었다. 신상품 입고와 이전 시즌 상품의 할인 판매가 동시에 이루어지면서 물류센터가 말 그대로 아수라장이 되곤 했다. 재고 관리부터 출고까지 모든 과정이 복잡해지면서 오배송과 재고 차이가 자주 발생했다. ECOSYSTEM을 도입한 후에는 상황이 완전히 달라졌다. 시즌 전환 준비 기간이 기존 2주에서 1주로 절반이나 단축되었고, 재고 정확도도 92%에서 98%로 크게 향상되었다. A사 물류 담당자는 만족감을 이렇게 표현했다. "이제 시즌 전환이 두렵지 않습니다. 예전에는 시즌 전환기만 되면 야근과 추가 인력 투입이 불가피했는데, 이제는 정규 시간 내에 모든 작업을 안정적으로 처리할 수 있게 되었습니다."

신선도 관리의 혁신을 이룬 식품 유통 B사

B사는 까다로운 온도 관리와 유통기한 관리로 인해 물류 운영에 상당한 어려움을 겪고 있었다. 특히 선입선출(FIFO) 원칙이 제대로 지켜지지 않아서 유통기한 임박 상품의 폐기율이 높은 게 가장 큰 골칫거리였다. 이는 단순히 비용 손실을 넘어서 식품 안전과 브랜드 신뢰도에도 악영향을 미치는 문제였다. ECOSYSTEM 도입 후 변화는 정말 극적이었다. 단 3개월 만에 폐기율이 7.5%에서 2.3%로 대폭 감소했고, 고객 클레임도 40% 이상 줄어들었다. 온도대별 보관 구역을 명확히 구분하고 유통기한 기반의 체계적인 관리 시스템을 도입한 결과였다. B사의 품질관리 책임자는 이런 평가를 내렸다. "물류가 단순한 보관과 운송이 아니라 식품 안전과 품질의 핵심 요소가 되었습니다. 이제는 유통기한 때문에 밤잠을 설치지 않아도 되어 안전에 대한 시름을 놓았습니다."

급성장의 든든한 뒷받침을 마련한 전자상거래 스타트업 C사

급성장 중인 C사는 주문량이 폭증하면서 물류 운영이 심각한 병목 현상을 겪고 있었다. 기존의 수작업 중심 프로세스로는 증가하는 물량을 도저히 감당할 수 없었고, 이로 인해 오배송과 반품 처리 지연이 빈번하게 발생하면서 고객 불만이 쌓여가고 있었다. ECOSYSTEM 도입을 통해 C사의 물류 운영은 근본적으로 재설계되었다. 그 결과 오배송률이 17%에서 6%로 대폭 감소했고, 반품 처리 시간도 평균 30% 단축되었다. 가장 놀라운 점은 직원 수를 늘리지 않고도 3배나 증가한 주문량을 안정적으로 처리할 수 있게 되었다는 것이었다. C사 대표는 만족감을 이렇게 표현했다. "ECOSYSTEM 덕분에 물류 역량의 한계에 대한 걱정 없이 비즈니스 성장에 온전히 집중할 수 있게 되었습니다. 스타트업에게는 성장 속도가 생명인데, 물류 문제로 인한 발목 잡힘 없이 사업 확장에 매진할 수 있어 한시름 놓았습니다."

제니엘의 성과

ECOSYSTEM을 본격적으로 적용한 지 6개월 후, 확실한 결과들이 나타나기 시작했다. ECOSYSTEM 도입 전후 6개월간의 데이터를 비교한 결과, 모든 핵심 지표에서 눈에 띄는 개선이 확인되었다. 먼저 생산성 지표가 획기적으로 개선되어, 출고 생산성이 5%나 증가했다. 표준화된 프로세스와 최적화된 작업 동선 덕분에 같은 인원이 더 많은 물량을 처리할 수 있게 되었다. 물류업계에서 5% 생산성 향상은 정말 큰 의미가 있는 수치였다. 에러율도 14%나 감소했는데, 특히 잘못된 상품 피킹이나 오배송 같은 중대한 작업 오류가 크게 줄어든 것이 인상적이었다. 상품 데미지는 9% 감소했고, 이는 상품 파손과 손상이 줄어들면서 반품률 감소와 고객 만족도 향상으로 이어졌다. 서비스 품질 측면에서는 고객사 평가 점수가 11%나 향상되었는데, 특히 정시 출고율과 주문 정확도 개선이 두드러졌다. 부자재 비용도 10% 절감되었다. 포장재 및 소모품 사용을 최적화한 결과 운영 비용을 줄일 수 있었다. 마지막으로 안전사고도 5% 감소했는데, 이는 체계적인 안전 교육과 명확한 작업 지침이 작업장 안전성 향상에 기여한 결과였다.

가장 눈에 띄는 건 직원들의 자부심과 주인의식 변화였다. 예전에는 "우리는 사람 보내주는 회사"라는 인식이 강했는데, 이제는 "우리는 물류 전문 솔루션을 제공하는 회사"라는 자부심을 갖게 되었다. 경력 12년의 현장 관리자는 다음과 같이 말했다. "ECOSYSTEM은 일하는 방식 자체를 바꾸었습니다. 예전에는 문제가 생기면 '누구 책임이냐'를 먼저 따졌다면, 지금은 '어떻게 개선할 것인가'에 집중해요. 현장 직원들의 참여도가 높아지고 주인의식이 강화되었습니다." 경력 3년차의 피킹 담당자는 다음과 같이 소감을 밝혔다. "이제 명확한 표준이 있어서 일의 흐름이 훨씬 안정적이 되었습니다. 제가 제안한 피킹 카트 재배치 방식이 전체 피킹 시간을 15% 단축시켰다는 결과를 볼 때 정말 뿌듯했습니다." 영업팀의 변화도 컸다. 신규 고객사 미팅에서 ECOSYSTEM을 소개할 때 자신감이 완전히 달라졌다. 영업팀 관계자는 이렇게 설명했다. "예전에는 가격 경쟁에 휘말리는 경우가 많았는데, 이제는 우리만의 차별화된 가치를 어필할 수 있어서 자부심을 가지게 되었습니다."

ECOSYSTEM의 성과가 알려지면서 업계에서도 주목받기 시작했다. 다른 아웃소싱 회사들이 벤치마킹을 요청해오고, 물류 관련 컨퍼런스에서 사례 발표 요청도 들어왔다. 한 업계 전문가는 "제니엘휴먼의 ECOSYSTEM은 아웃소싱 업계에 새로운 기준을 제시했다"며 "단순 인력공급을 넘어선 토탈 솔루션 모델의 성공 사례"라고 평가했다. 무엇보다 회사 전체에 혁신 문화가 자리 잡았다는 점이 가장 큰 성과였다. 각 부서에서 자발적으로 개선 활동을 하고, 좋은 아이디어는 즉시 전사에 공유하는 문화가 생겼다.

미래를 향한 발전 방향

제니엘휴먼은 현재 ECOSYSTEM 2.0 프로젝트를 통해 AI와 빅데이터 기술을 물류 운영에 접목하고 있다. 과거 주문 데이터를 분석하여 피크 시즌의 물량을 예측하고 사전에 인력과 공간을 최적으로 배치하는 시스템을 개발 중이다. IoT 센서를 활용한 실시간 재고 추적, 로봇 프로세스 자동화(RPA)를 통한 반복 업무 자동화, 머신러닝 기반의 품질 관리 시스템 등 첨단 기술을 ECOSYSTEM에 통합하는 작업도 진행 중이다. ECOSYSTEM의 장기적인 비전 중 하나는 글로벌 표준으로 발전하는 것이다. 한국 시장에서의 성공을 바탕으로, ECOSYSTEM을 국제적인 물류 운영 표준으로 확립하기 위한 노력을 진행 중이다. 이미 동남아시아의 몇몇 국가에서 벤치마킹 요청이 들어오고 있다.

이창수 대표는 "ECOSYSTEM은 끝이 아니라 시작"이라고 말한다. "30년간 쌓아온 경험과 노하우를 ECOSYSTEM이라는 하나의 체계로 집대성했습니다. 하지만 이것은 완성이 아닌 시작입니다. 앞으로도 끊임없는 혁신을 통해 아웃소싱 산업의 새로운 표준을 만들어 나갈 것입니다."

제니엘휴먼의 ECOSYSTEM은 단순한 물류 서비스의 개선을 넘어, 아웃소싱 산업의 패러다임을 변화시키는 혁신적인 모델이다. 인력 공급이라는 좁은 관점에서 벗어나, 총체적인 시스템 최적화를 통해 고객 가치를 창출하는 새로운 접근법은 아웃소싱의 미래를 보여주고 있다. 단순 인력 공급자에서 종합 물류 솔루션 파트너로, 그리고 나아가 산업의 표준을 제시하는 혁신자로 제니엘휴먼의 ECOSYSTEM은 아웃소싱 산업의 새로운 지평을 열어가고 있다.

혁신사례

제니엘휴먼

B맥주 물류 시스템을 혁신하다

2015년 4월 1일, 제니엘휴먼에게는 특별한 도전이 시작되었다. B맥주 oo공장의 아웃소싱 사업장을 새롭게 맡게 된 것이었다. 하지만 이 프로젝트는 처음부터 순탄하지 않았다. 당시 B맥주 사업장은 기존에 운영하던 아웃소싱업체에서 관리하고 있었는데 직원들의 불신이 상당했다.

B맥주 oo공장은 우리나라 대표 맥주 브랜드를 생산하는 핵심 사업장이다. 제니엘휴먼이 맡게 된 업무는 지게차를 이용해서 생산라인에서 나오는 제품을 피킹하여 제품창고에 적재하고, 품질보증팀에서 합격 판정을 받은 제품을 물류팀의 통보를 받아 운송사 차량에 상차하는 작업이었다. 겉으로 보기에는 단순한 물류 작업 같지만, 실제로는 정말 까다로운 일이었다. 맥주라는 제품 특성상 온도 관리도 중요하고, 무엇보다 안전이 최우선이었다. 특히 지게차 작업이 많다 보니 안전사고 위험도 높았다. 당시 제니엘휴먼은 처음으로 직접투자를 결정했다. 지게차 20여 대를 투입해서 사

업을 시작한 것이다. 돌이켜보면 정말 어려운 결단이었지만, 기존 업체의 문제 상황을 물려받으면서도 미래를 내다보고 과감하게 투자한 것이었다.

추진 프로세스

가장 큰 문제는 직원들의 마음을 돌리는 것이었다. 기존 운영업체에 대한 불신이 워낙 컸다 보니, 제니엘휴먼에 대해서도 의구심을 갖고 있었다. "또 다른 업체가 와서 똑같이 하는 거 아닌가" 하는 시선이 대부분이었다. 제니엘휴먼 경영진은 이 문제를 해결하는 것이 모든 것의 출발점이라고 판단했다. 단순히 일만 잘하는 게 아니라, 직원들에게 신뢰와 믿음을 주는 것이 핵심이었다.

첫 번째 단계는 기존 직원들의 재고용과 새로운 관계 구축이었다. 제니엘휴먼은 다각도로 노력해서 직원들에게 안정감을 주려고 했다. 기존 직원들을 최대한 재고용하고, 새로운 인력도 신중하게 선발해서 사업장 안정화에 집중했다. 처음에는 직원들이 눈치만 보고 서로 의심하는 분위기가 팽배했지만, 시간이 지나면서 조금씩 달라지기 시작했다. 무엇보다 중요했던 건 투명한 소통이었다. 회사의 방향성과 계획을 직원들과 공유하고, 작은 문제라도 함께 해결해나가는 문화를 만들어갔다. 이런 노력들이 차츰 직원들의 마음을 움직였다.

두 번째 단계는 작업환경 개선이었다. 제니엘휴먼은 직원들의 불안전한 작업과 열악한 환경을 찾아내서 개선점을 마련하기 시작했다. 기존 사업장의 위험한 요소들을 하나씩 찾아서 원청사인 B맥주에 지속적으로 대안을 제시했다. 가장 큰 변화는 2023년에 이루어졌다. 납산배터리 충전장소를 철거하고, 사용이 간편하고 안전한 인산철리튬 배터리 지게차를 도입한 것이다. 이건 정말 혁신적인 변화였다. "인산철리튬 배터리 지게차는 효율성이 정말 뛰어났습니다. 충전시간도 빠르고, 무엇보다 지게차 직원들이 오랫동안 원하던 에어컨과 히터를 장착할 수 있게 되었습니다. 직원들의 환경개선과 안전을 모두 충족하는 획기적인 개선이라 생각합니다." 이런 변화는 단순히 장비만 바뀐 게 아니라, 제니엘휴먼이 직원들의 안전과 편의를 진짜로 생각한다는 것을 보여주는 상징적인 사건이었다.

세 번째 단계는 사업 영역 확대였다. 제니엘휴먼은 단순히 주어진 일만 하는 것이 아니라, 원청사와 지속적으로 협의를 통해 새로운 영역으로 사업을 확장해나갔다. 2024년부터는 수출작업, 생산공통 보수작업, 냉각기 관리작업, 환입맥주, 폐주작업 등 새로운 사업들을 수주해서 운영하기 시작했다. 처음에는 7개 부문의 업무만 수행했는데, 2025년에는 14개 부문까지 확장되었다. 이런 확장이 가능했던 이유는 제니엘휴먼이 단순한 용역업체가 아니라 진짜 파트너로 인정받았기 때문이다. B맥주에서도 제니엘휴먼이라면 믿고 맡길 수 있다는 신뢰를 갖게 된 것이다.

네 번째 단계는 안전관리 시스템의 체계화였다. B맥주의 핵심 중점관리 항목이 안전관리인 만큼, 제니엘휴먼도 직원들의 직업안전에 최우선 중점을 두고 관리했다. 체계적인 안전 교육 프로그램을 도입하고, 위험 작업에 대한 명확한 지침을 만들었다. 또한 정기적인 안전점검과 개선활동을 통해 사고 예방에 집중했다. 이런 노력의 결과로 제니엘휴먼은 B맥주에서 실시하는 VPO(Vital Performance Objectives)에서 2022년과 2024년 연속 2회 안전관리 부문에 선정되었다. 협력사 중에서 연속 2회 VPO를 달성한 것은 정말 대단한 성과였다.

마지막 단계로 제니엘휴먼의 ECOSYSTEM을 B맥주 사업장에도 적용했다. 적용 대상과 공정을 우선 설정하고, 추진과제 특성을 파악해서 기간과 담당자를 정했다. 그리고 효율화 설계를 통해 공정별 운영매뉴얼을 재정립하고 적용했다. 업무범위 설정을 명확화하고, 매뉴얼을 재수립하고, 공정별 업무를 명확화했다. 또한 업무별 프로세스를 수립하고 보완해서, 개선 후 업무를 재배치했다. 이 모든 과정에서 개선사항은 지속적으로 보완했고, 직무기술서도 재정립해서 시행했다.

고객사 B맥주의 성과

첫째, B맥주 입장에서 가장 만족스러운 부분은 안전관리 수준의 획기적 향상이다. 제니엘휴먼이 투입된 이후 안전사고가 현저히 감소했고, 체계적인 안전관리 시스템이 구축되었다. 특히 VPO 안전관리 부문에서 2022년과 2024년 연속 2회 선정된 것은 정말 대단한 성과였다. 이는 B맥주의 안전 기준을 완벽하게 충족하면서도, 지속적인 개선을 이뤄냈다는 증거이다.

둘째, 운영 효율성과 서비스 품질 개선이다. 단순히 안전만 좋아진 게 아니라 운영 효율성도 크게 향상되었다. ECOSYSTEM 도입을 통해 모든 공정이 체계화되면서 작업 흐름이 매끄러워졌고, 실수나 지연도 현저히 줄어들었다. 특히 14개 부문으로 사업이 확장되면서 여러 업체와 거래해야 하는 번거로움이 줄어들었다. 제니엘휴먼 한 곳에서 대부분의 물류 업무를 처리할 수 있게 되었다.

셋째, 비용 효율성 달성이다. 무엇보다 비용 측면에서도 만족스러운 결과를 얻었다. 단순히 인력만 제공하는 기존 방식에 비해, 제니엘휴먼의 종합적인 서비스를 통해 전체적인 물류 비용을 절감할 수 있었다. 장비 투자나 유지보수, 인력 관리 등을 모두 제니엘휴먼에서 담당하면서 B맥주는 핵심 사업인 맥주 생산에만 집중할 수 있게 되었다.

제니엘휴먼의 성과

10년간의 성과를 숫자로 보면 정말 놀랍다. 매출액은 2015년 부터 2024년까지 2배 이상, 연평균 10% 이상의 성장률을 달성하였다. 장비 규모도 크게 확대되었다. 시작할 때는 지게차 20여 대로 운영했는데, 2024년 말에는 40여 대로 규모가 두 배가 되었다. 2023년부터는 직접투자에서 렌탈 방식으로 전환해서 더욱 효율적으로 운영하고, 사업 영역도 지속적으로 확대되었다. 처음에는 7개 부문의 업무만 수행했는데, 2021-2022년에는 10개 부문으로, 2025년에는 14개 부문까지 확장되었다. 특히 KEG 보수, 수제맥주, 벌크작업 등에서는 경쟁사 대비 점유율이 지속적으로 증가하고 있다. 인력 구성도 안정화되었다. 2025년 기준 정원 54명에 현원 48명으로 운영되고 있고, 건설기계조종사면허증을 소지한 전문 인력이 48명이나 된다. 이는 업계에서도 상당히 높은 수준의 전문성을 보여주는 지표다. 정성적인 효과도 나타났다.

첫째, 직원들의 만족도와 자부심이 향상되었다. 초기의 불신과 갈등 상황에서 시작했지만 완전히 다른 분위기가 되었다. "처음에는 정말 어려웠는데, 지금은 이 회사에서 일하는 게 자랑스럽습니다. 안전한 환경에서 일할 수 있고, 회사에서도 우리를 믿고 맡겨주니까 책임감도 자연스럽게 생겼습니다." 현장 직원의 이야기다. 특히 인산철리튬 배터리 지게차 도입으로 에어컨과 히터가

장착되면서 작업환경이 크게 개선된 것을 직원들이 정말 반기는 부분이다. 이런 변화들이 직원들의 회사에 대한 신뢰와 애착으로 이어졌다.

둘째, 사업 모델의 고도화이다. B맥주 사업장을 통해 제니엘휴먼은 단순한 인력공급업체에서 종합 물류 솔루션 제공업체로 발전할 수 있었다. 7개 부문에서 14개 부문으로 사업을 확장하면서 다양한 노하우를 축적했다. 특히 안전관리 시스템, ECOSYSTEM 적용, 장비 운영 등의 경험은 다른 사업장에도 적용할 수 있는 소중한 자산이 되었다. 이는 제니엘휴먼의 전체적인 경쟁력 향상에 기여했다.

셋째, 10년간 지속적인 성장을 통해 안정적인 수익 기반을 확보한 것이다. 매출 2배 이상 성장은 단순한 양적 성장이 아니라, B맥주와의 신뢰관계를 바탕으로 한 질적 성장이었다. 이런 안정적인 기반을 바탕으로 제니엘휴먼은 다른 사업장으로의 확장이나 새로운 서비스 개발에도 투자할 수 있게 되었다.

업계에서의 인정과 파급효과

이러한 성공은 업계에서도 주목받기 시작했다. 다른 제조업체들이 제니엘휴먼의 운영 방식을 벤치마킹하려고 하고, 물류 관련 세미나에서도 사례 발표 요청이 들어오고 있다. 특히 기존 업체의 문제 상황을 인수해서 성공적으로 안정화시킨 경험은 많은 기업들에게 참고가 되고 있다. '어려운 상황도 제대로 된 접근 방식으로 해결할 수 있다'는 것을 증명한 것이다.

미래를 향한 새로운 도전

제니엘휴먼은 B맥주의 아웃소싱을 담당하는 최고의 회사로서 자리잡을 수 있도록 디지털 기술 도입을 통한 스마트 물류 시스템 구축, 친환경 장비 확대, 직원 교육 프로그램 강화 등 다양한 계획들을 준비하고 있다. 특히 WMS(창고관리시스템) 정보화, 비용 절감 방안 제시, 부자재 관리 체계화 등을 통해 더욱 발전된 서비스를 제공할 것이다.

제니엘휴먼의 B맥주 사업장 성공사례는 단순한 하나의 프로젝트 성공을 넘어, 아웃소싱 업계의 새로운 표준을 제시하고 있다. 위기 상황에서도 신뢰와 혁신을 통해 동반 성장할 수 있다는 것을 보여준 것이다. 10년의 여정을 돌아보면, 제니엘휴먼과 B맥주, 그리고 현장 직원들이 함께 만들어낸 성공 스토리다. 어려운 시작이었지만 서로를 믿고 함께 노력한 결과, 모두가 성장할 수 있는 동반자 관계가 된 것이다.

8장

유통 아웃소싱 산업

"고객 경험을 혁신하고, 매출 성장을 이끌어라"

유통 아웃소싱은 우리 일상 속에서 항상 접한다. 백화점에서 만나는 친절한 상품 설명부터 화장품 매장의 체험 서비스, 온라인으로 주문한 상품을 매장에서 픽업하는 것까지 이 모든 것이 유통 아웃소싱 전문 기업들의 노하우가 집약된 결과이다. 특히 기업의 매출 성장을 좌우하는 핵심 요소로 자리매김하면서, 매장 운영 전반을 전문 기업에 맡기는 것은 이제 선택이 아닌 필수가 되었다. 2023년 이후 유통업계에 변화의 바람이 불기 시작했다. 단순 인력 공급이나 판촉 활동을 넘어, 디지털 기술과 데이터 분석을 활용한 스마트 리테일 솔루션이 주목받기 시작한 것이다. "예전에는 그냥 사람을 보내서 상품을 팔고 정리하는 게 유통 아웃소싱이었는데, 이제는 완전히 달라졌습니다." 업계 관계자들에 따르면, 실시간 고객 반응 분석, 개인 맞춤형 서비스 제공, 옴니채널 연계 운영까지 유통 아웃소싱이 고객 경험 혁신의 최전선이 되었다고 평가하고 있다.

유통 산업은 오랫동안 제조와 소비를 단순히 이어주는 전달 경로로 인식되어 왔다. 그러나 오늘날의 유통은 단순한 전달을 넘어, 고객이 어떤 경험을 하는지, 브랜드 이미지를 어떻게 느끼는지까지 함께 관리하는 거대한 무대가 되었다. 2025년 상반기, 제니엘의 세일즈 지원 파트에서 새로운 매뉴얼 개발과 교육 프로세스를 도입했으며, 특히 주목할 점은 단계별 프로세스의 체계화였다. 2024년 8월부터 시작된 현장 실태 파악과 공정 분석을 거쳐, 2024년 12월 자료 수집 단계, 2025년 1월 프로세스 시각화, 그리고 2025년 3월 매뉴얼 및 바인더 제작까지 모든 과정이 치밀하게 계획되고 실행되었다.

이 장에서는 유통 아웃소싱 시장의 현재와 미래를 분석하고, 주요 기업들의 차별화 전략과 당면 과제를 살펴보며, 현장 사례를 통해 유통 아웃소싱이 어떻게 기업의 브랜드 가치를 15% 이상 향상시키는 핵심 동력이 될 수 있었는지 살펴보고자 한다.

유통 아웃소싱의 현황

유통 아웃소싱은 기업이 매장 운영, 고객 서비스, 판매 촉진, 브랜드 관리 등 유통 활동의 일부 또는 전부를 외부 전문 기업에 위탁하는 것을 의미한다. 이는 고객 여정 설계, 브랜드 경험 관리, 매출 최적화, 심지어 소비자 데이터 분석까지 포함하는 광범위한 서비스 영역을 포괄한다. 그러면 고객기업은 왜 유통 아웃소싱을 선택할까? 매출 증대, 브랜드 일관성 확보, 핵심 역량 집중은 물론이고, 빠르게 변화하는 소비 트렌드에 대한 민첩한 대응 능력을 확보하기 위해서이다. 즉, 고객 만족도 향상, 브랜드 차별화, 시장 점유율 확대 등 성장 중심의 가치 창출이 핵심 동력이 되고 있다. 특히 MZ세대의 소비 패턴 변화와 옴니채널 쇼핑의 일반화가 가속화되면서, 아웃소싱은 기업의 경쟁력 강화 전략이자 지속 가능한 성장 전략으로 인식되고 있다.

유통 아웃소싱 시장의 성장

한국의 유통 아웃소싱 시장은 아시아에서 가장 역동적으로 성장하는 시장 중 하나로 꼽힌다. 과거 단순히 판매 인력을 공급하거나 매장의 운영을 보조하는 수준에 머물렀던 시장이, 이제는 '매장 경험 관리(retail experience management)'와 '브랜드 체험 서비스'라는 새로운 영역을 중심으로 급속히 확대되고 있다. 매장을 방문한 고객이 단순히 상품을 구매하는 데 그치지 않고, 브랜드와의 직접적인 상호작용 속에서 몰입형 경험을 갖게 되는 것이 점차 중요해지면서, 이를 전문적으로 운영할 수 있는 외부 파트너의 역할이 부각되고 있다. 한국 유통 아웃소싱 시장의 성장세는 단순한 일시적 현상이 아니라, 산업 구조 자체의 변화를 반영하는 흐름으로 이해할 수 있다. 과거 보조적 수단으로 여겨지던 매장 운영과 고객 서비스의 외부 위탁은 이제 사실상 하나의 산업 표준으로 자리 잡았다.

한국 유통 시장은 2025년 약 4,323억 달러 규모로 평가되며, 2030년까지 연평균 5.0% 내외 성장이 전망된다[1]. 이는 글로벌 주요국과 비교해도 빠른 편에 속하며, 장기적 성장 기반이 여전히 탄탄하다는 점을 보여준다. 단기 지표 역시 아웃소싱 수요 확대를 뒷받침한다. 2024년 국내 주요 유통업체의 매출은 전년 대비 8.2% 증가했으며, 온라인 채널은 약 15% 성장으로 전체 성장을 견인했다. 오프라인 매장 역시 약 2% 플러스 성장을 기록하며 회복세를 입증했다[2]. 유통 아웃소싱 시장은 현장 인력과 판촉 조직을 중심으로 이미 상당한 규모를 형성하고 있다. 2024년 기준 약 30만 명이 이 산업에 종사하고 있으며, 거래 규모는 약 8조 원으로 추정된다[3]. 이는 전통적인 유통업 성장률을 크게 상회하는 수치로, 유통업체들이 점점 더 외부 전문기업에 의존하고 있음을 방증한다.

주목할 점은 이러한 흐름이 단지 대기업에 국한되지 않는다는 것이다. 대형 유통사는 물론, 중견·중소기업들까지도 비용 효율성과 실행 속도를 동시에 확보하기 위해 아웃소싱 활용을 확대하고 있다. 즉, 아웃소싱은 이제 특정 기업의 선택적 전략이 아니라, 유통업 전반의 구조적 진화를 이끄는 핵심 축으로 부상하고 있다. 그 중에서도 체험형 서비스 분야의 고속 성장이 두드러지고 있다. 화장품 매장에서의 제품 체험과 메이크업 시연, 전자기기 매장에서의 신제품 체험존과 기능 시연, 대형마트나 백화점에서의 식품 시식 행사 등은 이제 거의 모든 매장에서 필수적으로 운영되고 있다. 이러한 서비스들은 단순히 판매를 촉진하는 수준을 넘어, 고객에게 브랜드에 대한 긍정적 경험을 제공하고 충성도를 높이는 핵심 전략으로 기능한다. 이는 고객이 단순히 물건을 사는 것보다 브랜드와 상호작용하며 경험하는 것을 더 중시하는 소비 성향으로의 전환을 잘 보여준다.

시장 분석 전문가들은 이러한 변화를 다각도로 해석한다. 한 전문가는 이렇게 설명한다. "한국 유통 아웃소싱 시장의 성장 동력은 매우 다층적입니다. 단순히 매장 인력을 공급하는 차원이 아니라, 개인 맞춤형 서비스와 브랜드 경험 차별화에서 새로운 기회가 열리고 있습니다. 특히 AI 기반 고객 데이터 분석과 디지털 기술이 결합되면서, 고객 행동을 실시간으로 파악하고, 체험과 판촉 전략을 데이터 기반으로 최적화하는 것이 가능해졌습니다. 이러한 흐름은 향후 유통 아웃소싱 시장의 성장 속도를 더욱 가속화할 것입니다." 즉, 한국의 유통 아웃소싱 산업은 매장 운영 위탁이라는 단순 모델을 넘어, 고객 경험을 전략적으로 관리하는 산업으로 탈바꿈하고 있다. 앞으로 이 시장의 성장은 단순히 비용 절감 수단이 아니라, 브랜드 차별화와 매출 성장의 핵심 동력으로서 더욱 중요해질 것으로 보인다.

무엇이 이런 성장을 견인하고 있을까?

이러한 성장을 촉진하는 핵심 동인은 다섯 가지다. 첫째, MZ세대의 체험 중심 소비 패턴 변화이다. MZ세대는 단순히 제품을 구매하는 것을 넘어 '경험'을 소비한다. 브랜드 스토리, 개인 맞춤형 서비스,

인스타그램 촬영 가능한 공간까지 요구하는 이들에게 일관되고 차별화된 경험을 제공하려면 전문적인 서비스 설계와 운영이 필수다. MZ세대의 소비 패턴을 자세히 살펴보면, 이들은 제품 구매를 하나의 '이벤트'로 인식한다. 화장품을 구매할 때도 단순히 제품만 사는 것이 아니라, 매장에서의 컨설팅 과정, 메이크업 시연, 사진 촬영, SNS 공유까지를 하나의 완성된 경험으로 본다. 이들에게는 제품의 품질만큼 '구매 과정에서 얼마나 재미있고 특별한 경험을 했는가'가 브랜드 선택의 중요한 기준이 된다. 이런 변화는 매장 운영 방식을 근본적으로 바꾸고 있다. 예를 들어, 최근 인기를 끄는 체험형 매장들을 보면 단순한 진열 공간을 넘어 하나의 '콘텐츠 스튜디오'로 설계되고 있다. 조명, 배경, 소품까지 인스타그램 촬영을 염두에 두고 배치하며, 고객이 직접 체험하고 기록할 수 있는 다양한 요소들을 제공한다[4] 올리브영의 '뷰티 컨설팅', 애플스토어의 '개인 세션' 같은 서비스가 급속도로 확산되면서, 이를 전문적으로 운영할 수 있는 인력과 시스템에 대한 수요가 폭증하고 있다. 이런 서비스들은 단순한 판매를 넘어 고객 개개인에게 맞춤화된 경험을 제공해야 하기 때문에, 높은 수준의 전문 지식과 서비스 스킬을 요구한다. 특히 MZ세대는 '진정성'을 중시하기 때문에, 형식적이거나 획일화된 서비스에 대해서는 즉시 거부감을 나타낸다. 그들이 원하는 것은 자신만을 위한 특별한 서비스, 개인의 취향과 라이프 스타일을 이해하고 공감하는 진정성 있는 소통이다. 이런 수준 높은 서비스를 일관성 있게 제공하려면 체계적인 교

육과 관리 시스템이 뒷받침되어야 하며, 이는 전문 아웃소싱 업체의 핵심 역량이다.[5][6]

둘째, 브랜드 차별화 경쟁 심화이다. 같은 카테고리 내에서도 수많은 브랜드가 경쟁하면서, 제품 자체만으로는 차별화가 어려워졌다. 이제 '어떻게 판매하느냐'가 '무엇을 판매하느냐'만큼 중요해졌다. 특히 화장품 시장에서는 백화점 한 층에만 수십 개의 브랜드가 유사한 기능의 제품을 진열하고 있어, 제품 품질과 가격보다는 매장에서의 고객 경험이 브랜드 선택의 결정적 요인이 되고 있다. 성공하는 브랜드들은 개인 맞춤 컨설팅, 메이크업 시연, 스킨케어 진단 등 차별화된 서비스를 통해 경쟁우위를 확보하며, 이런 전문 서비스를 일관성 있게 제공하기 위해 아웃소싱 업체와의 협력이 필수가 되었다.[7]

셋째, 옴니채널 서비스의 복잡성 증가이다. 현대 소비자들의 구매 여정이 온라인과 오프라인을 넘나들면서 복잡해졌다. 인스타그램에서 제품을 발견하고, 온라인에서 정보를 확인하고, 매장에서 체험한 후, 다시 온라인으로 주문하고, 다른 매장에서 픽업하는 것이 일상이 되었다. 이런 복잡한 구매 여정에서 각 단계마다 일관된 서비스를 제공하려면 온라인과 오프라인의 완벽한 연동이 필요하다. 특히 매장 직원들은 디지털 시스템 활용 능력과 고객 응대 스킬을 동시에 갖춰야 하는데, 이런 복합적 역량을 자체 개발하기보다는 전문 아웃소싱 업체의 노하우를 활용하는 것이 현실적이다.[8][9]

넷째, 인력 관리의 어려움이다. 서비스업 인력 수급 상황이 급격히 악화되면서 전문 아웃소싱 업체의 체계적 인력 관리 시스템이 더욱 중요해졌다. 특히 MZ세대의 직업관 변화로 워라밸과 개인 성장을 중시하는 경향이 강해지면서, 기존의 매장 운영 방식으로는 우수 인재 확보가 어려워졌다. 또한 지역별, 매장별로 요구되는 서비스 수준과 고객층이 달라 각각에 맞는 인력 운영이 필요한데, 이를 개별 기업이 모두 관리하기에는 부담이 크다. 전문 아웃소싱 업체들은 대규모 인력풀과 표준화된 교육 프로그램, 성과 기반 관리 시스템을 통해 이런 복합적 과제들을 체계적으로 해결하고 있다.

다섯째, 데이터 기반 개인화 서비스 수요의 등장이다. 현대 소비자들은 넷플릭스나 아마존에서 경험한 개인화 서비스를 오프라인 매장에서도 기대한다. 고객의 구매 이력, 선호도, 방문 패턴을 분석해 맞춤형 서비스를 제공하려면 데이터 분석 역량과 이를 실제 서비스로 구현할 수 있는 노하우가 동시에 필요하다. 매장 직원이 고객 데이터를 실시간으로 활용해 자연스러운 상담을 진행하고, 미래 니즈까지 예측해 선제적 서비스를 제안하는 수준까지 발전해야 한다. 이런 고도화된 개인화 서비스는 기술적 역량과 서비스 노하우를 동시에 요구하기 때문에, 관련 경험과 시스템을 갖춘 전문 아웃소싱 업체와의 협력이 더욱 중요해지고 있다. 업계 현황을 보면 예전에는 단순히 친절하게 상품을 소개하는 것이 유통 아웃소싱의 전부였지만, 이제는 완전히 달라졌다. 고객 데이터 분석부터 개인 맞춤형 추천, 브랜드 스토리텔링, 소셜미디어 연계까지 요구받고 있어서 전문 업체 없이는 감당하기 어려운 현실이다.

고객사들은 유통 아웃소싱에서 무엇을 원할까?

과거의 유통 아웃소싱이 단순히 인력을 공급하는 수준에 머물렀다면, 이제는 기업의 브랜드 가치 향상과 고객 충성도 증대에 직접 기여하는 전략적 파트너십으로 진화하고 있다. 매장에 파견된 직원이 단순히 판매를 지원하는 것이 아니라, 브랜드의 철학과 가치를 고객 경험 속에 일관되게 녹여내는 것이 핵심 과제가 된 것이다.

첫째, 고객사는 브랜드 경험의 일관성과 차별화를 추구한다. 고객사들이 가장 중시하는 것은 전국 어느 매장을 가더라도 동일한 브랜드 경험을 받을 수 있도록 보장하는 것이다. 동시에 경쟁사와는 확실히 구별되는 차별화된 서비스를 제공하기를 원한다. 한 글로벌 화장품 브랜드 마케팅 디렉터의 경험담이다. “우리 브랜드의 핵심 가치는 ‘개인 맞춤 뷰티’인데, 매장마다 상담 수준이 제각각이었습니다. 어떤 곳은 정말 전문적인 분석을 해주는데, 어떤 곳은 그냥 인기 제품만 추천하는 수준이었습니다. 그러나 전문 아웃소싱 업체와 협력한 후에는 모든 매장에서 일정 수준 이상의 개인 맞춤 상담이 가능해졌습니다.”

둘째, 데이터 기반 고객 인사이트를 중요시한다. 단순히 판매만 하는 것이 아니라, 고객들의 반응과 피드백을 체계적으로 수집하고 분석해서 마케팅과 상품 기획에 활용할 수 있는 인사이트를 제공하기를 원한다. 스포츠 브랜드 기획팀장의 증언이다. “아웃소싱 업체에서 제공하는 현장 데이터가 정말 유용해요. 어떤 연령대가 어떤 제품에 관심을 보이는지, 어떤 디스플레이가 효과적인지... 이런 정보를 바탕으로 다음 시즌 기획을 하니까 적중률이 확연히 달라졌습니다." 즉, 아웃소싱은 단순한 실행력 공급을 넘어 데이터 인텔리전스 파트너로서의 위상을 강화하고 있다.[10][11]

셋째, 옴니채널 서비스의 일체화를 추구한다. 오늘날 고객은 온라인과 오프라인을 구분하지 않고 브랜드를 경험한다. 온라인에서 상담받은 내용이 매장 방문 시에도 그대로 이어지기를 기대하며, 매장에서 체험한 경험이 자연스럽게 온라인 구매로 연결되기를 바란다. 따라서 아웃소싱 파트너는 매장 운영과 동시에 온라인 채널과의 연동성을 높여, 고객 경험이 끊김 없이 이어지는 구조를 만들어내야 한다.

정리하면, 유통 아웃소싱은 단순히 매장의 인력을 채우는 일이 아니라, 브랜드 경험의 일관성 유지, 데이터 기반 고객 인사이트 제공, 옴니채널 완성도 확보라는 세 축을 통해 기업의 전략적 목표에 직접 기여하는 단계로 발전하고 있다.

유통 아웃소싱의 경쟁구조

한국 유통 아웃소싱 시장은 빠르게 성장하고 있지만 그만큼 경쟁도 치열하다. 대형 통합 솔루션 업체부터 특정 영역에 특화된 부티크 업체들까지 다양한 플레이어들이 각자의 강점을 내세우며 시장에서 경쟁하고 있다. 한국 토털 유통 아웃소싱 시장은 '분산형' 구조가 특징이다. 그 중심에는 전국 동시 집행, 모바일 기반의 실시간 데이터 가시성, 강력한 조직력으로 규모의 경제를 실현하는 제니엘과 같은 대형사가 중심축 역할을 한다. 이들 대형사의 강점은 자체 개발 앱·ERP를 통한 리드타임 단축, 데이터 투명성, 전국 매장의 실행 표준화 등으로 본사와 현장 간 거리를 극적으로 줄이고 품질 관리의 일관성을 확보할 수 있다는 점이다. 이에 반해 중형·니치 사업자 그룹은 채널 특화, 피크물량 대응, 컴플라이언스 강화라는 개별 전략으로 활발하게 경쟁한다.

이처럼 대형사는 전국 네트워크 실시간 표준화와 데이터 기반 통제력을, 중형·니치 사업자는 채널별 룰 숙련, 단기 대량 투입, 법·노무 리스크 대응력을 앞세워 각자의 포지션을 굳히고 있다. 이처럼 한국 유통 아웃소싱 시장은 독과점이 아니라, 전문성과 기술·데이터 경쟁, 준법 체계가 공존하며 진화하는 분산형 생태계를 형성하고 있다.

유통 아웃소싱 시장의 주요 기업들

첫째, 국내 유통 아웃소싱 '디지털 통합 솔루션'을 대표하는 제니엘은 전국 500개 이상의 매장에서 3,000여 명의 전문 인력이 활동하며, 자체 개발한 모바일 통합 관리 솔루션 '제모스(ZEMOS) V4'를 통해 현장 운영의 모든 과정을 실시간으로 관리한다. 제니엘의 가장 큰 강점은 데이터 기반 현장 관리다. 매장에서 발생하는 모든 활동이 사진, GPS, 시간 정보와 함께 기록되어 투명성과 정확성을 보장한다. 특히 글로벌 브랜드부터 국내 주요 패션 브랜드까지 30여 개 브랜드와 협력하며 업계 최고 수준의 실행력을 인정받고 있다. 최근에는 제모스 V4를 통해 수집된 데이터를 AI로 분석해서 매장별 최적 운영 방안을 제안하는 컨설팅 서비스까지 제공하고 있다.[12] [13] [14] [15]

둘째, 맨토스파워로 '현장 집행력'과 '스피드 대응'으로 업계를 대표하는 판매·판촉 아웃소싱 전문기업이다. 백화점, 대형마트, 편의점 등 유통 전 영역에서 1,700명 규모의 인력을 운영하며, 연 매출 400억 원대의 중견기업으로 성장했다. 맨토스파워의 핵심 경쟁력은 급변하는 수요에 대한 초고속 대응 능력이다. 신제품 런칭, 대규모 매장 리뉴얼, 시즌별 특수 물량 등 단기간 대량 집행이 필요한 프로젝트에서 탁월한 실행력을 보여준다. 체계적인 슈퍼바이저 조직을 통해 신속·정확한 현장 통제가 가능하며, '프로젝트 집행 스피드'와 '모듈형 인력 투입'이 핵심 차별화 요소다.[16] [17] [18]

셋째, 패션 및 백화점 유통 채널 중심의 전문 매장 운영기업인 아리오(ARIO)로, "패션 리테일 전문성"과 "프리미엄 서비스"를 지향하고 있다. 전국 주요 백화점과 패션 브랜드 매장에서 직접 인력을 선발·채용하고, 자체 교육 프로그램을 통해 현장 실무 능력과 고객 서비스 역량을 강화하고 있다. 아리오의 차별화 포인트는 KPI 기반 책임 운영이다. 단순 인력 파견이 아닌 전환율, 객단가 등 매장 성과를 직접 책임지는 방식으로 운영하며, 브랜드별 맞춤형 교육과 고객군 특성에 따른 서비스 매뉴얼을 통해 실질적인 매출 향상에 집중하고 있다. 최근에는 '스마트 POP' 등 디지털 관리 도구를 적극 도입해 운영 효율을 높이고 있다.[19][20]

넷째, HR BOX로, '유통 현장 토털 위탁 운영'과 '온·오프라인 통합 관리'라는 패키지형 아웃소싱 모델을 제시하는 차별화된 업체다. 기존 유통 현장 운영뿐 아니라 온라인몰 상품 관리와 고객 응대, 재고 관리까지 통합 외주화 서비스를 제공한다. HR BOX의 핵심 강점은 옴니채널 대응력이다. 현장 인력 채용부터 온·오프라인 통합 교육, 매장 데이터 리포팅, 통합 CS 및 클레임 관리까지 '전 과정 번들' 솔루션으로 제공한다. 특히 매장 전환이나 신규 런칭, 전국 확장 매장 등에 동시 투입이 가능한 프로젝트형 조직 역량에 강점을 보이며, '현장+데이터+온라인' 융합 서비스를 필요로 하는 리테일 파트너사들로부터 높은 평가를 받고 있다.[21]

다섯째, 뉴비즈원(Newbizone)으로 2025년 유통 아웃소싱 전담 사업부를 신설하며, '컴플라이언스 특화'와 '리스크 관리 전문성'으로 승부하는 신규 진입 기업이다. 백화점, 복합몰, 아울렛 등 전국 단위 대형 유통사 현장에 직접 판매직 인력과 슈퍼바이저·교육 담당을 배치하며, 최근 강화되고 있는 산업재해, 개인정보, 근로계약 등 규제 환경 변화에 선제적으로 대응하는 컨설팅을 제공한다. 뉴비즈원의 차별화 전략은 '법무·노무·안전 통합 관리'다. 채용 대행부터 현장 교육, 법적 위험 진단 및 대응, 실시간 리스크 모니터링까지 종합 패키지로 제공한다. 오늘의집, 오프하우스 등 대형 브랜드 레퍼런스를 빠르게 확보하고 있으며, 2025년 신설된 전담 부서의 '기동성'과 '규정 준수 시스템'을 무기로 시장 내 입지를 확장하고 있다[22].

표 2-4. 주요 기업별 경쟁력 비교표

기업명	핵심 서비스	차별화 전략	주요 특징
제니엘	디지털 통합 솔루션, 제모스V4 플랫폼	데이터 기반 현장 관리, AI 분석	자체 개발 시스템, 실시간 모니터링
맨토스파워	현장 집행력, 스피드 대응	대량 집행 체계, 신속 투입	피크 물량 특화, 프로젝트형 조직
아리오/아리오 COS	패션·백화점 전문, 프리미엄 서비스	KPI 책임 운영, 브랜드 특화 교육	백화점·패션숙련도, 전면 위탁 모델
HR BOX	리테일 샵 완전 도급 + 온라인 위탁	온·오프라인 패키지, 번들 솔루션	도급형 매장 운영에 온라인 위탁 결합
뉴비즈원	컴플라이언스 특화, 리스크 관리	법무·노무 통합 패키지, 선제 대응	규정 준수 전문성, 신규 진입 기동성

이들 기업은 각각 고유한 강점을 바탕으로 시장에서 차별화된 경쟁력을 구축하고 있다. 제니엘은 디지털 혁신과 데이터 분석으로, 맨토스파워는 신속 대응력과 대량 집행으로, 아리오는 프리미엄 서비스와 브랜드 전문성으로, HR BOX는 옴니채널 통합 솔루션으로, 뉴비즈원은 컴플라이언스 전문성으로 각자의 포지션을 굳히고 있다.

유통 아웃소싱 시장의 경쟁 이슈

유통 아웃소싱 시장에서 경쟁은 단순히 가격이나 인력 규모에 그치지 않는다. 기업의 성패를 좌우하는 것은 기술력, 인재 확보력, 그리고 고객 경험의 품질이라는 세 가지 요소다. 이 영역에서의 차이가 곧 시장 지위와 지속 성장 가능성을 갈라놓는다.

첫째, 기술 격차의 확대로, 가장 치열한 경쟁은 디지털 역량에서 나타난다. 실시간 데이터 수집, AI 기반 분석, 모바일 앱을 통한 업무 관리와 현장 인증 등에서 업체 간 격차가 눈에 띄게 벌어지고 있다. 기술력을 갖춘 기업은 점포별 진열 준수율, 재고 상태, 프로모션 효과를 실시간으로 확인하고 즉각 개선안을 제시할 수 있다. 반면 이러한 기술이 부족한 업체는 여전히 단순 인력 파견 수준에 머물러, 고객사 요구에 정밀하게 대응하기 어렵다. 결국 디지털 집행·분석 역량이 새로운 진입장벽으로 자리 잡고 있다[23].

둘째, 인재 확보 경쟁이다. 브랜드에 대한 깊은 이해와 고객 서비스 역량을 동시에 갖춘 인력에 대한 수요가 급증하면서, 우수 인재를 얼마나 확보·유지할 수 있는지가 핵심 경쟁 요소가 되고 있다. 특히 MZ세대 고객들과 자연스럽게 소통할 수 있으면서도 상품 지식과 서비스 기술을 갖춘 인력은 더욱 귀하다. 이러한 인력은 단순 판매원이 아니라, 고객에게 브랜드의 가치를 직접 전달하는 '브랜드 앰배서더(brand ambassador)' 역할을 수행한다[24].

셋째, 고객 경험 품질 경쟁이다. 경쟁의 초점은 고객 경험의 질로 모아지고 있다. 단순히 물건을 판매하는 것을 넘어, 고객에게 어떤 브랜드 경험을 제공하느냐가 차별화의 핵심이다. 같은 제품이라도 고객이 매장에서 받은 체험과 서비스에 따라 만족도와 재구매율은 크게 달라진다. 예컨대, 제품 설명과 시연, 맞춤형 상담을 통해 고객이 브랜드에 몰입할 수 있는 경험을 제공한다면 이는 충성 고객 확보로 직결된다. 결국, '경험을 설계할 수 있는 능력'이 곧 시장 경쟁력으로 작동하고 있는 것이다.

유통 아웃소싱의 변화를 촉진시키는 요인

유통 아웃소싱 업계는 2030년을 향해 뚜렷한 비전을 그리고 있다. 그 핵심은 단순히 물건을 진열하고 판매하는 차원을 넘어, 고객 개개인에게 맞춤화된 브랜드 경험을 제공하는 것이다. 고객이 매장에서 경험하는 모든 순간이 전부가 하나의 서사로 이어져야 한다는 것이다. 즉 첫 발을 들이는 순간의 환영, 제품을 만지고 체험하는 과정, 상담 직원과 나누는 대화, 온라인에서 이어지는 후속 구매의 전과정이 고객 차원에서 맞춤형으로 연결되어야 한다. 업계는 이를 "경험 중심 유통(experience-centric retail)"이라고 정의하며, 이를 완성하는 것이 2030년까지의 최종 목표로 자리 잡고 있다. 이러한 방향을 촉진시키는 요인은 다음의 세가지이다.

첫째, AI와 개인화 서비스의 확산도 이러한 경향을 강화시킬 것이다. 앞으로는 고객의 구매 이력, 선호도, 방문 패턴, 심지어 SNS에서의 관심사까지 AI가 실시간으로 분석해, 고객마다 전혀 다른 매장 경험을 설계하는 시대가 열린다. 예컨대 한 고객이 자주 찾는 화장품 브랜드 매장에 들어서면, 매장 직원의 태블릿에는 그 고객이 과거 어떤 제품을 구매했는지, 어떤 색상을 선호하는지, 최근 어떤 프로모션에 반응했는지가 자동으로 표시된다. 이를 토대로 직원은 "고객님이 선호하셨던 제품의 새로운 컬러가 출시되었는데, 오늘 직접 체험해 보시겠습니까?"라고 자연스럽게 제안할 수 있다. 이러한 개인화 경험은 단순한 CRM(Customer Relationship Management)을 넘어, AI가 실시간으로 고객 여정을 설계하고 매 순간 최적의 접점을 제공하는 수준으로 발전할 것이다.

둘째, 가상·증강 현실(VR/AR) 활용이 확대될 것이다. 체험형 서비스는 VR과 AR 기술의 대중화를 통해 더욱 풍부해질 전망이다. 화장품 매장에서는 거울 앞에 서지 않아도 AR 애플리케이션을 통해 다양한 메이크업을 가상으로 적용해볼 수 있고, 의류 매장에서는 가상 피팅룸이 마련되어 고객이 직접 옷을 갈아입지 않아도 스마트 미러에서 다양한 스타일을 입어볼 수 있다. 가구 매장에서는 VR로 집 구조를 불러와 소파나 테이블을 배치해 보는 체험이 가능해질 것이다. 이러한 몰입형 경험은 단순히 흥미를 유발하는 차원을 넘어, 구매 전환율을 높이고 브랜드 충성도를 강화하는 중요한 도구로 자리매김할 것이다[25][26].

셋째, 지속가능경영과 ESG의 중요성이 증대될 것이다. 고객과 기업 모두 친환경·사회적 책임·투명한 지배구조를 중시하게 되면서, 유통 아웃소싱 파트너 선정 기준 또한 달라지고 있다. 예컨대 매장에서 사용하는 진열 자재나 포장재가 재활용 가능 소재인지, 운영 과정에서 발생하는 탄소 배출량을 줄이기 위한 체계를 갖췄는지, 현장 인력의 근로환경과 복지가 보장되는지 등이 중요한 의사결정 요소로 부상한다. 지역 사회와의 상생이 ESG 경영의 핵심으로 자리할 것이다. 예컨대, 매장 운영 인력을 지역 주민에서 우선 채용하거나, 지역 소상공인과 협업 프로그램을 운영하는 것과 같은 활동이 증가할 것이다[27][28].

유통 아웃소싱의 새로운 기회

유통 아웃소싱 업계는 여러 과제에 직면해 있지만, 동시에 새로운 성장 기회 역시 빠르게 열리고 있다. 시장 환경이 변화하면서 기존의 한계를 넘어설 수 있는 다양한 확장 가능성이 나타나고 있으며, 이는 혁신적인 업체들에게 새로운 도약의 발판이 되고 있다.

첫째, 신규 카테고리 확장이다. 소비자 라이프스타일이 다변화하면서 반려동물, 건강관리, 친환경 제품과 같은 새로운 카테고리가 빠르게 부상하고 있다. 예를 들어, 반려동물 용품 매장은 단순한 상품 판매를 넘어 체험형 서비스(사료 비교, 훈련 상담)를 요구하고 있으며, 건강관리 매장은 개인 맞춤형 상담 및 체험 부스를 필수로 도입하고 있다. 또한 ESG 흐름 속에서 친환경 제품 매장은 재활용 자재 전시, 탄소발자국 표시 등을 통해 소비자와 교감하고 있다. 이러한 신규 영역에서는 기존의 경험보다는 새로운 접근법과 창의적 실행 전략이 더 중요해, 기민하고 혁신적인 아웃소싱 업체들이 시장을 선점할 기회를 얻을 수 있다[29].

둘째, 글로벌 진출 가능성 증대이다. 한국 브랜드의 글로벌 확장은 아웃소싱 업계에 또 다른 기회를 제공한다. 특히 K-뷰티, K-패션은 이미 세계적으로 주목받고 있으며, 이와 함께 해외 시장에서 매장 운영, 체험 서비스, 프로모션 집행을 전문적으로 지원할 파트너 수요가 늘어나고 있다. 동남아시아 시장은 한국식 고객 서비스에 대한 관심이 특히 높아, 현지 소비자들에게는 차별화된 경험으로, 한국 기업에는 브랜드 경쟁력 강화로 이어질 수 있다. 아웃소싱 업체들은 이러한 흐름에 발맞춰 글로벌 서비스 운영 능력을 확보함으로써 해외 진출을 통한 새로운 성장 기회를 모색할 수 있다[30].

셋째, B2B 서비스 확장이다. 그동안 유통 아웃소싱은 주로 B2C 매장을 중심으로 발전해왔다. 그러나 앞으로는 B2B 영역으로의 확장이 중요한 성장 동력이 될 것으로 예상된다. 기업 고객을 대상으로 하는 전시회 운영, 제품 시연, 교육 서비스, 체험형 이벤트 등이 그 예다. 이러한 서비스는 단순히 고객에게 브랜드를 알리는 차원을 넘어, 거래선 확보와 파트너십 강화라는 직접적인 성과와 연결될 수 있다. 따라서 아웃소싱 업체가 B2B 서비스 역량을 강화한다면, 새로운 수익원 창출과 동시에 고객 포트폴리오를 넓힐 수 있을 것이다[31].

유통의 미래를 함께 만들어가는 파트너

유통 아웃소싱은 브랜드 가치를 높이고 고객 경험을 혁신하는 전략적 파트너십을 필요로 한다. 제니엘의 매뉴얼 제작 프로젝트에서 보듯, 체계적인 프로세스와 디지털 도구를 활용하면 고객 만족도를 획기적으로 개선하면서도 운영 효율성을 높일 수 있다. 특히 제모스 V4 같은 혁신적인 솔루션을 통해서는 전국 매장의 실시간 데이터 관리와 분석까지 가능하다. 앞으로 유통 아웃소싱 업계는 더욱 전문화되고, 더욱 디지털화되며, 더욱 개인화될 것이다. AI와 빅데이터를 활용한 맞춤형 서비스, VR/AR을 활용한 체험형 서비스, ESG를 고려한 지속가능한 서비스가 새로운 표준이 될 것이다. 동시에 기술 투자 부담, 전문 인재 확보, 규제 대응 등 해결해야 할 과제들도 있다. 하지만 이런 도전들을 잘 극복하는 기업들이 미래 시장의 리더가 될 것이다.

무엇보다 중요한 것은 고객 중심의 사고다. 기술이 아무리 발달해도 결국 사람과 사람 사이의 진정성 있는 소통과 서비스가 브랜드 경험의 핵심이다. 유통 아웃소싱 업체들이 이런 본질을 잃지 않으면서도 혁신을 계속해 나간다면, 고객에게는 더 나은 쇼핑 경험을, 기업에게는 더 강한 경쟁력을, 사회에게는 더 많은 일자리와 경제 활력을 제공하는 동반성장이 가능할 것이다. 유통 아웃소싱은 대한민국 유통 산업의 미래를 이끄는 핵심 동력으로 계속 발전해 나갈 것이다.

혁신사례

제니엘 제모스(ZEMOS)의 진화

매장의 경계를 넘어 토털 유통 아웃소싱을 지향하다

1990년대 말, 한국의 유통업계는 글로벌 브랜드들의 본격적인 진출과 함께 급격한 변화의 물결을 맞고 있었다. 나이키, 아디다스, 푸마와 같은 세계적인 스포츠 브랜드들이 국내 시장에 뿌리내리기 시작했고, 이들은 매장 운영을 위한 안정적이고 전문적인 인력 공급 파트너를 절실히 필요로 했다. 이러한 시대적 요구에 부응하여 제니엘은 처음에는 단순한 인력파견회사로 출발했지만, 업계를 선도하는 디지털 혁신 기업으로 완전히 탈바꿈했다. 제니엘의 변화 과정은 단순한 기술 도입의 차원을 넘어서, 전통적인 사업 모델을 근본적으로 재정의한 전략적 혁신의 전형이라 할 수 있다. 특히 2012년부터 시작한 '토털 아웃소싱' 모델 도입과 2018년 자체 개발한 모바일 통합관리시스템 '제모스(ZEMOS)'의 성공은, 전통 제조업과 서비스업의 경계에서 어떻게 디지털 기술이 새로운 가치를 창출할 수 있는지를 보여주는 대표적인 사례가 되었다.

제니엘의 성장

"고객사에게 새로운 제안을 하고 개선하며 고정관념을 뛰어넘어야 발전할 수 있습니다" 박춘홍 제니엘 대표의 언급이다. 초기 사업 모델은 단순명료했다. 글로벌 패션 브랜드들이 국내에 진출하면서 필요로 하는 매장 판매 인력을 선발하고 교육하여 파견하는 것이 주요 업무였다. 당시만 해도 국내 아웃소싱 업계는 대부분 이런 형태의 단순 인력 공급에 머물러 있었고, 제니엘 역시 예외가 아니었다. 그러나 제니엘이 다른 경쟁사들과 차별화되었던 점은 바로 '현장 중심의 실행력'과 '지속적인 교육 시스템'이었다. 박인주 회장은 설립 초기부터 "끊임없이 도전하라"는 경영철학을 바탕으로, 단순히 사람을 공급하는 것이 아니라 고객사의 브랜드 가치를 현장에서 구현할 수 있는 전문 인력을 양성하는 데 집중했다. 이를 위해 체계적인 교육 프로그램을 운영했고, 현장 직원들의 역량 개발에 지속적으로 투자했다. 이런 노력의 결과, 제니엘은 주요 글로벌 브랜드들로부터 높은 신뢰를 얻을 수 있었으며, 특히 이들 브랜드의 까다로운 서비스 기준과 브랜드 가이드라인을 철저히 준수하면서도, 현장에서의 유연한 대응력을 동시에 보여줌으로써 장기적인 파트너십을 구축할 수 있었다. 이 시기에 축적된 글로벌 브랜드와의 협업 경험과 현장 운영 노하우는 후에 제니엘이 더 큰 도약을 할 수 있는 중요한 자산이 되었다.

하지만 2010년대에 접어들면서 제니엘은 새로운 도전에 직면하게 되었다. 유통업계의 구조가 급격히 변화하기 시작했고, 단순한 인력 공급만으로는 고객사들의 복잡해진 요구사항을 충족시키기 어려워졌다. 온라인과 오프라인이 융합되는 옴니채널 환경이 확산되면서, 고객사들은 매장 운영, 재고 관리, 고객 서비스, 데이터 분석 등을 통합적으로 관리할 수 있는 파트너를 원하기 시작했다.

단순 도급에서 토털 유통 아웃소싱으로

2012년은 제니엘 역사상 가장 중요한 해였다. 이 해에 제니엘은 패션그룹 A사와의 대리점 계약을 통해 충북 청원군 남이면에 신규 유통매장을 직접 운영할 기회를 얻게 되었다. 이 프로젝트는 겉으로 보기에는 작은 지역 매장 하나를 운영하는 단순한 업무처럼 보였지만, 실제로는 제니엘의 사업 모델을 근본적으로 바꾸는 역사적 전환점이 되었다. 기존의 인력 파견 업무와 달리, 이번 프로젝트에서 제니엘은 매장 운영의 모든 측면을 직접 책임져야 했다. 인력 선발과 교육은 물론이고, 매장 운용 표준(SOP) 수립, 직원 근태 및 실적 관리, 상품 진열과 재고 관리, 프로모션 기획과 실행, 고객 서비스 품질 관리 등 매장 운영과 관련된 모든 업무를 통합적으로 관리해야 했다. 이는 제니엘에게 완전히 새로운 영역의 도전이었다. 처음에는 많은 시행착오를 겪었다. 기존의 인력 관리 중심 시스템으로는 복잡한 매장 운영 업무를 체계적으로 관리하기 어려웠고, 본사와 현장 간의 정보 공유도 원활하지 않았다. 매장 상황을 실시간으로 파악하기 어려워 문제 발생 시 신속한 대응이 힘들었고, 여러 업무 영역에서 발생하는 데이터를 통합적으로 분석하여 의사결정에 활용하는 것도 쉽지 않았다.

하지만 이런 어려움들은 오히려 제니엘에게 새로운 기회를 제공했다. 현장에서 직접 경험하는 문제점들을 하나씩 해결해 나가면서, 제니엘은 유통 현장 운영에 대한 깊이 있는 이해와 실무 노하우를 축적할 수 있었다. 더 중요한 것은 이 과정에서 "단순한 인력 공급을 넘어 매장 운영 전체를 책임지는 토털 솔루션을 제공할 수 있다면, 고객사에게 훨씬 더 큰 가치를 제공할 수 있을 것"이라는 확신을 얻게 되었다는 점이다.이러한 깨달음을 바탕으로 제니엘은 2012년을 기점으로 사업 전략을 근본적으로 전환했다. 더 이상 단순한 아웃소싱 벤더가 아니라, "유통 현장의 전 과정에 대한 컨설팅부터 운영, 성과 관리까지 모든 것을 책임지는 토털 아웃소싱 기업"으로 정체성을 재정의한 것이다. 이는 당시 업계에서는 매우 파격적이고 위험한 선택이었지만, 결과적으로는 제니엘을 업계 선도기업으로 도약시키는 결정적 계기가 되었다.

제모스의 탄생

토털 아웃소싱 모델을 성공적으로 운영하기 위해서는 무엇보다 효율적인 관리 시스템이 필요했다. 기존의 수작업 중심 관리 방식으로는 여러 매장에서 동시에 발생하는 복잡한 업무들을 실시간으로 모니터링하고 통제하기가 사실상 불가능했기 때문이다. 이런 현실적 필요에 의해 2018년 탄생한 것이 바로 제모스(ZEMOS)다. 당시까지 업계에서는 기존의 ERP 시스템이나 외부 솔루션을 도입하는 것이 일반적이었는데, 제니엘은 과감하게 자체 개발을 선택했다. 이는 기존 솔루션들이 제니엘의 독특한 사업 모델과 현장 환경에 최적화되어 있지 않다고 판단했기 때문이다. 특히 모바일 환경에서 현장 직원들이 쉽게 사용할 수 있으면서도, 실시간 데이터 수집과 분석이 가능한 통합 시스템은 시중에서 찾아보기 어려웠다.

제모스의 가장 혁신적인 특징은 '현장 중심의 모바일 퍼스트' 접근법이었다. 기존의 많은 관리 시스템들이 본사 관리자의 편의를 우선시했다면, 제모스는 실제 매장에서 일하는 현장 직원들이 스마트폰 하나만으로도 모든 업무를 처리할 수 있도록 설계되었다. 출퇴근 관리부터 시작해서 판매 실적 입력, 재고 확인, 진열 상태 체크, 프로모션 실행 확인, 고객 응대 보고서 작성까지, 매장에서 발생하는 모든 업무를 모바일 앱을 통해 간편하게 처리할 수 있게 했다. 특히 사진, GPS, 타임스탬프 기능을 적극 활용한 것이

제모스만의 독창적인 특징이었다. 예를 들어 매장 진열 작업을 완료했을 때 단순히 텍스트로 "진열 완료"라고 입력하는 것이 아니라, 실제 진열된 모습을 사진으로 찍어 올리고, GPS로 위치를 확인하며, 정확한 시간까지 자동으로 기록되도록 했다. 이렇게 함으로써 업무의 투명성과 정확성을 크게 높일 수 있었고, 나중에 문제가 발생했을 때도 정확한 상황을 파악할 수 있게 되었다.

본사 관리자들에게는 이런 현장 데이터가 실시간으로 대시보드 형태로 제공되었다. 전국에 흩어져 있는 수백 개의 매장 상황을 한눈에 파악할 수 있게 되었고, 특정 매장에서 문제가 발생했을 때도 즉시 파악하여 대응할 수 있게 되었다. 또한 축적된 데이터를 분석하여 매장별 성과 비교, 시간대별 고객 패턴 분석, 상품별 판매 동향 파악 등 전략적 의사결정에 필요한 인사이트를 얻을 수 있게 되었다.

제모스 도입과 현장 적응

제모스를 현장에 도입하는 과정은 결코 순탄하지 않았다. 기존에 종이와 전화, 그리고 간단한 엑셀 파일로 업무를 처리하던 현장 직원들에게 갑자기 복잡한 모바일 시스템을 사용하라고 하는 것은 상당한 저항을 불러일으켰다. 특히 연령대가 높은 직원들의 경우 스마트폰 사용 자체에 어려움을 느끼는 경우도 많았고, 새로운 시스템을 익히는 데 상당한 시간과 노력이 필요했다.

이런 문제를 해결하기 위해 제니엘은 단계적이고 체계적인 교육 프로그램을 운영했다. 우선 각 지역별로 시스템 교육 전담팀을 구성하고, 현장 직원들을 대상으로 일대일 맞춤형 교육을 실시했다. 단순히 시스템 사용법을 알려주는 것이 아니라, 왜 이 시스템을 도입하게 되었는지, 이 시스템을 통해 현장 업무가 어떻게 개선될 수 있는지를 충분히 설명했다. 또한 초기에는 기존 방식과 새로운 시스템을 병행 운영하면서 직원들이 점진적으로 적응할 수 있도록 했다. 더 중요한 것은 시스템 사용 과정에서 현장 직원들의 피드백을 적극적으로 수렴하여 지속적으로 개선해 나갔다는 점이다. 예를 들어 처음 버전에서는 데이터 입력 항목이 너무 많아서 현장에서 사용하기 번거롭다는 의견이 많이 나왔다. 이에 제니엘은 정말 필수적인 항목들만 남기고 나머지는 선택 사항으로 바꾸거나 자동 입력되도록 시스템을 수정했다. 또한 와이파이가 불안정한 매장에서도 원활하게 사용할 수 있도록 오프라인 모드 기능을 추가하고, 나중에 인터넷이 연결되면 자동으로 동기화되도록 했다.

이런 노력의 결과, 도입 초기에는 저항이 많았던 현장 직원들도 점차 시스템의 편리함을 인식하기 시작했다. 특히 기존에는 매장에서 발생한 문제를 본사에 보고하고 해결책을 받기까지 몇 시간이나 며칠이 걸렸던 것이, 제모스를 통해서는 실시간으로 소통하고 즉시 해결할 수 있게 되면서 현장 직원들의 만족도가 크게 향상되었다. 또한 자신의 업무 성과가 실시간으로 가시화되면서 동기부여 효과도 나타났다.

성과 창출과 고객 가치의 실현

제모스의 도입 효과는 예상보다 빠르고 명확하게 나타났다. 가장 직접적인 효과는 운영비용의 대폭적인 절감이었다. 기존에는 각 매장의 상황을 파악하기 위해 슈퍼바이저들이 직접 매장을 방문해야 했는데, 이 과정에서 상당한 교통비와 시간 비용이 발생했다. 하지만 제모스를 통해 실시간으로 매장 상황을 모니터링할 수 있게 되면서, 꼭 필요한 경우를 제외하고는 굳이 현장 방문을 하지 않아도 되게 되었다. 이로 인해 슈퍼바이저 1명당 관리할 수 있는 매장 수가 기존 15-20개에서 30-40개로 거의 두 배 가까이 증가했다.

업무의 정확성과 품질 면에서도 눈에 띄는 개선이 나타났다. 기존에는 매장 진열이나 프로모션 실행 상황을 확인하기 위해 슈퍼바이저가 며칠 후에 매장을 방문해야 했는데, 그 사이에 문제가 발생하더라도 즉시 파악하고 수정하기가 어려웠다. 하지만 제모스 V4를 통해 실시간으로 진열 상태나 프로모션 실행 현황을 사진과 함께 확인할 수 있게 되면서, 문제가 발생하면 즉시 수정 지시를 내릴 수 있게 되었다. 이로 인해 매장 진열의 완성도가 크게 향상되었고, 프로모션 실행 준수율도 90% 이상으로 높아졌다.

고객사들의 반응도 긍정적이었다. 기존에는 매장별 판매 실적이나 재고 현황을 파악하기 위해 주간 단위나 월간 단위로 보고서를 받아야 했는데, 제모스를 통해서는 언제든지 실시간으로 원하는 데이터를 확인할 수 있게 되었다. 특히 고객사 본사의 마케팅팀이나 MD팀에서는 이런 실시간 데이터를 바탕으로 더욱 신속하고 정확한 의사결정을 내릴 수 있게 되었다고 평가했다. 매출 증대 효과도 상당했다. 실시간 데이터 분석을 통해 어떤 상품이 어떤 시간대에 어떤 고객층에게 잘 팔리는지를 파악할 수 있게 되면서, 더욱 효과적인 판매 전략을 수립할 수 있게 되었다. 또한 재고관리가 정확해지면서 품절로 인한 매출 손실을 크게 줄일 수 있었고, 과재고로 인한 비용 부담도 줄어들었다. 그 결과 제모스를 도입한 매장들의 평균 매출이 도입 전 대비 15-20% 증가하는 성과를 거두었다.

업계 선도 기업으로의 도약

제모스의 성공은 제니엘을 업계 내에서 완전히 다른 차원의 기업으로 인식시켰다. 2023년 기준으로 500개 이상의 유통·패션·서비스 매장이 제모스 운영·관리 체계를 도입하고 있으며, 이는 업계에서 최초이자 최대 규모다. 특히 경쟁사들이 아직 이런 수준의 통합 관리 시스템을 본격적으로 도입하지 못한 상황에서, 제니엘만의 독점적 경쟁 우위를 확보하고 있다. 이런 성과를 인정받아 제니엘은 '대한민국 서비스 만족 대상 경영서비스 부문' 수상을 비롯하여 '소비자가 뽑은 가장 신뢰하는 브랜드대상'을 3년 연속 수상하는 등 다수의 외부 인정을 받았다. 이는 단순히 기술적 혁신뿐만 아니라 그것이 실제 고객 만족과 사업 성과로 이어졌다는 점을 객관적으로 보여주는 지표다.

더욱 의미 있는 것은 제니엘의 혁신이 업계 전체의 디지털 전환을 촉진하는 촉매 역할을 하고 있다는 점이다. 다른 아웃소싱 업체들도 제니엘의 사례를 벤치마킹하여 자체적인 디지털 솔루션 개발에 나서고 있고, 유통업계 전반에서도 데이터 기반 매장 관리의 중요성에 대한 인식이 크게 높아지고 있다. 이는 제니엘이 단순히 자신만의 경쟁력을 확보한 것을 넘어, 업계 전체의 발전을 이끌고 있다는 점에서 더욱 의미가 크다. 또한 ESG(환경·사회·지배구조) 경영 측면에서도 제니엘의 디지털 시스템은 긍정적 평가를 받고 있다. 종이 사용량을 대폭 줄이고, 불필요한 출장을 줄여 탄소 배출량을 감소시키는 등 환경적 효과가 있을 뿐만 아니라, 투명한 업무 프로세스와 공정한 성과 평가 시스템을 통해 사회적 가치도 창출하고 있다는 평가다. 이런 요소들이 종합되어 각종

ESG 평가에서도 높은 점수를 받고 있다.

미래 전략과 지속 가능한 성장

현재의 성과에 만족하지 않고, 제니엘은 더욱 야심찬 미래 전략을 수립하고 있다. 가장 핵심적인 방향은 '솔루션 사업자로의 완전한 전환'이다. 이는 단순히 아웃소싱 서비스를 제공하는 업체가 아니라, 제모스와 같은 혁신적 솔루션을 다른 기업들에게도 제공하는 B2B 솔루션 사업자로 변모하겠다는 의미다. 이를 위해 제니엘은 AI와 빅데이터 기술을 접목한 차세대 제모스 개발에 집중하고 있다. 현재의 제모스가 데이터 수집과 실시간 모니터링에 특화되어 있다면, 차세대 시스템은 수집된 데이터를 AI가 분석하여 예측과 추천까지 제공하는 수준으로 진화할 예정이다. 예를 들어 과거 판매 데이터와 날씨, 주변 상권 정보, 고객 패턴 등을 종합 분석하여 "내일 오후 3-5시에 이 상품의 판매량이 급증할 것으로 예상되니 미리 추가 진열을 준비하라"는 식의 구체적인 액션 가이드를 제공할 계획이다.

온·오프라인 융합(O2O) 서비스 영역에서도 새로운 기회를 모색하고 있다. 최근 들어 전통적인 오프라인 매장뿐만 아니라 e커머스 업체들도 오프라인 체험 공간을 확대하고 있고, 지역 중소상공인들도 온라인 진출에 관심이 높아지고 있다. 제니엘은 이런 다양한 채널에서 표준화된 서비스를 제공할 수 있는 통합 솔루션을 개발하여, 고객사들이 채널에 상관없이 일관된 브랜드 경험을 제공할 수 있도록 지원할 계획이다.

컨설팅 사업 영역의 확대도 중요한 전략 방향이다. 지금까지는 주로 운영 대행 서비스에 집중했다면, 앞으로는 축적된 데이터와 노하우를 바탕으로 고객사의 전략 수립부터 실행, 성과 분석까지 포괄하는 종합 컨설팅 서비스를 제공할 예정이다. 특히 "경험 설계 + 실행 + 성과 측정"의 전체 사이클을 책임지는 토털 파트너로서의 역할을 강화해 나갈 계획이다.

해외 진출도 장기적인 비전에 포함되어 있다. 제모스와 같은 혁신적 솔루션은 한국뿐만 아니라 아시아 다른 국가들에서도 충분한 경쟁력을 가질 수 있을 것으로 판단하고 있다. 특히 베트남, 태국, 인도네시아 등 소매유통업이 급성장하고 있는 동남아 시장에서의 기회를 적극 탐색하고 있다.

디지털 전환을 통한 지속가능한 경쟁우위 확보

제니엘의 성공 사례는 전통적인 서비스업에서도 올바른 전략과 실행력을 바탕으로 한다면 디지털 기술을 통해 근본적인 혁신을 이룰 수 있다는 점을 명확히 보여준다. 특히 이들의 사례에서 주목할 점은 기술 그 자체가 목적이 아니라, 고객의 실질적인 문제를 해결하고 더 나은 가치를 제공하기 위한 수단으로 기술을 활용했다는 점이다. 제니엘이 단순한 인력공급업체에서 토털 아웃소싱 파트너로 변모할 수 있었던 핵심 성공요인을 정리하면 다음과 같다.

첫째, 시장과 고객의 변화를 민감하게 감지하고 선제적으로 대응한 전략적 안목이다. 2012년 패션그룹 A사와의 프로젝트는 표면적으로는 작은 매장 하나를 운영하는 단순한 업무였지만, 제니엘은 이를 통해 업계 전체의 변화 방향을 읽어내고 미래의 사업 모델을 미리 실험해볼 수 있는 기회로 활용했다. 이런 전략적 사고가 없었다면 단순한 대리점 운영으로 끝났을지도 모른다.

둘째, 현장 중심의 사고방식과 실용적 접근법이다. 제모스를 개발할 때도 화려한 기능이나 최신 기술을 과시하는 것보다, 실제 매장에서 일하는 직원들이 정말로 편리하게 사용할 수 있는 시스템을 만드는 데 집중했다. 이는 오랜 기간 현장에서 쌓은 경험과 노하우가 있었기에 가능한 일이었다. 기술을 위한 기술이 아니라, 현장의 실질적 문제를 해결하기 위한 기술 개발에 집중한 것이 성공의 열쇠였다.

셋째, 지속적인 학습과 개선에 대한 조직 차원의 의지다. 제모스를 도입하는 과정에서 수 많은 시행착오와 저항에 부딪혔지만, 이를 극복하기 위해 체계적인 교육 프로그램을 운영하고 현장의 피드백을 적극 수렴하여 시스템을 지속적으로 개선해 나갔다. 특히 경영진부터 현장 직원까지 모든 구성원이 변화의 필요성을 공감하고 적극적으로 참여했다는 점이 중요했다.

넷째, 장기적 관점에서의 투자 결정이다. 자체 시스템 개발은 상당한 시간과 비용이 소요되는 작업이었지만, 제니엘은 단기적인 수익보다는 장기적인 경쟁 우위 확보를 위해 과감한 투자를 결정했다. 이런 투자가 있었기에 현재 업계에서 독보적인 위치를 차지할 수 있게 되었다.

9장

건강한 삶을 위한 동반자 의료서비스 혁신의 현장

2024년 가을, 서울 강남구의 한 대형병원에서 30년간 자체적으로 운영해왔던 고객센터를 처음으로 전문 아웃소싱 업체에 맡기는 결정을 내렸다. "처음엔 정말 고민이 많았습니다. 환자들과의 첫 만남이 컨택센터인데, 이걸 외부에 맡겨도 될까 싶었습니다. 하지만 지금 생각해보면 정말 잘한 선택이라는 생각이 듭니다." 이 병원 고객서비스팀장의 말이었다. 이런 변화는 이 병원만의 이야기가 아니었다. 전국 곳곳에서 비슷한 고민을 하던 의료기관들이 하나둘씩 아웃소싱의 문을 두드리기 시작했고, 코로나19 팬데믹을 겪으면서 비대면 서비스의 중요성이 부각되고, 환자들의 기대 수준이 높아지면서 의료기관들도 변화를 모색할 수밖에 없었던 것이다. 급변하는 의료 환경에서 의료기관들은 환자 만족도 향상과 운영 효율성을 동시에 확보하며 디지털 혁신에 유연하게 대응해야 하는 과제에 직면했다.

'의료서비스 아웃소싱'은 의료기관들이 핵심 의료 서비스에 집중하고 환자 경험을 극대화하는 중요한 전략으로 부상하고 있었다. 2023년 이후 의료업계에서는 환자 케어 품질 향상과 디지털 혁신을 위한 전략적 파트너십으로서의 아웃소싱을 주목하기 시작했다. "예전엔 인건비 절약이 목적이었는데, 지금은 전문가들이 우리보다 더 나은 환자 서비스를 만들어내요." 경기도 성남의 한 중견 병원 원장의 말이었다. 이 장에서는 의료서비스 아웃소싱 시장의 현재와 미래를 분석하고, 주요 기업들의 동향과 당면 과제를 살펴보며, 현장의 생생한 이야기를 통해 의료서비스 아웃소싱이 어떻게 우리의 건강한 삶을 위한 동반자가 되어가고 있는지 살펴보고자 한다.

의료 아웃소싱의 현황

의료서비스 아웃소싱은 의료기관이 환자 응대, 예약 관리, 마케팅, IT 관리 등의 업무를 외부 전문 업체에 위탁하는 것으로, 이제는 단순 업무 대행을 넘어 환자 경험 향상, 의료진 업무 효율성 증대, 디지털 혁신 등을 포괄하는 전략적 파트너십으로 발전하고 있었다. 과거에는 비용 절감이 주된 목적이었다면, 현재는 전문성 확보, 환자 만족도 향상, 의료진의 진료 집중도 증대 등 복합적인 가치 창출이 핵심 동력이 되고 있다. 특히 코로나19 팬데믹 이후 비대면 의료 서비스의 중요성이 부각되면서, 디지털 헬스케어 플랫폼 구축과 운영에 대한 전문적

지원 수요가 급증하고 있었다. 이러한 패러다임 변화는 의료 생태계 전반에 걸쳐 새로운 협력 모델과 서비스 체계를 만들어내고 있으며, 의료기관들로 하여금 핵심 의료 서비스에 더욱 집중할 수 있는 환경을 조성하고 있다.

2024년 초 서울 코엑스에서 열린 '헬스케어 혁신 컨퍼런스'에서 한 의료 전문가는 "AI와 디지털 기술이 의료 현장을 바꾸는 속도가 연평균 36.4%씩 성장하는 것은 거의 매년 새로운 세상이 열리는 수준"이라고 말했다. 이는 단순한 수치 증가를 넘어 질적 변화를 의미했다. AI 진단 시스템, IoT 기반 환자 모니터링, 빅데이터를 활용한 개인 맞춤형 치료 등 첨단 기술이 의료 현장에 도입되면서 전통적인 의료 서비스 방식에서 스마트 헬스케어로의 전환이 가속화되고 있었다. 이러한 기술적 진보는 아웃소싱 업체들에게 새로운 서비스 영역을 제공하는 동시에, 고도의 의료 전문성과 기술 역량을 요구하고 있다. 결과적으로 시장은 단순히 규모만 커지는 것이 아니라, 더욱 정교하고 전문화된 의료 서비스 생태계로 진화하고 있다.

의료 아웃소싱 시장의 성장

실제로 국내 의료서비스 아웃소싱 시장은 놀라운 속도로 성장하고 있으며, 여러 세부 분야에서 동시다발적인 확장세를 보이고 있다. 이러한 성장은 단순히 시장 규모의 확대를 의미하는 것이 아니라, 의료 생태계 전반의 구조적 변화를 반영하고 있다. 특히 한국의 경우 의료 IT

인프라의 선진화, 고령화 사회 진입, 만성질환자 증가 등이 복합적으로 작용하면서 아웃소싱 서비스에 대한 수요가 폭발적으로 증가하고 있다. 또한 의료진 부족 현상이 심화되면서 의료기관들이 핵심 의료 업무에 집중하기 위해 비의료 업무를 전문 업체에 위탁하는 경향이 강화되고 있다. 이는 향후에도 지속될 메가트랜드로서, 의료의 디지털 전환과 개인 맞춤형 의료가 완성되는 과정에서 아웃소싱 시장의 중요성은 더욱 커질 것으로 전망되고 있다.

글로벌 시장 동향을 살펴보면, 의료서비스 컨택센터 아웃소싱 시장은 2024년 1,175억 달러에서 2030년 1,686억 달러로 연평균 7.48% 성장할 전망이며, 이 중 의료 분야가 주요 최종 사용자 산업 중 하나로 자리잡고 있다[1]. 인천의 한 종합병원 IT담당자는 "3년 전엔 단순 전화 응답 서비스였습니다. 그런데 지금은 AI 기반 예약 시스템, 환자 맞춤형 안내 서비스, 실시간 진료 현황 알림까지 모두 아웃소싱으로 해결하고 있습니다. 앞으로 더 많은 서비스들이 추가될 예정입니다"라고 설명했다. 이러한 변화는 의료기관들이 IT를 단순한 지원 기능이 아닌 환자 경험 향상과 운영 효율성 증대를 위한 핵심 경쟁력 요소로 인식하기 시작했음을 보여준다. 또한 환자들의 디지털 서비스에 대한 기대치가 높아지면서, 의료기관들도 이에 부응하기 위해 전문적인 디지털 솔루션을 적극적으로 도입하고 있다.

급성장하는 헬스케어 디지털 마케팅 아웃소싱

그랜드 뷰 리서치(Grand View Research)에 따르면, 글로벌 헬스케어 디지털 마케팅 아웃소싱 시장은 2023년부터 2030년까지 연평균 9.29% 성장하여 2030년에는 195억 2천만 달러에 달할 것으로 예상된다[2]. 한국에서도 병원들의 온라인 브랜딩과 환자 소통 방식이 근본적으로 변화하고 있다. 경기도 수원의 피부과 전문의원은 "코로나19 이후 온라인으로 병원을 찾는 환자들이 급증했습니다. 그래서 전문 마케팅 업체와 파트너십을 맺었거든요. 환자 문의가 40% 늘어나고 예약 취소율도 20% 줄었습니다. 앞으로는 AI 챗봇도 도입할 계획입니다"라고 밝혔다. 국내에서는 스타닥마케팅, 라온하제코리아, 하룹 등이 대표적인 병원 전문 마케팅 아웃소싱 업체로 성장하고 있으며, 이 중 하룹은 현재 2000곳 이상의 병원과 계약을 맺고 있으며, 평균 30% 이상의 매출 증가율과 99%의 재계약률을 달성하고 있다[3]. 흥미로운 점은 이들 업체들의 서비스 범위가 점점 확장되고 있다는 것이다. 단순 온라인 광고에서 시작해서 지금은 병원 운영 컨설팅, 환자 관계 관리, 심지어 의료진 교육까지 제공하는 경우도 늘어나고 있어, 마케팅 회사가 아니라 '토털 헬스케어 솔루션 제공업체'로 진화하는 모습을 보이고 있다.

업계 관계자들은 이런 변화를 '아웃소싱 3.0 시대'라고 부르기도 한다. 1.0이 단순 인력 공급, 2.0이 전문 서비스 제공이었다면, 3.0은 전략적 파트너십을 통한 공동 성장 모델이라는 설명이다. 실제로 일부 아웃소싱 업체들은 고객 병원의 성과에 따라 수수료를 받는 성과 연동형 계약도 도입하고 있어, 단순한 서비스 제공자가 아닌 진정한 비즈니스 파트너로서의 역할을 수행하고 있다. 이러한 변화는 의료 마케팅 분야가 단순한 광고나 홍보를 넘어 환자 경험 전반을 관리하는 종합적인 서비스로 진화하고 있음을 보여준다. 또한 데이터 분석과 AI 기술의 발전으로 더욱 정밀하고 개인화된 마케팅이 가능해지면서, 의료기관들의 마케팅 효과도 크게 향상되고 있다.

표 2-5. 국내 주요 병원 마케팅 아웃소싱 업체별 특징 및 강점 (2024년 기준)

기업명	강점	성과	계약 병원 수
하룹	병원마케팅 원스톱 서비스, 브랜딩부터 광고까지	평균 매출 30% 증가, 99% 재계약률, 12년 노하우	2,000곳 이상
스타닥마케팅	의사 출신 대표, 의료 전문성 기반 마케팅	2019년 중소벤처기업부 상위 1% 기업 선정	127개 성공사례
라온하제코리아	온라인마케팅, 키워드광고 전문	580개 병원 선택, 다양한 마케팅 채널 운영	580곳

의료 AI 아웃소싱의 성장

글로벌 AI 의료 시장은 2023년 기준 약 150억 달러에서 2030년까지 연평균 약 37% 성장할 것으로 예상된다[4]. 한국 정부도 '의료 인공지능 연구개발 로드맵(2024~2028)'을 수립하여 AI 기반 의료기술 혁신을 적극 지원하고 있다[5]. 대전의 정밀의료 전문병원은 "AI 영상 진단 시스템 도입 후 진단 정확도가 15% 향상되고 판독 시간도 50% 단축되었습니다. 직접 개발하기엔 비용이 너무 컸는데, 전문 업체와 협력해서 효과적으로 도입할 수 있었습니다. 내년에는 더 고도화된 AI 시스템을 추가로 도입할 예정입니다"라고 전했다. 국내 의료 AI 기업들의 글로벌 진출도 활발해지고 있으며, 루닛은 2024년 볼파라 헬스를 인수하며 미국 시장에 본격 진출했고, 뷰노는 FDA 허가를 잇달아 획득하며 해외 시장 공략을 가속화하고 있다. 이런 성과들이 국내 의료기관들의 아웃소싱 신뢰도를 높이는 요인이 되고 있다. 한 의료 AI 전문가는 "2028년이 의료 AI의 전성기가 될 것"이라고 전망했으며, 실제로 정부도 의료 인공지능 연구개발 로드맵을 통해 2028년까지 집중 투자할 계획을 발표했다. 이런 정부 정책과 맞물려 민간 투자도 활발해지고 있어, 벤처캐피털들이 의료 AI 스타트업에 대한 투자를 늘리고 있고, 대기업들도 의료 분야 진출을 위해 관련 기술 업체들을 인수하거나 파트너십을 맺고 있다.

고객사들은 의료 아웃소싱에서 무엇을 원할까?

의료 아웃소싱에 대한 의료기관들의 요구사항은 시간이 지나면서 점점 더 정교하고 전문적으로 변화하고 있다. 단순한 비용 절감을 넘어서 환자 케어의 질적 향상과 의료진의 업무 효율성 증대가 핵심 요구사항으로 부상했다. 특히 환자 중심 의료로의 패러다임 전환이 가속화되면서, 의료기관들은 환자 만족도, 치료 결과, 안전성 등을 종합적으로 고려한 통합적 서비스를 요구하고 있다. 또한 의료의 디지털화가 진행되면서 데이터 기반 의사결정, 예측 분석, 개인 맞춤형 서비스 등에 대한 전문적 지원 요구도 크게 증가하고 있다. 이러한 변화는 아웃소싱 업체들로 하여금 단순한 업무 대행을 넘어 의료 전문성과 기술 혁신 역량을 동시에 갖춘 종합 솔루션 제공자로 진화할 것을 요구하고 있다.

첫째, 환자 경험 향상에 대한 고객요구이다. 2024년 들어 의료기관들이 가장 중시하는 것은 '환자 경험의 일관성'이었다. 부산의 한 대학병원 고객서비스팀장은 "환자들이 병원에 전화를 걸었을 때부터 퇴원할 때까지 모든 접점에서 동일한 수준의 서비스를 받을 수 있어야 한다"고 강조했다. 특히 MZ세대 환자들의 증가로 디지털 친화적인 서비스에 대한 요구가 높아지고 있어, 24시간 챗봇 상담, 모바일 예약 시스템, SNS를 통한 실시간 소통 등이 필수 요소가 되었다. 서울 마포구의 한 치과는 2024년 초부터 MZ세대 맞춤형 디지털 서비스를 아웃소싱으로 도입했다. 이 치과 원장은 "20-30대 환자들은 카카오톡으로 예약하고, 인스타그램으로 시술 후기를 확인하고, 유튜브로 치료 과정을 미리 보고 옵니다. 우리 같은 개원의가 이런 모든 걸 다 할 수는 없어서 전문 업체에 맡겼습니다. 젊은 환자 비율이 30% 증가했습니다"라고 만족감을 표했다. 흥미로운 점은 세대별로 선호하는 서비스 채널이 완전히 다르다는 것이다. 50대 이상은 여전히 전화 상담을 선호하지만, 30대 이하는 카카오톡이나 앱을 통한 비대면 상담을 압도적으로 선호한다는 조사 결과가 나왔으며, 이런 세대별 차이를 반영한 맞춤형 서비스가 속속 등장하고 있다.

둘째, 의료진 업무 부담을 감소시키고자 하는 요구이다. 의료진들이 환자 치료에만 집중할 수 있도록 비의료 업무를 효과적으로 분담

해주는 아웃소싱 서비스에 대한 수요가 급증하고 있다. 경남 창원의 한 내과 개원의는 “예약 관리, 보험 처리, 환자 안내 등을 전문 업체에 맡기니까 진료에만 집중할 수 있어서 환자 한 명 한 명에게 더 많은 시간을 할애할 수 있게 되었습니다. 그 결과 환자 만족도도 올라가고 재방문율도 높아졌습니다”라고 말했다. 실제로 의료진 업무 부담 감소는 곧 환자 케어 품질 향상으로 이어진다는 것이 여러 연구를 통해 입증되고 있다. 한국의료질향상학회가 2024년 발표한 연구에 따르면, 비의료 업무를 아웃소싱한 의료기관의 환자 만족도가 평균 25% 향상된 것으로 나타났다. 대구의 한 종합병원 의료진은 “예전에는 진료 외에도 서류 작업, 예약 관리, 환자 상담 전화까지 다 해야 했습니다. 하루 종일 정신없이 바쁜데 정작 환자를 제대로 볼 시간이 부족했습니다. 지금은 오로지 진료에만 집중할 수 있어서 의사로서의 만족도도 훨씬 높아졌습니다”라고 설명했다. 이런 변화는 궁극적으로 환자에게도 더 나은 의료 서비스로 돌아가며, 의료진이 환자 한 명 한 명에게 더 많은 시간과 관심을 쏟을 수 있게 되면서, 진료의 질이 향상되고 의료 사고 위험도 줄어들고 있다.

셋째, 데이터 기반 의사결정 지원에 대한 요구이다. 의료기관들은 환자 만족도, 운영 효율성, 의료 품질 등을 데이터로 분석하고 개선 방안을 제시해주는 아웃소싱 서비스를 원하고 있다. AI와 빅데이터를 활용한 예측 분석, 환자 행동 패턴 분석, 의료 자원 최적화 등이 핵심 요구사항이 되었다. 울산의 한 대학병원에서는 2024년부터 빅데이터 분석 전문 업체와 파트너십을 맺고 환자 데이터를 종합 분석하고 있다. 이 병원 기획실장은 “어떤 시간대에 어떤 진료과 환자가 많이 오는지, 계절별로 어떤 질환이 증가하는지, 환자들이 어떤 서비스에 만족하는지 등을 데이터로 정확히 파악할 수 있게 되었습니다. 이를 바탕으로 인력 배치도 최적화하고 환자 대기시간도 크게 줄일 수 있었습니다”라고 설명했다. 특히 예측 분석을 통한 사전 대응이 주목받고 있으며, 과거 데이터를 통해 독감 유행 시기를 예측하거나, 응급실 혼잡도를 미리 파악해서 인력을 사전 배치하는 등의 서비스가 점점 정교해지고 있다. 최근에는 AI를 활용한 환자 행동 예측 서비스도 등장했는데, 환자의 과거 내원 패턴, 치료 이력, 계절적 요인 등을 종합 분석해서 언제쯤 재방문할 가능성이 높은지, 어떤 추가 검사가 필요할 것인지를 미리 예측하는 시스템이다.

의료 아웃소싱이 제공하는 핵심가치

의료서비스 아웃소싱이 의료기관이 직면한 다양한 과제를 해결하고, 새로운 성장의 기회를 제공하는 중요한 전략적 가치를 창출하고 있다. 그 가치의 본질은 시간이 지나면서 점점 더 깊이 있고 복합적으로 변화하고 있다. 과거 단순한 비용 절감 수단으로 여겨졌던 아웃소싱이 이제는 환자 케어 품질 혁신, 의료진 만족도 향상, 운영 효율성 극대화, 디지털 혁신 가속화 등 다차원적 가치를 제공하는 전략적 도구로 진화하고 있다. 특히 고령화 사회 진입과 만성질환자 증가, 의료진 부족 현상 심화 등의 구조적 변화 속에서 아웃소싱은 의료기관들이 지속가능한 성장을 위한 필수 전략이 되고 있다. 이러한 변화는 의료 생태계 전반의 협력 구조를 재편하고 있으며, 단순한 외주 관계에서 전략적 파트너십으로의 진화를 가속화하고 있다.

첫째, 전통적 가치에서 혁신적 가치로의 전환이다. 의료서비스 아웃소싱은 여전히 의료기관에게 '초기 투자 비용을 절감'하고 서비스를 빠르게 시작할 수 있는 기회를 제공한다. 특히 자본이 제한적인 중소 의료기관이나 새로운 서비스를 도입하려는 기관에게 큰 이점이 된다. 하지만 2024년 들어 가장 주목받기 시작한 것은 '환자 케어 품질 향상' 가치였다. 서울의 한 재활전문병원 원장은 "우리가 자체적으로 환자 케어 시스템을 구축하려면 최소 2년은 걸렸을 텐데, 전문 업체와 파트너십을 맺어서 6개월 만에 최고 수준의 서비스를 제공할 수 있게 되었습니다. 환자들 반응이 정말 달라졌습니다"라고 말했다. 이런 변화의 배경에는 환자들의 의식 변화가 있다. 과거에는 단순히 질병 치료만 받으면 됐지만, 지금은 치료 과정의 편의성, 정보의 투명성, 사후 관리까지 종합적인 경험을 중시한다. 병원들도 이런 변화에 맞춰 서비스를 고도화하지 않으면 경쟁에서 뒤처질 수밖에 없는 상황이다. 한국병원경영연구원이 2024년 실시한 조사에 따르면, 환자들이 병원을 선택할 때 고려하는 요소 중 '서비스 품질'이 '의료진 실력' 다음으로 중요한 요소로 나타났으며, 특히 젊은 세대일수록 이런 경향이 더 강했다.

둘째, AI와 디지털 기술의 접목이다. 의료 아웃소싱의 핵심 가치는

'AI 기반 진단 및 케어 시스템' 도입에 있다. 루닛, 뷰노, 에이아이트릭스 등 국내 의료 AI 기업들이 개발한 솔루션들이 아웃소싱을 통해 의료기관에 도입되고 있다. 부산 동구의 한 영상의학과에서는 2024년 루닛의 유방암 검진 AI 솔루션을 아웃소싱으로 도입했다. 이 병원 영상의학과 과장은 "AI가 1차 판독을 해주니까 의사는 더 정확한 최종 진단에 집중할 수 있게 되었습니다. 환자 대기시간도 30% 줄었고, 진단 정확도도 크게 향상되었습니다. 무엇보다 의료진의 피로도가 확실히 줄어들어서 더 집중된 진료가 가능해졌습니다"라고 설명했다. 국내 의료 AI 시장의 성장세는 정말 놀라웠다. 루닛의 경우 2024년 현재 국내 상급종합병원의 60%가 넘는 곳에서 유방암 검진 AI를 사용하고 있으며, 뷰노의 심정지 예측 시스템은 중환자실 필수 장비로 자리잡아가고 있다. 더 흥미로운 점은 AI 기술이 의료진의 일자리를 빼앗는 것이 아니라 오히려 의료진이 더 가치 있는 일에 집중할 수 있게 도와준다는 것이다. 대전의 한 방사선과 전문의는 "AI가 도입되기 전에는 하루 종일 단순 반복 판독에 시달렸는데, 지금은 복잡하고 어려운 케이스에 더 많은 시간을 투자할 수 있어요. 의사로서의 전문성을 더 발휘할 수 있게 된 거죠"라고 말했다.

셋째, 환자 맞춤형 서비스의 실현이다. 경기도 고양의 한 종합병원은 AI 기반 환자 관리 시스템을 아웃소싱으로 도입했다. 이 병원 IT팀장은 "환자마다 다른 질병 이력, 생활 패턴, 선호도를 분석해서 개인별 맞춤 서비스를 제공할 수 있게 되었습니다. 환자 만족도가 40% 향상되고 재방문율도 크게 늘어났습니다. 가장 놀라운 건 환자들이 자신만을 위한 특별한 케어를 받는다고 느낀다는 겁니다"라고 말했다. 맞춤형 서비스의 범위는 생각보다 광범위했다. 단순히 개인별 안내 메시지를 보내는 것부터, 과거 진료 이력을 바탕으로 한 건강 관리 조언, 개인 선호도에 맞춘 진료 시간 추천, 심지어 환자의 성격이나 의사소통 스타일에 맞춘 상담 방식까지 제공하는 곳들이 늘어나고 있다. 서울 강남의 한 성형외과는 환자별 맞춤형 상담 시스템을 도입해서 큰 성과를 거두고 있다. 이 병원 상담실장은 "같은 시술이라도 환자마다 걱정하는 부분이 다릅니다. 어떤 분은 비용이 걱정이고, 어떤 분은 회복 기간이 궁금하고, 또 어떤 분은 부작용이 걱정입니다. AI가 환자별 관심사를 분석해서 맞춤형 상담 자료를 미리 준비해주니까 상담 만족도가 정말 높아졌습니다"라고 설명했다.

넷째, 의료 접근성 향상이다. 아웃소싱은 의료기관이 '의료 접근성'을 획기적으로 개선할 수 있도록 지원해 주고 있다. 원격 진료, 24시간 상담 서비스, 다국어 지원 등을 통해 더 많은 환자들이 의료 서비스에 접근할 수 있게 되었다. 특히 2024년 들어서는 '취약계층 의료 서비스'에 집중할 수 있게 된 의료기관들의 사례가 늘어났다. 대구의 한 공공병원 원장은 "외국인 환자, 고령 환자, 장애인 환자들을 위한 특별 서비스를 전문 업체와 함께 구축해서 의료 형평성을 크게 높일 수 있었습니다. 특히 다문화 가정 환자들에게는 정말 큰 도움이 되고 있습니다"라고 밝혔다. 의료 접근성 향상은 단순히 물리적 접근만을 의미하지 않는다. 경제적 접근성, 정보 접근성, 문화적 접근성까지 포괄하는 개념으로 확장되고 있다. 경기도 안산의 한 다문화병원은 15개 언어로 의료 상담을 제공하는 시스템을 아웃소싱으로 구축했다. 이 병원 국제진료센터장은 "언어 때문에 제대로 된 진료를 못 받는 외국인 환자들이 정말 많았습니다. 지금은 실시간 통역 서비스와 문화적 배경을 고려한 의료 서비스를 제공할 수 있게 되었습니다. 외국인 환자 만족도가 80% 이상 증가했습니다"라고 전했다. 농어촌 지역의 의료 접근성도 크게 개선되고 있으며, 전남 해남의 한 보건소는 도서지역 주민들을 위한 원격 진료 시스템을 아웃소싱으로 구축해서 주목받고 있다.

의료 아웃소싱의 경쟁구조

의료서비스 아웃소싱 시장은 다양한 규모와 전문성을 가진 기업들이 경쟁하는 역동적인 환경이다. 대기업 계열의 전문 아웃소싱 기업부터 특정 의료 분야에 특화된 중소기업까지, 각자의 강점을 바탕으로 시장에서 입지를 다지고 있다. 하지만 2024년 들어서는 경쟁의 양상이 더욱 복잡하고 치열해지기 시작했다. 전통적인 단순 업무 대행 중심의 서비스에서 의료 전문성과 기술 혁신을 결합한 토털 솔루션으로 경쟁 영역이 확대되면서, 기업들은 차별화된 역량 확보를 위해 치열한 경쟁을 벌이고 있다. 특히 AI와 디지털 헬스케어 기술의 발전, 환자 중심 의료로의 패러다임 전환, 의료 질 평가 체계 강화 등 새로운 가치 요구사항이 등장하면서 시장 재편이 가속화되고 있다. 이 과정에서 기술력과 의료 전문성을 갖춘 기업들이 새로운 승자로 부상하고 있다.

국내 시장의 주요 기업들

국내 의료서비스 아웃소싱 시장은 다양한 유형의 기업들이 경쟁하고 있다. 병원 전문 마케팅 기업들이 디지털 혁신 분야에서 강세를 보이며, 특정 의료 분야나 서비스에 특화된 전문 기업들도 존재했다. 2024년 가을, 서울 코엑스에서 열린 '헬스케어 아웃소싱 EXPO'에서 업계 관계자들이 모여 시장 동향을 논의했다. 그 자리에서 한 업계 전문가는 이렇게 말했다. "의료 아웃소싱 시장이 정말 빠르게 성숙해지고 있습니다. 예전에는 그냥 단순 업무 대행만 하면 됐는데, 지금은 의료 전문성, 환자 안전, 데이터 보안 등 모든 면에서 경쟁이 치열해졌습니다. 의료기관들의 눈높이도 엄청 높아졌습니다. 앞으로는 더욱 전문화된 서비스가 필요할 것 같습니다." 실제로 의료 아웃소싱 시장의 판도는 빠르게 바뀌고 있다. 과거 단순 인력 공급 중심의 업체들은 점점 설 자리를 잃어가고, 대신 의료 전문성과 기술력을 갖춘 업체들이 시장을 주도하고 있다. 이러한 변화는 의료진 부족 현상 심화, 환자 안전에 대한 관심 증가, 의료 질 평가 체계 강화 등이 복합적으로 작용한 결과였다.

특히 의사가 대표인 병원 전문 마케팅 회사로 주목받는 스타닥마케팅은 의료진 출신의 전문성을 바탕으로 차별화된 서비스를 제공하고 있다[9]. 2019년 중소벤처기업부 빅데이터 선도형 창업과제 상위 1% 기업으로 선정되었으며, 국내 최초·최다 데이터 규모의 병원 개원 전문 상권분석 시스템을 구축했다. 스타닥마케팅의 대표는 회사의 성장 비결을 이렇게 설명했다. "단순히 마케팅만 해주는 회사가 아닙니다. 의료진의 언어로 소통하고, 환자의 마음을 이해하는 진짜 의료 전문 마케팅을 하고 있습니다. 그래서 원장님들과의 신뢰도 높고, 실제 성과도 확실합니다." 이러한 접근 방식은 스타닥마케팅이 단순한 마케팅 업체에서 의료 전문 컨설팅 업체로 진화하고 있음을 보여준다. 특히 의료진 출신이라는 배경은 병원 운영의 실제적 어려움을 이해하고 실용적인 솔루션을 제공하는 데 큰 강점이 되고 있으며, 이는 다른 일반 마케팅 업체들과의 차별화 포인트가 되고 있다. 또한 빅데이터를 활용한 상권분석 시스템은 병원 개원 시 성공 가능성을 높이는 핵심 도구로 인정받고 있어, 개원 준비 의료진들로부터 큰 호응을 얻고 있다.

또다른 기업으로 하룹은 2000곳 이상의 병원과 계약을 맺고 있는 국내 최대 규모의 병원 마케팅 전문 기업이다[3]. 99%의 재계약률과 평균 30% 이상의 매출 증가율을 달성하고 있으며, 12년 이상의 병원 마케팅 노하우를 보유하고 있다. 하룹의 마케팅 담당자는 "우리는 단순한 마케팅 업체가 아니라 병원의 성장 파트너입니다. 500개 이상의 인증된 성공사례와 데이터 기반 성과 분석으로 검증 가능한 결과를 제공하고 있습니다"라고 강조했다. 하룹의 성공 요인은 규모의 경제를 바탕으로 한 체계적인 서비스 제공과 지속적인 성과 관리에 있다. 2000곳이 넘는 병원과의 계약을 통해 축적된 데이터와 경험은 새로운 고객에게 더욱 정교하고 효과적인 마케팅 전략을 제공할 수 있게 해주고 있다. 또한 99%라는 놀라운 재계약률은 고객 만족도의 지표이자 서비스 품질의 우수성을 보여주는 증거가 되고 있으며, 평균 30%

이상의 매출 증가율은 마케팅 효과의 실질적 성과를 입증하고 있다. 12년이라는 업계 최장 경력은 다양한 시장 변화를 경험하고 적응해온 노하우의 축적을 의미하며, 이는 급변하는 의료 시장에서 안정적이고 신뢰할 수 있는 파트너로서의 위상을 확립하는 데 기여하고 있다.

의료 아웃소싱 시장의 경쟁 이슈

의료서비스 아웃소싱 시장은 높은 성장 잠재력에도 불구하고 여러 가지 복합적인 경쟁 이슈와 도전 과제에 직면해 있다. 의료 서비스의 특수성으로 인해 일반적인 아웃소싱과는 다른 차원의 도전들이 존재하며, 특히 환자 안전, 의료 윤리, 개인정보 보호 등의 민감한 이슈들이 복합적으로 얽혀 있어 해결이 쉽지 않은 상황이다. 또한 의료진과 아웃소싱 업체 간의 전문성 격차, 의료 규제 환경의 복잡성, 환자들의 높아진 기대 수준 등이 맞물리면서 업계 전체가 새로운 전환점을 맞고 있다. 이러한 도전들은 개별 기업의 문제를 넘어 업계 전체의 구조적 변화를 요구하고 있으며, 이에 대한 적절한 대응 여부가 향후 시장에서의 생존과 성장을 결정하는 핵심 요소가 되고 있다.

첫째, 의료서비스 아웃소싱에서 가장 큰 이슈는 '의료 전문성 확보'와 '환자 안전 보장'이다. 2024년 여름, 업계를 뒤흔든 사건이 하나 있었다. 한 아웃소싱 업체에서 의료 정보 오류로 인한 환자 안전 사고가 발생한 것이었다. 해당 병원의 의료진은 "정말 충격적이었습니다. 아무리 비용 절감과 효율성이 중요해도 환자 안전보다 우선할 수는 없습니다. 그 이후로는 아웃소싱 업체 선정할 때 의료 전문성과 안전 시스템을 가장 먼저 확인합니다"고 회상했다. 이 사건은 의료 아웃소싱 업계 전체에 큰 충격을 주었으며, 업체들의 의료 전문성 확보와 안전 시스템 구축에 대한 투자를 급격히 증가시키는 계기가 되었다. 많은 아웃소싱 업체들이 의료진 출신 인력을 적극 채용하기 시작했고, 의료 안전 관련 교육 프로그램을 체계화했으며, 24시간 모니터링 시스템을 도입하는 등 다각도의 노력을 기울이고 있다. 또한 의료기관들도 아웃소싱 업체 선정 기준을 대폭 강화하여 의료 전문성과 안전성을 최우선 평가 요소로 설정하고 있어, 업계 전체의 서비스 품질 향상을 이끌고 있다.

둘째, 데이터 보안과 개인정보 보호의 복잡성 이슈이다. 의료 아웃소싱 과정에서 민감한 환자 정보, 의료 데이터 등의 유출 위험이 존재하며, 개인정보보호법과 의료법 준수가 중요한 이슈로 대두되었다. 특히 AI 기반 서비스가 확산되면서 데이터 보안 요구사항이 더욱 까다로워졌다. 충남 천안의 한 정신과 병원 원장은 "환자들의 민감한 정보를 다루는데 보안이 제일 중요합니다. 아웃소싱 업체 선정할 때 기술력보다 보안 시스템을 먼저 보게 됩니다"고 설명했다. 의료 데이터는 일반적인 개인정보보다 훨씬 민감한 성격을 가지고 있어 유출 시 환자에게 미치는 피해가 크며, 특히 정신과, 성형외과 등의 경우 사회적 편견과 직결될 수 있어 더욱 신중한 접근이 필요하다. 이에 따라 아웃소싱 업체들은 블록체인 기반 데이터 암호화, 다단계 인증 시스템, 접근 권한 세분화 등 첨단 보안 기술을 도입하고 있으며, 관련 인증 취득과 정기적인 보안

감사를 통해 신뢰성을 입증하려 노력하고 있다. 또한 GDPR, HIPAA 등 국제적인 데이터 보호 규정과 국내 개인정보보호법, 의료법 등의 복합적 요구사항을 모두 충족해야 하는 복잡한 컴플라이언스 환경에서 전문적인 법적 대응 체계를 구축하는 것이 필수가 되고 있다.

셋째, 의료진과 아웃소싱 업체 간의 소통 이슈이다. 의료진의 전문용어와 업무 프로세스를 이해하지 못하는 아웃소싱 업체들로 인한 소통 문제가 지속적으로 발생하고 있다. 서울 강동구의 한 대학병원 젊은 전공의는 “아웃소싱 업체 직원들이 최신 의료 트렌드나 디지털 도구 사용법을 모르는 경우가 많아서 오히려 일이 더 복잡해질 때가 있습니다. 차라리 우리가 직접 하는 게 나을 것 같다는 생각도 듭니다”라고 토로했다. 이러한 소통 문제는 단순한 언어적 차이를 넘어 의료현장의 문화와 관행에 대한 이해 부족에서 기인하는 경우가 많다. 의료진들은 환자의 안전과 직결되는 업무 특성상 정확하고 신속한 의사소통을 요구하는데, 아웃소싱 업체 직원들이 의료 전문 용어나 응급상황에 대한 이해가 부족할 경우 심각한 문제가 발생할 수 있다. 이에 대응하기 위해 선진적인 아웃소싱 업체들은 의료진 출신 관리자 배치, 의료 전문 교육 프로그램 운영, 의료기관별 맞춤형 업무 매뉴얼 개발 등을 통해 소통 역량을 강화하고 있으며, 정기적인 합동 교육과 워크숍을 통해 상호 이해도를 높이려는 노력을 기울이고 있다.

넷째, 가격 경쟁의 심화와 서비스 품질 저하 이슈이다. 의료 아웃소싱 시장의 경쟁이 치열해지면서 가격 경쟁이 심화되고 있고, 특히 중소

병원들의 예산 압박으로 인해 최저가 입찰이 늘어나면서 서비스 품질 저하에 대한 우려가 커지고 있다. 경기도 안양의 한 중견 아웃소싱 업체 대표는 "고객들이 요구하는 서비스 수준은 점점 높아지는데 가격은 계속 낮춰달라고 하니까 정말 힘듭니다. 품질을 유지하면서 경쟁력을 확보하기가 갈수록 어려워지고 있습니다"라고 고민을 털어놓았다. 이러한 가격 경쟁의 심화는 의료 서비스의 특수성을 고려할 때 매우 위험한 현상이다. 의료 분야에서는 작은 실수나 품질 저하가 환자의 생명과 직결될 수 있기 때문에, 단순한 비용 절감만을 추구하는 것은 매우 위험하다. 하지만 현실적으로 많은 의료기관들이 재정적 어려움에 직면해 있어 비용 절감에 대한 압박이 지속되고 있는 상황이다. 이러한 딜레마를 해결하기 위해 일부 업체들은 가치기반 가격책정 모델을 도입하고 있으며, 환자 만족도 향상, 의료 사고 감소, 운영 효율성 증대 등의 정량적 성과를 기반으로 한 성과 연동형 계약을 제안하고 있다. 또한 정부와 업계에서도 의료 아웃소싱 서비스의 품질 기준과 평가 체계를 수립하여 건전한 경쟁 환경을 조성하려는 노력을 기울이고 있다.

경쟁 속에서 찾는 새로운 기회

이러한 경쟁 이슈들이 의료서비스 아웃소싱 시장의 성장과 발전을 저해할 수 있는 요인으로 작용했지만, 위기는 곧 기회이기도 했다. 2024년 하반기, 업계의 한 원로는 "지금의 도전들을 잘 극복하는 기업이 미래의 승자가 될 것입니다. 특히 의료 전문성과 기술 혁신에 투자를 아끼지 않는 기업들 말입니다"라고 말했다. 이러한 시장 환경의 변화는 오히려 업계 전체의 수준을 한 단계 끌어올리는 계기가 되고 있으며, 진정한 의료 전문성과 혁신 역량을 갖춘 기업들이 부각되는 기회를 제공하고 있다. 특히 환자 안전과 의료 윤리를 최우선으로 하면서도 기술 혁신을 통해 차별화된 가치를 제공하는 기업들이 시장에서 인정받고 있으며, 이는 의료 아웃소싱 업계가 더욱 성숙하고 전문적인 산업으로 발전하는 토대가 되고 있다.

한편 환자 경험(patient experience)에 대한 관심이 높아지면서 이를 잘 실천하는 아웃소싱 업체들이 경쟁우위를 확보하기 시작했다. 인공지능과 빅데이터를 활용한 예측 진료, 개인 맞춤형 케어, 예방 의학 서비스 등이 새로운 차별화 요소로 부상했으며, 의료기관별 특성에 맞춘 맞춤형 솔루션 제공 능력이 핵심 경쟁력으로 인식되기 시작했다. 또한 원격 의료와 디지털 헬스케어의 확산으로 새로운 서비스 영역이 창출되고 있으며, 이는 전통적인 대면 의료 서비스의 한계를 극복하고 의료 접근성을 획기적으로 개선할 수 있는 기회를 제공하고 있다.

디지털 헬스케어 기술과 아웃소싱의 융합도 이루어지고 있다. 원격 진료, 웨어러블 기기 연동, 헬스케어 앱 등이 아웃소싱 서비스와 결합되면서 새로운 시장을 창출하고 있다. 울산의 한 재활병원 원장은 "환자들이 집에서도 병원과 연결될 수 있는 디지털 시스템을 아웃소싱으로 구축했습니다. 환자 만족도도 높아지고 재입원율도 크게 줄었습니다. 이제는 의료가 병원 안에서만 이뤄지는 게 아니라는 걸 실감하고 있습니다"라고 강조했다. 이러한 디지털 헬스케어와의 융합은 의료 서비스의 패러다임을 근본적으로 바꾸고 있다. 환자들은 더 이상 병원에서만 의료 서비스를 받는 것이 아니라, 일상 생활 속에서 지속적으로 건강 관리를 받을 수 있게 되었으며, 이는 예방 중심의 의료로의 전환을 가속화하고 있다. 또한 AI와 빅데이터 기술의 발전으로 개인별 건강 데이터를 실시간으로 분석하고 맞춤형 건강 관리 서비스를 제공하는 것이 가능해져, 의료 아웃소싱 업체들에게 새로운 비즈니스 기회를 제공하고 있다. 결국 의료서비스 아웃소싱 시장의 경쟁은 단순한 가격 경쟁을 넘어, 의료 전문성, 환자 안전, 기술 혁신 능력을 종합한 가치 경쟁으로 발전하고 있으며, 이런 변화 속에서 살아남고 성장하는 기업들이 미래 의료 서비스의 주역이 될 것이다.

혁신사례

제니엘

병원 맞춤형 토탈 솔루션 혁신을 이루다

2020년 초, 코로나19가 전 세계를 강타하면서 의료계는 그 어느 때보다 큰 변화의 물결에 휩싸였다. 환자는 늘어나는데 의료진은 부족하고, 안전 관리는 더욱 까다로워졌다. 이런 상황에서 제니엘 의료사업부 김oo 부장은 중요한 깨달음을 얻었다. "단순히 인력만 파견하는 시대는 끝났구나. 이제는 병원 전체 시스템을 이해하고, 환자 안전과 의료진 효율성을 동시에 높일 수 있는 토탈 솔루션이 필요한 시대였습니다."

특허증
CERTIFICATE OF PATENT
특허 Patent Number 제 10-1898374 호
출원번호 Application Number 제 10-2017-0010833 호
출원일 Filing Date 2017년 01월 24일
등록일 Registration Date 2018년 09월 06일
발명의 명칭 Title of the Invention
환자 이송장치
특허권자 Patentee
(주)제니엘(110111-*******)
서울특별시 서초구 서초대로 260 (서초동)
발명자 Inventor
박인주(560608-*******)
서울특별시 서초구 서초대로 260 (서초동, 순영빌딩)
위의 발명은 「특허법」에 따라 특허등록원부에 등록되었음을 증명합니다.
This is to certify that, in accordance with the Patent Act, a patent for the invention has been registered at the Korean Intellectual Property Office.
2018년 09월 06일
특허청장
COMMISSIONER, KOREAN INTELLECTUAL PROPERTY OFFICE
성윤모
특허청
Korean Intellectual Property Office

당시 제니엘은 이미 20년간 의료 분야에서 쌓아온 노하우와 환자 이송시스템 특허(제10조-1898374호), 간호보조교육과정 실시기관 인증 등 차별화된 역량을 보유하고 있었다. 문제는 이런 역량들이 개별적으로 제공되고 있어서 시너지 효과를 내지 못하고 있다는 점이었다. 환자이송 서비스는 특허 기술을 보유하고 있었지만 단독으로 제공되다보니 병원 전체 워크플로우와의 연계가 부족했고, 간병 서비스는 우수한 인력을 보유하고 있었지만 다른 의료 지원 서비스와의 통합 관리가 어려웠다. 간호보조 인력은 노동부 인증 교육과정을 통해 양성되고 있었지만 각 병원의 특성에 맞는 맞춤형 교육이 부족했다.

의료진들은 점점 더 복잡해지는 업무 환경에서 본업인 진료와 간호에만 집중하고 싶어했고, 환자들도 단순한 치료를 넘어 종합적인 케어 서비스를 원하고 있었으며, 병원 경영진들은 효율성과 환자 만족도를 동시에 높일 수 있는 솔루션을 찾고 있었다. 김OO 부장은 회상했다. "환자이송 하나만 해도 우리가 특허받은 시스템이 있고, 간병이나 간호보조도 노동부 인증 교육과정까지 갖추고 있었는데, 각각 따로 놀고 있었습니다. 이걸 하나로 통합해서 병원 전체의 효율성을 높일 수 있다면 정말 혁신적인 서비스가 될 거라고 생각했습니다." 이러한 비전을 바탕으로 제니엘 의료사업부는 기존의 분산된 서비스들을 하나로 통합하고, 각 서비스 간의 시너지를 극대화할 수 있는 '통합 의료지원 솔루션' 개발에 착수했다.

현장에서 답을 찾은 추진 프로세스

첫 번째 단계는 철저한 현장 조사였다. 제니엘팀은 주요 종합병원들을 직접 방문해서 의료진들이 진짜 어려워하는 부분이 무엇인지 파악했다. "의사 선생님들은 환자 진료에만 집중하고 싶어하는데, 환자 이송이 지연되거나 간병인 관리 문제로 자꾸 신경 쓸 일이 생겼습니다. 간호사분들도 본업인 간호업무보다 잡무에 시간을 많이 빼앗기고 있었습니다." 제니엘팀은 3개월간 10개 병원을 대상으로 심층 조사를 실시했다. 의료진 인터뷰, 업무 프로세스 분석, 환자 만족도 조사 등을 통해 기존 의료 지원 서비스의 문제점들을 구체적으로 파악했다. 환자 이송 업무에서 평균 대기시간이 15분에 달하고 있었고, 이송 중 커뮤니케이션 문제로 인한 지연이 빈번했다. 간병 서비스에서는 간병인의 잦은 교체로 인한 환자 불안감이 높았고, 간병인의 전문성 부족으로 인한 클레임이 월 평균 8건씩 발생하고 있었다. 간호사들은 업무 시간의 30퍼센트를 간병인 관리, 환자 이송 조율 등 부수적인 업무에 할애하고 있었다. 이런 문제점들을 해결하기 위해 제니엘 의료사업부는 자사의 핵심역량을 결합한 '통합 의료지원 솔루션'을 본격적으로 도입했다.

두 번째 단계는 특허 기술 기반 차별화 서비스를 도입하는 것이었다. 제니엘의 가장 큰 강점은 환자이송시스템 특허였다. 이 시스템을 활용해서 병원 내 환자 이송을 효율화하고, 실시간으로 이송 현황을 파악할 수 있게 했다. "예전에는 환자 이송이 필요할 때마다 전화로 연락하고, 이송원이 언제 올지 몰라서 기다려야 했는데, 우리 시스템 도입 후에는 스마트폰으로 실시간 확인이 가능해졌어요. 마치 택시 호출하는 것처럼 편리해졌습니다." 병원 내 이송 패턴을 분석해 최적의 경로와 시간을 계산하는 알고리즘을 개발, 엘리베이터 대기시간까지 고려하여 가장 효율적인 이송 계획을 수립했다.

세 번째 단계는 체계적인 교육 시스템을 구축하는 것이었다. 간호보조교육과정 실시기관 인증을 바탕으로, 제니엘은 의료진 대상 맞춤형 교육 프로그램을 개발했다. 단순히 인력만 파견하는 것이 아니라, 해당 병원의 시스템과 문화에 맞춰 사전 교육을 받은 전문 인력을 배치했다. 의료사업부 교육팀 이oo 팀장은 이렇게 설명했다. "각 병원마다 시스템이 다르고 문화도 다릅니다. 우리는 파견 전에 반드시 해당 병원의 매뉴얼을 숙지하고, 실습까지 마친 인력만 현장에 보냅니다. 이렇게 하니까 적응 기간도 단축되고 실수도 훨씬 줄어들었습니다." 파견 후에도 월 1회 보수 교육, 분기별 역량 평가 등을 통해 파견 인력의 전문성을 지속적으로 향상시켰다.

마지막으로 제니엘만의 차별화 포인트는 24시간 모니터링 시스템을 구축한 것이었다. 파견된 인력들의 근무 상황을 실시간으로 모니터링하고, 문제 발생 시 즉시 대응할 수 있는 체계를 구축했다. "병원은 24시간 돌아가는 곳입니다. 밤에 갑자기 문제가 생

그림 2-3. 제니엘 환자이송 모니터링 시스템(MediLook)

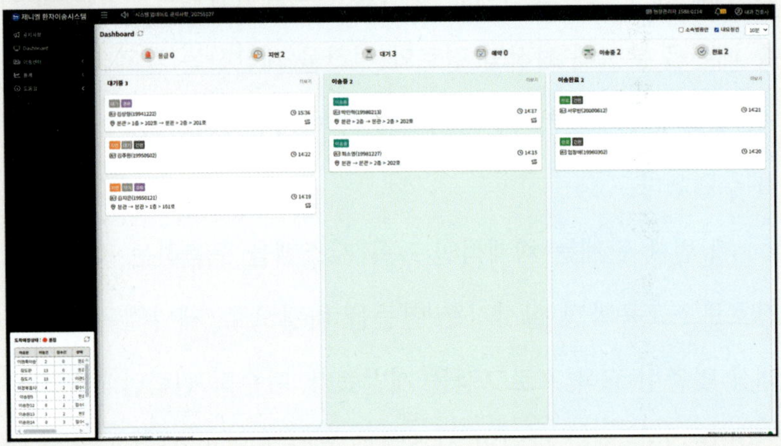

겨도 우리가 즉시 대응할 수 있어야 한다고 생각했습니다. 그래서 24시간 상황실을 만들어서 실시간 모니터링과 대응 체계를 갖췄습니다." 본사에 설치된 의료서비스 전담 상황실은 모든 파견 현장의 상황을 실시간으로 모니터링하고 응급 상황 발생 시 표준 대응 프로토콜에 따라 신속하고 체계적인 대응을 가능하게 했다.

모두가 만족하는 혁신성과

제니엘 통합 의료지원 솔루션 도입 후 6개월간의 데이터를 분석한 결과, 놀라운 개선 효과가 나타났다. 환자 이송 대기시간이 평균 15분에서 5분으로 67퍼센트 단축되었다. 간병 관련 클레임이 월 평균 8건에서 2건으로 75퍼센트 감소했고, 의료진 업무 효율성이 15퍼센트 향상되면서 전체 의료지원 관련 운영비용도 12퍼센트 절감되어 병원 경영진들의 높은 만족도를 얻었다. 환자 만족도는 87점에서 94점으로 8퍼센트 상승했고, 더 전문적이고 체계적인 케어 서비스로 인해 환자들의 치료 만족도와 병원에 대한 신뢰도가 크게 향상되었다.

가장 눈에 띄는 성과는 의료진들이 본래 업무에 집중할 수 있게 된 점이었다. 한 종합병원 간호부장은 "예전에는 간병인 관리나 환자 이송 문제로 간호사들이 자꾸 본업에서 벗어나야 했는데, 이제는 제니엘에서 모든 걸 체계적으로 관리해주니까 정말 편해졌습니다. 간호사들이 환자케어에만 집중할 수 있게 되었습니다"라고 평가했다. 통합 관리로 인한 운영 효율성 증대 효과도 컸다. 병원 운영팀장은 "예전에는 업체별로 따로따로 관리해야 해서 정말 복잡했는데, 이제는 제니엘 하나만 관리하면 되니까 업무가 훨씬 단순해졌습니다. 무엇보다 문제 발생 시 책임 소재가 명확해서 좋습니다"라며 만족감을 표현했다.

이러한 성공은 제니엘 내부에도 긍정적인 변화를 가져왔다. 현장 직원들은 단순히 일만 하는 것이 아니라, 환자의 건강과 안전에 직접적으로 기여한다는 사명감을 갖게 되었다. 환자이송팀 박oo 팀장(7년차)은 "예전에는 그냥 환자분을 이송해드리는 일이라고 생각했는데, 이제는 제가 하는 일이 환자분의 치료에 정말 중요한 역할을 한다는 걸 느낍니다"라고 말했다. 간병팀 이oo 수간호사(12년차)도 "간병사들이 이제 정말 전문가가 된 느낌입니다. 체계적인 교육을 받고, 병원 시스템을 완전히 이해한 상태에서 일하니까 환자분들도 더 신뢰해주시고, 일하는 보람도 훨씬 커졌습니다"라며 변화를 실감했다. 이러한 성과를 통해 제니엘 의료사업부는 '의료 전문 토탈 솔루션 기업'으로서의 브랜드 가치를 확립했으며, 업계에 새로운 기준을 제시하는 리더로 인정받게 되었다.

혁신사례

젠케어(ZenCare)

브랜드로 새로운 돌봄을 시작하다

병원이라는 가장 전문적인 현장에서 시스템과 데이터로 신뢰를 증명해 온 제니엘 그룹은, 그 깊은 경험과 노하우를 바탕으로 2024년, 우리 사회의 새로운 요구에 응답하기 위한 의미 있는 발걸음을 내디뎠다. 바로 "2025, 새로운 돌봄의 시작"이라는 슬로건과 함께 시니어 라이프 케어 전문 브랜드 '젠케어(ZenCare)'를 출범했다. 젠케어는 제니엘 의료사업부가 병원 시스템의 효율화에 집중했던 것과는 다른 차원에서, 어르신 한 분 한 분의 존엄하고 건강한 일상에 집중한다. "시니어 라이프 최고의 파트너(The Best Partner for Senior Life)"라는 비전 아래, 돌봄이 필요한 어르신과 그 가족의 모든 여정을 함께하는 든든한 동반자가 되는 것을 목표로 한다. 이는 병원 내 환자 중심의 철학을 각 가정으로 확장하여, "모두가 안심할 수 있는 전문적인 건강한 미래를 만들어간다"는 그룹의 미션을 실현하는 과정이다.

'젠케어' 서비스 내용

젠케어는 방문요양등급 신청의 막막함부터, 나에게 맞는 요양보호사 탐색, 믿을 수 있는 복지용구 선택까지, 시니어 돌봄의 A to Z를 함께하는 통합 케어 솔루션을 제공한다. 첫째, 젠케어는 단순히 등급 신청을 대행하는 것을 넘어, 어르신이 집에서 편안함을 느낄 수 있도록 체계적인 맞춤 돌봄 시스템을 제공하는 서비스이다. 등급이 없는 어르신부터 전문적인 요양보호사를 찾는 모든 가족의 필요에 응답하며, 어르신의 상태와 요구에 맞는 최적의 돌봄 계획을 수립하고 실행한다.

둘째, 신뢰를 기반으로 한 복지용구를 제공한다. 거동이 불편한 어르신에게 복지용구는 일상의 질을 결정하는 중요한 요소이다. 젠케어는 어르신의 상태에 맞는 용품을 추천하는 것은 물론, 가족들이 가장 우려하는 위생 문제를 해결하기 위해 모든 대여 용품에 대해 철저한 살균 및 소독 프로세스를 거친다. 눈에 보이지 않는 부분까지 책임지는 꼼꼼함으로 신뢰를 쌓는다.

셋째, 그룹의 역량이 집약된 안심 간병 서비스를 제공한다. 간병 서비스는 제니엘 그룹의 오랜 자신감이자 핵심 역량이다. 전국 23곳의 대형 협력 의료기관 네트워크와 1,420명 규모의 검증된 전문 간병 인력 풀은 젠케어 안심 간병 서비스의 굳건한 기반이다. 병원 현장에서 검증된 체계적인 CS 관리를 통해 서비스 품질을 끝까지 책임진다.

제니엘 의료사업부가 병원 현장에서 이룬 혁신적인 성공은 젠케어 브랜드의 단순한 배경이 아니라, 그 신뢰성의 핵심적인 근거가 된다. 14,000여 명에 달하는 그룹사의 인프라와 20년간 가장 까다로운 의료기관의 기준을 충족시켜 온 체계적인 관리 노하우, 그리고 환자를 최우선으로 생각하는 철학은 이제 젠케어라는 이름으로 우리 가족의 곁에서 '믿을 수 있는 선택'이 되어 새로운 돌봄의 시대를 열어가고 있다.

10장

컨택사업의 새로운 지평
구축부터 운영까지 원스톱 솔루션

고객과 기업을 잇는 가장 중요한 접점이 바로 컨택센터이다. 과거 단순한 '콜센터' 역할을 했던 시절이 있었다. 하지만 이제는 다르다. 전화는 물론 이메일, 채팅, 소셜 미디어까지 다양한 채널을 통해 고객과 소통하는 '컨택센터'가 기업의 얼굴이자 고객 경험의 핵심으로 자리잡고 있다. 특히 인공지능(AI), 클라우드 컴퓨팅 등 첨단 기술이 접목되면서 컨택센터는 완전히 새로운 모습으로 진화했다. 단순한 비용 센터가 아니라, 고객 인사이트를 발굴하고 기업의 전략적 의사결정을 지원하는 '전략 허브'로 거듭나고 있다. 2024년 여름, 서울 여의도의 한 금융회사 고객센터에서 근무하는 박과장은 변화를 몸소 체험하고 있다. "정말 놀라운 변화입니다. 5년 전만 해도 단순히 전화 받고 처리하는 게 전부였습니다. 지금은 AI가 고객 감정까지 분석해서 알려주니까,

상담이 완전히 달라졌습니다. 고객도 만족하고 저희도 일하기 편해졌습니다." 이러한 변화 속에서 컨택센터를 전문 기업에 위탁하는 '아웃소싱'은 기업들이 컨택사업의 새로운 지평을 열고, 구축부터 운영까지 원스톱 솔루션을 확보하는 중요한 전략이 되고 있다. 비용 절감이라는 전통적인 목적을 넘어, 이제는 혁신과 경쟁력 확보의 수단으로 인식되고 있으며, 이 장에서는 컨택센터 아웃소싱 시장의 현황과 경쟁 구조를 분석하고, 미래의 변화 방향을 전망해보고자 한다.

컨택센터 아웃소싱의 현황

컨택센터(contact center) 아웃소싱은 기업이나 기관이 고객과의 소통 채널 운영 업무를 외부 전문 기업에 위탁하는 것이다. 전화, 채팅, 이메일, 소셜 미디어 등 모든 접점을 포함하며, 단순한 응대를 넘어 고객 관계 관리(CRM)와 데이터 분석을 통한 전략적 가치 창출이 목표다. 2024년 가을, 부산의 한 대형 쇼핑몰 운영사 임원은 이렇게 회상했다. "처음에는 비용 절감이 목적이었습니다. 하지만 막상 아웃소싱을 해보니까 완전히 다른 세계였습니다. 우리가 미처 몰랐던 고객 데이터 분석, AI 상담까지 제공되니 정말 전문가들은 다르구나 싶었습니다." 이러한 패러다임 변화는 컨택센터 생태계 전반에 걸쳐 새로운 협력 모델과 가치 사슬을 만들어내고 있으며, 기업들로 하여금 핵심 역량에 더욱 집중할 수 있는 환경을 조성하고 있다.

컨텍센터 아웃소싱의 폭발적 성장

2024년 늦가을, 서울 코엑스에서 열린 '컨택센터 혁신 컨퍼런스'에서 한 업계 베테랑이 이렇게 말했다. "솔직히 말하면 이런 성장세는 처음 봅니다. 20년 넘게 이 업계에 있었지만 정말 놀랍습니다. 특히 AI 도입 이후로는 완전히 다른 시장이 되었습니다." 그의 말은 과장이 아니다. 한국 컨택센터 아웃소싱 시장은 놀라운 속도로 성장하고 있으며, 이러한 성장은 단순히 시장 규모의 확대를 의미하는 것이 아니라 컨택센터 생태계 전반의 구조적 변화를 반영하고 있다. 특히 한국의 경우 높은 디지털 인프라와 AI 기술 도입을 바탕으로 글로벌 평균을 크게 상회하는 성장세를 보이고 있다[1][2].

2024년 국내 시장 규모는 24억-38억 달러(약 3조-5조원) 수준이다[1][2]. 여러 시장조사기관의 분석에 따르면, 측정 범위와 정의에 따라 차이를 보이고 있지만, 공통적으로 가파른 성장세를 예상하고 있다. 코그니티브 마켓 리서치(Cognitive Market Research)에 의하면 한국의 컨택센터 아웃소싱 시장은 24.19억 달러로 추정하고 있다[1][2]. 이러한 성장은 디지털 네이티브 세대의 증가, 코로나19 이후 비대면 서비스 일상화, 정부의 디지털 뉴딜 정책을 통한 AI와 클라우드 기술 도입 가속화 등이 복합적으로 작용한 결과다.

더욱 놀라운 것은 미래 전망이다. 향후 10년간 연평균 9-11%의 성장률을 기록하며 2034년까지 60억-77억 달러(약 8조-10조원)로 확대될 것으로 예상된다[1][2]. 이는 현재 시장 규모의 2-3배에 해당하는 수치로,

글로벌 평균 성장률인 3.7%를 크게 상회하는 것이다. 특히 주목할 부분은 AI 기반 컨택센터(AICC) 부문으로, 이 분야는 연평균 23.7%라는 높은 성장률을 보일 것으로 전망되어 전체 시장 성장을 견인하는 핵심 동력이 될 것이다[3]. 경기도 판교의 한 AI 솔루션 개발사 대표는 시장 변화를 이렇게 분석한다. "AICC 시장이 이렇게 빠르게 성장하는 건 단순히 기술 발전 때문만은 아닙니다. 고객들의 기대치가 완전히 바뀌었습니다. 24시간 즉시 응답, 개인 맞춤형 서비스에 대한 수요가 증가하면서 더 이상 사람만으로는 감당이 안 되는 시대가 도래했습니다."

글로벌 컨택센터 시장도 꾸준한 성장세를 보이고 있으며, 2024년 349.2억 달러 규모에서 2033년에는 485.8억 달러에 이를 것으로 예상된다[5]. 아시아 태평양 지역에서 한국이 차지하는 비중은 GDP와 IT 서비스 시장 규모를 고려할 때 3-4% 수준이지만, 한국의 높은 디지털 인프라와 AI 기술 도입률을 고려하면 향후 고부가가치 서비스로의 전환이 가속화될 것으로 분석된다. 서울 강남의 한 컨설팅 회사 애널리스트는 이렇게 설명한다. "직영을 선호하던 기업들도 AI 도입 비용을 감당하기 어려워하고 있습니다. 전문 아웃소싱 업체들이 최신 기술을 먼저 도입하고 여러 고객사에 서비스하니까 비용 효율성이 훨씬 높습니다."

산업별 성장 동력과 특화 트렌드

산업별로 보면 금융서비스(BFSI)가 최대 수요처로, 디지털 뱅킹과 핀테크 확산으로 고객 문의가 급증하고 있다. 특히 복잡한 금융 상품에 대한 전문적인 상담 수요가 늘어나면서, 고도로 훈련된 전문 상담사에 대한 니즈가 커지고 있다. 주목할 만한 것은 이커머스와 소매 부문으로, 온라인 쇼핑 증가로 인한 배송, 반품, 고객 불만 처리 등의 수요가 폭발적으로 증가하고 있다. 인천의 한 대형 이커머스 업체 고객서비스팀장은 현실을 이렇게 전한다. "코로나 이후로 주문량이 3배 늘었는데, 문의도 따라서 늘어났어요. 자체 상담사만으로는 도저히 감당이 안 되었습니다. 아웃소싱 없이는 사업 자체가 불가능한 수준입니다." 통신 부문은 5G 서비스 확대와 융합 서비스 증가로 지속적인 성장이 예상되며, 헬스케어와 여행/관광 부문도 팬데믹 이후 디지털 전환이 가속화되며 새로운 성장 동력으로 부상하고 있다.

고객사들은 컨택센터 아웃소싱에서 무엇을 원할까?

컨택센터 아웃소싱 고객사들의 니즈는 과거의 단순한 전화 응대에서 벗어나, 더욱 복합적이고 전략적인 방향으로 변화하고 있다. 예컨대, 전통적인 비용 절감 중심의 사고에서 가치 창출 중심으로 패러다임이 전환되고 있다[6]. 특히 디지털 전환이 가속화되면서 고객사들은 단순한 상담 서비스를 넘어 데이터 기반 인사이트, 고객 경험 최적화, 비즈니스 혁신을 지원하는 전략적 파트너를 원하고 있다. 이러한 변화는 컨택센터 아웃소싱이 단순한 '비용 절감'이나 '인력 수급'을 넘어, '기술 기반의 효율성 증대', '옴니채널 고객 경험 제공', '데이터 보안', 그리고 'ESG 경영'까지 포괄하는 '전략적 파트너십'으로 진화하고 있음을 보여준다.

첫째, 가장 중요한 요구사항으로 '업무 전문성 증대'가 67%로 1위를 차지했다. 복잡한 고객 문의에 대한 정확한 정보 제공, 문제 해결 등 고도의 전문성을 요구하고 있으며, 아웃소싱을 통해 전문 인력을 확보하고 특정 산업 분야에 대한 깊이 있는 지식을 갖춘 상담사를 배치하여 상담 품질을 높이고자 한다[7]. 서울 중구의 한 보험회사 고객 서비스 부장은 변화하는 니즈를 이렇게 설명한다. "예전에는 그냥 친절하게 응대만 해주면 되었습니다. 하지만 지금 고객들은 정말 까다로워졌거든요. 보험 상품 하나 문의해도 세금, 투자, 연금까지 다 연결해서 물어봐요. 상담사가 전문가 수준이어야 합니다." 이러한 변화는 고객들의 지식 수준이 높아지고 정보 접근성이 개선되면서 나타나는 자연스러운 현상으로, 단순한 정보 전달을 넘어 컨설팅 수준의 서비스를 기대하고 있음을 의미한다.

두 번째로 중요한 요구는 '외주 인프라 활용 및 비용 효율성'으로, 자체적으로 컨택센터를 구축하고 운영하는 데 드는 막대한 초기 투자 비용과 유지보수 부담을 줄이고자 한다. 특히 AI, 클라우드 등 최신 기술 도입 비용이 급증하면서 이런 니즈가 더욱 강해지고 있으며, 기업들은 자체 구축 대신 전문 업체의 첨단 인프라를 활용함으로써 빠른 시간 내에 경쟁력을 확보하려 하고 있다[7]. 경기도 수원의 한 중견 제조업체 IT담당자는 현실적인 고민을 털어놓는다. "자체 컨택센터 시스템을 AI로 업그레이드하려고 견적을 받아봤는데 20억이 넘게 나왔습니다. 그런데 아웃소싱 업체는 이미 다 구축해놓고 월 이용료만 받으니까 훨씬 경제적입니다." 이는 기술 발전 속도가 빨라지면서 자체 투자로는 최신 기술을 따라가기 어려워진 현실을 반영하며, 아웃소싱을 통한 기술 접근성 확대가 중요한 경쟁력 요소가 되고 있음을 보여준다.

세 번째 요구는 '고객 유입 채널 다변화 및 옴니채널 경험 제공'으로, 전화뿐만 아니라 이메일, 채팅, 소셜 미디어, 모바일 앱 등 다양한 채널을 통해 고객과 소통하고 싶어한다. 고객은 어떤 채널을 이용하든 끊김 없는 통합된 경험을 원하며, 아웃소싱 기업은 이러한 옴니채널 환경 구축 및 운영 역량을 갖춰야 한다[8]. 특히 MZ세대 고객들의 증가로 카카오톡, 인스타그램, 유튜브 등 새로운 채널에 대한 요구도 늘어나고 있다. 부산의 한 화장품 브랜드 마케팅팀장은 이런 변화를 체감하고 있다. "요즘 젊은 고객들은 전화 대신 카톡이나 인스타 DM으로 문의합니다. 근데 각 채널마다 톤앤매너가 달라야 합니다. 인스타는 좀 더 캐주얼하게, 이메일은 정중하게 답하는 등 이 모든걸 다 알아서 해주는 업체를 찾고 있습니다." 이러한 다채널 환경에서는 단순한 채널 운영을 넘어 채널별 특성에 맞는 차별화된 서비스와 일관된 브랜드 경험을 제공하는 것이 핵심 역량이 되고 있다.

네 번째 요구는 '상담 효율성 및 생산성 증대'로, 짧은 시간 안에 많은 고객을 응대하고 문의 유형별로 상담을 최적화하여 효율성을 높이는 것이다. AI 챗봇, 음성 봇, 지식 관리 시스템(KMS: Knowledge Management System) 등 첨단 기술을 활용하여 상담 효율성과 생산성을 극대화하려는 니즈가 크며, 더 나아가 고객 대화 내용을 분석해서 숨겨진 니즈를 발굴하거나 불만 패턴을 찾아 선제적으로 대응하고 싶어한다[6][9]. 대전의 한 통신사 전략기획팀 차장은 데이터의 중요성을 이렇게 강조한다. "상담 데이터가 정말 보물입니다. 고객이 어떤 걸 불편해하는지, 새로운 서비스에 대한 반응은 어떤지를 실시간으로 분석해서 알려주는 업체와 일하고 싶습니다." 이러한 변화는 컨택센터가 단순한 고객 응대 창구에서 기업의 전략적 정보 수집과 분석의 핵심 거점으로 역할이 확장되고 있음을 의미한다.

다섯 번째 요구는 '데이터 보안 및 규정 준수'로, 민감한 고객 정보를 다루는 특성상 엄격한 데이터 보안 시스템과 개인정보보호 규정 준수 역량을 강력하게 요구하고 있다. 특히 금융, 의료 분야에서는 이것이 절대적인 요구사항이 되고 있으며, 글로벌 데이터 보호 규정과 각국의 개인정보보호법 강화로 인해 법적 컴플라이언스 요구사항도 복잡해지고 있다[10]. 이러한 보안 이슈는 단순한 기술적 문제를 넘어 신뢰 관계의 핵심 요소가 되고 있으며, 고객사들은 아웃소싱 업체 선정 시 기술력과 가격뿐만 아니라 보안 역량을 중요한 평가 기준으로 고려하고 있다. 또한 사이버 위협이 고도화되고 데이터 유출 사고의 파급력이 커지면서, 아웃소싱 업체들은 보안 인증 취득, 보안 전문 인력 확보, 보안 시스템 구축 등에 적극적으로 투자해야 하는 상황이다.

컨택센터 아웃소싱 가치 제공의 혁신적 변화

컨택센터 아웃소싱은 기업이 고객 경험을 혁신하고 운영 효율성을 극대화하는 동시에, 비즈니스 성장에 기여하는 다양한 전략적 가치를 제공하고 있다. 가장 대표적인 가치는 여전히 '운영 효율성 향상 및 비용 절감'으로, 전문 아웃소싱 기업은 컨택센터 운영에 필요한 인프라 구축 및 유지보수 부담을 줄여주고 규모의 경제를 통해 운영 비용을 최적화하여 고객사의 재정 부담을 덜어준다[7]. 하지만 2024년에는 단순한 비용 절감을 넘어 '가치 기반 효율성'이 주목받기 시작했다. 충남 천안의 한 자동차 부품업체 재무담당자는 이런 변화를 설명한다. "처음에는 인건비 절약이 목적이었습니다. 하지만 지금은 고객 만족도가 20% 올라가고, 처리 시간은 30% 단축되는 등 비용보다 가치가 더 중요해졌습니다." 이러한 변화는 아웃소싱이 단순한 비용 절감 도구에서 혁신 가속화 도구로 진화하고 있음을 보여주며, 특히 AI, IoT, 빅데이터 등 첨단 기술의 도입이 가속화되면서 기업들은 자체 개발보다는 전문 업체와의 협력을 통해 빠르고 효과적으로 기술을 도입하고 있다.

고객 유입 채널이 다변화되면서 전화 상담 비중이 줄고 메일, 채팅, 소셜 미디어 등의 비중이 증가하는 '멀티채널' 대응 역량이 중요해졌으며, 아웃소싱 기업은 이러한 다양한 채널을 통합 관리하고 고객에게 끊김 없는 '옴니채널' 경험을 제공함으로써 고객 만족도를 높이고 있다[8]. 특히 2024년에는 '하이퍼 개인화'가 새로운 트렌드로 부상했으며, 고객의 과거 상담 이력, 구매 패턴, 선호도 등을 종합 분석해서 맞춤형 서비스를 제공하는 것이 핵심이 되고 있다. 서울 마포구의 한 패션 이커머스 업체 고객서비스 팀장은 이런 경험을 공유한다.

"고객이 카톡으로 문의하면 AI가 자동으로 그 고객의 취향을 분석해서 상담사에게 알려줍니다. '이 고객은 빈티지 스타일을 좋아하고 할인에 민감하다'는 식으로 말입니다. 상담사가 훨씬 자연스럽게 대화할 수 있어서 고객들이 정말 좋아합니다." 이러한 하이퍼 개인화는 단순한 정보 제공을 넘어 고객별 맞춤형 경험을 창출하는 새로운 가치 영역을 개척하고 있다.

이처럼 컨택센터 아웃소싱은 단순한 비용 절감을 넘어 기술 혁신을 통한 효율성 극대화, 옴니채널 고객 경험 제공, 데이터 기반 서비스 품질 향상과 비즈니스 인사이트 발굴, 철저한 보안 및 규정 준수, ESG 경영을 통한 사회적 가치 창출이라는 총체적인 가치를 제공하고 있다. 이러한 다차원적 가치 창출은 컨택센터 아웃소싱이 기업의 단순한 운영 효율화 도구에서 전략적 혁신 파트너로 진화하고 있음을 보여주며, 향후 디지털 전환이 가속화되고 고객 경험의 중요성이 더욱 커지면서 그 가치는 더욱 확대될 것으로 전망된다.

컨택센터 아웃소싱 경쟁구조

컨택센터 아웃소싱 시장은 기술 발전과 고객 니즈 변화에 따라 매우 빠르게 진화하고 있으며, 다양한 국내외 기업들이 AI, 클라우드 등 첨단 기술을 적극 도입하며 경쟁력을 강화하고 있다. 이는 시장의 역동성을 더욱 높이고 있다. 예컨대, 단순한 인력 제공 업체와 기술 기반 솔루션 제공 업체 사이의 격차가 벌어지고 있고, 고객사들의 선택 기준도 달라지고 있다. 전통적인 인력 제공 중심의 서비스에서 기술 기반의 토털 솔루션으로 경쟁 영역이 확대되면서, 기업들은 차별화된 역량 확보를 위해 치열한 경쟁을 벌이고 있다. 특히 디지털 전환, 자동화, 지속가능성 등 새로운 가치 요구사항이 등장하면서 시장 재편이 가속화되고 있다. 이 과정에서 승자와 패자가 명확히 구분되고 있다. 이에 따라 기업들은 기존의 비즈니스 모델을 재점검하고 새로운 전략을 수립해야 하는 상황에 직면해 있다.

컨택센터 아웃소싱 시장의 주요 기업들

글로벌 컨택센터 아웃소싱 시장에서는 텔레퍼포먼스(Teleperformance), 사익스 엔터프라이시즈(Sykes Enterprises), 아텐토(Atento) SA, 티텍 홀딩스(TTEC Holdings Inc.), 스타텍(StarTek), HGS 등이 주요 선도 기업으로 꼽히고 있으며, 이들 기업은 전 세계적으로 방대한 네트워크와 다양한 산업군에 대한 전문성을 바탕으로 서비스를 제공하고 있다[11]. 특히 텔레퍼포먼스는 2024년 한국 시장 확대를 발표하며 관심을 끌었으며, 이 회사의 아시아태평양 지역 총괄은 한국 진출 배경을 이렇게 설명했다. "한국은 디지털 혁신의 선두 국가로, 5G, AI, 클라우드 기술이 가장 빠르게 도입되는 시장입니다. 글로벌 고객사들이 한국을 아시아 허브로 활용하려는 니즈가 커지고 있어서 진출을 결정했습니다." 이러한 글로벌 기업들의 한국 시장 진출은 국내 아웃소싱 업계에 새로운 도전과 기회를 동시에 제공하고 있으며,

한편으로는 경쟁이 심화되어 기존 업체들에게 위협이 되고 있지만 다른 한편으로는 글로벌 수준의 서비스 기준과 혁신적인 접근 방식을 학습할 수 있는 기회가 되고 있다.

국내 시장의 주요 플레이어로는 효성ITX, 유베이스, 메타엠, 데이터마크 등이 있으며, 이들 기업은 통신, 금융 등 대규모 컨택센터 운영 경험을 바탕으로 시장을 이끌고 있고 최근에는 AI 및 클라우드 기반 솔루션 도입에 적극적으로 투자하고 있다[11][12].

첫째, 효성ITX는 컨택센터 아웃소싱 서비스를 중심으로 전체 매출의 70% 이상을 컨택센터 사업 부문에서 확보하고 있다. 2023년 3월에는 메타버스에서 고객 상담 업무를 할 수 있는 '메타워크플레이스'를 출시하며 기술 혁신을 선도했다. MZ세대 상담사들이 늘어나면서 새로운 근무 환경에 대한 요구가 커지는 상황에서, 메타버스에서는 아바타로 상담하니까 외모나 나이에 대한 부담 없이 업무에 집중할 수 있다. 이러한 접근 방식은 효성ITX가 단순한 인력 공급업체에서 종합 서비스 제공업체로 진화하고 있음을 보여주며, 특히 자체 개발한 관리 시스템을 통해 서비스 품질의 일관성을 확보하고 체계적인 교육 프로그램을 통해 인적 자원의 전문성을 지속적으로 향상시키고 있다. 또한 다양한 산업 분야에 대한 경험과 노하우를 축적하여 고객별 맞춤형 솔루션을 제공할 수 있는 역량을 갖추고 있어 시장에서의 경쟁우위를 확보하고 있으며, 이는 아웃소싱 업계의 새로운 표준을 제시하는 사례로 평가받고 있다.

둘째, 솔루션 플랫폼 기업으로의 디지털 변신을 시도하는 유베이스는 컨택센터 아웃소싱 시장의 강자 중 하나이다. 고객 유입 채널 다변화와 상담 유형의 다양화에 대응하며 디지털 전환을 적극 추진하고 있으며 단순 아웃소싱을 넘어 솔루션 플랫폼 기업으로 거듭나겠다는 목표를 가지고 있다[8]. 특히 AI 기반 감정 분석 기술을 도입해서 고객의 감정 상태를 실시간으로 파악하고, 상담사에게 적절한 대응 방법을 제시하는 시스템을 개발했다. 예컨대, 고객이 화가 났는지, 불안한지, 급한지를 AI가 실시간으로 분석해서 상담사 화면에 표시해주는 방식이다. 이에 따라 상담 만족도도 30% 향상되었다. 이러한 기술 혁신은 유베이스가 단순한 인력 제공 업체에서 데이터 기반의 지능형 서비스 제공업체로 진화하고 있음을 보여주며, AI와 빅데이터 분석을 통해 고객 서비스의 질적 수준을 한 단계 끌어올리고 있다.

셋째, 업종별 전문성 기반 차별화 전략을 추구하는 메타엠이다. 이 회사는 컨택센터 컨설팅, 통화 품질 모니터링, 경쟁사 모니터링, 서비스 만족도 조사 등 마케팅 관련 컨설팅을 전문적으로 제공하고 있으며, 특히 업종별 전문성에 집중하고 있다[12]. 금융, 통신, 유통 등 각 업종의 특성에 맞는 맞춤형 상담 프로세스를 개발하고, 해당 분야 전문지식을 갖춘 상담사를 육성하는 데 주력하고 있다. 예컨대, 보험 상담과 통신 상담의 경우 근본적인 구조 및 사용 용어가 다르고, 고객의 관심사도 다른 것이 일반적이다. 따라서 각 업종별로 3개월 이상 전문교육을 시켜서 진짜 전문가를 만드는 방식이다. 이러한 업종별 특화 전략은 일반적인 아웃소싱 서비스와 차별화되는 핵심 경쟁력이 되고 있으며, 고객사들로부터 높은 신뢰와 만족을 얻고 있다. 또한 지속적인 교육과 품질 관리를 통해 업종별 전문성을 심화시키고 있어, 시장에서의 입지를 더욱 공고히 하고 있다.

넷째, AI 기술력 기반 혁신을 추구하는 데이터마크이다. 이 회사는 AI 컨택센터 솔루션을 통해 고객사의 디지털 전환을 지원하고 있으며, 자체 개발한 AI 솔루션 'DANA(Data Analytics & Natural Assistant)'는 자연어 처리, 음성 인식, 감정 분석 등 다양한 AI 기술을 통합한 플랫폼이다[11]. DANA는 단순히 FAQ 답변만 하는 것이 아니라, 고객의 과거 상담 이력, 구매 패턴, 심지어 목소리 톤까지 분석해서 맞춤형 응대를 제공한다. 이러한 AI 기반 솔루션은 컨택센터 운영의 효율성을 크게 향상시키는 동시에 고객 경험의 질을 혁신적으로 개선하고 있으며, 특히 대용량 데이터 처리와 실시간 분석 능력을 바탕으로 기존에는 불가능했던 수준의 개인화된 서비스를 구현하고 있다.

마지막으로 실시간 콜 모니터링과 AI 기반 통합 솔루션의 혁신을 이룬 제니엘이다. 컨택센터 아웃소싱 분야에서 약 50여 개 컨택센터를 성공적으로 위탁운영하며 축적된 노하우를 바탕으로, 센터 구축부터 운영, 진단까지 토탈 서비스를 제공하는 종합 솔루션 기업으로 자리매김하고 있다. 특히 2024년 출시한 '제니엘 AICC(AI Contact Center)' 솔루션은 실시간 콜 모니터링 시스템을 중심으로 한 차별화된 접근법으로 업계의 주목을 받고 있다. 제니엘의 혁신은 네 가지 핵심 기능으로 구성된 통합 플랫폼에서 시작된다. "통화량 분석(call traffic analysis)"을 통해 콜 통화량과 고객 문의 패턴을 정량적으로 분석하고, "고객 반응/평가(customer sentiment)" 기능으로 고객의 감정 상태를 실시간으로 분류하여 상담사에게 즉시 제공한다. "피드백 및 인사이트(Feedback & Insights)" 기능은 통화 내용의 주요 주제를 자동 분류하고 이슈 집중도를 분석하여 기업이 고객 반응을 빠르게 파악할 수 있도록 지원하며, "AI 챗봇 서비스(chatbot service)"는 24시간 실시간 상담을 제공한다.

제니엘 컨택센터사업부의 한 팀장은 자사 솔루션의 차별점을 이렇게 설명한다. "기존 업체들이 대부분 사후 분석에 집중한다면, 저희는 실시간 모니터링에 특화되어 있습니다. 상담이 진행되는 동안 AI가 고객의 감정 변화를 실시간으로 감지하고, 상담사에게 즉시 대응 가이드를 제공하기 때문에, 고객이 불만을 표하기 전에 미리 대응할 수 있게 됩니다." 특히 주목할 만한 것은 제니엘의 '빠른 학습 및 업데이트' 기능이다. 별도의 작업 없이 기존의 어떠한 형식의 자료도 쉽게 학습할 수 있고, 실시간으로 빠르고 간편하게 학습 내용을 변경할 수 있다. 텍스트, PDF, PPT, Word, Webpage 등 다양한 형태의 데이터를 플랫폼 형식의 챗봇 빌더로 제공하여 고객사의 편의성을 극대화했다. 또한 맥락을 이해하는 자연스러운 응대를 위한 LLMs Model을 도입하여, 사전 학습된 내용 기반으로 정확하고 안전한 답변을 생성한다. 제니엘의 또 다른 혁신은 비용 구조에서도 나타난다. 초기 구축비

무상지원과 월정액 요금제를 통해 4가지 서비스 모두를 제공함으로써, 중소기업도 부담 없이 AI 기반 컨택센터 솔루션을 도입할 수 있도록 했다. 이는 고비용 때문에 AI 도입을 망설이던 많은 기업들에게 새로운 기회를 제공하고 있다. 2024년 하반기 제니엘과 파트너십을 맺은 한 중견 유통업체의 고객서비스 담당자는 도입 효과를 이렇게 전한다. "예전에는 고객 불만이 터지고 나서야 대응했는데, 지금은 불만의 조짐이 보이면 AI가 미리 알려줘서 선제적으로 대응할 수 있습니다. 고객 만족도도 40% 향상되었고, 상담사들도 일하기 훨씬 편해졌다고 합니다." 제니엘의 이러한 접근 방식은 단순히 기술 도입을 넘어, 컨택센터 운영의 패러다임 자체를 '사후 대응'에서 '예측 대응'으로 전환시키고 있다. 1996년부터 축적된 아웃소싱 노하우와 최신 AI 기술의 결합이 만들어낸 이런 혁신은, 국내 컨택센터 아웃소싱 시장에서 제니엘만의 독특한 포지셔닝을 구축하는 데 기여하고 있다.

신생 강자들의 파괴적 혁신 도전

2024년 들어서는 기존 강자들 외에도 새로운 플레이어들이 시장에 진입하기 시작했으며, 특히 AI와 로봇 기술을 핵심으로 하는 스타트업들이 주목받고 있다. 서울 강남의 한 AI 스타트업 '컨택트에이아이(ContactAI)'는 GPT 기반의 대화형 AI를 개발해서 화제가 되었다. 기존 업체들은 사람 중심의 서비스에 강점이 있지만 컨택트에이아이는 AI가 메인이고 사람이 서포트하는 구조를 지향한다. AI가 90% 처리하고, 정말 복잡한 10%만 사람이 개입하니 비용은 절반인데 품질은 더 좋아졌다. 이러한 신생 기업들의 등장은 아웃소싱 시장의 패러다임 변화를 가속화하고 있으며, 전통적인 인력 중심의 서비스에서 기술 중심의 솔루션으로 경쟁 영역이 확장되면서 기존 업체들도 디지털 전환과 기술 역량 강화에 적극적으로 나서고 있다.

컨택센터 아웃소싱 시장의 경쟁 이슈

첫째, 심각해지는 인력난과 세대교체의 벽이다. 컨택센터는 여전히 인력 의존도가 높은 산업이며, 상담사의 높은 이직률이 서비스 품질 유지에 큰 걸림돌이 되고 있다[13][14]. 고객 문의의 복잡성이 증가하고 감정 노동 강도가 높아지면서 상담사 채용 및 유지가 가장 큰 이슈 중 하나로 꼽히고 있으며, 특히 컨택센터 종사자의 고령화 현상도 나타나고 있어 장기적인 인력 수급이 우려되고 있다. 젊은 세대는 컨택센터 업무를 기피하는 경향이 강하고, 기존 베테랑 상담사들은 점점 은퇴 연령에 가까워지고 있어 세대교체의 어려움이 심각한 문제로 대두되고 있다. 서울 영등포의 한 아웃소싱 업체 인사팀장은 현실적인 고민을 털어놓는다. "정말 심각해요. 채용 공고를 내도 지원자가 없어요. 젊은 사람들은 배달이나 편의점 알바를 더 선호합니다. 그나마 지원하는 분들도 금방 그만두시니 앞으로 어떻게 해야 할지 막막합니다." 이러한 인력난은 단순한 양적 부족을 넘어 질적 미스매치 문제로도 확산되고 있으며, 젊은 세대는 첨단 기술과 깨끗한 작업 환경을 선호하는 반면 많은 컨택센터들은 여전히 전통적인 방식에 의존하고 있어 괴리가 발생하고 있다.

둘째, 치솟는 비용 압박과 가격 경쟁의 새로운 양상이다. 최저임금의 지속적인 인상이 아웃소싱 기업의 도급비 증가로 이어져 수익률에 부정적인 영향을 미치고 있으며, 고객사의 비용 절감 요구와 인건비 상승 압력 사이에서 아웃소싱 기업은 치열한 단가 경쟁에 직면하고 있다[15]. 하지만 점차 단순 가격 경쟁보다는 '가치 기반 가격책정'이 중요해지기 시작했으며, 고품질 서비스, 혁신적인 기술, 전문성을 인정받는 업체들은 프리미엄 가격을 받을 수 있게 되었다. 이러한 변화는 아웃소싱 업체들에게 새로운 기회를 제공하고 있으며, 단순한 가격 경쟁에서 벗어나 전문성, 혁신성, 신뢰성 등 부가가치를 기반으로 한 경쟁으로 패러다임이 변화하고 있다. 특히 고품질, 정밀도, 기술력 등에서 우위를 가진 업체들은 이러한 가치 중심 경쟁에서 경쟁우위를 확보할 수 있는 기회를 얻고 있으며, 지속가능성, ESG 경영, 기술 혁신 등 새로운 가치 요구사항이 등장하면서 이러한 영역에서의 차별화를 통해 프리미엄을 확보할 수 있는 가능성도 커지고 있다.

셋째, 기술 투자 부담과 디지털 격차 심화이다. AI 챗봇, 음성 봇, 클라우드 컨택센터 등 첨단 기술 도입이 서비스 효율성과 품질 향상에 필수적이지만, 막대한 초기 투자 비용을 필요로 하고 있으며 특히 중소 규모의 아웃소싱 기업에게는 이러한 기술 투자가 큰 부담으로 작용하여 경쟁력 격차를 심화시킬 수 있다[3][16]. 이러한 기술 투자 부담은 시장 내 양극화를 가속화시키고 있으며, 대규모 투자 여력이 있는 기업들은 최신 기술을 도입하여 경쟁우위를 확보하는 반면 중소업체들은 기존 방식에 의존할 수밖에 없는 상황이 발생하고 있다. 하지만 일부 업체들은 기술 파트너십과 구독형 서비스를 통해 이런 문제를 해결하려고 시도하고 있으며, 클라우드 기반 솔루션의 확산으로 초기 투자 부담을 줄이면서도 최신 기술에 접근할 수 있는 기회가 늘어나고 있다.

넷째, 데이터 보안과 컴플라이언스의 복잡성 증대이다. 컨택센터는 고객의 민감한 개인 정보를 다루기 때문에 데이터 유출 및 오용에 대한 위험이 높으며, 강화되는 개인정보보호법 및 규제 준수가 아웃소싱 기업의 중요한 과제가 되고 있다[10]. 보안 시스템 구축 및 지속적인 관리에 대한 투자가 필수적이며, 이러한 보안 이슈는 단순한 기술적 문제를 넘어 신뢰 관계의 핵심 요소가 되고 있다. 고객사들은 아웃소싱 업체 선정 시 기술력과 가격뿐만 아니라 보안 역량을 중요한 평가 기준으로 고려하고 있으며, 이에 따라 아웃소싱 업체들은 보안 인증 취득, 보안 전문 인력 확보, 보안 시스템 구축 등에 적극적으로 투자하고 있다. 또한 국제적인 데이터 보호 규정과 개인정보보호법 등의 강화로 인해 법적 컴플라이언스 요구사항도 복잡해지고 있어, 이에 대한 전문적인 대응 체계 구축이 필수적이 되고 있으며 특히 글로벌 공급망에 참여하는 기업들의 경우 각국의 서로 다른 규제 요구사항을 모두 충족해야 하는 어려움에 직면하고 있다.

다섯째, 고객 기대치 상승과 서비스 품질의 딜레마이다. 고객들은 모든 채널에서 일관되고 높은 품질의 서비스를 기대하는 동시에, 개인 맞춤형 상담을 요구하고 있으며 특히 MZ세대 고객들의 기대치는 기존 세대와 완전히 다르다[10]. 즉시 응답, 자연스러운 대화, 개인 맞춤형 서비스를 당연하게 여기고 있으며, 이러한 높아진 기대치는 아웃소싱 업체들에게 지속적인 서비스 혁신과 품질 향상 압박을 가하고 있다. 부산의 한 게임회사 고객서비스 팀장은 세대별 차이를 이렇게 설명한다. "40-50대 고객들은 정중하고 정확한 답변을 원합니다. 하지만 20-30대는 친근하고 빠른 응답을 선호하기 때문에, 같은 문의라도 고객 연령대에 따라 완전히 다른 스타일로 상담해야 합니다." 이러한 다양한 고객 니즈에 대응하기 위해서는 상담사들의 역량 향상뿐만 아니라 시스템적인 지원과 데이터 기반의 개인화 서비스가 필수적이며, 이는 아웃소싱 업체들에게 새로운 기술 투자와 인력 교육의 부담을 가중시키고 있다.

기회 속의 위기, 위기 속의 기회

이러한 경쟁 이슈들이 컨택센터 아웃소싱 시장의 성장과 발전을 저해할 수 있는 요인으로 작용하고 있으며, 특히 인력난과 높은 기술 투자 비용은 중소기업에게는 큰 진입 장벽으로 작용할 수 있다. 실제로 일부 선진적인 업체들은 위기를 기회로 만들고 있으며, 인력난을 해결하기 위해 AI 기술을 적극 도입하고 글로벌 인재를 활용하며 새로운 근무 형태를 개발했다. 기술 투자 부담은 파트너십과 구독형 서비스로 해결하고, 보안 이슈는 오히려 차별화 요소로 활용하고 있으며, 결국 컨택센터 아웃소싱 기업들은 이러한 도전을 극복하기 위해 기술 혁신에 대한 과감한 투자, 인재 중심의 경영, 보안과 컴플라이언스 강화, 차별화된 가치 제공, 글로벌 역량 강화에 집중해야 한다. 이러한 변화 속에서 살아남고 성장하는 기업들이 미래 컨택센터 아웃소싱 시장의 주역이 될 것이며, 시장의 경쟁은 단순한 가격 경쟁을 넘어 기술력, 서비스 품질, 혁신 능력을 종합한 가치 경쟁으로 발전하고 있다. 따라서 업계 전체의 지속적인 혁신과 발전이 필요하며, 이를 통해 고객사들에게 더 나은 가치를 제공하고 시장의 건전한 성장을 도모해야 할 것이다.

변화의 시대, 기회와 도전이 공존하는 미래

컨택센터 아웃소싱 시장은 지금 중대한 변곡점에 서 있으며, 과거의 단순한 인력 제공 서비스에서 벗어나 AI와 첨단 기술이 결합된 고부가가치 서비스로 진화하고 있다. 이 변화는 기회이자 도전이며, 앞으로 10년간 시장은 2-3배 성장할 것으로 예상되지만 모든 기업이 그 성장의 혜택을 누릴 수는 없을 것이다. 기술 혁신, 인재 육성, 고객 가치 창출에 집중하는 기업만이 살아남을 수 있을 것이며, 특히 디지털 전환이 가속화되고 고객 경험의 중요성이 더욱 커지면서 컨택센터 아웃소싱의 역할과 가치는 지속적으로 확대될 것으로 전망된다. 2024년

말, 한 업계 전문가는 미래를 이렇게 전망했다. "컨택센터 아웃소싱은 이제 완전히 새로운 산업이 될 것입니다. 단순히 전화 받는 사람들이 아니라, 고객과 기업을 연결하는 지능형 플랫폼이 되는 겁니다. 그 새로운 지평을 열어갈 준비가 된 기업들이 미래의 승자가 될 것입니다."

컨택센터 아웃소싱의 새로운 지평이 열리고 있으며, 구축부터 운영까지 원스톱 솔루션을 제공하는 진정한 전략 파트너의 시대가 시작되고 있는 것이다.

혁신사례

제니엘 CS 허브센터

컨택센터 아웃소싱의 새로운 패러다임을 구축하다

1996년 설립 이후 꾸준히 성장해온 제니엘은 그동안 50여 개의 컨택센터를 성공적으로 위탁 운영하며 업계 최고 수준의 서비스를 제공해왔다. 금융, 제조, 유통, IT 등 다양한 산업분야에서 기업 맞춤형 컨택센터 모델을 운영하며 쌓아온 경험과 노하우는 업계에서도 인정받는 핵심 자산이었다. 하지만 제니엘이 30년간 쌓아온 컨택센터 운영 노하우도 최근 들어서는 새로운 변화가 필요하다는 것을 절실히 느끼기 시작했다. 먼저 고객사들의 요구사항이 예전과는 완전히 달라졌다. “단순히 전화 받는 사람만 보내주는 게 아니라, 우리 고객센터 전체 운영비용을 줄이면서도 서비스 품질은 더 높일 수 있는 방법이 없을까요?” 이런 질문들이 점점 많아지고 있었다. 과거에는 인력 공급과 기본적인 상담 서비스만으로도 충분했지만, 이제는 데이터 분석, 고객 여정 관리, 마케팅 지원까지 요구하는 고객사들이 늘어나고 있었다. 특히 코로나19 이후 비대면 서비스가 급속도로 확산되면서, 기존의 컨택센터 운영 방식으로는 한계가 있다는 걸 깨달았다. AI 기술이 발달하고, 고객들의 서비스 기대치도 높아지는 상황에서 단순한 인력 공급 차원을 넘어선 종합적인 솔루션이 필요했다. 또한 MZ세대 고객들이 주요 소비층으로 부상하면서 기존의 획일적인 상담 방식보다는 개인화되고 차별화된 고객 경험을 제공해야 한다는 압박도 커지고 있었다. 제니엘 경영진은 이런 변화를 위기가 아닌 기회로 봤다. "우리가 30년간 축적한 경험과 노하우를 바탕으로 진짜 차별화된 서비스를 만들어보자"는 결심을 하게 된 것이다. 이는 단순한 사업 확장이 아니라, 회사의 정체성 자체를 재정의하는 중대한 전환점이었다.

경영진의 혁신적 비전과 결심

제니엘 박춘홍 대표는 다음과 같이 말했다. "고객센터에 지출되는 비용은 최적화하면서도, 혁신적인 고객 경험을 제공하고, 데이터 기반으로 체계적인 관리까지 할 수 있는 스마트한 솔루션을 만들어봅시다. 이것이 바로 우리가 준비하고 있는 CS 허브센터의 핵심 철학입니다." 이런 비전 설정의 배경에는 제니엘의 탄탄한 기업 기반이 있었다. 연매출 7,000억 원, 임직원 14,000명을 보유한 대한민국 NO.1 아웃소싱 전문기업으로서의 역량과 11년 연속 AA0 신용평가 등급을 유지하는 안정성이 새로운 도전을 뒷받침했다. 또한 그동안 축적한 다양한 업종의 고객사 경험과 현장 중심의 운영 노하우가 혁신적인 서비스 개발의 토대가 되었다. 경영진은 시장 변화를 면밀히 분석한 끝에, "단순 고객응대가 아닌 고객의 행동데이터를 바탕으로 고객 경험을 선제적으로 이해하고 향상시켜 고객의 목소리와 함께 성장할 수 있도록 돕는 성공 파트너"가 되어야 한다는 비전을 세웠다. 이것이 바로 CS 허브센터라는 혁신적 서비스의 출발점이 되었다.

CS 허브센터의 핵심은 비용 최적화(cost-efficiency), 혁신(renovation), 관리(management)라는 3가지 가치였다. 이를 통해 고객센터에 지출되는 비용은 최적화하고, 운영에 대한 스트레스는 줄이면서, 혁신적인 고객 경험을 제공하는 차별화된 솔루션을 만들어보자는 것이었다. 특히 기존 컨택센터 서비스와의 차별점을 명확히 하기 위해 '허브(Hub)'라는 개념을 도입했다. 단순한 상담 창구가 아니라 고객과 기업을 연결하는 중심축 역할을 하겠다는 의미였다. 전략 수립 과정에서는 글로벌 컨택센터 트렌드도 깊이 있게 분석했다. 해외 선진 기업들의 AI 도입 사례, 옴니채널 서비스 모델, 고객 데이터 활용 방안 등을 벤치마킹하면서도 한국 시장의 특성에 맞는 독자적인 모델을 개발하는 데 집중했다. 제니엘 CS 허브센터 관계자는 다음과 같이 회상했다. "우리는 고객센터를 단순히 문의를 받고 답변하는 공간이 아니라, 고객 데이터가 분석되고 가치가 창출되는 살아있는 비즈니스 허브로 바라보기 시작했습니다. 이런 관점의 전환이 모든 혁신의 출발점이었습니다."

추진 프로세스

첫 번째 단계에서는 기존 컨택센터 운영의 모든 프로세스를 재검토하고, 어떤 부분에서 혁신이 가능한지 면밀히 분석했다. 기존 고객센터 직접 운영 시 지출되는 비용을 대폭 줄이는 게 목표였다. 이 비용은 상담사 인건비, 사무실 임대료, PC 및 사무장비, 상담 시스템 운영비, 채용 및 교육비, 관리비 등 구성되어 있었다. 꼼꼼히 분석해보니 콜 쉐어링 플랜으로는 월 지출비용의 58%를, 콜 단가 플랜으로는 53% 까지 줄일 수 있다는 계산이 나왔다. "정말 이게 가능할까?" 하는 의구심도 있었지만, 제니엘의 30년 운영 노하우와 규모의 경제를 활용하면 충분히 달성 가능한 목표였다. 특히 인력 관리와 초기 구축비용을 제거하면서도 제품 개선과 고객 데이터 분석까지 제공하는 차별화된 서비스를 구현할 수 있었다. 비용 절감의 핵심은 중복 자원의 효율적 활용이었다. 여러 고객사가 하나의 인프라를 공유하면서도 개별 맞춤 서비스를 받을 수 있는 구조를 만드는 것이 관건이었다. 이를 위해 클라우드 기반 시스템 아키텍처를 도입하고, 유연한 인력 배치 시스템을 구축했다.

두 번째 단계에서는 고객사의 다양한 니즈에 맞춘 유연한 요금제를 개발했다. 시장 조사 결과, 기업 규모와 업종에 따라 컨택센터 이용 패턴이 현저히 다르다는 점을 발견했다. 스타트업이나 중소기업은 불규칙한 문의량으로 인해 유연성을 중시했고, 대기업은 안정적인 서비스 품질과 예측 가능한 비용 구조를 선호했다. 콜 쉐어링 플랜은 "0.5명의 상담사를 운영할 순 없을까?"라는 고객들의 현실적인 고민에서 출발했다. 한 명의 상담사가 여러 기업을 응대하는 방식으로, 인입되는 콜이 일정하지 않을 때 정말 유리한 모델이다. 이 플랜의 핵심은 센터 유지비, 인건비, 운영관리비를 최적화시킨 효율적인 비용 구조였다. 콜 단가 플랜은 응대 콜 기준으로 요금이 과금되는 방식으로, 기본 콜 수에 따른 기본 요금에 추가 콜 수 구간에 따라 요금이 부과되는 구조로 설계했다. 이를 통해 기업 규모에 맞게 선택할 수 있는 맞춤형 비용 플랜을 완성했다. 특히 주목할 점은 두 플랜 모두에 제품 개선(VOC) 분석과 고객데이터 분석 등 부가가치 서비스가 기본 포함된다는 것이었다. 이는 단순한 비용 절감을 넘어서 고객사의 비즈니스 성장에 실질적으로 기여할 수 있는 차별화 요소였다. 또한 365일 24시간 운영 지원, 희망하는 요일과 시간에 맞춘 맞춤형 운영, 일반적으로 3주 내 운영 시작 등의 유연성도 제공했다.

세 번째 단계는 AI KMS(Knowledge Management System)와 AI Assist 기능을 도입해서 상담 품질을 획기적으로 높이는 것이었다. 이 단계에서는 제니엘의 기존 IT 역량도 큰 역할을 했다. 그룹 내 IT 전문 계열사인 이노파크의 기술력과 30년간 축적된 상담 데이터베이스가 AI 시스템 구축의 토대가 되었다. 상담 매뉴얼

자동 생성을 위해 AI를 통한 상담 지식 데이터 등록 시스템을 구축했다. 이 시스템은 과거 상담 내역을 분석해서 자주 묻는 질문(FAQ)을 자동으로 업데이트하고, 신제품이나 새로운 서비스에 대한 정보가 입력되면 즉시 상담 스크립트에 반영되는 지능형 구조였다. 실시간 상담 스크립트 제시 기능을 통해 상황에 따른 반응형 AI 상담 지원이 가능해졌다. 고객의 문의 유형을 실시간으로 분석해서 가장 적절한 답변 가이드를 상담사에게 제시하는 방식이었다. 이를 통해 경력이 짧은 상담사도 베테랑 수준의 전문적인 응답을 할 수 있게 되었다. 고객 여정 기반 맞춤형 이벤트 지원을 통해 프로모션 안내, 캠페인 운영, 세일즈 TM 등을 제공할 수 있게 되었다. 고객의 구매 이력, 상담 이력, 웹사이트 방문 패턴 등을 종합 분석해서 가장 적절한 타이밍에 맞춤형 제안을 하는 시스템이었다. 만족도 조사와 해피콜 진행을 통해 고객 사용 경험 피드백 수집도 체계화했다. 특히 주목할 만한 점은 AI 챗봇과의 연동이었다. 간단한 문의는 챗봇이 자동으로 처리하고, 복잡한 상담이 필요한 경우에만 상담사에게 연결되는 하이브리드 시스템을 구축했다. 이를 통해 상담사는 더 고부가가치 업무에 집중할 수 있게 되었다. 이런 기능들이 하나로 통합되면서 상담 오류는 최소화하고, 고객 응대는 신속하게, 그리고 고객 만족은 극대화할 수 있게 되었다.

네 번째 단계에서는 단순한 고객 응대를 넘어서 진짜 가치 있는 서비스를 제공하기 위해 고객 문의 유형별 스마트 VOC 제공 시스템을 구축했다. 고객 불만 분석 및 리포팅 기능을 통해 체계적인 데이터 관리가 가능해졌다. 고객 니즈 파악 및 제품 개선 제안까지 제공하면서 단순한 CS를 넘어선 경영 컨설팅 서비스로 발전시켰다. 고객상담 DB 기반으로 제품 및 서비스 문제점을 도출하는 시스템을 만들었다. 고객 니즈를 분석하여 마케팅 포인트를 도출하고, 고객 여정관리를 통한 고객 만족도 향상 및 브랜드 신뢰도 강화까지 지원하게 되었다. 실제 사례를 보면, A 제조기업의 경우 총 100건의 VOC 중 50%가 제품개선 제안으로 이어졌고, 개선방안율이 83%에 달했다. B 온라인 유통기업은 배송 관련 VOC가 30%를 차지한다는 분석을 통해 실시간 배송 트래킹을 강화하는 등 구체적인 개선 방안을 도출할 수 있었다.

마지막 단계에서는 기본 계획(basic plan)을 넘어선 프리미엄 AI 계획(premium AI plan)과 프리미엄 마케팅 계획(premium marketing plan)을 준비했다. 이를 위해 AI 챗봇을 통한 고객 응대속도 및 품질 향상 시스템을 개발하고, AI 자동 응대 시스템과 AI VOC 분석을 통한 데이터 기반 고객분석 기능을 통합했다. 나아가 멀티 채널 고객 세분화 시스템을 구축하는 한편 개인화된 고객여정 분석과 '창조적(creative) AI 추천 시스템'을 도입하고, 실시간 '고객 여정 지도(customer journey map)' 구축을 통해 종합적인 마케팅 자동화 솔루션을 완성했다.

고객사의 성과

가장 눈에 띄는 성과는 역시 비용 절감이다. 직접 운영 대비 최소 20%에서 최대 58%까지 비용을 줄일 수 있게 되었다. 한 중견기업 고객사 담당자는 이렇게 말했다. "예전에는 고객센터 운영하는데만 매달 400만원 가까이 들었는데, 지금은 150만원대로 줄어들었습니다. 그런데 서비스 품질은 오히려 더 좋아졌죠. 정말 놀라운 변화입니다." 하지만 단순한 비용 절감을 넘어선 가치 창출이 더 중요한 성과였다. AI 기반 상담 시스템 덕분에 상담 품질이 획기적으로 개선되었다. 365일 24시간 실시간 고객 관리가 가능해졌고, 상담사들도 AI의 도움으로 더 전문적이고 일관된 서비스를 제공할 수 있게 되었다. 상담 응답 시간이 기존 평균 45초에서 12초로 단축되었고, 고객 만족도 점수는 평균 15% 향상되었다. 특히 VOC 분석을 통한 개선 제안은 고객사들이 가장 만족하는 부분이다. 단순히 전화만 받는 게 아니라, 고객의 소리를 데이터로 분석해서 실질적인 경영 개선 방안까지 제시해주니까 정말 파트너 같은 느낌을 받는다고 한다. 또 다른 중요한 성과는 운영의 전문화였다. 고객센터 운영에 필요한 모든 것을 제니엘에서 전문적으로 관리해주니까, 고객사는 핵심 사업에만 집중할 수 있게 되었다. 인력 채용부터 교육, 품질 관리, 성과 분석까지 원스톱으로 제공되는 서비스는 고객사의 업무 효율성을 크게 높였다. 특히 스타트업이나 중소기업의 경우 전문 CS팀을 별도로 구성할 필요가 없어져서 본업에 더 많은 자원을 투입할 수 있게 되었다.

제니엘의 성과

CS 허브센터는 제니엘에게 완전히 새로운 수익 모델을 제시했다. 기존의 단순 인력 공급 방식에서 벗어나서, 기술과 노하우가 결합된 고부가가치 서비스로 발전할 수 있게 된 것이다. 특히 AI 솔루션과 마케팅 자동화 솔루션 같은 프리미엄 서비스는 기존 대비 훨씬 높은 수익률을 보장한다. 한 번 구축해놓으면 여러 고객사에 동시에 서비스할 수 있어서 규모의 경제 효과도 크다. 이런 변화는 제니엘의 사업 포트폴리오를 더욱 다양화하는 효과도 가져왔다. 기존의 제조, 유통, 의료 분야 아웃소싱에 더해 IT 기술 기반의 스마트 서비스까지 제공할 수 있게 되면서, 경기 변동에 대한 리스크도 분산시킬 수 있었다. 또한 CS 허브센터 모델은 해외 진출의 교두보 역할도 할 수 있을 것으로 기대된다. 무엇보다 업계에서 차별화된 경쟁력을 확보하게 되었다. 단순히 "더 저렴하게"가 아니라 "더 스마트하게, 더 전문적으로"라는 가치를 제공할 수 있게 된 것이다. 제니엘 영업팀 관계자는 이렇게 말한다. "예전에는 가격 경쟁에 휘말리는 경우가 많았는데, 이제는 우리만의 차별화된 가치를 어필할 수 있어서 정말 좋습니다. 고객사들도 단순한 비용 절감을 넘어선 진짜 파트너십을 원한다는 걸 느낍니다."

CS 허브센터를 통해 제니엘 직원들의 자부심도 크게 높아졌다. "우리는 단순한 아웃소싱 회사가 아니라 IT와 데이터를 활용한 스마트 솔루션 기업"이라는 정체성을 갖게 된 것이다. 특히 AI와 데이터 분석 등 최신 기술을 활용하다 보니 직원들의 전문성도 자연스럽게 향상되었다. 사내 교육 프로그램도 기존의 서비스 중심에서 기술 역량 강화로 확대되면서, 직원들의 커리어 발전 가능성도 크게 넓어졌다.

업계에서의 인정과 파급효과

제니엘의 CS 허브센터는 아웃소싱 업계에 완전히 새로운 표준을 제시하고 있다. 다른 경쟁업체들도 비슷한 서비스를 벤치마킹하려고 하고, 관련 컨퍼런스에서도 사례 발표 요청이 계속 들어오고 있다. 한 업계 전문가는 "제니엘의 CS 허브센터는 아웃소싱 업계의 디지털 전환을 이끄는 선도 모델"이라고 평가했다. 이런 인정은 국내를 넘어 해외에서도 이어지고 있다. 동남아시아 몇몇 국가의 아웃소싱 업체들이 벤치마킹을 위한 협력을 요청해오고 있으며, 글로벌 컨설팅 회사에서도 혁신 사례로 주목하고 있다. 특히

AI와 데이터 분석을 접목한 고객 서비스 모델은 디지털 전환 시대의 새로운 방향을 제시하는 것으로 평가받고 있다. 무엇보다 "고객의 행동데이터를 바탕으로 고객경험을 선제적으로 이해하고 향상시켜 고객의 목소리와 함께 성장할 수 있도록 돕는 성공 파트너"라는 새로운 패러다임을 제시했다는 점이 가장 큰 의미다. 이는 기존의 '문제 해결' 중심에서 '가치 창출' 중심으로 CS의 역할을 재정의한 것이다.

혁신사례

효성ITX

메타버스 컨택센터로 미래를 열다

1997년 5월, 한국 경제를 뒤흔든 IMF 외환위기가 시작되던 그 해에 한 회사가 용감하게 문을 열었다. 바로 '텔레서비스'라는 이름으로 출발한 효성ITX의 전신이었다. 당시 대부분의 기업들이 생존에만 급급하던 상황에서 컨택센터 전문 회사를 세운다는 건 정말 대담한 결정이었다. 2001년은 효성ITX 역사상 가장 중요한 전환점이 되었다. 효성그룹의 계열사로 편입되면서 안정적인 재무구조를 확보하게 된 것이다. 하지만 이건 단순히 대기업 계열사가 되었다는 것 이상의 의미가 있었다. 효성그룹의 체계적인 경영 철학과 기술 혁신 DNA가 컨택센터 전문성과 만나면서 정말 특별한 시너지가 생겨나기 시작했다. 다른 컨택센터 업체들이 인력 공급에만 집중할 때, 효성ITX는 이미 '기술 기반의 차별화된 서비스'를 꿈꾸고 있었다.

추진 프로세스

2010년대 중반, 컨택센터 업계는 심각한 문제들에 직면하고 있었다. 상담사 채용이 갈수록 어려워지고, 이직률은 높아지고, 무엇보다 MZ세대 직원들은 기존의 딱딱한 사무실 환경을 많이 부담스러워했다. 2013년 R&D센터 설립 또한 MZ세대의 근무방식 변화와 신기술을 어떻게 연결시킬 것인가 하는 문제 의식에서 출발했다.

첫 번째 단계(1997-2012년)는 컨택센터 전문기업으로서의 기본기를 탄탄히 다지는 시기였다. 효성 계열사 편입 후 안정적인 재무구조를 바탕으로 전국에 사업장을 확대해 나갔다. 가장 중요하게 생각한 건 직원들의 전문성 향상이었다. 단순히 전화만 받는 사람들이 아니라, 고객의 문제를 정확히 파악하고 최적의 해결책을 제시할 수 있는 전문가로 키우는 데 집중했다.

두 번째 단계(2013-2017년)는 R&D센터 설립을 통한 본격적인 기술 혁신이 시작된 시기였다. 4차 산업혁명의 핵심기술인 ICBM(IoT, Cloud, Big Data, Mobile)과 AI 기술에 주력하기 시작했다. 이 시기의 가장 큰 성과는 직원들의 사고방식이 바뀌었다는 점이었다. “우리도 이제 IT 회사다”라는 자부심이 생기기 시작했다. 단순히 고객 응대만 하는 게 아니라, 기술을 활용해서 더 나은 서비스를 만들어간다는 사명감이 생겨났다.

세 번째 단계(2018-2020년)에서는 본격적인 혁신 솔루션들이 잇따라 출시되었다. 2018년 AI 기반의 지능형 컨택센터 솔루션인 '익스트림솔루션' 브랜드를 런칭했다. 이 솔루션은 정말 획기적이었다. 실시간 음성인식(STT)과 텍스트 분석(TA) 기술을 바탕으로 상담 업무를 지원하는 것이었다. 고객이 말하는 내용을 실시간으로 분석해서 상담원에게 최적의 응답 가이드를 제공하고, 고객의 감정 상태까지 파악해서 더 나은 서비스를 할 수 있게 도와주었다. 2019년에는 업계 최초로 모바일 기반의 '스마트 컨택센터' 솔루션을 선보였다. 상담센터 직원들이 시간·장소 제약 없이 상담업무를 할 수 있게 된 것이다. 이에 따라 육아로 경력이 단절된 여성도 집에서도 전문적인 상담 업무를 할 수 있게 되었고, 다양한 우수 인재들을 적극적으로 활용할 수 있게 되었다. 2020년에는 클라우드와 모바일, 메타버스 환경에서 콜센터 인프라와 솔루션을 제공하는 '링클라우드(RingCloud)' 솔루션을 출시했다. 이는 나중에 메타워크플레이스로 발전하는 토대가 되었다.

네 번째 단계(2021년 이후)는 효성ITX 역사상 가장 혁신적인 도전이 시작된 시기였다. 코로나19 팬데믹으로 재택근무가 일상화되고, MZ세대 직원들의 새로운 근무환경에 대한 요구가 커지면서 완전히 새로운 발상이 필요했다. 그 결과 탄생한 것이 바로 '메타워크플레이스'였다. 2023년 3월, 효성ITX는 메타버스에서 고객상담 업무를 할 수 있는 자체 개발 솔루션을 세상에 내놓았다.

메타워크플레이스는 단순한 기술적 혁신을 넘어 컨택센터 업계의 패러다임을 완전히 바꾸는 사건이었다. 가상의 아바타로 상담하니까 외모나 나이에 대한 부담 없이 업무에 집중할 수 있게 되었고, 사무실 임대료 등 운영비용도 현저히 절감할 수 있었다. 국내 컨택센터 업계에서는 가장 먼저 선보이게 되는 메타워크플레이스는 기존의 재택근무 솔루션의 부분적인 기능들을 올인원(All-in-one)으로 통합 제공하는 서비스였다. 이는 가상 오피스의 개념을 뛰어넘어 직원들과의 소통과 협업, 업무 공유와 보고, 직원들의 워크앤라이프(Work & Life) 밸런스, 고객의 만족과 임직원의 복지까지 모두를 만족시킬 수 있는 신개념 솔루션이었다. 메타워크플레이스는 총 9개의 라운지 공간으로 구성되어 있다. 최대 400명까지 참석 가능한 컨퍼런스 라운지, 실시간 화상회의와 자료 공유가 가능한 세미나 라운지, 1:1 상담 코칭을 위한 카운슬 라운지 등 업무에 필요한 모든 기능을 갖추고 있다. 또한 휴식과 엔터테인먼트를 위한 조이라운지, 힐링라운지, 스카이라운지까지 있어서 직원들의 복지까지 생각한 공간 설계가 인상적이다.

채용 난제 해결과 서비스 품질 향상을 이룬 금융사

한 대형 금융회사의 경우, MZ세대 상담사 채용에 큰 어려움을 겪고 있었다. 기존의 딱딱한 사무실 환경을 부담스러워하는 젊은 직원들이 많아서 이직률도 높았다. 효성ITX의 메타워크플레이스를 도입한 후 상황이 완전히 달라졌다. 아바타로 상담하면서 외모에 대한 부담이 줄어들고, 자유로운 근무환경에서 일할 수 있게 되자 지원자가 30% 이상 증가했다. 무엇보다 직원 만족도가 크게 향상되면서 이직률이 절반 이하로 줄어들었다. 해당 금융회사 인사팀 관계자는 "메타워크플레이스 덕분에 우수한 MZ세대 인재들을 안정적으로 확보할 수 있게 되었습니다. 고객 서비스 품질도 눈에 띄게 좋아졌습니다"라고 평가했다.

운영비용 절감과 업무 효율성 향상을 이룬 이커머스 업체

급성장하는 한 이커머스 업체는 고객 문의가 폭증하면서 컨택센터 확장에 고민이 많았다. 사무실 임대료와 각종 시설비용이 부담되었고, 특히 피크 시즌에는 임시 인력 확보도 어려웠다. 효성ITX의 클라우드 기반 솔루션과 메타워크플레이스를 도입한 결과, 물리적 사무 공간 없이도 필요할 때마다 상담 인력을 탄력적으로 운영할 수 있게 되었다. 그 결과 운영비용이 40% 절감되었고, 피크 시즌 대응 능력도 크게 향상되었다.

효성ITX의 성과

28년간의 성과를 숫자로 보면 정말 인상적이다. 1997년 작은 컨택센터 전문업체로 시작해서 현재는 전국 180개 사업장, 8,500여 석 규모의 자체 센터를 운영하는 업계 최고 수준의 기업으로 성장했다. 특히 주목할 점은 안정성이다. 효성 계열사 편입 이후 연평균 20%에 달하는 높은 성장률을 꾸준히 유지해왔고, 2007년에는 상장기업이 되어 시장에서도 그 가치를 인정받았다. 현재 효성ITX는 컨택센터 서비스뿐만 아니라 스마트팩토리, CDN 서비스, IT솔루션 등으로 사업 영역을 다각화하면서 종합 IT 서비스 회사로 진화하고 있다.

가장 큰 성과는 직원들의 만족도와 자부심 변화다. 예전에는 컨택센터 일을 단순 반복 업무로 여기는 시선이 많았지만, 이제는 '첨단 기술을 활용하는 전문직'이라는 인식이 확산되었다. 특히 메타워크플레이스에서 일하는 상담사들의 반응이 뜨겁다. 한 상담사는 "아바타로 상담하니까 외모나 나이에 대한 스트레스 없이 온전히 업무에만 집중할 수 있어서 정말 좋습니다. 고객 반응도 예상보다 훨씬 긍정적입니다"라고 소감을 밝혔다. 또 다른 상담사는 "집에서 일할 수 있어서 육아와 업무를 병행하기가 훨씬 수월해졌습니다. 무엇보다 첨단 기술을 활용해서 일한다는 자부심이 생겼습니다"라고 말했다.

28년간 축적한 컨택센터 운영 노하우와 최신 IT 기술이 결합되면서 효성ITX는 업계 최고 수준의 기술 경쟁력을 확보했다.

2013년 R&D센터 설립 이후 지속적인 투자를 통해 AI, 빅데이터, 클라우드, 메타버스 등 핵심 기술들을 모두 자체 개발할 수 있는 역량을 갖췄다. 또한 고객센터 채널장치 및 컨택센터 시스템 관련 특허 3건, 클라우드 컴퓨팅 관련 특허 2건을 보유하고 있다. 특히 메타워크플레이스는 국내 컨택센터 업계 최초의 메타버스 솔루션으로, 글로벌 시장으로의 확대도 계획하고 있다.

효성ITX는 단순한 이익 추구를 넘어 사회적 가치 창출에도 앞장서고 있다. 장애인 고용 확대, 가족친화기업 인증, 생태공원 환경 보전 활동 등을 통해 ESG 경영을 실천하고 있다. 특히 메타워크플레이스를 통한 재택근무 활성화는 직원들의 워크-라이프 밸런스 개선에 크게 기여하고 있다. 육아와 업무를 병행해야 하는 여성 직원들, 거동이 불편한 장애인 직원들, 지방에 거주하는 우수 인재들까지 모두 포용할 수 있는 새로운 일자리 모델을 제시했다.

업계에서의 인정과 파급효과

효성ITX의 메타워크플레이스 성공은 컨택센터 업계 전체에 새로운 표준을 제시했다. 단순한 인력 공급에서 기술 기반의 혁신적 솔루션 제공으로 업계의 패러다임이 변화하고 있다. 많은 후발 업체들이 효성ITX의 혁신 모델을 벤치마킹하기 시작했고, 메타버스 기반의 업무환경에 대한 관심이 급속히 확산되고 있다. 효성ITX

의 성공은 아웃소싱 산업 전체의 디지털 전환을 가속화하는 촉매 역할을 하고 있다. AI, 클라우드, 메타버스 등 첨단 기술을 아웃소싱 서비스에 접목하는 것이 단순한 트렌드가 아니라 생존 전략이라는 인식이 확산되고 있다. 업계 전문가는 "효성ITX의 혁신 사례는 아웃소싱 업계가 나아가야 할 방향을 명확히 제시했다"며 "기술 혁신을 통한 차별화가 없으면 미래 시장에서 살아남기 어려울 것"이라고 평가했다.

미래를 향한 새로운 도전

효성ITX는 메타워크플레이스의 성공을 바탕으로 글로벌 시장 진출을 본격 추진하고 있다. 특히 아시아 시장에서는 이미 상당한 관심을 받고 있으며, 현지 파트너들과의 협력을 통해 진출 방안을 구체화하고 있다. 메타워크플레이스는 언어나 문화의 장벽을 뛰어넘을 수 있는 솔루션으로, 글로벌 시장에서도 충분한 경쟁력을 가질 것으로 기대된다. 한편 효성ITX는 챗봇과 같은 생성형 AI를 컨택센터 솔루션에 접목하는 연구를 진행하고 있다. 고도화된 AI가 1차적으로 고객 문의를 처리하고, 복잡한 문제만 사람 상담사가 처리하는 하이브리드 모델을 구축하는 것을 지향한다.

나아가 메타워크플레이스를 한 단계 더 발전시킨 2.0 버전도 개발 중이다. VR/AR 기술을 더욱 고도화하고, 햅틱 기술까지 접목해서 정말 현실과 구분이 안 될 정도의 몰입감을 제공하는 것이 목표다. 효성ITX의 성공사례는 단순한 기업의 성장을 넘어, 아웃소싱 업계 전체가 어떻게 미래를 준비해야 하는지를 잘 보여준다. IMF 위기 속에서도 꺾이지 않은 도전 정신, 효성그룹의 든든한 지원 속에서도 잃지 않은 혁신 의지, 그리고 직원과 고객 모두의 행복을 추구하는 균형 잡힌 경영철학이 만들어낸 28년의 기적이다. 앞으로도 효성ITX는 메타버스, AI, 클라우드 등 첨단 기술을 바탕으로 컨택센터 아웃소싱의 새로운 미래를 계속해서 개척해 나갈 것이다.

11장

보이지 않는 곳까지 완벽하게 시설관리 프로의 비밀

2024년 봄, 서울 강남구의 한 대형 오피스 빌딩에서 30년간 전통적인 시설관리를 고집해온 기업이 처음으로 스마트 빌딩 기반 아웃소싱을 도입했다. "솔직히 말하면 처음엔 정말 반신반의했습니다. IoT니 AI니 하는 기술들이 정말로 우리 건물 관리에 도움이 될지 의문이 들었습니다. 하지만 지금 생각해보면 정말 혁신적인 선택이었다고 봅니다." 이 기업의 시설관리팀장 박부장의 회상이다. 우리가 매일 생활하고 일하는 건물들은 그 안에 보이지 않는 수많은 시스템과 서비스로 유지된다. 깨끗한 환경, 안전한 보안, 쾌적한 온도, 정상적으로 작동하는 전기와 설비까지, 이는 모두 '시설관리'의 영역이다.

급변하는 디지털 전환 시대에서 시설관리는 단순한 유지보수를 넘어 스마트 기술과 데이터 분석을 통한 예측적 관리로 진화하고 있다[1]. 2024년 들어 시설관리 아웃소싱 업계에서는 단순 인력 공급 중심의 서비스가 아니라, AI와 IoT를 활용한 스마트 빌딩 관리, 에너지 효율성 극대화, ESG 경영 지원 등 고도화된 통합 솔루션으로서의 아웃소싱이 주목받기 시작했다[2]. "예전엔 문제가 생기면 그때 가서 고치는 식이었는데, 지금은 문제가 생기기 전에 미리 알 수 있습니다. AI가 설비 상태를 계속 모니터링해서 '이 장비는 2주 후에 점검이 필요합니다'라고 미리 알려줍니다." 부산의 한 제조업체 시설관리 담당자의 설명이다.

이 장에서는 시설관리 아웃소싱 시장의 현황과 변화 트렌드, 그리고 이 시장을 이끄는 주요 기업들과 경쟁 이슈를 살펴보며, 보이지 않는 곳에서 완벽함을 만들어내는 시설관리 프로들의 비밀을 밝혀보고자 한다.

시설관리 아웃소싱의 현황

시설관리(FM: Facilities Management) 아웃소싱은 건물 및 시설의 운영, 유지보수, 보안, 청소, 에너지 관리 등 다양한 서비스를 외부 전문 기업에 위탁하는 것으로, 이제는 단순한 용역을 넘어 시설의 가치를 높이고 운영 효율성을 극대화하는 전략적 파트너십으로 발전했다. 2024년 가을, 인천국제공항 인근의 한 물류센터에서는 "무인 시설관리 시스템"이 본격 가동되기 시작했다. 이 시스템은 24시간 동안 센서와 AI가 건물의 모든 것을 모니터링하고, 필요한 경우에만 사람이 개입하는 방식이었다. 이 물류센터 운영팀장은 "코로나19 이후 비대면 관리에 대한 니즈가 커졌는데, 이제는 그것이 단순한 트렌드가 아니라 미래의 표준이 될 것"이라고 말했다.

시설관리 아웃소싱 시장의 성장

글로벌 시설관리 아웃소싱 시장은 놀라운 속도로 성장하고 있으며, 특히 스마트 기술과 통합 서비스에 대한 수요가 폭발적으로 증가하고 있다. 2024년 마켓 리서치 인텔렉트(Market Research Intellect)의 최신 보고서에 따르면, 글로벌 통합 시설관리(IFM: Integrated Facilities Management) 시장은 2024년 1,256억 달러에서 2032년 2,202억 달러로 연평균 7.27% 성장할 것으로 전망된다. 서울 여의도의 한 대형 증권사 시설관리 담당자는 "3년 전만 해도 시설관리는 그냥 '관리비' 개념이었는데, 지금은 '투자' 개념으로 바뀌었습니다"라고 설명했다. "스마트 빌딩 시스템을 도입한 후 에너지 비용이 30% 절감되었고, 직원들의 업무 만족도도 크게 높아졌습니다." 포춘 비즈니스 인사이츠(Fortune Business Insights)에 따르면, 글로벌 시설관리 시장은 2023년 1,278억 달러에서 2032년 2,285억 달러로 연평균 8.2%의 성장률을 보일 것으로 예상된다. 이러한 성장은 도시화 가속, 인프라 개발 증가, 그리고 스마트 빌딩 기술의 확산에 기인한다. 경기도 성남의 한 IT기업 CEO는 "우리가 사무실을 새로 이전하면서 통합 시설관리 서비스를 도입했는데, 정말 다른 세상이었습니다"라고 회상했다. "예전에는 에어컨이 고장나면 반나절은 기다려야 했는데, 지금은 AI가 미리 감지해서 고장 나기 전에 수리해줍니다."

아시아 태평양 지역은 시설관리 시장에서 가장 빠른 성장을 보이는 지역으로 부상했다. 인도와 중국 같은 개발도상국의 급속한 도시화와 인프라 투자 확대가 주요 성장 동력이 되고 있으며, 한국과 일본 같은 선진국에서는 스마트 빌딩 기술 도입이 시장 성장을 견인하고 있다. "아시아 시장의 특징은 전통적인 시설관리에서 스마트 시설관리로의 전환이 매우 빠르다는 것"이라고 글로벌 시설관리 컨설팅 회사의 한 임원이 설명했다. 특히 한국은 5G 네트워크 인프라와 높은 디지털 리터러시를 바탕으로 첨단 시설관리 기술의 테스트베드 역할을 하고 있다.

통합 시설관리의 부상

과거 개별적으로 계약했던 다양한 시설관리 서비스를 하나의 전문 기업이 통합 관리하는 방식이 새로운 표준으로 자리잡고 있다. 통합 시설관리는 기존의 단순 유지보수를 넘어 데이터 기반의 예측적이고 지속 가능한 운영 전략을 제공하여 고객사들의 선호도가 급상승하고 있다. 울산의 한 화학공장 안전관리팀장은 "통합 시설관리 도입 후 가장 좋은 점은 '원스톱 서비스'"라며, "예전에는 보안은 A업체, 청소는 B업체, 설비는 C업체로 나뉘어져 있어서 문제 발생 시 책임소재가 불분명했는데, 지금은 모든 것을 한 곳에서 해결할 수 있습니다"라고 설명했다. 이러한 통합 관리 방식은 단순한 편의성 제공을 넘어 시너지 효과를 통한 효율성 극대화, 일관된 서비스 품질 보장, 통합 데이터 분석을 통한 최적화 등 다양한 부가가치를 창출하고 있다.

시설관리 아웃소싱 시장에서 가장 주목받는 트렌드는 스마트 빌딩 기술과의 융합이다. IoT 센서와 AI 기반 모니터링, 빌딩 정보 모델링, 클라우드 기반 관리 플랫폼 등의 기술이 시설관리의 패러다임을 완전히 바꾸고 있다. 판교테크노밸리의 한 스타트업 CEO는 "우리 사무실은 이제 '살아있는 건물'이라고 부릅니다. 건물 자체가 스스로 상태를 진단하고, 문제를 예측하고, 최적의 환경을 유지합니다"라고 설명했다. 특히 예측 유지보수(predictive maintenance) 기술은 설비의 고장 징후를 사전에 감지하여 다운타임을 최소화하고 유지보수 비용을 획기적으로 절감하는 효과를 보이고 있다. 서울 마포구의 한 방송사 기술팀장은 "방송은 절대 중단될 수 없는 업무인데, AI 예측 유지보수 시스템 덕분에 설비 관련 방송사고가 제로가 되었습니다"라고 강조했다.

한편 에너지 효율성 향상, 탄소 배출 감소, 친환경 자재 사용, 근로자 안전 보장 등 ESG 요소를 반영한 시설관리 서비스에 대한 수요도 급증하고 있다. 인천의 한 제약회사 ESG 담당자는 "우리가 시설관리 업체를 선택할 때 가장 중요하게 보는 것이 ESG 역량입니다. 단순히 비용이 저렴한 업체가 아니라, 환경에 대한 책임을 다하고 지속가능한 방식으로 운영하는 업체를 선호합니다"라고 밝혔다.

표 2-6. 글로벌 시설관리 시장 규모 및 성장률 전망

시장 구분	기준년도	기준 시장 규모	전망 연도	전망 시장 규모	연평균 성장률 (CAGR)	출처
글로벌 통합 시설관리 (IFM)	2024년	1,256억 달러	2032년	2,202억 달러	7.27%	[3]
글로벌 시설관리	2023년	1,278억 달러	2032년	2,285억 달러	8.2%	[4]
미국 시설관리	2025년	300억 달러	2030년	403억 달러	6.07%	[5]
유럽 시설관리	2022년	290억 달러	2030년	427억 달러	5.4%	[6]

고객사들은 시설관리 아웃소싱에서 무엇을 원할까?

과거 시설관리 아웃소싱은 주로 경비, 청소 등 인건비 절감 중심의 단순 용역에 그쳤다. 그러나 2024년 현재 고객사들은 복합적이고 고도화된 니즈를 요구하며, 시설관리 아웃소싱 기업을 전략적 파트너로 인식하고 있다[2]. 2024년 여름, 서울 송파구의 한 대형 병원에서는 '차세대 스마트 병원 시설관리 시스템' 도입을 위한 업체 선정 과정이 진행되었다. 이 병원의 시설관리 담당 이사는 "예전에는 청소나 경비 정도만 아웃소싱했는데, 지금은 의료진과 환자의 안전을 책임지는 핵심 파트너를 찾고 있습니다"라고 말했다.

여전히 가장 중요한 니즈 중 하나는 비용 절감이지만, 그 개념이 단순한 인건비 절감에서 '총 소유 비용(total cost of ownership)' 최적화로 발전했다. 부산의 한 자동차 부품 제조업체 CFO는 "처음에는 단순히 관리비를 줄이려고 아웃소싱을 도입했는데, 3년 후 분석해보니 에너지 비용 25% 절감, 설비 다운타임 70% 감소 등 예상하지 못한 부가 효과가 더 컸습니다"라고 설명했다. 이러한 변화는 고객사들이 단기적인 비용 절감을 넘어 중장기적인 가치 창출을 추구하고 있음을 보여준다.

기업들은 복잡하고 다양한 시설관리 업무를 외부 전문가에게 맡김으로써, 자체 자원을 핵심 사업에 집중하여 경쟁력을 강화하려는 니즈가 더욱 명확해졌다. 대구의 한 IT 스타트업 CEO는 "우리는 소프트웨어 개발에만 집중하고 싶었습니다. 시설관리까지 신경 쓰다 보면 정작 중요한 제품 개발에 소홀해질 수 있어서 전문 업체에 맡겼는데, 그 결과 개발 생산성이 40% 향상되었습니다"라고 말했다. 건물 내 설비가 복잡해지고 스마트 기술이 도입되면서, IoT, AI, 빅데이터 등 고도의 전문성이 요구되는 분야가 늘어났다. 인천의 한 화학공장 생산관리팀장은 "AI가 분석한 데이터를 보면 '다음 주 화요일 오후 2시경 3번 보일러에 문제가 생길 가능성이 87%'라고 알려줍니다. 이런 정보가 있으면 생산 계획도 미리 조정할 수 있어서 정말 유용합니다"라고 설명했다.

건물 이용자의 안전과 자산 보호는 시설관리의 기본이자 핵심으로, 중대재해처벌법 시행 이후 안전에 대한 요구사항이 더욱 엄격해졌다. 창원의 한 중공업 업체 안전관리팀장은 "중대재해처벌법 시행 후 안전관리가 정말 중요해졌습니다. 시설관리 업체 선정 시 안전 관리 역량과 경험을 가장 우선적으로 봅니다. 비용이 조금 더 들더라도 안전만큼은 타협할 수 없습니다"라고 강조했다. 기후 변화 대응 및 기업의 사회적 책임에 대한 인식이 높아지면서, 에너지 효율 관리, 폐기물 감소, 친환경 자재 사용 등 ESG 요소를 반영한 시설관리에 대한 요구가 급증했다. 서울의 한 글로벌 IT기업 지속가능경영팀장은 "우리 본사에서는 모든 사업장이 탄소중립을 달성해야 한다는 목표가 있습니다. 시설관리 업체도 이런 목표를 함께 달성할 수 있는 역량과 의지가 있어야 파트너로 선택할 수 있습니다"라고 말했다.

한편 시설은 단순히 기능적인 공간을 넘어, 건물 이용자의 만족도와 생산성에 직접적인 영향을 미치는 공간으로 인식되기 시작했다. "직원들이 출근하고 싶어 하는 사무실, 고객들이 다시 찾고 싶어 하는 매장을 만드는 것"이 새로운 목표가 되었다. 강남구의 한 금융회사 HR팀장은 "사무실 환경이 직원 만족도와 이직률에 직접적인 영향을 미친다는 것을 데이터로 확인했습니다. 쾌적한 실내 공기질, 적절한 온습도, 깨끗한 환경 등이 유지되자 직원들의 업무 몰입도가 크게 높아졌습니다"라고 설명했다. 고객사들은 단순히 서비스를 제공받는 것을 넘어, 명확한 성과 지표(KPI)와 투명한 비용 구조를 통해 아웃소싱의 효과를 정량적으로 측정하고 싶어 한다. 대전의 한 제약회사 재무팀장은 "우리는 시설관리 업체와 계약할 때 월별 성과 보고서를 필수로 요구합니다. 에너지 절감율, 장비 가동률, 사용자 만족도 등을 수치로 보여줘야 합니다"라고 말했다.

시설관리 아웃소싱이 제공하는 핵심 가치

시설관리 아웃소싱은 기업이 비핵심 업무 부담을 줄이고 핵심 역량에 집중하도록 돕는 동시에, 시설 운영의 전반적인 효율성과 가치를 높이는 다양한 전략적 가치를 제공하고 있다. 특히 2024년 들어서는 단순한 관리 서비스를 넘어 혁신과 경쟁력 강화의 핵심 도구로 진화하고 있다[2]. 2024년 가을, 세종시의 한 정부 청사에서는 '제로 에너지 빌딩' 운영을 위한 혁신적인 시설관리 프로젝트가 진행되었다. 이 청사의 시설관리 담당 공무원은 예전에는 시설관리가 단순히 '유지'의 개념이었다면, 지금은 '창조'의 개념이라며, "건물 자체가 에너지를 생산하고, AI가 최적 운영 방안을 제시하고, 시민들의 만족도까지 높이는 종합적인 가치 창출 시스템이 되었습니다"라고 설명했다.

첫 번째 중요한 가치는 '운영 비용 절감'이다. 전문 시설관리 기업은 다수의 고객사를 관리하며 축적된 노하우와 규모의 경제를 통해 인건비, 자재 구매비, 에너지 비용 등을 효율적으로 관리하여 고객사의 비용을 절감해 준다. 하지만 2024년의 비용 절감 개념은 단순한 인건비 절약을 넘어 '총 운영 비용 최적화'로 발전했다. 울산의 한 석유화학 공장 운영팀장은 "아웃소싱 도입 전에는 연간 시설관리비가 50억 원 정도였는데, 지금은 45억 원으로 줄었습다. 하지만 더 중요한 것은 예상치 못한 설비 고장으로 인한 생산 중단 손실이 연간 200억 원에서 30억 원으로 획기적으로 줄어든 것입니다"라고 강조했다.

두 번째는 '스마트 기술' 도입을 통한 가치 창출이다. 인공지능

(AI), 사물인터넷(IoT), 빅데이터 기반의 '예측 유지보수' 시스템은 설비의 고장 징후를 사전에 감지하여 예방적 조치를 가능하게 함으로써 불필요한 비용과 다운타임을 획기적으로 줄였다. 서울 용산구의 한 데이터센터 운영팀장은 "AI가 서버실 온도, 습도, 전력 사용량을 실시간으로 분석해서 최적의 환경을 자동으로 유지합니다. 작년 한 해 동안 서버 다운타임이 제로였고, 전력 비용도 30% 절감되었습니다"라고 밝혔다. 이러한 스마트 기술의 도입은 단순한 효율성 향상을 넘어 새로운 비즈니스 모델과 서비스 영역을 창출하고 있다.

세 번째는 건물 에너지 관리와 지속가능성 실현이다. '건물 에너지 관리 시스템(BEMS: Building Energy Management System)'은 건물 내 에너지 사용량을 실시간으로 모니터링하고 분석하여 최적의 에너지 절감 방안을 제시했다. 이는 ESG 경영 목표 달성에도 크게 기여했다. 대전의 한 대학교 총무처장은 "BEMS 도입 후 연간 전기료가 40% 절감되었고, 탄소 배출량도 35% 줄었습니다. 학교의 그린 캠퍼스 목표 달성에 큰 도움이 되었습니다"라고 말했다. 이러한 에너지 관리 시스템은 단순한 비용 절감을 넘어 환경적 가치와 사회적 책임 실현이라는 복합적 가치를 제공하고 있다.

네 번째는 전문 기술과 통합 관제를 통한 품질 향상이다. 시설물에 대한 깊이 있는 '전문 지식과 기술'을 바탕으로, 건물 유지보수, 설비 관리, 에너지 효율 개선 등 고도화된 서비스를 제공하여 시설의 수명을 연장하고 운영 효율을 극대화하는 가치가 더욱 부각되었다. 부산의 한 조선소 설비관리팀장은 "우리가 직접 관리할 때는 설비 수명이 평균 15년 정도였는데, 전문 업체가 관리한 후로는 20년 이상으로 늘어났습니다. 같은 설비라도 전문가가 관리하면 성능과 수명이 완전히 달라집니다"고 설명했다. '통합 관제 시스템'을 통해 보안, 방재, 설비 등 모든 시설 기능을 한곳에서 효율적으로 모니터링하고 제어함으로써, 긴급 상황 발생 시 신속한 대응을 가능하게 하고 운영의 안정성을 높였다.

다섯 번째는 유연한 인력 운용과 리스크 관리이다. 아웃소싱은 기업이 '유연하게 인력을 운용'하고 '전문 인력을 확보'하는 데 중요한 가치를 제공한다. 청주의 한 제조업체 인사팀장은 "전기, 설비, 보안, 청소 등 각 분야별로 전문 인력을 직접 채용하고 관리하는 것은 중소기업에게는 거의 불가능한 일 입니다. 아웃소싱을 통해 각 분야의 최고 전문가들을 활용할 수 있게 되어 시설 운영 품질이 크게 향상되었습니다"라고 말했다. 시설관리 아웃소싱은 각종 안전 규정, 환경 규제, 근로 기준 등에 대한 '컴플라이언스 리스크'를 전문 업체가 대신 관리해주는 가치를 제공한다. 포항의 한 철강회사 법무팀장은 "시설 관련 법규가 너무 복잡하고 자주 바뀌어서 우리가 직접 다 파악하기 어렵습니다. 전문 업체가 모든 법규를 숙지하고 있어서 컴플라이언스 리스크를 크게 줄일 수 있었습니다"라고 설명했다.

마지막으로 디지털 전환과 사용자 경험 혁신이다. 시설관리 아웃소싱은 기업의 '디지털 전환'을 가속화하는 촉매 역할을 한다. 클라우드 기반 시설관리 플랫폼, 모바일 앱을 통한 실시간 모니터링, 빅데이터 분석을 통한 인사이트 제공 등을 통해 기업의 전반적인 디지털 역량을 높인다. 수원의 한 반도체 장비업체 CTO는 "시설관리 시스템이 우리 회사 디지털 전환의 출발점이 되었습니다. 여기서 얻은 데이터 분석 경험과 IoT 활용 노하우를 제품 개발에도 적용하고 있습니다"라고 말했다. 시설관리 아웃소싱은 단순히 시설을 유지하는 것을 넘어 '사용자 경험(User Experience)'을 혁신하여 조직의 생산성을 향상시키는 가치를 제공한다. 강남구의 한 외국계 컨설팅회사 HR 디렉터는 "사무실 환경 개선 후 직원 만족도 조사에서 '근무 환경' 항목 점수가 3.2점에서 4.6점으로 크게 올랐습니다. 이것이 직원 이직률 감소와 업무 생산성 향상으로 이어졌습니다"라고 분석했다.

시설관리 아웃소싱의 경쟁구조

시설관리 아웃소싱 시장은 다양한 전문성과 규모를 가진 기업들이 경쟁하는 역동적인 분야다. 대기업 계열의 전문 관리 기업부터 특정 서비스에 특화된 중소기업까지, 각자의 강점을 바탕으로 고객사를 유치하고 있다. 하지만 2024년 들어서는 기술 혁신과 고객 니즈 변화로 인해 경쟁의 양상이 더욱 복잡하고 치열해지기 시작했다[1]. 2024년 가을, 서울 코엑스에서 열린 '스마트 빌딩 & 시설관리 EXPO'에서 업계 관계자들이 모여 시장 동향을 논의했다. 그 자리에서 한 업계 원로는 이렇게 말했다. "지금 시설관리 업계는 정말 큰 전환점에 서 있어요. 단순히 사람을 보내서 청소하고 경비서는 시대는 끝났거든요. 이제는

AI, IoT, 빅데이터를 모르면 살아남을 수 없는 시대입니다."

시설관리 아웃소싱 시장의 주요 기업들

글로벌 시장에서는 ISS, 소덱소(Sodexo), 컴퍼스 그룹(Compass Group), JLL, CBRE 등 다국적 기업들이 통합 시설관리 서비스를 제공하며 강력한 영향력을 행사하고 있다. 이들 글로벌 기업들의 공통점은 단순한 시설관리를 넘어 '워크플레이스 솔루션'을 제공한다는 것이다. 직원들의 업무 환경을 최적화하고, 기업 문화를 반영한 공간을 조성하며, 생산성 향상까지 목표로 하는 종합 서비스다. 2024년 하반기, 글로벌 1위 시설관리 기업인 ISS의 한국지사장은 "한국 시장은 기술 수용도가 매우 높습니다. 다른 아시아 국가들보다 훨씬 빠르게 스마트 빌딩 기술을 도입하고 있어서 우리도 한국을 아시아 혁신 허브로 활용하고 있습니다"라고 설명했다.

국내 시설관리 아웃소싱 시장은 대형 건물관리 서비스 기업들이 시장을 주도하고 있으며, 이들은 안정적인 인력 공급 능력과 첨단 시스템 도입을 통해 경쟁 우위를 확보하고 있다. 국내 시장의 주요 선도 기업으로는 에스텍플러스, 삼성에스원, 캡스텍, 코오롱베니트 등이 있다. 이들 기업은 전통적인 건물 관리 서비스를 넘어, 스마트 기술을 접목한 통합 시설관리 솔루션을 제공하며 경쟁력을 강화하고 있다. 2024년 '리딩 컴퍼니'로 선정된 에스텍플러스는 끊임없는 혁신을 통해 시장을 선도하고 있다[7]. 특히 스마트 기술을 활용한 에너지 관리와 효율적인 시설 운영에 강점을 가지고 있다. 에스텍플러스의 한 임원은 회사의 혁신 철학을 이렇게 설명했다. “우리는 ‘예측 가능한 시설 관리’를 목표로 합니다. 문제가 생기기 전에 미리 알고, 에너지를 가장 효율적으로 사용하며, 건물 이용자들이 가장 쾌적하게 느낄 수 있는 환경을 만드는 것이죠.”

보안 서비스 분야의 강자인 삼성에스원은 통합 시설관리 분야에서 IT 기반의 스마트 관제 시스템과 AI, IoT 기술을 활용한 예측 유지보수 서비스를 제공하며 사업 영역을 확장하고 있다. 보안에서 축적한 모니터링과 관제 기술을 시설관리 전 영역으로 확장하면서, 24시간 365일 실시간 모니터링을 통해 보안뿐만 아니라 설비, 에너지, 환경까지 통합 관리를 할 수 있게 되었다. 판교테크노밸리의 한 IT기업에서는 삼성에스원의 통합 관제 서비스를 도입한 후 보안사고 제로, 설비 다운타임 80% 감소라는 성과를 얻었다.

물리 보안을 넘어 시설관리 영역으로 확장한 캡스텍은 스마트 빌딩 솔루션, 에너지 관리, 자산 관리 등 통합 서비스를 제공하고 있다. AI 기반의 효율적인 관리 시스템 구축에 특히 강점을 보이고 있다. 캡스택의 AI 시스템은 건물의 ‘학습’이 가능한 방식으로, 같은 건물이라도 계절별, 요일별, 시간대별 다른 사용 패턴을 AI가 학습해서 최적의 운영 방안을 제시한다. 강남구의 한 금융회사 본사에서는 캡스텍의 AI 시설관리 시스템 도입 후 연간 운영비가 25% 절감되고, 직원 만족도도 4.2점에서 4.7점으로 향상되었다.

표 2-7. 국내 주요 시설관리 아웃소싱 기업별 특징 및 강점 (2024년 기준)

기업명	핵심 서비스/강점	특징적인 기술 투자/노하우	주요 성과
에스텍플러스	시설관리 전문, 통합 서비스, 혁신 리더십	스마트 기술 기반 에너지 관리 및 효율 운영	2024년 '리딩 컴퍼니' 선정, AI 에너지 관리로 35% 비용 절감
삼성에스원	보안 기반 통합 시설관리, 스마트 관제	IT 기반 스마트 관제 시스템, AI/IoT 예측 유지보수	통합 관제 서비스로 설비 다운타임 80% 감소
캡스텍	물리 보안 확장, 스마트 빌딩 솔루션	AI 기반 효율적 관리 시스템, 에너지/자산 관리	AI 시설관리로 운영비 25% 절감, 만족도 향상

2024년 들어서는 기존 강자들 외에도 AI, IoT, 로봇 기술을 핵심으로 하는 신생 기업들이 시장에 진입하기 시작했다. 스마트 빌딩 스타트업, 에너지 테크 기업, 클린테크 회사들이 기존 시설관리 업체들과 파트너십을 맺거나 직접 시장에 진출하며 새로운 경쟁 구도를 만들어가고 있다. 성수동의 한 AI 스타트업 CEO는 "기존 시설관리 업체들은 사람과 경험에 강점이 있고, 우리 같은 스타트업은 기술에 강점이 있어, 서로 협력할 수 있는 영역이 많습니다"라고 분석했다. 이 회사는 2024년 대형 시설관리 업체와 파트너십을 맺고 AI 기반 에너지 최적화 솔루션을 공동으로 개발하여 시장에 출시했다.

시설관리 아웃소싱 시장의 경쟁 이슈

시설관리 아웃소싱 시장은 성장하는 만큼 다양한 경쟁 이슈와 도전 과제에 직면해 있다. 첫째, 심각해지는 인력난과 세대교체의 어려움이다.

시설관리는 여전히 노동 집약적인 산업이며, 현장 인력의 고령화와 청년층의 기피 현상으로 인해 인력 수급에 어려움을 겪고 있다. 2024년 봄, 부산의 한 대형 쇼핑몰에서는 시설관리 인력 부족으로 운영에 차질을 빚는 사태가 발생했다. 이 쇼핑몰의 시설관리팀장은 "청소, 보안, 설비 관리 등 모든 분야에서 인력 구하기가 하늘의 별 따기입니다. 특히 젊은 사람들은 시설관리 일을 기피해서 평균 연령이 계속 높아지고 있습니다"라고 토로했다. 이런 상황에서 시설관리 업체들은 로봇 청소기, 무인 경비 시스템, 자동화 설비 등을 적극 도입하여 인력 의존도를 줄이려고 노력하고 있다. 서울의 한 시설관리 업체 대표는 "사람이 해야 할 일과 기계가 할 수 있는 일을 명확히 구분해서, 기계로 대체 가능한 업무는 적극적으로 자동화하고 있습니다. 그래야 한정된 인력을 더 가치 있는 일에 집중시킬 수 있습니다"라고 설명했다.

둘째, 기술 투자 부담과 디지털 격차이다. 스마트 시설관리 솔루션 도입을 위한 초기 투자 비용이 높고, 기존 아날로그 방식에 익숙한 현장 인력의 기술 수용성 문제도 존재한다. 특히 중소기업의 경우 이러한 기술 격차를 극복하는 것이 쉽지 않다. 대구의 한 중견 시설관리 업체 대표는 "고객사들은 모두 AI 또는 IoT 같은 최신 기술을 요구하는데, 그런 시스템을 구축하려면 수십억 원이 듭니다. 투자하지 않으면 경쟁에서 뒤처지고, 투자하면 당장 자금 부담이 커지는 딜레마에 빠져 있습니다"라고 고민을 털어놓았다. 반면 일부 선진 기업들은 이를 기회로 활용하고 있다. 경기도의 한 대형 시설관리 업체는 2024년 AI

기반 통합 관리 시스템에 100억 원을 투자하여 경쟁 우위를 확보했다. 이 회사 CTO는 "초기 투자는 부담이지만, 장기적으로는 인건비 절감과 서비스 품질 향상으로 충분히 회수할 수 있습니다. 기술 투자를 미루면 미룰수록 경쟁에서 더 멀어집니다"라고 강조했다.

셋째, 가격 경쟁 심화와 가치 기반 전환이다. 많은 기업들이 비용 절감을 목적으로 아웃소싱을 선택하기 때문에, 시설관리 서비스 시장에서도 가격 경쟁이 치열하다. 과도한 가격 경쟁은 서비스 품질 저하나 근로 환경 악화로 이어질 수 있다. 2024년 상반기, 정부의 한 대형 청사 시설관리 업체 선정 과정에서 과도한 저가 입찰로 논란이 일었다. 참여한 한 업체 관계자는 "원가 이하로 입찰하는 업체들 때문에 정상적인 경쟁이 어렵습니다. 이런 식으로 가면 결국 서비스 품질이 떨어지고 근로자들의 처우도 악화될 수밖에 없습니다"라고 우려를 표했다. 하지만 일부 혁신적인 기업들은 가격이 아닌 가치로 경쟁하는 전략을 택하고 있다. 충남의 한 시설관리 업체는 '가치 기반 가격 책정(value-based pricing)' 모델을 도입했다. 이 회사 영업팀장은 "우리는 더 이상 가격으로 경쟁하지 않습니다. 에너지 절감, 생산성 향상, 사용자 만족도 증대 등 고객사에게 제공하는 가치를 정량화해서 그에 맞는 대가를 받습니다"라고 설명했다.

넷째, 복잡해지는 품질 관리와 표준화 이슈이다. 아웃소싱을 통해 생산을 위탁할 경우, 품질 관리에 대한 통제력이 약화될 수 있다는 우려가 있다. 고객사들의 품질 요구사항이 점차 까다로워지고 있다. 단순히 기능적 품질뿐만 아니라 환경 친화성, 지속가능성, 윤리적 운영 등까지 고려해야 한다. 충남 아산의 한 자동차 부품업체 품질관리팀장은 “예전에는 기능만 제대로 작동하면 됐는데, 지금은 어떤 소재를 썼는지, 생산 과정에서 환경 오염은 없었는지, 근로자 안전은 지켜졌는지까지 다 확인해야 합니다”라고 설명했다. 이에 대응하기 위해 선진 시설관리 업체들은 ISO 14001(환경경영), ISO 45001(안전보건경영) 등 다양한 국제 인증을 취득하고 실시간 품질 모니터링 시스템을 도입하고 있다.

다섯째, 데이터 보안과 ESG 경영의 복합적 도전이다. 스마트 빌딩 기술 도입이 확산되면서 건물 내 다양한 데이터가 수집되고 있다. 이 과정에서 개인정보 보호와 데이터 보안에 대한 우려가 커졌다. 출입 기록, 위치 정보, 실내 활동 패턴 등 민감한 정보들이 수집되면서 이를 안전하게 관리하고 보호하는 것이 중요한 이슈가 되었다. 서울의 한 법무법인 IT담당자는 “우리가 다루는 정보가 워낙 민감해서 시설관리 업체 선정 시 정보보안 능력을 가장 중요하게 봅니다. CCTV 영상, 출입 기록, 심지어 회의실 사용 패턴까지 모든 것이 기밀정보가 될 수 있습니다”라고 설명했다. 동시에 고객사들이 ESG 경영을 강화하면서, 시설관리 아웃소싱 기업에게도 친환경 건물 관리, 에너지 효율 증대, 폐기물 관리, 사회적 책임 등 ESG 요소를 서비스에 통합할 것을 요구하고 있다.

여섯째, 법규 변화와 컴플라이언스 리스크 이슈이다. 최저임금 인상, 근로시간 단축, 중대재해처벌법 등 노동 관련 법규 및 안전 규제 강화가 시설관리 기업의 인건비 부담을 가중시키고, 안전 관리 시스템 구축에 대한 투자를 요구하고 있다. 특히 중대재해처벌법 시행은 시설관리 업계에 큰 변화를 가져왔다. 포항의 한 철강회사 안전관리 팀장은 "중대재해처벌법 때문에 시설관리 업체 선정 기준이 완전히 바뀌었어요. 가격보다는 안전 관리 역량과 경험을 더 중요하게 보게 됐거든요"라고 설명했다. 이에 대응해 시설관리 업체들은 안전관리 전담 조직을 신설하고, 디지털 안전관리 시스템을 도입하는 등 적극적인 투자를 하고 있다.

기회 속의 위기, 위기 속의 기회

이러한 경쟁 이슈들은 시설관리 아웃소싱 시장의 성장과 발전을 저해할 수 있는 요인으로 작용하고 있다. 특히 인력난과 높은 기술 투자 비용은 자동화 및 스마트화 투자를 가속화하는 주된 이유가 되었지만, 이는 다시 막대한 초기 투자 비용을 요구하여 중소기업에게는 큰 진입 장벽으로 작용할 수 있다.

2024년 말, 업계에서는 몇 가지 새로운 성장 동력들이 주목받기 시작했다. 첫째, ESG 경영에 대한 관심이 높아지면서 이를 잘 실천하는 아웃소싱 업체들이 경쟁우위를 확보하기 시작했다. 둘째, 인공지능과 빅데이터를 활용한 예측 분석, 품질 관리, 에너지 최적화 등이 새로운 차별화 요소로 부상했다. 셋째, 고객사별 특성에 맞춘 맞춤형 서비스 제공 능력이 핵심 경쟁력으로 인식되기 시작했다. 환경, 사회, 지배구조(ESG)에 대한 관심 증가와 함께 지속가능한 경영 방식과 사회적 책임에 대한 요구도 강화되고 있어, 아웃소싱 업체들은 이러한 다차원적 요구에 대응할 수 있는 종합적 역량을 갖춰야 하는 상황이다. 결국 시설관리 아웃소싱 시장의 경쟁은 단순한 가격 경쟁을 넘어, 기술력, 서비스 품질, 혁신 능력, ESG 경영을 종합한 가치 경쟁으로 발전하고 있으며, 이런 변화 속에서 살아남고 성장하는 기업들이 미래 시장의 주역이 될 것이다[2]. 특히 디지털 전환과 지속가능성에 대한 요구가 강화되면서, 이러한 새로운 가치 요구사항에 대응할 수 있는 역량을 갖춘 기업들이 시장을 주도해나갈 것으로 전망된다. 미래의 아웃소싱 시장은 단순한 인력 제공을 넘어 종합적인 비즈니스 솔루션을 제공하는 기업들이 승자가 될 것이며, 이를 위한 지속적인 혁신과 투자가 필수적이다.

혁신사례

에스텍플러스

삼성 DNA로 유통업 시설관리의 최고 파트너가 되다

2005년 12월 13일, 한국 시설관리 아웃소싱 업계에 특별한 회사가 탄생했다. 에스텍플러스가 바로 그 주인공이다. 이미 1999년 삼성 에스원에서 분사해 성공 가도를 달리고 있던 에스텍시스템에서 다시 한 번 독립을 선택한 것이었다. 당시 에스텍시스템 경영진은 고민이 많았다. 회사가 빠르게 성장하고 있었지만, 각 사업 분야마다 요구되는 전문성이 달랐다. 특히 유통업계는 완전히 다른 접근이 필요했다. 24시간 운영되는 매장, 끊임없이 변화하는 고객 패턴, 그리고 까다로운 글로벌 기준들이 일반적인 시설관리와는 차원이 다른 전문성을 요구했다.

에스텍플러스의 가장 큰 강점은 '삼성 DNA'였다. 1999년 삼성 에스원에서 시작된 체계적인 관리 시스템과 완벽을 추구하는 문화가 고스란히 전해져 내려왔다. 하지만 동시에 큰 부담이기도 했다. 삼성의 체계성과 전문성은 살리되, 모든 고객을 공정하게 대하는 진정한 전문 서비스 회사가 되도록 만드는 것이 관건이었다.

이는 단순히 사업적인 전략을 넘어 회사의 정체성을 정의하는 중요한 철학이 되었다.

유통업계 전문화라는 혁신적 선택

2000년대 중반 당시 대부분의 시설관리 회사들은 '무엇이든 다 한다'는 식의 종합 서비스를 표방했다. 하지만 에스텍플러스는 정반대 전략을 택했다. 유통업계에만 특화해서 그 분야에서는 누구도 따라올 수 없는 최고가 되겠다는 것이었다. 이런 전략적 선택의 배경에는 유통업계의 특수성에 대한 깊은 이해가 있었다. 쇼핑몰이나 대형마트는 일반 오피스 빌딩과는 완전히 다른 환경이다. 하루 종일 수많은 사람들이 드나들고, 음식부터 생활용품까지 모든 것이 한 공간에 있으며, 무엇보다 고객 만족이 곧 매출로 직결되는 공간이다. 특히 주목한 부분은 '고객 경험'이었다. 매장에서의 쇼핑 경험은 단순히 상품을 구매하는 것을 넘어 하나의 종합적인 경험이다. 매장이 깨끗하고 쾌적한지, 주차는 편리한지, 화장실은 청결한지, 그리고 직원들은 친절한지 하는 모든 것들이 고객의 재방문과 직결된다는 점을 정확히 파악했다.

에스텍플러스는 설립 초기부터 단순한 '시설관리 업체'가 아닌 '고객 경험 파트너'가 되겠다는 철학을 세웠다. 이는 당시로서는 상당히 혁신적인 접근이었다. 기존의 시설관리가 "문제가 생기면 해결한다"는 사후 대응 방식이었다면, 에스텍플러스는 "문제가 생기기 전에 예방하고, 더 나아가 고객 만족을 극대화한다"는 사전 예방 및 가치 창출 방식을 추구했다. 이런 철학은 직원 교육에서부터 차이를 보였다. 단순히 청소 기술이나 장비 사용법만 가르치는 것이 아니라, 유통업계의 특성, 고객 서비스 마인드, 문제 해결 능력까지 종합적으로 교육했다.

추진 프로세스

첫 번째 단계는 고객 확보와 신뢰 구축 (2005-2008년)기이다. 에스텍플러스는 '삼성 꼬리표'를 떼고 진짜 실력으로 인정받기 위해 노력했다. 초기 고객 확보가 정말 어려웠는데, 첫 번째 전환점은 외국계 고객사를 확보하면서 찾아왔다. 까다로운 글로벌 기준을 완벽하게 충족시키면서 "역시 삼성 출신은 다르다"는 평가를 받기 시작했다. 이때부터 소문이 나면서 다른 고객사들도 하나둘 관심을 보이기 시작했다. 특히 중요했던 건 직원 교육 시스템이었다. 유통업계의 특성을 완벽하게 이해할 수 있도록 매장 운영, 고객 서비스, 상품 관리 등에 대한 전문 교육을 체계화했다. 단순히 청소나 경비만 하는 게 아니라, 매장 운영의 파트너가 되겠다는 철학이었다. 당시 교육 담당자는 이렇게 설명했다. "우리 직원들이 단순히 청소하는 사람이 아니라 고객 경험을 책임지는 전문가가

되어야 한다고 생각했습니다. 그래서 매장별 특성, 상품별 관리 요령, 고객 응대 방법까지 모두 교육했습니다."

두 번째 단계는 이케아 파트너십과 글로벌 스탠다드 구축(2009-2015년) 이다. 에스텍플러스 역사상 가장 중요한 전환점은 이케아와의 파트너십이었다. 2014년 이케아가 한국에 진출하면서 시설관리 파트너를 찾고 있었는데, 에스텍플러스가 선택받은 것이었다. 이케아를 고객으로 확보하는 과정은 정말 치열했다. 전 세계적으로 통용되는 이케아의 엄격한 기준들을 모두 이해하고 준비해야 했다. 단순히 한국의 일반적인 시설관리 수준으로는 절대 불가능했다. 이케아는 정말 까다로웠다. 스웨덴 본사의 엄격한 기준들을 모두 충족해야 했고, 무엇보다 '고객 경험'을 최우선으로 생각하는 철학을 이해해야 했다. 매장이 단순히 깨끗하기만 해서는 안 되었다. 고객들이 편안하고 즐겁게 쇼핑할 수 있는 환경을 만드는 것이 진짜 목표였다. 특히 이케아의 '민주적 디자인' 철학을 이해하는 것이 중요했다. 이는 형태(form), 기능(function), 품질(quality), 지속가능성(sustainability), 합리적 가격(low price)의 다섯 가지 요소를 모두 만족시키는 것인데, 시설관리도 이 철학에 맞춰 운영되어야 했다. 이케아와 협력하면서 매장의 모든 것이 고객 경험과 연결되어 있다는 관점을 배웠다. 화장실 하나, 카트 하나까지도 고객 만족의 관점에서 관리해야 한다는 깨달음이었다. 그리고 모든 것이 체계적으로 매뉴얼화되어 있어서, 어느 직원이 와도 같은 수준의 서비스를 제공할 수 있어야 한다는 것도 배웠다. 이케아와의 성공적인 파트너십은 에스텍플러스에게 글로벌 스탠다드를 구축할 수 있는 기회가 되었다. 이후 다른 외국계 유통업체들도 에스텍플러스를 찾기 시작했다. "이케아의 까다로운 기준을 충족시킨 회사라면 믿을 만하다"는 평가가 업계에 퍼지기 시작한 것이다.

세 번째 단계는 토털 솔루션 서비스로의 확장 (2016-2020년) 이다. 에스텍플러스는 단순한 시설관리를 넘어 토털 솔루션 서비스로 영역을 확장했다. 시설관리, 경비보안, 주차관리, 고객 서비스 지원까지 유통업체가 필요로 하는 모든 서비스를 원스톱으로 제공하기 시작한 것이다. 이런 확장이 가능했던 이유는 유통업계에 대한 깊은 이해 때문이었다. 고객사들과 함께 일하면서 그들이 진짜 어떤 도움이 필요한지 정확히 파악할 수 있었다. 단순히 "우리가 할 수 있는 서비스"를 파는 게 아니라 "고객이 정말 필요로 하는 서비스"를 제공하는 것이었다. 특히 주목받은 건 '고객 경험 컨설팅' 서비스였다. 매장 내 동선 분석, 고객 편의시설 개선 제안, 청결도 모니터링 등을 통해 고객 만족도를 높이는 구체적인 방안들을 제시했다. 이는 기존의 시설관리 업체들이 제공하지 못했던 완전히 새로운 서비스였다. 예를 들어, 어떤 대형마트에서는 고객들이 가장 많이 이용하는 화장실의 위치와 시간대를 분석해서 청소 스케줄을 최적화했다. 또 다른 쇼핑몰에서는 고객 동선을 분석해서 휴게 공간의 배치를 개선하고, 이를 통해 고객 체류 시간을 늘리는 데 기여했다. 이런 서비스들은 고객사들에게 큰 호응을 얻었다. 단순히 시설을 관리하는 것을 넘어 매출 증대에도 기여하는 진정한 파트너가 되었기 때문이다. 한 쇼핑몰 관계자는 이렇게 평가했다. "에스텍플러스와 함께 일하면서 우리 매장의 숨겨진 문제점들을 많이 발견할 수 있었습니다. 그들이 제안한 개선 방안들을 적용한 후 고객 만족도가 눈에 띄게 향상되었고, 매출에도 긍정적인 영향을 미쳤습니다."

마지막으로 디지털 전환과 스마트 서비스 도입 (2021년 이후) 단계이다. 코로나19 팬데믹은 에스텍플러스에게도 큰 변화의 계기가 되었다. 비대면 서비스, 위생 관리 강화, 스마트 기술 도입 등 새로운 요구사항들이 쏟아졌다. 하지만 에스텍플러스는 이를 위기가 아닌 기회로 받아들였다. 가장 큰 변화는 디지털 기술의 적극적인 도입이었다. IoT 센서를 활용한 실시간 청결도 모니터링, AI 기반 고객 동선 분석, 무인 점검 시스템 등 첨단 기술을 적극 도입하기 시작했다. 특히 '스마트 청결도 관리 시스템'은 혁신적이었다. 화장실, 매장 곳곳에 설치된 센서들이 실시간으로 청결도를 모니터링하고, 기준치를 벗어나면 즉시 담당자에게 알림이 가는 시스템이었다. 이를 통해 고객이 불편을 느끼기 전에 미리 문제를 해결할 수 있게 되었다. 또한 AI를 활용한 고객 패턴 분석도 도입했다. 매장 내 CCTV 영상을 분석해서 고객들이 어느 시간대에 어느 구역을 많이 이용하는지 파악하고, 이를 바탕으로 청소 및 관리 스케줄을 최적화했다. 현재 진행 중인 '스마트 시설관리 시스템'은 에스텍플러스의 새로운 도약을 상징한다. 데이터를 기반으로 한 예측 관리, 실시간 고객 피드백 시스템, 자동화된 품질 관리 등을 통해 한 차원 높은 서비스를 제공하고 있다. IT 담당자는 이렇게 설명한다. "기술은 목적이 아니라 수단입니다. 우리의 궁극적인 목표는 고객 만족도 향상인데, 이를 위해 기술을 어떻게 활용할 것인가를 항상 고민합니다. 최신 기술을 도입하되, 현장에서 정말 유용하게 사용될 수 있는지를 먼저 검토합니다."

글로벌 스탠다드를 완벽하게 구현한 이케아 코리아

이케아 코리아와의 파트너십은 에스텍플러스의 대표적인 성공사례다. 이케아의 까다로운 글로벌 기준을 완벽하게 충족시키면서도 한국 고객들의 특성을 반영한 맞춤형 서비스를 제공했다. 특히 매장 내 고객 경험 향상에 크게 기여했다. 체계적인 청결 관리, 효율적인 주차 시스템 운영, 친절한 고객 안내 서비스 등을 통해 이케아 고유의 쇼핑 경험을 극대화했다. 구체적인 성과를 보면, 에스텍플러스가 관리하는 이케아 매장들의 고객 만족도가 지속적으로 향상되었다. 특히 '매장 청결도', '주차 편의성', '전반적인 쇼핑 환경' 항목에서 높은 점수를 받고 있다. 이케아 관계자는 "에스텍플러스와 함께 일하면서 한국 매장들의 운영 효율성이 크게 향상되었습니다. 특히 고객 만족도 조사에서 시설 관련 항목들이 지속적으로 높은 점수를 받고 있습니다"라고 평가했다. 또한 에스텍플러스의 제안으로 도입된 여러 개선 사항들이 이케아 본사에도 보고되어, 다른 국가의 매장 운영에도 참고 사례가 되고 있다고 한다.

매출 증대와 고객 만족도 향상을 이룬 대형 쇼핑몰 체인

여러 대형 쇼핑몰 체인과의 협업에서도 눈에 띄는 성과를 거두었다. 에스텍플러스의 토털 서비스 도입 후 평균적으로 고객 체류 시간이 15% 증가했고, 재방문율도 상당히 향상되었다. 특히 '고객 경험 컨설팅' 서비스를 통해 매장 내 불편 요소들을 하나씩 개선해나가면서 고객 만족도가 크게 높아졌다. 화장실 청결도, 주차 편의성, 매장 내 안내 서비스 등 모든 영역에서 체계적인 개선이 이뤄졌다. 한 대형 쇼핑몰의 경우, 에스텍플러스와의 파트너십 이후 고객 불만 접수가 40% 감소했고, 온라인 리뷰 평점도 4.2점에서 4.6점으로 향상되었다. 이는 직접적으로 매출 증대로 이어졌는데, 해당 쇼핑몰의 연간 매출이 전년 대비 8% 증가한 것으로 나타났다. 또 다른 쇼핑몰에서는 에스텍플러스의 제안으로 고객 휴게 공간을 재배치하고 Wi-Fi 환경을 개선한 결과, 고객 체류 시간이 평균 20분 증가했다. 이는 자연스럽게 매장 내 구매 기회 증가로 이어졌다.

본국 수준의 서비스 품질을 구현한 외국계 유통업체

한국에 진출한 여러 외국계 유통업체들이 에스텍플러스와 파트너십을 맺고 있다. 이들 업체들의 가장 큰 고민은 "본국과 동일한 수준의 서비스 품질을 어떻게 구현할 것인가"였는데, 에스텍플러스가 완벽한 솔루션을 제공했다. 글로벌 기준과 한국 시장의 특성을 모두 이해하는 에스텍플러스의 전문성이 빛을 발한 부분이었다. 각 브랜드의 고유한 철학과 기준을 정확히 이해하고, 이를 한국의 실정에 맞게 적용하는 능력이 높이 평가받았다. 한 글로벌 패션 브랜드의 경우, 본국의 매장 운영 기준을 한국 매장에 그대로 적용하는 데 어려움을 겪고 있었다. 에스텍플러스는 해당 브랜드의 글로벌 기준을 완벽히 이해하면서도, 한국 고객들의 특성과 법규 사항을 반영한 맞춤형 매장 관리 방안을 제시했다. 그 결과, 한국 매장들의 브랜드 감사 점수가 평균 85점에서 94점으로 향상되었고, 일부 매장은 아시아 지역 최고 점수를 받기도 했다.

에스텍플러스의 성과

20년간의 성과를 숫자로 보면 정말 놀랍다. 2005년 설립 당시 작은 전문 업체로 시작했지만, 2024년 연매출 549억원, 직원 700명 규모의 유통업계 시설관리 전문기업으로 성장했다. 연평균 성장률을 보면 더욱 인상적이다. 설립 이후 거의 매년 두 자릿수 성장을 기록하며 꾸준히 규모를 확대해왔다. 특히 2010년대 중반 이후에는 연평균 15% 이상의 높은 성장률을 보이고 있다. 특히 주목할 점은 안정성이다. 주요 고객사들과 10년 이상 장기 계약을 유지하고 있으며, 계약 갱신률이 95% 이상에 달한다. 이는 단순한 가격 경쟁이 아닌 진정한 가치를 인정받고 있다는 증거다. 이에 따라 전국 주요 쇼핑몰, 대형마트, 백화점 등에서 에스텍플러스의 서비스를 만날 수 있다. 이케아를 비롯해 국내외 유명 유통업체들이 모두 고객이다. 전국 200여 개 매장에서 서비스를 제공하고 있으며, 이는 업계에서도 상당한 규모다. 직원 구성도 안정화되었다. 700명의 직원 중 80% 이상이 3년 이상의 경력을 보유하고 있으며, 이직률도 업계 평균보다 30% 낮다. 이는 직원들의 회사에 대한 만족도와 안정성을 보여주는 지표다.

정량적 성과 보다 더 중요한 것은 직원들의 전문성과 자부심 향상이다. 단순한 청소나 경비 업무가 아닌 '고객 경험 전문가'로서의 정체성을 갖게 되었다. 특히 유통업계 전문 교육 프로그램을 통해 직원들의 전문성이 크게 향상되었다. 매장 운영에 대한 이해, 고객 서비스 마인드, 문제 해결 능력 등이 모두 업계 최고 수준에 달했다. 회사는 직원들의 전문성 향상을 위해 다양한 교육 프로그램을 운영하고 있다. 기본적인 업무 교육 외에도 고객 서비스 교육, 리더십 교육, 외국어 교육까지 제공한다. 특히 이케아 등 외국계 고객사와 일하는 직원들을 위한 영어 교육은 큰 호응을 얻고 있다.

20년간 유통업계에만 집중한 결과, 에스텍플러스는 이 분야에서는 누구도 따라올 수 없는 전문성을 쌓았다. 매장 유형별 특성 이해, 고객 동선 분석, 효율적인 운영 방안 제시 등에서 업계 최고 수준의 노하우를 보유하고 있다. 특히 글로벌 유통업체들과의 협업 경험을 통해 국제적 수준의 서비스 표준을 확립했다. 이는 다른 업체들이 쉽게 따라 할 수 없는 에스텍플러스만의 경쟁력이 되었다. 회사는 그동안 축적한 노하우를 체계화해서 '유통업계 시설관리 표준 매뉴얼'을 개발했다. 이 매뉴얼은 매장 유형별, 상황별로 최적의 관리 방법을 제시하고 있으며, 업계에서도 참고 자료로 활용되고 있다. 또한 다양한 업계 세미나와 컨퍼런스에서 에스텍플러스의 사례가 발표되고 있으며, 다른 업체들의 벤치마킹 대상이 되고 있다.

유통업계 전문화 전략의 성공으로 에스텍플러스는 안정적인 성장 기반을 확보했다. 기존 고객들과의 장기 파트너십을 바탕으로 매년 꾸준한 성장을 이어가고 있다. 또한 새로운 유통업체들이 한국에 진출할 때마다 에스텍플러스를 먼저 찾는다. 이는 시장에서의 확고한 지위를 보여주는 증거다. 부채비율이 업계 평균보다 낮고, 현금 흐름도 안정적이다. 이는 장기적인 투자와 성장을 위한 든든한 기반이 되고 있다.

업계에서의 인정과 파급효과

에스텍플러스의 성공은 유통업계 시설관리의 새로운 표준을 제시했다. 단순한 청소나 경비를 넘어 '고객 경험 향상'이라는 관점에서 시설관리를 바라보는 새로운 패러다임을 만들었다. 많은 후발 업체들이 에스텍플러스의 서비스 모델을 벤치마킹하고 있으며, 이는 업계 전체의 서비스 품질 향상으로 이어지고 있다. 특히 '고객 경험 컨설팅'이라는 개념은 이제 업계의 일반적인 서비스로 자리잡아가고 있다. 업계 전문가들은 "에스텍플러스가 제시한 전문화 전략과 고객 중심 서비스 모델이 시설관리 업계의 방향성을 바꿨다"고 평가하고 있다.

또한 '무엇이든 다 한다'는 기존의 종합 서비스 모델과 달리, 특정 업계에 특화하는 전문화 전략의 성공 모델을 제시했다. 이는 아웃소싱 업계 전체에 새로운 방향성을 제시하는 의미 있는 사례가 되었다. 에스텍플러스의 성공을 보고 다른 업체들도 각자의 전문 분야를 찾아 특화 전략을 추진하기 시작했다. 의료기관 전문, 교육기관 전문, 제조업 전문 등 다양한 전문화 업체들이 등장하고 있다. 이런 전문화 트렌드는 업계 전체의 서비스 품질 향상과 고객 만족도 증대로 이어지고 있다. 각 업체가 자신의 전문 분야에 특화된 서비스를 제공함으로써, 고객들은 더욱 전문적이고 만족스러운 서비스를 받을 수 있게 되었다.

미래를 향한 새로운 도전

에스텍플러스는 현재 AI, IoT, 빅데이터 등 첨단 기술을 활용한 '스마트 시설관리' 시스템을 구축하고 있다. 이를 통해 더욱 효율적이고 정확한 서비스를 제공할 계획이다. 특히 고객 행동 분석을 통한 맞춤형 서비스, 예측 기반 시설 관리, 실시간 품질 모니터링 등을 통해 한 차원 높은 고객 경험을 만들어가고 있다. 개발 중인 'AI 기반 매장 관리 시스템'은 매장 내 모든 상황을 실시간으로 분석하고, 최적의 관리 방안을 자동으로 제시하는 시스템이다. 이를 통해 사람의 경험과 AI의 정확성을 결합한 새로운 차원의 서비스를 제공할 수 있을 것으로 기대된다.

혁신사례

삼구아이앤씨

화장실 청소에서 시작해 매출 1조원을 달성하다

1968년 5월 15일, 한국 시설관리 아웃소싱 업계에 특별한 도전이 시작되었다. 초등학교만 마친 한 청년이 걸레와 빗자루만 들고 서울 곳곳을 다니며 화장실 청소를 시작한 것이 삼구아이앤씨의 출발점이었다. 창립 기념일을 정하는 과정에서도 회사의 철학이 드러났다. 처음 청소를 시작했던 날짜를 정확히 알 수 없었기에, 청소하기 좋은 계절로 여겨지는 5월, 그중에서도 스승의 날인 15일을 창립 기념일로 정했다. 이는 단순한 날짜 선정이 아니라 '가르침과 배움'을 중시하는 회사의 가치관을 보여주는 상징적인 결정이었다. 무엇보다 특별했던 것은 창업 초기부터 세운 '삼구(三具)'라는 철학이었다. 신용, 신뢰, 사람 - 이 세 가지만 갖추면 성공할 수 있다는 확신이 회사 운영의 기본 원칙이 되었다.

시설관리 패러다임의 혁신적 전환

1980년대까지만 해도 시설관리는 단순한 '청소'나 '잡무' 정도로 여겨졌다. 하지만 삼구아이앤씨는 이미 그때부터 다른 관점을 가지고 있었다. 건축물 유지관리 비용이 건축비의 5배에 달한다는 점에 주목하며, 시설관리의 중요성을 일찍부터 인식했다. 이런 혁신적 사고는 해외 선진 사례 벤치마킹을 통해 더욱 구체화되었다. 2016년 덴마크의 인력공급 업체 ISS(연 매출 18조원)와 '7분의 기적'으로 유명한 일본의 청소 전문업체 텟세이를 방문한 것이 큰 전환점이 되었다. 이들 기업에서 보여준 자부심과 전문성이 삼구아이앤씨가 추구해야 할 방향을 명확히 제시해주었다.

삼구아이앤씨의 가장 혁신적인 점은 '사람 중심'의 경영 철학이었다. 다른 업체들이 비용 절감에만 집중할 때, 삼구아이앤씨는 직원들의 자부심과 전문성 향상에 투자했다. 남직원은 '선생님', 여직원은 '여사님'으로 부르고, 모든 직원에게 명함을 나눠주는 파격적인 정책을 도입했다. 청소나 시설관리 일을 하는 사람들도 전문가로 대우받아야 한다는 믿음에서 나온 것이었다. 이는 당시로서는 전례 없는 혁신이었다.

추진 프로세스

첫 번째 단계는 품질관리 시스템을 체계화한 것이었다. 1990년대 초반 삼구아이앤씨는 업계 최초로 'S.Q.C(Service Quality Control)' 팀을 신설했다. 매년 '품질혁신 개선사례 발표대회'를 개최해서 사업장별 우수 사례를 공유하고, 정기 고객만족도 조사를 바탕으로 서비스 차별화 전략을 추진하기 시작했다. 이런 체계적 접근의 결과로 업계 최초로 ISO 9001(품질경영시스템), ISO 14001(환경경영시스템) 인증을 획득했다. KOSHA 18001, K-OHSMS 18001/OHSAS 18001 등 안전보건경영시스템 인증까지 추가로 획득하면서 단순한 서비스업이 아닌 전문 기술업으로서의 위상을 확립했다.

두 번째 단계는 2000년대 들어 시작된 안전관리 혁신이었다. 분기별 협의체 'S.H.E(Safety Health Environment)'를 발족해서 현장의 안전경영 수준을 대폭 높였다. 단순히 사고만 예방하는 게 아니라, 직원들이 안전하게 일할 수 있는 환경을 만드는 데 집중했다. 직원 교육 시스템도 이 시기에 대폭 강화되었다. 단순한 업무 교육을 넘어 인성 교육, 고객 서비스 교육, 안전 교육을 체계화했다. 직원들의 인상과 인성 교육을 통해 정중하고 밝은 분위기를 조성하려고 노력했고, 이는 고객 만족도 향상으로 직결되었다.

세 번째 단계는 1997년으로 IMF 위기 극복과정으로, 창립 이후 유일하게 성장을 멈춘 해였다. 고객들이 어려워지니 직원 숫자가 주든 등 어려움이 많았다. 하지만 이때 일어난 일이 삼구아이앤씨 역사상 가장 감동적인 순간이었다. 직원들이 책상을 떠나 모두 현장으로 나가서 직접 일했고, 비서직 직원까지 퇴근 후 벽보를 붙이러 다녔다. 난로용 기름을 1층에서 5층까지 직접 나르는 모습을 보면서 경영진은 '회사는 경영자 혼자만의 것이 아니라 직원들 모두의 것'이라는 깨달음을 얻었다. 전 직원의 희생정신 덕분에 위기를 극복할 수 있었다.

네 번째 단계는 2010년대의 사업 다각화 시기로, 단순한 청소업에서 벗어나 종합 시설관리로 영역을 확장했다. 시설관리(FM) 분야에서는 미화, 보안, 주차, 에너지관리, 엘리베이터, 소방, 소독, 안전진단 등 건물 관리 전반을 담당하게 되었다. 생산도급 분야로는 반도체, 배터리, 디스플레이, 자동차 부품 등 제조업 위탁 운영으로 영역을 넓혔다. 물류관리에서는 창고개발, 창고운영, 운송, 시스템개발까지 토털 솔루션을 제공하기 시작했고, F&B 사업으로는 위탁급식, 기내식, 외식사업, 식품제조까지 진출했다. 특히 롯데월드타워(99,326평), 농심사옥(30,094평), NC소프트 판교(26,756평), 삼성생명대구사옥(25,008평), CJ제일제당사옥(24,321평) 등 국내 최대 규모의 프라임 오피스 관리 실적을 쌓으면서 업계 최고 수준의 전문성을 인정받았다.

다섯 번째 단계는 2020년대 들어 진행된 디지털 혁신과 ESG 경영의 도입이었다. 코로나19 팬데믹 상황에서 삼구아이앤씨는 '클리어존(소독관리전문브랜드)'와 '그린S(실내공기품질관리전문브랜드)'를 론칭했다. 환경을 고려한 작은 실천에서부터 시작하여 근본적인 변화를 이끌어내는 교육 프로그램을 도입했다. 화장실 이용 시 손 씻기, 물기 털기, 화장지 한 장만 사용하기 등 세밀한 부분까지 체계화했다. 현대백화점, 대명레저산업, SK이노베이션, 농심, 예금보험공사 등에서 실내공기품질 관리 서비스를 제공하며 새로운 사업 영역을 개척했다. 또한 교직원공제회, 두산퓨얼셀 등에서 법정방역 서비스를, 스타필드시티, 신세계백화점, 롯데아울렛 등에서 특수방역 서비스를 제공하며 전문성을 인정받았다.

초고층 빌딩 관리의 새로운 기준을 마련한 롯데월드타워

99,326평 규모의 롯데월드타워 관리는 삼구아이앤씨의 기술력을 보여주는 대표 사례다. 555m 높이의 초고층 빌딩을 안전하고 효율적으로 관리하는 것은 정말 까다로운 일이기 때문이다. 삼구아이앤씨가 관리를 맡은 후 건물 운영 효율성이 크게 향상되었으며, 특히 에너지 관리와 안전 점검 시스템이 체계화되면서 운영비용이 15% 절감되었다고 알려져 있다. 초고층 빌딩 특성상 엘리베이터 관리, 고층부 외벽 청소, 소방 안전 시스템 점검 등 고도의 전문성이 요구되는 모든 영역에서 완벽한 서비스를 제공하고 있다.

30년 파트너십을 구축한 농심

농심과 삼구아이앤씨는 30년 넘게 함께해온 대표적인 장기 파트너다. 농심사옥(30,094평) 관리뿐만 아니라 전국 생산공장의 시설 관리까지 맡고 있다. 농심의 경우 식품 생산 특성상 까다로운 위생 관리가 필요한데, 삼구아이앤씨는 HACCP 위생관리, 법정 소독, 위생사 점검, 식자재 관리까지 토털 케어를 제공하고 있다. 문제가 생기면 즉시 대응하고, 예방 차원에서도 항상 먼저 제안하는 적극적인 자세로 고객의 신뢰를 받고 있다.

삼구아이앤씨의 성과

53년간의 성과를 숫자로 보면 정말 놀랍다. 화장실 청소에서 시작해서 2024년 현재 연매출 1조 1,600억원, 임직원 47,000명 규모의 국내 최대 시설관리 전문기업으로 성장했다. 주요 고객사는 549개사이며 전국 현장은 2,047개소에 이른다. 특히 전체 매출 중 상장사 매출이 69.8%를 차지할 정도로 대기업들과의 안정적인 파트너십을 구축했다. 무엇보다 놀라운 건 안정성이다. 10년 이상, 30년 이상 함께해 온 고객들이 정말 많다. 이는 단순한 가격 경쟁력이 아니라 신뢰를 바탕으로 한 파트너십의 결과다.

정량적 성과 보다 중요한 것은 직원들의 만족도와 자부심 변화다. 예전에는 시설관리 일을 '3D 업종'으로 여겼지만, 이제는 '일류 전문 서비스업'이라는 자부심을 갖게 되었다. 회사에서 직원들을 '선생님', '여사님'으로 불러주고, 명함도 주고, 전문 교육도 시키는 등의 정책이 직원들의 자부심 향상에 크게 기여했다. 특히 주목할 점은 이직률이 업계 평균 대비 30% 낮다는 것이다. 이는 직원들이 회사에 대한 신뢰와 애착을 갖고 있다는 증거다. 또한 직원 추천으로 입사하는 비율이 40%에 달할 정도로 직원들의 회사 만족도가 높다.

업계에서의 인정과 파급효과

삼구아이앤씨의 성공은 시설관리업계 전체에 새로운 표준을 제시했다. 한국건축물유지관리협회를 통해 업계 전체의 인식 개선을 위해 노력하고 있다. 특히 건축물 전 생애주기에 걸쳐 안전하게 유지하고 체계적으로 관리하기 위한 법 제정을 추진하는 등 제도적 개선에도 앞장서고 있다. 이는 단순히 자사의 이익을 위한 것이 아니라 업계 전체의 발전을 위한 노력이다. 해외진출도 활발해서 미국, 베트남, 중국, 폴란드, 헝가리 등에 진출해 있다. 특히 베트남에서는 현지 대기업들과 파트너십을 구축하며 성공적인 진출 사례를 만들고 있다. 인도네시아 등 더 많은 국가로의 진출도 계획하고 있어, 진정한 글로벌 기업으로의 도약을 준비하고 있다.

삼구아이앤씨의 성공은 아웃소싱 산업 전체의 패러다임 변화를 이끌고 있다. 단순한 인력 공급에서 토털 솔루션 제공으로, 3D 업종에서 전문 서비스업으로의 인식 전환을 주도하고 있다. 많은 후발 업체들이 삼구아이앤씨의 경영 방식을 벤치마킹하고 있으며, 이는 업계 전체의 서비스 품질 향상으로 이어지고 있다.

미래를 향한 새로운 도전

삼구아이앤씨는 여기서 멈추지 않고 더 큰 미래를 그리고 있다. 53년의 성과를 기반으로 100년을 넘어서는 대표 기업이 되겠다는 비전을 세우고 있다. V3(New Step for Tomorrow) 비전을 통해 4대 전문 업종(후공정 컨설팅·제조, 종합부동산 관리, 하이브리드 물류, 컨세션 사업)을 중심으로 새로운 도약을 준비하고 있다. 특히 AI와 IoT 기술을 활용한 스마트 빌딩 관리 시스템 개발, 친환경 청소 기술 개발, 로봇 기술을 활용한 자동화 시스템 도입 등 첨단 기술을 적극 도입하고 있다.

53년의 여정을 돌아보면, 47,000명의 삼구 가족들이 함께 만들어낸 기적 같은 성장 스토리다. 어려운 시작이었지만 서로를 믿고 함께 노력한 결과, 모두가 자부심을 갖고 성장할 수 있는 '일류 기업'이 된 것이다. 이제 삼구아이앤씨는 단순한 시설관리업체를 넘어 진정한 '종합 아웃소싱 솔루션 파트너'가 되었다. 앞으로도 이런 혁신적 도전을 바탕으로 시설관리 아웃소싱의 새로운 미래를 만들어갈 것으로 기대된다.

12장

삼성·풀무원도 선택한 이유가 있다
작지만 확실한 B2B 급식 파트너십

음식은 이제 단순히 배고픔을 해결하는 것을 넘어서, 삶의 활력과 문화를 만드는 중요한 요소가 되어가고 있다. 특히 기업, 학교, 병원 등의 '급식'은 구성원들의 건강과 만족도에 직접 영향을 미치며 생산성에도 기여하고 있다. 고물가로 외식 부담이 커지면서 단체급식 수요가 급증하고 있으며, 기업들도 핵심 역량에 집중하고 전문 급식 서비스를 받기 위해 'B2B 급식 파트너십'을 적극 활용하고 있다. 삼성, 풀무원 같은 대기업이 외부 전문 기업과 협력하는 이유가 바로 여기에 있다. 이들은 단순한 외주 관계를 넘어서 진정한 파트너십을 구축하며 상호 성장하는 모델을 만들어가고 있다.

2024년 말 조사에서 국내 직장인 10명 중 7명이 "구내식당 품질이 회사 선택에 영향을 미친다"고 답했다. 이는 단순한 복리후생을 넘어 기업 경쟁력의 핵심 요소로 자리잡았음을 의미했다. 특히 MZ세대 직장인들의 경우 이런 경향이 더욱 두드러졌는데, 이들에게 구내식당은 회사 문화와 가치관을 보여주는 중요한 지표가 되고 있었다. 이 장에서는 B2B 급식 시장의 현황과 성장성, 고객사 니즈 변화, 경쟁 구도를 심층 분석하고자 한다. '작지만 확실한 B2B 급식 파트너십'의 비밀을 파헤쳐 보겠다.

급식 아웃소싱의 현황

급식 아웃소싱은` 기업체, 학교, 병원, 산업체 등에서 필요한 식음료 서비스를 외부 전문 기업에 위탁하는 것을 의미한다. 이는 식자재 구매, 메뉴 개발, 조리, 배식, 위생 관리 등 급식 운영 전반을 포괄하고 있다. 과거에는 단순한 비용 절감이 주된 목적이었다면, 현재는 전문성 확보, 품질 향상, 서비스 다양화 등 복합적인 가치 창출이 핵심 동력이 되고 있다. 특히 급식 서비스에 대한 기대치가 높아지면서, 아웃소싱은 기업의 복리후생 전략이자 인재 확보 전략으로 인식되고 있다. 더불어 디지털 전환과 지속가능경영에 대한 관심이 높아지면서, 급식 아웃소싱 또한 이러한 트렌드에 발맞춰 진화하고 있다.

급식 아웃소싱 시장의 성장

국내 외식과 급식 산업은 코로나19 이후 큰 변화를 겪었지만, 특히 단체급식 시장은 꾸준한 성장세를 보이고 있다. 특히 한국의 경우 IT, 금융, 제조업 등 다양한 산업 분야에서 구내식당의 중요성이 재평가되면서, 기업들이 직원 복지 향상을 위해 급식 아웃소싱을 전략적으로 활용하고 있다. 또한 정부의 일자리 창출 정책과 서비스업 육성 정책이 맞물리면서 시장 성장에 추가적인 동력을 제공하고 있다. 이는 향후 10년 이상 지속될 메가트렌드로서, 고령화 사회 진입과 맞춤형 식단에 대한 수요 증가가 완성되는 과정에서 아웃소싱 시장의 중요성은 더욱 커질 것으로 전망된다. 무엇보다 재택근무와 하이브리드 근무가 일상화되면서, 오히려 사무실에서의 급식 서비스가 직원들을 사무실로 불러들이는 중요한 유인책으로 작용하고 있다. 2023년은 급식 아웃소싱 시장에 큰 변화가 있던 해였다. 특정 급식 아웃소싱 기업의 경우 2020~2022년 매출이 400억 원에서 2023년 약 700억 원으로 무려 70% 가까이 증가했다[1]. 이는 단순한 수치 증가를 넘어 질적 변화를 의미했다. 프리미엄 메뉴, 건강식, 개인 맞춤형 서비스 등 고부가가치 서비스가 급식 현장에 도입되면서 전통적인 단체급식 방식에서 레스토랑 수준의 서비스로 전환이 가속화되고 있다. 이러한 변화를 견인한 것은 무엇보다 고객사들의 니즈 변화였다. 직원들의 만족도를 높이기 위해 기꺼이 더 많은 비용을 지불하려는 기업들이 늘어나면서, 급식업체들도 서비스 수준을 끌어올리는 선순환 구조가 만들어졌다.

국내 식품 서비스 시장의 폭발적 성장

국내 전체 식품 서비스 시장은 2022년 77.81억 달러(약 107조 원) 규모였는데, 2022년부터 2032년까지 연평균 17.5%라는 놀라운 성장률을 기록할 것으로 예상되어, 2032년에는 390.15억 달러(약 537조 원)

에 이를 전망이다[2]. 이는 단순한 식품서비스업 성장을 넘어 식문화 자체의 변화를 의미한다. 특히 단체급식 분야는 이러한 성장의 핵심 동력 중 하나로 작용하고 있다. 2024년 초 서울 여의도 '외식산업 전망 세미나'에서 한 업계 전문가는 "17.5%라는 성장률이면 거의 매년 새로운 시장이 생기는 수준입니다. 특히 B2B 급식 분야는 고물가 시대의 핵심 대안으로 자리잡고 있습니다"라고 분석했다. 이러한 성장 배경에는 한국의 독특한 근무문화와 식문화가 중요한 역할을 하고 있다. 동료들과 함께 식사하는 문화, 회식 문화 등이 급식 서비스의 중요성을 더욱 부각시키고 있다.

고물가로 '런치플레이션(Lunch+Inflation)' 현상이 심화되면서 비용 절감을 위한 단체급식 수요가 폭증했다[3]. 직장인들 사이에서는 "밖에서 먹으면 한 끼에 1만 원은 기본"이라는 얘기가 일상적으로 들려왔다. 서울 종로구 한 금융회사 직원 설문조사 결과가 이를 잘 보여준다. 응답자의 83%가 "외부 식당의 식사비 부담 때문에 구내식당 이용 빈도가 늘었습니다"라고 답했기 때문이다. 이 회사 총무팀장은 이런 변화를 직접 체감하고 있었다. "예전에는 구내식당에 오지 않던 직원들도 요즘은 거의 매일 이용합니다. 고물가의 영향이 이렇게 클 줄 몰랐습니다." 실제로 2024년 한 해 동안 서울 시내 대부분의 기업 구내식당에서 이용객 수가 평균 30% 이상 증가한 것으로 조사되었다.

B2B 식자재 유통 시장의 급성장

2022년 국내 B2B 식자재 유통 시장 규모는 60조 원을 돌파했으며, B2B 외식 경로 및 B2B 급식 경로 모두 성장세를 지속하고 있다[3]. 이러한 성장은 급식업체들의 서비스 품질 향상과 직결되어 있다. 부산의 한 급식업체 구매담당자는 이런 변화를 몸소 체감하고 있었다. "5년 전만 해도 우리 같은 중소업체가 좋은 식자재를 저렴하게 구매하기 어려웠습니다. 지금은 B2B 플랫폼으로 대기업과 비슷한 조건으로 구매할 수 있습니다." 이러한 변화의 배경에는 디지털 플랫폼의 발달과 물류 시스템의 개선이 있었다. 마켓컬리B2B, 롯데리테일 B2B 등 전문 플랫폼들이 등장하면서 중소 급식업체들도 경쟁력 있는 가격에 고품질 식자재를 조달할 수 있게 되었고, 이는 최종적으로 급식 품질 향상으로 이어지고 있었다. 특히 신선식품의 콜드체인 시스템 구축과 당일 배송 서비스의 확산은 급식업계의 서비스 수준을 한 단계 끌어올리는 핵심 요소가 되고 있다. 또한 블록체인 기술을 활용한 식자재 이력 추적 시스템도 점차 확산되면서, 고객들의 신뢰도 향상에도 기여하고 있다.

새로운 시장의 등장과 기회

군부대 급식사업의 민간 개방과 고급 아파트 조식 서비스 확대 등 새로운 시장이 단체급식 성장을 가속화하고 있다. 2024년 하반기 경기도 성남의 한 고급 아파트 단지에서 주민 조식 서비스가 시작되었는데, 입주자대표회의 회장은 만족감을 감추지 못했다. "맞벌이 부부들이 많아서 아침 준비가 어려운 분들이 많았거든요. 커뮤니티 센터에서 조식을 제공하니까 반응이 정말 좋아요." 이러한 서비스 확장은 기존 기업 급식 중심의 시장 구조에 새로운 활력을 불어넣고 있다. 실버타운, 고시원, 대학 기숙사에서도 급식 서비스 관심이 높아지고 있으며, 각 시설의 특성에 맞는 맞춤형 서비스가 개발되고 있다. K-푸드 열풍과 함께 국내 급식업체들의 해외 진출도 활발해질 전망이다. 베트남 호치민에 진출한 한 국내 급식업체 현지 법인장은 현지 반응에 놀랐다고 전했다. "처음에는 현지인들이 한국 음식을 어색해 했는데, 지금은 오히려 더 선호합니다. 김치찌개, 불고기 같은 메뉴는 현지 직장인들 사이에서 인기가 높습니다." 이러한 해외 진출은 단순한 사업 확장을 넘어 한국 급식 문화의 글로벌 확산을 의미했다.

고객사들은 급식 아웃소싱에서 무엇을 원하고 있을까?

과거 단체급식은 한 끼 식사 제공에 머물렀지만, 최근 고객사들은 직원 만족도 향상과 기업 가치 제고를 위해 고도화된 니즈를 요구하며 급식 아웃소싱 기업을 전략적 파트너로 인식하고 있다. 고객사들은 급식 아웃소싱에 대해 네 가지 요구를 하고 있다.

첫째, 고물가 시대에 고객사들은 급식 비용 부담을 줄이면서도 고품질 식사를 원하고 있다. 급식 아웃소싱은 규모의 경제를 통한 식자재 구매 비용 절감과 효율적 운영으로 합리적 가격을 제시하고 있다

[3]. 하지만 이제는 단순한 비용 절감을 넘어 투자 대비 효과에 대한 관심이 높아지고 있다. 인천의 한 중견기업 총무팀장은 이런 변화를 설명했다. "예전에는 무조건 저렴한 게 최고였어요. 그런데 지금은 직원들 만족도도 중요합니다. 조금 더 지불하더라도 품질 좋고 다양한 메뉴를 제공하는 업체를 선호합니다." 이러한 인식 변화는 '가성비'에서 '가심비(가격 대비 심리적 만족)'로 급식 서비스 평가 기준이 바뀌고 있음을 보여준다. 대전의 한 제약회사 인사팀장도 비슷한 견해를 밝혔다. "직원들이 점심시간을 통해 스트레스도 풀고 동료들과 소통도 하는데, 그런 부분까지 고려하면 급식 비용은 충분히 가치 있는 투자라고 생각합니다." 실제로 많은 기업들이 급식 서비스 개선 후 직원 만족도뿐만 아니라 업무 효율성도 향상되었다고 보고하고 있다.

둘째, 메뉴 혁신과 품질 고급화 요구이다. 외식과 급식의 경계가 옅어지며 더 다양하고 전문적인 메뉴, 프리미엄 메뉴 니즈가 커지고 있다. 고객사들은 건강식, 비건식, 로컬푸드, 특정 테마 메뉴 등 차별화된 식사로 임직원 만족도를 높이려 하고 있다. 2024년 봄 경기도 판교의 한 IT기업에서는 매주 '세계 음식 테마 데이'를 운영하는데, 직원복지팀장은 그 효과에 놀랐다고 했다. "월요일은 일식, 화요일은 이탈리안, 수요일은 멕시칸 이런 식으로 테마를 정해서 메뉴를 제공하니까 직원들이 점심시간을 정말 기다립니다. 사내 분위기도 훨씬 밝아졌습니다." 이러한 트렌드는 젊은 직장인들의 요구에서 시작되었지만, 이제는 전 연령대로 확산되고 있다. 울산의 한 중공업 회사에서는

50대 중반의 과장급 직원이 “요즘 젊은 친구들 덕분에 다양한 음식을 맛볼 수 있어서 좋다”며 만족감을 표했다. 특히 인스타그램, 페이스북 등 SNS 문화의 확산으로 ‘보기 좋은 음식’에 대한 관심도 높아지면서, 급식업체들도 플레이팅과 비주얼에 더욱 신경 쓰고 있다. 이는 급식이 단순한 식사를 넘어 하나의 문화 경험으로 인식되고 있음을 보여주는 변화이다.

셋째, 개인 맞춤형 서비스와 건강 중시 요구이다. 개인의 기호, 알레르기, 종교적 배경을 고려한 맞춤형 서비스 요구가 늘어나고 있다. 다국적 기업이나 외국인 직원이 많은 회사에서 이런 니즈가 더욱 강했지만, 일반 기업에서도 개인별 특성을 고려한 서비스에 대한 관심이 높아지고 있다. 서울 강남의 한 외국계 기업에서는 할랄푸드, 비건 메뉴, 글루텐프리 옵션을 상시 제공하고 있다. 총무팀 담당자는 회사의 철학을 다음과 같이 설명했다. “직원 구성이 다양하다 보니 식습관도 정말 다양합니다. 모든 직원이 편안하게 식사할 수 있는 환경을 만드는 것이 회사의 책임이라고 생각합니다.” 이러한 개인 맞춤형 서비스는 다양성과 포용성을 중시하는 현대 기업 문화의 반영이기도 했다. 또한 개인의 건강 상태나 다이어트 목표에 따른 맞춤형 메뉴 제공도 늘어나고 있다. 당뇨, 고혈압 등 만성질환 관리를 위한 저염식, 저당식 메뉴부터 다이어트용 저칼로리 메뉴, 운동선수용 고단백 메뉴까지 다양한 건강식 니즈가 증가하고 있다. 서울 강동구의 한 대기업에서는 2024년 하반기부터 ‘웰니스 급식 프로그램’을 도입했다. 복리후생팀장은 그 배경을 다음과 같이 설명했다. "직원들의 건강 관리가 곧 회사의 생산성 향상으로 이어진다고 생각합니다. 영양사와 협력해서 개인별 건강 상태에 맞는 맞춤형 메뉴를 제공하니까 직원 만족도가 크게 높아졌습니다." 특히 코로나19 이후 면역력 강화에 대한 관심이 높아지면서, 비타민C가 풍부한 메뉴나 발효식품을 활용한 건강식에 대한 요구도 늘어나고 있다. 경기도 수원의 한 전자기업에서는 매주 수요일을 '면역력 증진의 날'로 정해 특별 메뉴를 제공하고 있었으며, 직원들의 호응이 매우 좋았다고 했다.

넷째, 위생과 안전 관리에 대한 요구이다. 식중독 등 위생 문제는 급식 서비스 신뢰도를 결정하는 가장 중요한 요소이다. 고객사들은 식자재 입고부터 조리, 배식까지 전 과정에 걸쳐 투명하고 엄격한 위생 및 안전 관리 시스템을 요구하고 있다. 이를 위해 IoT 센서를 활용한 실시간 온도 모니터링, CCTV를 통한 조리 과정 공개, 블록체인 기반 식자재 이력 추적 시스템 등 첨단 기술을 활용한 위생 관리에 대한 관심이 높아지고 있다. 부산의 한 조선업체에서는 구내식당에 실시간 위생 모니터링 시스템을 도입했다. 안전보건팀장은 그 효과를 다음과 같이 강조했다. "직원들이 휴대폰으로 실시간 주방 상황을 볼 수 있습니다. 투명성이 높아지니까 급식에 대한 신뢰도가 크게 향상되었습니다." 이러한 투명성 확보는 단순한 위생 관리를 넘어 고객과의 신뢰 관계 구축에도 중요한 역할을 하고 있다. 또한 식자재 원산지 공개, 알레르기 유발 요소 표시, 칼로리 및 영양 정보 제공 등 정보 공개의 범위도 점점 확대되고 있으며, 이는 고객들의 알 권리 충족과 선택권 보장에 기여하고 있다.

급식 아웃소싱이 제공하는 핵심 가치

급식 아웃소싱 분야는 비용 효율적인 고품질 식사 제공을 넘어 직원 복지 향상, 운영 효율성 극대화, 건강한 식문화 조성을 통해 기업의 핵심 역량을 강화하는 전략적 가치를 제공하고 있다.

첫째, 전통적 가치에서 혁신적 가치로의 전환이다. 급식 아웃소싱의 기본적 가치는 '비용 절감 및 운영 효율성 극대화'였다. 전문 급식 아웃소싱 기업은 식자재 대량 구매를 통한 원가 절감, 전문 인력 운영을 통한 인건비 효율화, 급식 운영 노하우를 통한 불필요한 지출 최소화로 고객사의 재정 부담을 줄여주고 있다[3]. 하지만 이러한 전통적 가치를 넘어 새로운 차원의 가치 창출에 주목하고 있다. '맞춤형 영양 관리 서비스'가 대표적인 예였다. 개인의 건강 상태와 식습관을 분석해서 최적의 메뉴를 제공하고, 만성질환 예방을 위한 특별식도 제공하는 등 단순 식사 제공을 넘어선 헬스케어 서비스로 진화하고 있다. 아웃소싱 기업들은 전문 셰프와 영양사를 고용하여 건강과 맛을 모두 잡은 메뉴를 개발하고, 제철 식재료를 활용하거나 특정 테마의 음식을 제공하여 단체급식의 수준을 한 단계 끌어올리고 있다. 충남 천안의 한 제조업체 인사팀 차장은 이런 변화를 실감했다. "봄에는 봄나물 비빔밥, 여름에는 냉면 페스티벌, 가을에는 전어구이 같은 계절 메뉴를 제공하니까 직원들이 정말 좋아합니다. 급식이 단순한 식사가 아니라 하나의 이벤트가 된 셈입니다.” 이러한 변화는 급식 공간이 단순한 식사 장소에서 문화와 소통의 공간으로 변모하고 있음을 의미한다.

둘째, 스마트 기술 도입을 통한 가치 창출이다. AI 조리로봇, 스마트 주방 시스템, 모바일 주문/결제 시스템 등을 도입하여 조리 효율성을 높이고, 대기 시간을 줄이며, 개인별 맞춤형 식단 관리 서비스를 제공하고 있다. 서울 강서구의 한 대기업 본사 구내식당에서는 2024년 하반기부터 AI 기반 개인 맞춤 영양 관리 시스템을 도입했다. 복리후생팀 과장은 직원들의 반응에 만족하고 있었다. “당뇨나 고혈압 같은 질환이 있는 직원들에게는 저염식을, 다이어트 중인 직원에게는 저칼로리 메뉴를 추천해주니까 반응이 정말 좋습니다.” 기획팀장은 데이터의 힘을 다음과 같이 실감했다고 했다. “데이터를 보니까 비 오는 날에는 따뜻한 국물 요리를, 더운 여름에는 차가운 면 요리를 선호한다는 패턴이 명확하게 나타났습니다.” 이러한 데이터 기반 서비스는 고객 만족도 향상뿐만 아니라 음식물 쓰레기 감소와 운영 효율성 증대에도 기여하고 있다.

셋째, 아웃소싱은 고객사가 ‘핵심 사업에 집중’할 수 있도록 지원하고 있다. 복잡하고 시간 소모적인 급식 운영 업무를 전문 기업에 위탁함으로써, 고객사는 기업의 본연의 업무에 역량을 집중하여 전반적인 생산성과 경쟁력을 높일 수 있게 되었다. 경기도 화성의 한 배터리 제조업체 경영진은 그 효과를 실감하고 있었다. “예전에는 급식 관리 때문에 총무팀이 너무 바빴습니다. 아웃소싱 이후에는 그 인력을 R&D 지원 업무로 재배치해서 신제품 개발 속도가 훨씬 빨라졌습니다." 한국생산성본부 조사에 따르면, 급식 아웃소싱을 도입한 기업들의 업무 집중도가 평균 23% 향상된 것으로 나타났다.

넷째, 지속가능성과 직원 만족도 향상이다. 친환경 식자재 사용, 음식물 쓰레기 감소 노력, 에너지 절약형 주방 시스템 도입 등을 통해 환경적 영향을 최소화하고, 건강하고 윤리적인 식문화를 조성하는 데 기여하고 있다. 부산의 한 조선업체에서는 2024년부터 '제로 웨이스트 급식'을 시작했다. 환경경영팀장은 그 효과를 설명했다. "처음에는 비용 부담이 있었습니다. 하지만 직원들의 환경 의식도 높아지고 회사 이미지도 좋아져서 오히려 도움이 되고 있습니다." 한편 로컬푸드 활용을 통한 지역경제 기여, 공정무역 식자재 사용을 통한 사회적 가치 실현 등 ESG 경영의 구체적 실천 방안으로 급식 아웃소싱이 주목받고 있다. 제주의 한 IT기업에서는 제주 지역 농산물을 우선적으로 사용하는 급식 프로그램을 운영하고 있었으며, 이는 지역 농가와의 상생 협력뿐만 아니라 직원들에게 지역 사회에 기여한다는 자부심을 제공하고 있다. 최근 주목받는 새로운 가치는 '직원 만족도 향상과 기업 문화 개선'이었다. 좋은 급식은 단순히 배고픔을 해결하는 것을 넘어 직원들의 스트레스 해소, 동료 간 소통 증진, 회사에 대한 애착도 향상에 기여하고 있었다. 서울의 한 스타트업에서는 급식 품질 개선 후 직원 이직률이 30% 감소했다. CEO는 그 힘을 실감했다고 했다. "좋은 음식을 함께 먹으면서 자연스럽게 팀워크가 좋아졌습니다. 급식이 복리후생을 넘어 기업 문화의 핵심 요소가 되었습니다." 이러한 효과는 특히 점심시간의 소통 문화 변화에서 두드러지게 나타났다. 과거에는 개별적으로 식사를 하거나 밖으로 나가는 경우가 많았지만, 급식 품질이 향상되면서 구내식당에서 동료들과 함께 식사하며 자연스러운 소통이 이루어지는 경우가 늘어났다. 대구의 한 금융회사에서는 구내식당을 리뉴얼하면서 다양한 크기의 테이블을 배치하여 부서 간 교류를 촉진하고 있었으며, 이는 조직 내 소통 활성화와 협업 문화 조성에 긍정적 효과를 가져오고 있다.

급식 아웃소싱의 경쟁구조

B2B 단체급식 시장은 대기업 계열의 급식 전문 기업들이 시장을 주도하고 있다. 이들 간의 경쟁과 함께 새로운 시장 참여자들의 등장이 시장의 역동성을 더하고 있다. 전통적인 가격과 품질 중심의 경쟁에서 기술력, 혁신성, 지속가능성 등 다차원적 경쟁으로 패러다임이 변화하고 있다. 또한 코로나19 이후 급식 서비스에 대한 기대치가 높아지면서, 단순한 식사 제공을 넘어 종합적인 웰니스 서비스를 제공할 수 있는 업체들이 경쟁우위를 확보하고 있다. 이 과정에서 승자와 패자가 명확히 구분되고 있었으며, 혁신을 통해 차별화된 가치를 제공하는 기업들이 지속적인 성장을 이어가고 있다.

급식 아웃소싱 시장의 주요 기업들

국내 단체급식 시장은 대기업 계열의 전문 급식 기업들이 시장 점유율의 상당 부분을 차지하며 선두를 달리고 있다. 이들은 자본력과 인프라, 그리고 오랜 기간 축적된 운영 노하우를 바탕으로 안정적인 서비스를 제공하고 있다. 국내 단체급식 시장의 주요 선도 기업으로는 삼성웰스토리, 현대그린푸드, 아워홈, CJ프레시웨이, 신세계푸드 등이 있다. 이들 기업은 대기업 계열사라는 강점을 바탕으로 안정적인 고객사를 확보하고, 식자재 유통, 메뉴 개발, 영양 컨설팅 등 종합적인 급식 서비스를 제공하고 있다. 하지만 각 기업마다 차별화된 전략과 강점을 개발하여 시장에서의 경쟁우위를 확보하고 있다.

첫 번째, 삼성웰스토리는 조리로봇 '웰리봇'과 같은 스마트 키친 시스템을 도입하며 기술 혁신을 선도하고 있다. 2024년 가을 서울 삼성전자 서초사옥에서는 '웰리봇'이 본격 운영을 시작했는데, 이는 급식업계의 자동화 시대를 여는 상징적인 사건으로 평가받는다. 웰리봇 도입 후 조리 시간이 30% 단축되고, 음식 맛의 일관성도 크게 향상되었다. 이러한 기술 혁신은 단순한 효율성 개선을 넘어 서비스 품질 향상과 인력 운영의 최적화를 동시에 달성하는 효과를 가져왔다. 또한 AI 기반 메뉴 추천 시스템도 개발하고 있는데, 개인의 건강 정보, 과거 식사 패턴, 날씨 등을 종합 분석해서 최적의 메뉴를 제안하는 시스템으로 2025년 상반기 상용화를 목표로 하고 있다.

둘째, 현대그린푸드는 단체급식, 식자재 유통, 외식 사업 등을 포괄하며, 고품격 케이터링 서비스와 다양한 메뉴 개발 역량을 강점으로 내세우고 있다. 특히 프리미엄 세그먼트에서의 차별화 전략이 주목받고 있다. 서울 강남의 한 고급 아파트 단지에서는 현대그린푸드가 제공하는 조식 서비스가 큰 인기를 끌고 있다. 관리사무소장은 입주민들의 반응에 놀랐다고 했다. “호텔 수준의 뷔페를 아파트에서 즐길 수 있다 보니 입주민들 만족도가 정말 높습니다.” 현대그린푸드의 프리미엄 전략은 유명 셰프와의 협업 메뉴, 수입 식자재를 활용한 고급 메뉴, 테마 레스토랑 스타일의 급식 공간 조성 등 다방면에서 이루어지고 있다. 이는 단순한 급식 서비스를 넘어 고급 외식 경험을 제공함으로써 고객 만족도를 높이고 프리미엄 가격을 정당화하는 전략이다. 또한 기업 고객의 경우 회사의 브랜드 이미지와 기업 문화에 맞는 맞춤형 공간 연출과 서비스를 제공하여 차별화를 꾀하고 있다.

셋째, 아워홈은 전국적인 급식 네트워크를 바탕으로 안정적인 서비스를 제공하고 있다. 특히 지방 중소도시까지 촘촘하게 구축된 유통망이 강점이며, 이를 통해 전국 어디서나 일정한 품질의 서비스를 제공할 수 있는 시스템을 갖추고 있다. 전주의 한 공공기관 담당자는 아워홈의 서비스에 만족감을 다음과 같이 표현했다. “지방은 선택의 폭이 제한적인데, 아워홈은 수도권과 비슷한 수준의 서비스를 제공해줘서 만족합니다. 특히 지역 특산물을 활용한 메뉴 개발 능력이 뛰어났습니다.” 아워홈의 강점은 전국 네트워크를 통한 스케일 메리트와 함께 지역별 특성을 반영한 차별화된 서비스 제공에 있다. 각 지역의 특산물과 향토 음식을 급식 메뉴에 접목시켜 지역색을 살린 서비스를 제공하고 있으며, 이는 지역 경제 활성화에도 기여한다.

넷째, 아람인테크는 HR 서비스 전문 기업이지만, 단체급식 인력 운영 분야에서 국내 최고 전문 기업으로 평가받으며 주요 대기업에 서비스를 제공하고 있다. 인도네시아, 베트남, 인도 등 해외진출도 활발하다[4]. 아람인테크의 해외 진출은 단순한 사업 확장을 넘어 한국 급식 문화의 글로벌 확산에 기여하고 있다. 현지화 전략은 단순한 메뉴 조정을 넘어 현지 문화와 식습관에 대한 깊은 이해를 바탕으로 이루어지고 있다. 특히 아람인테크는 현지 직원 교육에 많은 투자를 하고 있는데, 본사에서 파견된 교육팀이 현지에서 3개월간 집중 교육을 실시하고, 우수 직원들을 한국에 초청해서 연수 프로그램도 운영하고 있다. 이는 서비스 품질의 일관성을 유지하면서도 현지 특성을 반영한 서비스를 제공하기 위한 전략이다.

신흥 경쟁자의 등장

기존 대기업 중심의 시장 구조에 변화가 일어나고 있었다. 특화된 서비스나 혁신적인 기술을 앞세운 신생 업체들이 틈새시장을 공략하기 시작했다. 이들은 기존의 관행에 얽매이지 않고 혁신적인 접근 방식을 시도하고 있어, 업계 전체의 혁신을 촉진하는 역할을 하고 있다. 서울의 한 푸드테크 스타트업은 AI 기반 개인 맞춤형 도시락 배송 서비스로 주목받고 있다. CEO는 차별화 포인트를 강조했다. “기존 업체들이 할 수 없는 초개인화 서비스가 저희 강점입니다." 이러한 신생 기업들의 등장은 급식 서비스의 개념을 확장시키고 있다. 전통적인 단체급식에서 벗어나 개인의 취향과 건강 상태를 고려한 맞춤형 서비스, 배송 서비스와 결합된 새로운 형태의 급식 서비스의 등장이다. 또한 이들은 벤처캐피탈이나 정부 지원 사업을 통해 자금을 확보하고 있어, 기술 개발과 시장 진출에 필요한 투자를 적극적으로 진행하고 있다. 이러한 경쟁 구도의 변화는 기존 업체들에게는 위협이자 기회가 되고 있었으며, 전체 시장의 혁신과 발전을 이끄는 동력이 되고 있다.

표 2-8.국내 주요 외식/단체급식 아웃소싱 기업별 특징

기업명	핵심 서비스/강점	특징적인 기술 투자/해외 진출
삼성웰스토리	단체급식, 식자재 유통	조리로봇 '웰리봇' 등 스마트 키친시스템, 해외 사업 확장
현대그린푸드	단체급식, 식자재 유통, 외식, 고품격 케이터링	고급 아파트 조식 서비스 확장
아워홈	급식, 식자재 유통, 외식	해외 시장 진출 활발
아람인테크	단체급식 인력 운영 전문, HR 서비스	인도네시아, 베트남, 인도 등 해외 진출

급식 아웃소싱 시장의 경쟁 이슈

급식 아웃소싱 시장은 성장 잠재력에도 불구하고 여러 복합적인 경쟁 이슈에 직면해 있다. 전통적인 비용과 효율성 중심의 경쟁에서 기술력, 혁신 역량, 지속가능성, 리스크 관리 등 다차원적 경쟁으로 패러다임이 변화하고 있다. 고객사들의 요구사항이 점점 복잡해지면서, 아웃소싱 업체들은 더욱 전문화되고 차별화된 서비스를 제공해야 하는 압박을 받고 있다. 또한 글로벌 경제 불확실성, 기후 변화, 디지털 전환 등 외부 환경의 급격한 변화는 아웃소싱 업계에 전례 없는 도전을 제기하고 있다.

첫째, 심각해지는 인력 위기와 원가 상승 압박이다. 급식 산업은 높은 노동 강도, 긴 근무 시간, 상대적으로 낮은 임금으로 심각한 인력난에 직면해 있다. 특히 급식 조리실무사의 경우 기본급이 최저임금에 못 미치는 경우도 있으며, 열악한 근무 환경으로 채용 경쟁률이 미달 수준인 경우가 많다. 젊은 세대는 스마트한 작업 환경과 합리적인 근무 조건을 선호하는 반면, 많은 급식업체들은 여전히 전통적인 방식에 의존하고 있어 인력 수급에 어려움을 겪고 있다. 대구의 한 급식업체 인사담당자는 채용의 어려움을 토로했다. "요리사 한 명 뽑으려고 3개월째 채용공고를 내고 있는데 지원자가 없습니다. 젊은 사람들은 급식업계를 기피하고, 기존 직원들은 나이가 들어서 체력적으로 힘들어하니 정말 큰 문제입니다." 이에 대응해 일부 기업들은 자동화 시스템 도입과 근무 환경 개선에 적극 나서고 있다. 울산의 한 급식업체에서는 2024년 하반기부터 자동 밥솥, 식재료 자동 절단기 등을 도입해 인력 부족 문제를 해결하려 노력하고 있으며, 에어컨 완비, 작업복 개선, 휴게 공간 확충 등을 통해 근무 환경을 개선하고 있다. 한편 고물가 기조 속에서 식자재 가격 변동성이 커지면서 급식 아웃소싱 기업의 원가 부담이 가중되고 있다. 인천의 한 중견 급식업체 구매

팀장은 원가 부담을 다음과 같이 언급했다. "작년 대비 식자재 가격이 평균 15% 정도 올랐습니다. 특히 육류, 유제품 가격 상승이 심각합니다. 고객사에 가격 인상을 요청하기도 어렵고, 그렇다고 품질을 낮출 수도 없어서 정말 딜레마입니다." 이런 문제를 해결하기 위해 일부 업체들은 대체 식자재 개발, 계약재배를 통한 안정적 공급망 구축, 메뉴 엔지니어링을 통한 원가 최적화 등의 노력을 기울이고 있다.

둘째, 위생 안전과 고객 기대치 상승이다. 단체급식은 한 번의 위생 사고가 대규모 피해로 이어질 수 있어 위생 관리에 대한 기대와 규제가 매우 엄격하다. 2024년 여름 서울의 한 대기업 구내식당에서 식중독 의심 신고가 들어와 급식업체가 즉시 운영을 중단한 일이 있었다. 다행히 오해였지만, 해당 업체 관계자는 위생 관리의 중요성을 다시 한 번 깨달았다고 했다. "위생 관리는 정말 생명과도 같은 문제라는 걸 다시 한번 느꼈습니다." 이에 대응하기 위해 업계에서는 HACCP 인증 강화, 실시간 위생 모니터링 시스템 도입, 직원 위생 교육 강화 등에 투자를 늘리고 있다. 한편 고객사들은 단순히 저렴한 급식을 넘어, 전문 식당에 버금가는 메뉴의 다양성과 품질을 요구하고 있다. 이는 아웃소싱 기업이 메뉴 개발 역량 강화 및 고품질 식자재 확보에 추가적인 투자를 해야 한다는 부담으로 작용한다. 경기도 수원의 한 IT기업 직원은 솔직한 의견을 제시했다. "요즘 배달음식도 맛있고 선택의 폭이 넓어 구내식당도 그 수준에 맞춰야 한다고 생각합니다." 특히 MZ세대 직원들의 영향으로 인스타그램에 올릴 만한 예쁜 음식, 건강한 음식, 이

색적인 음식에 대한 요구가 늘고 있다. 이에 따라 급식업체들도 플레이팅, 메뉴 네이밍, 식당 인테리어 등에 더 많은 신경을 쓰고 있다.

셋째, 대기업 독과점과 기술 투자 부담이다. 단체급식 시장은 상위 몇몇 대기업 계열 급식 업체들이 압도적인 점유율을 차지해 중소 규모 아웃소싱 기업의 시장 진입이 쉽지 않다. 부산의 한 중소 급식업체 대표는 현실적인 어려움을 토로했다. "대기업들은 식자재를 엄청나게 저렴하게 구매할 수 있습니다. 저희 같은 중소업체는 도저히 따라갈 수 없는 가격입니다." 이런 상황에서 중소업체들은 지역 특화, 전문 분야 집중, 개인 맞춤형 서비스 등으로 차별화를 시도하고 있다. 하지만 자본력과 인프라의 한계로 인해 대기업들과의 경쟁에서 어려움을 겪고 있었으며, 이는 시장의 다양성과 혁신을 저해하는 요소로 작용하고 있다. 일부 중소업체들은 협동조합이나 컨소시엄을 구성하여 공동 구매력을 확보하고 서비스 영역을 확장하려는 노력을 기울이고 있지만, 여전히 대기업들과의 격차를 줄이기에는 한계가 있다. AI 조리로봇 등 자동화 기술은 인력난 해소와 효율성 증대에 기여할 수 있지만, 막대한 초기 투자 비용이 수반된다. 대전의 한 급식업체 대표는 투자 부담을 다음과 같이 설명했다. "로봇 한 대에 수억 원이 듭니다. 저희 같은 중소업체가 감당하기엔 너무 큰 부담입니다." 또한 자동화로 인해 단순 반복 노동자의 고용이 축소될 수 있다는 전망도 있어, 현장 종사자들의 고용 변화에 대한 대비도 필요하다.

경쟁 속에서 찾는 새로운 기회

이러한 경쟁 이슈들은 급식 아웃소싱 시장이 단순히 식사를 제공하는 것을 넘어 복잡하고 전문적인 관리가 필요한 산업으로 진화하고 있음을 보여준다. 하지만 위기는 곧 기회이기도 하다. 광주의 한 급식업체는 로컬푸드 특화 전략으로 차별화에 성공했다. 대표는 성공 요인을 다음과 같이 설명했다. "전라도 특산물을 활용한 메뉴 개발에 집중했습니다. 지역 농가와 직접 계약해서 신선한 식재료를 공급받고, 향토음식을 현대적으로 재해석한 메뉴로 큰 호응을 얻고 있습니다." 이러한 사례들은 위기 상황에서도 창의적인 접근과 차별화 전략을 통해 새로운 성장 동력을 찾을 수 있음을 보여주고 있으며, 업계 전체에 혁신의 필요성과 가능성을 시사하고 있다.

한편 친환경 포장재 사용, 로컬푸드 우선 구매, 공정거래 실천 등이 새로운 경쟁력이 되고 있다. 제주의 한 급식업체는 '탄소 제로 급식'을 목표로 하는 혁신적인 시도를 하고 있다. 태양광 에너지로 운영되는 주방, 지역 농산물 100% 사용, 음식물 쓰레기 완전 재활용 등을 통해 환경 친화적 급식 모델을 구축했다. 업체 대표는 그 효과를 설명했다. "처음에는 비용이 많이 들었지만, 지금은 고객사들이 먼저 찾아와서 벤치마킹하려고 합니다." 이러한 노력은 특히 젊은 세대 직원들과 글로벌 기업들에게 높은 호응을 얻고 있다. 또한 정부의 환경 정책과도 부합하여 각종 지원 사업의 혜택을 받을 수 있는 기회도 있다. 대구의 한 중견 급식업체는 AI 기반 식자재 수요 예측 시스템을 도입해서 음식물 쓰레기를 50% 줄이는 성과를 거뒀다. 기획팀장은 데이터의 힘을 실감했다고 했다. "과거 3년간의 데이터를 분석해서 날씨, 요일, 계절 등을 고려한 정확한 수요 예측이 가능해졌습니다." 이러한 기술 혁신은 비용 절감과 환경 보호를 동시에 달성하는 효과를 가져오고 있다. 특히 중소업체들도 클라우드 기반 솔루션을 활용해서 대기업과의 기술 격차를 줄여나가고 있다.

급식 아웃소싱 시장의 경쟁은 단순한 가격 경쟁을 넘어, 기술력, 서비스 품질, 혁신 능력을 종합한 가치 경쟁으로 발전하고 있다. 고물가 시대의 대안에서 시작된 급식 아웃소싱이 이제는 기업 문화와 직원 복지의 핵심 요소로 자리잡으면서, 단순한 서비스 제공을 넘어 고객사의 성장과 발전에 기여하는 진정한 파트너로 진화하고 있다. 확실한 B2B 급식 파트너십은 이제 기업 경쟁력 강화의 숨은 열쇠가 되고 있다. 무엇보다 이러한 파트너십은 양방향적 성장을 추구하는 상생 모델로 발전하고 있으며, 이는 지속가능한 비즈니스 생태계 구축의 중요한 기반이 되고 있다.

혁신사례

삼성웰스토리

연수원 식당에서 시작해 하루 100만 끼를 책임지다

1982년 6월, 삼성그룹 연수원의 작은 식당에서 특별한 여정이 시작되었다. 당시만 해도 단순히 "배고픈 직원들 밥 좀 해주자" 수준이었던 것이, 40년이 넘는 시간을 거쳐 하루 100만 끼를 책임지는 대한민국 최고의 급식 아웃소싱 전문기업으로 성장한 것이다. 1994년 식음서비스 운영 사업부가 설립되면서, '식음서비스에 과학적 기준을 수립하고 시스템을 구축하겠다'는 비전을 세웠다.

독립과 새로운 도전의 출발점

2013년, 삼성웰스토리는 삼성에버랜드에서 분리되어 독립 법인으로 출발했다. 이는 단순한 조직 개편이 아니라, 더 큰 꿈을 향한 새로운 출발이었다. 그룹 내에서는 새로운 투자나 과감한 도전을 하려고 해도 여러 단계를 거쳐야 했기 때문에 제약이 많을 수 밖에 없었다. 독립 결정의 배경에는 급식 시장의 급격한 변화도 있었다. 2010년대 들어 소비자들의 먹거리에 대한 관심이 폭발적으로 늘어났고, 단순히 배부르게 먹는 것을 넘어서 건강하고 맛있는 음식에 대한 니즈가 커지고 있었다. 이런 변화에 빠르게 대응하려면 민첩한 조직이 필요했다.

급식 아웃소싱 패러다임의 혁신적 전환

가장 혁신적이었던 건 '과학적 식음 서비스'라는 접근법이었다. "단순히 배불리 먹여주는 게 아니라, 고객의 건강까지 책임져야 합니다"라는 철학으로 식품연구소와 조리아카데미를 설립하고, 연간 1만여 건 이상의 식자재 안전성 검사를 수행하는 시스템을 구축했다. 대부분의 급식업체들이 비용 절감에만 집중하고 있을 때, 삼성웰스토리는 오히려 연구개발에 막대한 투자를 하고 있었다. 식품의약품안전처, 국립농산물품질관리원 등 국가공인기관의 인증을 받은 식품연구소는 급식업계에서는 전례 없는 규모와 전문성을 자랑했다. 조리아카데미는 영양학, 위생학, 고객 서비스까지 포괄하는 종합 교육 시스템으로, 전국 각지의 사업장에서 삼성웰스토리만의 차별화된 서비스를 제공하는 핵심 인력을 양성했다. 아카데미에서는 단순히 요리 기술만 가르치는 게 아니라, 고객의 마음을 읽는 서비스 정신까지 교육했다.

추진 프로세스

첫 번째 단계는 메뉴 개발 과정을 과학화한 것이었다. 삼성웰스토리는 30,000개의 표준화된 레시피를 개발해서 62,000가지의 다양한 세트를 구성할 수 있는 시스템을 만들었다. 이 숫자만 봐도 얼마나 방대한 작업이었는지 알 수 있다. "처음에는 정말 힘들었습니다. 하나하나 다 테스트하고 기록하는 과정을 거쳤습니다. 하지만 이렇게 체계화하니까 어떤 고객이 와도 맞춤형 서비스를 제공할 수 있게 되었습니다. 예를 들어 A사는 매운 음식을 좋아하고, B사는 담백한 음식을 선호한다면, 각각에 맞는 메뉴를 즉시 제안할 수 있게 된 것입니다." 메뉴 개발팀 관계자의 회상이다. 이 과정에서 가장 어려웠던 건 기존의 경험과 감에 의존했던 요리 방식을 완전히 데이터화하는 것이었다. 베테랑 요리사들이 "손맛"이라고 표현했던 것들을 정확한 수치와 절차로 바꿔야 했다. 조미료 한 스푼도 정확히 몇 그램인지, 볶는 시간은 몇 분 몇 초인지, 모든 걸 세세하게 기록했다. 자문 교수 등 맛 평가단의 전문적 검증과 파일럿 테스트, 고객 품평회의 철저한 검증 과정을 거쳐 새로운 메뉴를 개발하는 시스템을 만들었다. 맛 평가단은 단순히 맛만 평가하는 것이 아니라, 영양학적 균형, 시각적 만족도, 조리의 용이성까지 종합적으로 평가했다. 특히 계절별, 지역별 특성을 고려한 맞춤형 메뉴 개발에 큰 역할을 했다.

두 번째 단계로 급식업계 최초 '전자혀·전자코'를 도입했다. 2017년 삼성웰스토리는 급식업계 최초로 용도별 쌀 4종(백반용, 볶음밥용, 김밥용, 죽용)을 개발했다. 전국 86개 쌀 품종을 수집해서 분석하고, 농촌진흥청, 국립종자원, 전남대 등과 협력해서 연구를 진행했다. 이 프로젝트가 시작될 때만 해도 "쌀이면 다 똑같은 쌀이지, 뭘 그리 복잡하게 하나" 하는 반응들이 많았다. 하지만 연구가 진행되면서 쌀 품종마다 전혀 다른 특성을 가지고 있다는 게 밝혀졌다. 업계 최초로 스마트 맛 분석기기 '전자혀'와 '전자코'를 도입한 것이 핵심이었다. 이 장비들은 독일에서 수입한 최첨단 기기로, 도입 비용만 수억원이 들었다. 당시 경영진은 "급식업체가 이런 장비까지 필요할까" 하는 의견도 있었지만, 과학적 접근을 위해서는 필수적이라고 판단했다. 이 장비는 인간이 혀로 느끼는 다섯 가지 맛과 코로 느낄 수 있는 수천 종의 향미를 수치로 측정하고 분석할 수 있었다. 이런 과학적 접근을 통해 각 용도에 최적화된 쌀을 개발했다. 볶음밥용은 식감이 단단하고 기름과 어울림이 좋은 쌀, 김밥용은 식어도 맛이 좋은 쌀, 죽용은 단맛이 나고 점도가 높은 쌀로 만든 것이다. 실제로 이렇게 개발된 용도별 쌀을 사용하니까 고객 만족도가 눈에 띄게 올라갔다.

세 번째 단계로 전문 인력을 육성하기 위해 국내 최초로 밥소믈리에 자격을 취득한 밥 전문가들을 양성했다. 밥소믈리에가 되기 위해서는 엄격한 교육과 시험을 통과해야 하고, 쌀의 품종별 특성, 보관 방법, 세척 방법, 취반 기술, 심지어 계절과 날씨에 따른 밥짓기 요령까지 배워야 했다. 이렇듯 조리아카데미를 통해 최고의 식음 전문가를 양성하는 시스템을 구축하여, 단순히 요리만 하는 게 아니라, 영양, 위생, 고객 서비스까지 모든 것을 체계적으로 교육했다.

네 번째 단계로 해외 진출을 통해 베트남의 기적을 이루었다. 2015년 베트남 시장에 도전장을 던진 삼성웰스토리는 정말 놀라운 성과를 보여줬다. 베트남은 경제성장률이 높고, 외국 기업들의 진출이 활발한 시장으로 삼성전자를 비롯한 한국 기업들이 많이 진출해 있어서 삼성웰스토리에게는 기회의 땅이었다. 베트남 진출 3년 만에 단체급식 1위에 등극했다. 2018년 기준 33개 고객사에 하루 30만 식을 제공하며, 2위·3위 업체와 10만 식 이상 차이가 나는 압도적 1위를 차지했다. 60억원 규모의 물류센터와 식품연구소를 현지에 설립하는 등 인프라에 적극 투자한 것이 성공의 핵심이었다.

마지막 단계는 유전자 맞춤형 식단과 미래 기술을 도입하는 것이다. 삼성웰스토리는 한국식품연구원과 업무협약을 체결해서 유전자 맞춤형 식단을 개발하고 있다. 개인의 유전자 정보를 분석해서 그 사람에게 최적화된 영양소 조합을 찾아내고, 그에 맞는 맞춤형 식단을 제공하는 혁신적인 서비스이다. 실제로 파일럿 테스트를 해보니 결과가 정말 놀라웠다. 같은 음식을 먹어도 개인의 유전자 특성에 따라 소화 흡수율이나 영양소 활용도가 완전히 다르다는 게 밝혀진 것이다. 예를 들어 어떤 사람은 탄수화물 대사가 빠르고, 어떤 사람은 지방 분해 능력이 뛰어나다. 이런 개인차를 고려해서 식단을 짜면 똑같은 칼로리를 섭취해도 건강 효과가 훨씬 좋아진다.

고객사의 성과

삼성그룹 전 계열사에서 삼성웰스토리가 급식을 담당하고 있다. 삼성전자, 삼성디스플레이, 삼성SDI, 삼성SDS 등 모든 주요 계열사에서 안정적이고 전문적인 급식 서비스를 제공받고 있다. 특히 삼성전자의 경우 전 세계 사업장에서 근무하는 수십만 명의 임직원들이 삼성웰스토리의 서비스를 이용하고 있으며, 국내는 물론 베트남, 중국 등 해외 사업장에서도 일관된 품질의 서비스를 제공받을 수 있어서 직원 만족도가 매우 높았다.

아모레퍼시픽 본사 식당은 원래도 호텔급 높은 퀄리티였는데, 삼성웰스토리로 바뀌고 나서 퀄리티가 더 나아졌다. 특히 메뉴의 다양성과 영양 관리 부분에서 만족도가 높아졌다. 쿠팡의 경우는 24시간 운영되는 물류센터의 특성상 식사 시간이 불규칙한데, 삼성웰스토리가 이런 특수한 요구사항도 완벽하게 맞춰주고 있다.

베트남에서는 삼성전자, 효성, 한솔, 드림텍 등 주요 고객사들이 삼성웰스토리의 서비스에 매우 만족하고 있다. 특히 위생관리와 메뉴의 다양성에서 현지 업체들과 확실한 차별화를 보여주고 있다. 한국 기업들이 베트남에 진출하면서 가장 어려움을 겪는 부분 중 하나가 바로 임직원들의 식사 문제였는데, 현지 음식에 적응하지 못하는 한국인 직원들과 한국 음식을 원하는 현지 직원들의 니즈를 동시에 만족시키기가 쉽지 않았다. "삼성웰스토리가 베트남에 진출하고 나서 이런 고민이 많이 해결되었습니다. 한국 음식과 베트남 음식을 모두 맛있게 만들어주니까 직원들 만족도가 정말 높아졌습니다. 덕분에 현지 직원들의 회사에 대한 충성도도 올라갔습니다." 베트남 진출 한국 기업 관계자의 이야기다. 더 놀라운 건 베트남 현지 기업들도 삼성웰스토리의 서비스를 벤치마킹하기 시작했다는 점이다. 선진화된 급식 시스템과 체계적인 위생 관리가 베트남 급식업계 전체의 수준을 끌어올리는 역할을 하고 있다.

삼성웰스토리의 성과

40년간의 성과를 숫자로 보면 정말 놀랍다. 1982년 삼성그룹 연수원 작은 식당에서 시작해서, 현재는 하루 100만 끼를 제공하는 국내 최대 급식 전문기업으로 성장했다. 2017년 기준 매출 1조 7,324억원을 달성해서 급식업계 최초로 1조원을 돌파했다. 40년 동안 단 한 해도 마이너스 성장을 기록하지 않았고, 특히 2013년 독립 이후에는 연평균 15% 이상의 성장률을 보여왔다. "급식업계는 특히 경기 변동에 민감한 편인데, 이런 안정적인 성장을 유지한다는 게 쉽지 않기 때문에, 40년간 단 한 번도 마이너스 성장이 없었다는 건 정말 대단한 성과입니다." 업계 전문가의 평가다. 직원 수도 엄청나게 늘어났다. 초기 연수원 식당에서 10여 명으로 시작했던 것이, 현재는 국내외 합쳐서 5만 명이 넘는 대규모 조직이 되었다. 이는 단순히 숫자의 증가가 아니라 그만큼 많은 일자리를 창출했다는 의미이기도 하다. 국내뿐만 아니라 중국 48개 사업장에서 하루 12만 식, 베트남 90여 개 사업장에서 연간 7,300만 식을 제공하고 있다.

이러한 양적 성장과 더불어 직원들의 자부심도 높아졌다. 예전에는 급식업을 단순한 서비스업으로 여겼지만, 이제는 '식음 전문가'라는 자부심을 갖게 되었다. "우리가 하는 일이 단순히 밥 해주는 게 아니라, 고객의 건강과 행복을 책임지는 전문적인 일이라는 걸 깨달았습니다. 과학적 시스템을 배우고 전문 교육을 받으니까 정말 전문가가 된 기분입니다. 친구들한테도 자신 있게 내 직업을 자랑할 수 있게 되었습니다." 현장 직원의 이야기다.

30,000개 표준화된 레시피, 전자혀·전자코를 활용한 과학적 맛 분석, 유전자 맞춤형 식단 개발 등 업계 최고 수준의 기술력을 확보했다. 이는 다른 업체들이 쉽게 따라할 수 없는 삼성웰스토리만의 경쟁 우위다. "우리 식품연구소의 검사 역량은 국내 어떤 급식 업체와 비교해도 뒤지지 않습니다. 오히려 일부 식품 제조업체보다도 더 체계적이고 엄격한 기준으로 관리하고 있습니다." 식품연구소 관계자의 자부심 넘치는 이야기다.

업계에서의 인정과 파급효과

삼성웰스토리의 성공은 급식 아웃소싱 업계 전체에 새로운 표준을 제시했다. 단순한 급식 서비스에서 과학적 식음 솔루션으로, 3D 업종에서 전문 기술업으로의 인식 전환을 이끌었다. "삼성웰스토리가 보여준 혁신들 덕분에 급식업계 전체의 수준이 올라갔습니다. 이제는 과학적 접근이 당연한 것이 되었거든요. 예전에는 '급식업이 뭔 연구개발이야' 했는데, 이제는 연구소 없는 업체는 경쟁력이 없다고 여겨질 정도입니다." 업계 전문가의 평가다.

많은 후발 업체들이 삼성웰스토리의 시스템을 벤치마킹하고 있으며, 이는 업계 전체의 서비스 품질 향상으로 이어지고 있다. 특히 식품안전 관리, 메뉴 개발 시스템, 직원 교육 프로그램 등에서 삼성웰스토리가 제시한 기준이 업계 표준으로 자리잡아가고 있다.

삼성웰스토리의 성장은 직접적으로 고용 창출에 기여하고 있다. 현재 국내외 합쳐서 수만 명의 직원이 근무하고 있으며, 해외 진출을 통해 현지 고용 창출에도 기여하고 있다. 특히 베트남에서는 현지 직원 3,000여 명을 고용하면서 현지 고용 창출에 크게 기여했으며, 이는 단순한 고용 창출을 넘어 현지 직원들에게 선진 기술과 서비스 노하우를 전수하는 역할도 하고 있다. "베트남 직원들이 한국의 선진 급식 시스템을 배워서 나중에 독립해서 자기 사업을 하는 경우도 많습니다. 이런 식으로 기술 전파 효과도 큽니다." 베트남 법인 관계자의 설명이다.

3부

아웃소싱 산업의

혁신 그리고 미래

13장

제니엘의 혁신 시스템과 조직문화

끊임없는 도전 DNA

"한번 시작한 도전은 끝을 본다." 이 한 마디가 제니엘의 혁신을 위한 도전 정신을 상징한다. 1990년대 중반 한국에서 아웃소싱은 법적 기반과 사회적 인식이 부족해 "불법 파견"으로 오해받으며 불안정한 영역으로 여겨졌다. 제니엘도 파견법 제정 이전에 인재 파견 사업을 시작하여 제도적 불확실성과 대규모 계약 해지 같은 어려움에 직면했고, 코스닥 상장 시도마저 사회적 편견 속에서 무산되었다. 당시 한국의 기업 문화가 안정 추구에 치우쳐 있었기 때문에, 아웃소싱 사업에 뛰어드는 것은 "용감한 사람만 하는 위험한 도전"으로 인식되었다.

제니엘 박인주 회장은 도전정신으로 이러한 난관을 정면 돌파하는 리더십을 발휘했다. "끝없는 고민과 갈구, 새로운 것에 대한 열정"으로 무장한 창업자는 남들이 가지 않은 길을 가며 초창기부터 혁신을 주도했다. 1996년 카드 배송 업무로 시작한 제니엘은 곧 은행 연체관리, 콜센터 운영, 병원 업무지원 등 남들이 안 해본 일에 연이어 도전하며 사업 포트폴리오를 넓혔다. 1998년에는 업계 최초로 자체 홈페이지를 오픈하고, 인재데이터뱅크를 구축하는 등 IT 활용을 선도했다. 2000년대 초 제니엘은 홈페이지 개편과 IT 기능 강화를 통해 인터넷 순위 전문사이트의 접속자 조사에서 인재파견 분야 1위에 오르는 성과를 기록했다. 2001년에는 아웃소싱 업계로는 처음으로 국제 품질표준 ISO 9001 인증을 획득하며 서비스 표준화에 앞장섰다. "실수 제로 운동", "전직원의 손실금 제로화 실천" 등에서 볼 수 있듯이, 철저한 자기훈련과 높은 집중력을 강조하며, 조직 전반에 강력한 실행 문화를 형성했다. 예컨대 2011년 전 직원이 주간에는 세미나, 야간에는 30km 행군을 하는 극기 도전 워크샵을 실시했고, 과거 해병대 캠프 훈련까지 실시하며 "힘들어야 기억에 남는다"는 도전 DNA를 체득시키는 등 한 번 결정한 일은 반드시 실행하는 강한 추진력을 조직문화로 정착시켰다.

창립 10년 만에 제니엘은 매출 1,000억 원 돌파와 함께 전국 300여 고객사에 7,000여 명의 인력을 공급하는 업계 선도기업으로 발돋움했다. 제니엘은 "내 일은 내가 찾는다"는 사원정신 아래 카드 배송, 병원 환자이송, 금융 콜센터 등 다수의 신사업을 개척하며 업계를 앞서 나갔다. 업계 선도자로서 사업모델과 시스템을 정착시켜 업계 표준을 제시하는 선도자(first-mover)의 위상을 확보했다. 이후로도 제니엘은 끊임없는 사업 다각화와 혁신으로 성장 가도를 달렸다. 창립 20년인 2015년 기준 임직원 1만 2천 명, 매출 3,000억 원 규모를 달성했고, 30년 차인 현재는 약 1만 4천 명의 인력이 500여 개 현장에서 다양한 서비스를 제공하는 대한민국을 대표하는 아웃소싱 기업으로 성장했다. 무엇보다 값진 성과는 제니엘 내부에 도전의 DNA가 면면히 계승되어온 것이다. 창업자의 개척 정신은 조직 전반에 스며든 가장 큰 강점이 되었고, 새로운 시도와 변화를 두려워하지 않는 문화로 정착하였다.

피터 드러커는 "미래를 예측하는 가장 좋은 방법은 그것을 스스로 만들어내는 것이다.[1]"라고 이야기하고 있다. 도전은 선택이 아니라 생존을 위한 전략이다. 제니엘은 누구도 가지 않았던 길에 먼저 발을 디뎠고, 시도하지 않은 사업은 실패가 아니라 가능성이라 믿었다. 시장의 틈을 먼저 읽고, 규제가 정비되기 전부터 뛰어든 선제적 대응은 결국 새로운 기준을 세우는 힘이 되었다. 제니엘의 성공은 과거를 반복한 결과가 아니었다. 기존에 없던 경로를 스스로 개척하여 업계를 이끄는 선도적 혁신자로 부상했다.

핵심역량에 집중하는 파트너십 혁신

제니엘은 "고객의 성공이 곧 제니엘의 성공이다"라는 신념을 바탕으로 고객사를 단순한 발주처가 아니라, 성장을 함께 설계하는 전략적 동반자로 인식해왔다. 이는 아웃소싱 업계에서 파트너십 중심의 모델이 정착되는 중요한 계기가 되었으며, 장기적 신뢰관계를 기반으로

1 The best way to predict your future is to create it.

운영되는 창조적 지속경영이 가능한 아웃소싱 구조로 발전하였다.

고객이 아웃소싱 기업을 단순도급이나 하청으로 인식하면 기본적인 비용 절감을 위한 관계만 형성되고 아웃소싱 기업은 정해진 요구만을 수행하는 수동적 역할에 머무르게 된다. 이런 관계에서는 혁신보다 단가 경쟁이 난무하고, 서로를 믿지 못해 윈윈 대신 윈루즈(win-lose) 상황이 벌어지는 경우가 비일비재했다. 일부 고객 기업들은 인건비를 후려쳐 아웃소싱 기업의 마진을 최소화했고, 반대로 일부 아웃소싱 기업은 무리한 수주로 서비스 품질을 떨어뜨려 신뢰 하락을 초래했다. 계약도 단기 반복이 많아 전략적 투자나 장기 혁신 시도는 어려웠다.

제니엘은 고객과의 관계를 단순히 "일을 맡기는 발주자"와 "일을 수행하는 수탁자" 사이의 수직적 구조로 인식하지 않는다. 대신 같은 목표를 향해 나아가는 동반자로 보고, 고객은 자신의 핵심역량에 집중하고, 제니엘은 고객의 문제를 해결하는 자체를 자사의 핵심역량으로 구축하는 방식으로 창조적 혁신을 주도했다. 고객의 문제를 창의적으로 해결하기 위해 제안 단계부터 고객의 목소리를 듣고, 필요한 경우 외부 전문가나 협력사를 참여시켜 문제를 함께 정의하고 해결책을 공동으로 설계하는 방식을 적극적으로 도입했다. 제니엘 내부에서는 이를 "창조적 지속경영"이라 부른다. 실제로 물류센터나 유통, 콜센터 등 복잡한 운영 환경에서는 IT 솔루션 업체, 설비 회사, 보안 전문기업 등과 컨소시엄을 구성해 단순 인력 제공을 넘어 토털 솔루션을 제안하기 위해 노력했다. 이러한 제안 방식은 고객이 필요로 하는 것을 넘어서, 고객조차도 아직 알지 못한 문제를 먼저 발견하고 선제적으로 제안하는 방향으로 진화하고 있다. 일부 프로젝트에서는 성과에 따라 보상이 달라지는 계약 방식을 실험하기도 했다. 성과가 기준치를 초과할 경우 고객과 일정 비율의 인센티브를 공유하는 방식으로, 이는 고객과 제니엘이 함께 책임과 성과를 나누는 협력 기반의 보상 구조를 지향한다.

제니엘은 고객의 목소리를 일회성 의견이 아닌 지속적인 개선으로 활용해왔다. 계약 수행 과정에서 발생하는 다양한 피드백은 현장 관리자, 잡 컨설턴트, 고객 응대 채널 등을 통해 수시로 수집되며, 이를 분석하여 서비스 개선과 재계약 제안 시 운영 전략 수립에 반영하고 있다. 이러한 흐름은 단순히 "들었다"에 그치지 않고, "어떻게 반영되었는가"를 내부적으로 점검하는 구조로 이어진다. 제니엘은 이를 통해 고객과의 소통을 반복적이고 진화하는 구조로 만들고 있다. 제니엘은 아웃소싱 산업의 미래는 단순한 인력 제공을 넘어 고객과 함께할 수 있는 솔루션 기업으로 거듭날 수 있는 핵심역량을 어떻게 구축하느냐에 달려 있다는 신념으로, 고객을 동반자로 인식하는 파트너십 전략을 업계에 정착시켜 왔다.

"단순 도급이나 업무 위탁을 넘어선 토털 아웃소싱으로 혁신해야 창조적 아웃소싱 기업의 핵심역량이 구축될 수 있습니다. 이를 통해 고객사의 지속가능한 성장을 돕는 파트너로서의 역할을 수행해야 합니다"고 제니엘 박인주 회장은 강조했다.

그림 3-1. 제니엘의 기업이념

MISSION 일하고 싶은 사람이 **마음껏 일할 수 있는** 행복한 사회구현

VISION The **Best Partner** for **Your Success**

VALUE **인재**를 통한 **가치경영**

고객감동의 실현 : 제니엘人의 사업철학
혁신경영의 추구 : 제니엘人의 행동양식
인간존중의 실천 : 제니엘人의 마음가짐

이를 위해 제니엘은 외부 IT·물류·보안 전문기업들과 컨소시엄을 구성해 토털 솔루션 제공을 위한 협업 프로젝트를 제안하고 있다. 이러한 협력형 사업 모델은 고객사의 운영 효율과 비용절감은 물론 지속가능한 창조적 아웃소싱을 이루는 방식으로 평가받고 있다. 지속가능한 파트너십을 기반으로 고객과의 장기계약관계를 형성한 제니엘은 2025년 국내외 주요 기업 및 기관 약 500여 곳과 신뢰 관계를 유지하며 일회성 발주가 아니라 장기적 협업 모델을 만들고 있다. "고객과 제니엘을 구분하지 않는 관계"라는 조직 철학을 바탕으로 고객의 브랜드 가치 향상은 물론 제니엘의 핵심역량이 지속적으로 강화되고 있다.

스티브 잡스는 "위대한 비즈니스는 한 사람에 의해 이루어지지 않는다. 반드시 팀에 의해 이루어진다[2]"고 말했다. 이 말은 조직의 성과와 성공이 결국 각자의 역량을 넘어, 함께 일하는 사람들의 협력과 팀워크에서 비롯된다는 점을 강조하고 있다. 아웃소싱 또한 마찬가지다. 제니엘은 고객사를 단지 일감을 주는 상대가 아니라, 각자의 핵심

2 Great things in business are never done by one person; they're done by a team of people.

역량을 창조적으로 구축하여 공동의 목표를 향해 함께 나아가는 하나의 팀으로 바라보고 있다. 결국 아웃소싱에서 가장 중요한 것은 파트너 간의 신뢰와 상생의 문화다. 제니엘은 이러한 원칙을 구체적인 운영 방식으로 실천함으로써 "고객과 제니엘을 구분하지 않는 관계"를 만들어가고 있다. 고객의 고민을 자기 일처럼 받아들이고, 서로의 입장을 존중하며 함께 목표를 향해 나아가는 협력의 문화 속에서 비로소 1+1=3의 시너지가 만들어진다. 제니엘의 파트너십 혁신은 이런 의미에서 각자의 핵심역량을 바탕으로 산업전반의 혁신과 상생을 이끄는 대표적 사례로 자리매김하고 있다.

시스템과 데이터를 기반으로 한 업무프로세스 혁신

제니엘은 "보이지 않으면 관리할 수 없다"는 원칙 아래, 창립 초기부터 현장 운영의 투명성과 가시성을 높이기 위해 IT 기반 시스템 구축에 주력해왔다. 이러한 노력은 업무 흐름의 정량화와 실시간 데이터 관리 체계로 이어졌고, 서비스 품질 향상과 운영 효율성 개선이라는 이중 효과를 창출했다. 이는 제니엘의 경영철학인 "데이터가 곧 신뢰다"로 요약될 수 있다. 아웃소싱 비즈니스 특성상 다수의 파견 직원이 전국 각지의 고객 현장에서 근무하게 된다. 이에 따라 본사와 현장 간 정보 비대칭 문제가 발생하기 쉽고, 본사의 통제가 닿지 않는 품질 사각지대가 항상 존재했다. 2000년대 초반만 하더라도 각 파견 현장은 주로 수기 보고나 개별 시스템에 의존하여 운영되었기 때문에, 표준화된 실시간 정보 파악과 신속한 문제 대응에 어려움이 있었다. 예컨대 A지점에서 어떤 직원이 투입되어 어떤 성과를 내는지 본사가 제때 알기 힘들고, 문제 발생 시 즉각적인 대응이 지연될 위험이 있었다. 또한 사업이 확장될수록 현장 운영 정보가 제대로 전달되지 않으면 의사결정이 지연되고 비용 손실이 발생하는 등 리스크가 커졌다. 고객사들도 점차 투명한 운영 모니터링과 성과 데이터 공유를 요구했지만, 당시 업계 전반의 디지털 인프라는 이에 미치지 못했다.

이러한 문제의 심각성을 조기에 인지한 제니엘은 2003년부터 ERP와 CRM 시스템 도입을 위한 본격적인 컨설팅과 투자를 시작했다. 2005년에는 인사와 재무 업무를 통합 관리할 수 있는 전사 시스템을 구축하여 운영 효율성을 높였다. 흩어져 있던 현장 정보를 실시간으로 통합한 이 시스템은 "IT 없이는 미래가 없다"는 제니엘의 비전을 구체화한 대표적 사례가 되었다. 제니엘은 병원, 콜센터, 제조·물류 등 다양한 분야의 고객사를 대상으로 현장 맞춤형 운영 시스템을 적용해 왔다. 콜센터, 물류센터 등 다양한 현장에 맞춰 전산 시스템과 운영 프로세스를 최적화하면서, 제니엘은 단순 인력 공급을 넘어 운영 솔루션을 포함한 업무위탁 서비스를 강화해 왔다. 한편, 제니엘은 현장 시스템 고도화를 위해 ERP·CRM 통합, 프로세스 표준화, 데이터 기반 관리체계 구축을 지속하고 있으며, 이를 통해 사실 기반의 의사결정 문화를 정착시키는 데 주력하고 있다.

제니엘은 디지털 기반 시스템을 조기에 도입하며 현장 운영의 가시성과 관리 효율을 동시에 끌어올렸다. ERP, CRM, 병원 이송관리 시스템 등 맞춤형 솔루션을 지속적으로 개발해 적용한 결과, 동일 인력으로 더 많은 고객사를 지원할 수 있게 되었고, 인당 생산성과 매출 역시 자연스럽게 증가하는 구조를 갖추게 되었다. 특히 병원 사업장의 경우, 환자 이송관리 프로그램을 자체 개발하여 병동 간 이동 업무의 정확도와 응급 대응 속도를 크게 향상시켰다. 이 시스템은 인력 운영의 일관성과 신뢰도를 높이는 기반이 되었고, 한때 20여 곳 이상의 병원과 계약을 유지하며 의료 아웃소싱 분야에서도 시장 경쟁력을 입증했다. 더불어 이러한 시스템을 통해 수집되는 현장 실시간 데이터는 고객사와 투명하게 공유되었고, 이는 고객의 피드백을 빠르게 반영하고 성과를 수치로 입증할 수 있는 기반이 되었다. 결과적으로 고객사의 신뢰와 만족도가 지속적으로 향상되었으며, 계약 유지율과 재계약 비율 상승에도 긍정적인 영향을 미쳤다. 제니엘은 ERP와 현장 시스템을 통해 운영 데이터의 축적과 분석 기반을 지속적으로 확장해왔다. 이러한 데이터는 기존 서비스의 품질 개선뿐 아니라, 산업별 니즈를 체계적으로 파악하고, 새로운 부가서비스를 기획하는 데에도 활용되고 있다. 특히 물류 현장 운영 경험과 데이터를 기반으로 한 교육 콘텐츠와 프로세스 컨설팅은, 기존 인력파견을 넘어서는 업무위탁 서비스 영역 확장으로 이어지고 기획, 운영을 포함한 토털 아웃소싱으로 진화하고 있다.

업무 프로세스의 표준화와 부분 자동화를 통해 관리 인력의 효율성도 크게 향상되었다. 예전보다 적은 관리 인력으로 더 많은 현장을 운영할 수 있게 되면서, 파견 인력 확대에도 불구하고 본사 고정비는 상대적으로 안정적으로 유지되고 있다. 한편 제니엘은 자체 플랫폼과 BI 도구를 고도화하여 현장 운영의 모든 것을 숫자로 시각화하기 위한 혁신을 지속하고 있다. 데이터 기반 의사결정과 모니터링 체계 구축을 통해 서비스 품질과 효율 모두를 동시에 끌어올리는 것이 제니엘의 지향점이다.

W. 에드워즈 데밍은 "우리는 신을 믿지만, 나머지는 모두 데이터를 가져와야 한다[3]"고 말했다. 이는 직관이나 권위가 아닌, 수치와 사실에 기반한 경영의 중요성을 강조하는 통찰로, 데이터 없이는 문제를 진단할 수도, 성과를 입증할 수도 없다는 의미다. 운영의 복잡성이 커지고, 관리 범위가 확장될수록 감에 의존하는 경영은 한계에 직면한다. 현장의 흐름을 보지 못하면 문제를 예측할 수 없고, 예측하지 못한 문제는 결국 성과 저하로 이어진다. 제니엘은 이러한 한계를 극복하기 위해 운영 가시성(visibility)을 조직 전체에 정착시켜 왔다. 전국 각지의 사업장을 하나의 시스템으로 연결하고, 지표화된 데이터를 실시간으로 수집·분석함으로써, 현장에서 발생하는 수많은 이슈를 숫자로 해석할 수 있는 구조를 만든 것이다. 이러한 시스템은 본사와 현장의 연결 고리 역할을 한다. 각 지점의 컨설턴트가 보고한 수치는 본사 데이터로 즉시 집계되고, 예외 상황은 사전에 감지되어 문제 대응이 빨라진다. 이처럼 사람의 물리적 한계를 보완하는 도구로써 IT는 신속

3 In god we trust; all others must bring data.

성·정확성·확장성의 세 가지 가치를 동시에 제공하고 있다. 디지털 전환(DX)은 더 이상 선택의 문제가 아니다. 비록 작은 영역일지라도 측정할 수 있다면 관리할 수 있고, 관리할 수 있다면 혁신할 수 있다. 제니엘은 이 원칙을 바탕으로, 보이지 않던 현장을 데이터로 투명하게 연결하는 조직을 만들어가고 있다.

탄력적 조직운영과 체계적 인재육성

제니엘은 창립 초기부터 "교육은 비용이 아닌 투자"라는 신념 아래 전사적 학습 문화를 정착시켜왔다. 이러한 투자와 시스템화 덕분에 고객 서비스 품질과 사업 성과로 이어지는 구조를 갖추게 되었으며, 이는 곧 제니엘 교육 철학의 핵심인 "교육이 곧 매출이다"라는 실천적 구호로 정리될 수 있었다. 아웃소싱 기업의 성패는 사람에게 달려 있다고 해도 과언이 아니다. 고객사가 원하는 솔루션을 적시에 공급하려면, 아웃소싱 기업 스스로 이를 제공할 수 있는 우수 인력을 길러낼 수 있어야 한다. 하지만 1990년대 중반 제니엘 창립 당시만 해도 체계적인 교육 프로그램을 갖춘 업체는 전무했고, 산업 특성상 높은 이직률도 난제였다. 파견 직무의 다변화로 직원들의 직무 역량 격차도 커서, 단순 직무교육만으로는 균일한 서비스 품질을 담보하기 어려웠다. 게다가 아웃소싱 업계는 핵심인재들이 대기업 정규직 일자리로 이탈하기 쉬워 인재 유출 위험이 상존했다. "직원들 교육 잘 시켜 놓으면 떠나버린다"는 체념 어린 시선도 있었다. 내부 인재를 붙잡고 키우는 일은 비용 투자 이상의 문화적 과제였다. 모든 구성원이 자신의 성장을 체감하지 못하면 회사에 대한 충성도와 사명이 줄어들고, 이는 곧 서비스 품질 저하와 사업 경쟁력 약화로 이어질 수 있었다.

제니엘은 창립 초기부터 인재양성을 위한 교육 중심 문화를 강조했다. 1996년 4월 시작한 "수요 MBA"는 그 상징이다. 매주 수요일 오전 전 직원이 참석한 가운데 1시간 동안 진행되는 이 프로그램은 30년째 한 주도 빠짐없이 지속되고 있다. 초기에는 경영·경제 등 교양 위주 강의로 시작했으나, 이후 토론식 학습과 자체 강사 양성으로 발전해 직원들의 실무 지식과 비즈니스 소양을 함께 길렀다. 승진자나 팀장급 관리자는 1년에 2~3회 직접 사내 강사로 나서서 동료들에게 본인 전문 분야를 교육하는 전통도 생겼다. 이를 통해 관리직도 배우는 동시에 가르치는 이중 루프 학습을 수행하며 조직 지식을 공유한다. 또한 2000년대부터 사내 제안 경진대회, 전사 독서토론회, 월례 세미나 등을 운영해 전 직원의 평생 학습을 지원했다. 한편 현장 직무교육도 강화하여, 2000년대 초 제니엘은 간호조무사, 텔레마케터 등 고객사의 주요 직무군을 중심으로 직무별 맞춤형 교육과정을 자체 운영하며 산업 현장 중심의 인재를 양성해 왔다. 이렇듯 직원 교육 투자를 아끼지 않은 결과, 제니엘 구성원들은 기본 비즈니스 매너부터 전문 직무지식까지 겸비한 멀티 플레이어 인재로 거듭났다. 또한 2025년 9월에는 사내 AI 경진대회 '2025 ZAIC(Zeniel GenAI Challenge)'를 진행해 생성형 인공지능 기술을 실무에 접목해 전사적 디지털 전환 전

그림 3-2. 제니엘그룹 박인주회장 ‘수요MBA’ 강연 모습

략을 구체화하고 있다.

이론 중심의 교육뿐 아니라, 실전 경험과 연결된 성장 기회도 체계적으로 제공된다. 제니엘은 120명 규모의 “잡 컨설턴트” 제도를 운영하며 전국의 현장을 연결하고 있다. 잡 컨설턴트는 본사 정규직 중 선발된 인력으로, 배정 인력의 근무 지원, 고객사 대응, 현장 상담, 근태 관리 등 인사관리 실무를 총괄한다. 단순한 파견 관리자를 넘어, 이들은 해당 사업장의 “미니 지사장” 역할을 수행한다. 이러한 제도는 고객과 파견 직원 사이의 의사소통을 원활하게 하고, 서비스 품질과 인력 유지율을 동시에 향상시키는 기능을 수행해왔다. 또한 잡 컨설턴트들은 현장의 문제를 신속히 파악하여 본사에 전달하고, 우수 인재를 조기에 발굴하여 승진·재배치로 연결하는 현장 인재 파이프라인의 핵심 축이기도 하다. 제니엘은 이 제도를 통해 교육과 실무가 단절되지 않도록 하고, 학습–적용–성과

로 이어지는 조직 성장 루프를 만들었다.

제니엘은 잡컨설턴트 제도 외에도 "직무 순환제"를 운영하여 관리직이 물류·병원·콜센터 등 다양한 사업 현장을 경험하도록 한다. 이를 특정 분야의 전문성에 국한되지 않고, 위기 상황에도 다양한 분야에서 대체 가능한 리더십을 확보한다. 동시에 ERP·모바일 근태관리·일용직 계약 앱(데이사인) 등 디지털 운영 시스템을 도입하여, 사람 의존적 리스크를 줄이고 효율적 운영을 가능하게 했다.

표 3-1. 잡 컨설턴트 제도

구분	내용
운영 인원	약 120명 (2025년 현재)
주요 역할	전국 현장의 계약직 인력 관리 및 고객사 대응 전담
핵심 KPI	배정 인력 충원율, 현장 근속률, 고객사 재계약률 등
특이 사항	본사 정규직 중 선발 → "미니 지사장" 역할

사람에 대한 지속 투자로 인재 파이프라인이 탄탄해지면서, 교육 투자는 사업 성과로 직결되었다. 연간 퇴사율 5~7% 수준으로 업계 최저 수준의 안정된 인력 풀을 유지하고 있으며, 이는 높은 고객 서비스 연속성과 신뢰도로 이어졌다. 실제로 제니엘 임직원의 평균 근속연수는 동종업계 대비 훨씬 길어 핵심 인재의 조직 몰입도가 높다는 평가다. 내부에서 성장한 인재들이 계열사 경영진까지 발탁되는 경력 사다리도 구축되었다.

더불어 제니엘은 물류, 의료, 제조, 콜센터 등으로 사업을 다각화하여 특정 산업이 위기에 빠질 때 다른 분야가 충격을 흡수하는 구조를 만들었다. 코로나 시기 공항 아웃소싱 사업이 사실상 중단되었을 때 물류·2차전지 제조 부문이 매출을 보완한 것이 대표적 사례다. 이는 교육과 인재 투자뿐 아니라 사업 포트폴리오 다변화가 조직을 탄력적으로 만드는 핵심임을 보여준다.

신입 상담원으로 입사해 자회사의 대표이사가 된 사례 등 "입사→임원→CEO"로 이어지는 성공 스토리가 여럿 나타났다. 대표적인 사례는 현 제니엘이노베이션 김용석 대표이다. 김용석 대표는 2000년 4월 제니엘에 입사해 아웃소싱 컨설팅 분야에서 커리어를 시작한 뒤 근로자 파견, 채용 대행, 영업지원실, 전략기획실, 지자체 일자리센터장 등 회사의 주요 보직을 두루 경험하며 성장했다. 이후 2018년부터 제니엘이노베이션에서 근무하며, 2021년 1월부터는 대표이사로 재직 중이다. 신입사원에서 CEO까지, 20여 년 이상 회사 내부에서 지속적으로 성장한 그는 제니엘 인재 육성 시스템의 대표적 성공 사례이다. 또한 주요 포지션에 내부 승진율 70%와 외부 인재 영입 30% 정책에 따라 팀장급 이상 관리자의 다수를 자체 배출하고 있어 조직 문화와 가치의 연속성이 유지된다. 직무 순환과 내부 승진 중심의 성장 기회 확대는 직원들의 조직 만족도 향상으로 이어졌고, 내부 만족도 및 충성도 지표에서 안정적 상승세를 보여주고 있다. 제니엘은 인재 육성을 기반으로 한 현장 중심 교육 체계를 지속적으로 발전시켜 왔으며,

이를 바탕으로 공공기관 및 지역 고용기관과 협력하여 다양한 일자리 연계 프로그램을 운영해왔다.

이러한 제니엘의 교육 시스템과 인재관리 체계는 글로벌 기업 아데코 그룹(Adecco Group)과 유사한 전략을 취한다. 예를 들어, 세계 1위 HR기업 아데코 그룹은 차세대 리더 육성을 위해 2011년부터 "한 달 동안의 최고경영자 (CEO for one month)" 프로그램을 운영한다. 각국에서 선발된 청년 인재들이 한 달간 실제 아데코 지사(支社) CEO로 일하며 경영을 배운 뒤, 최종 우승자는 아데코 글로벌 CEO와 함께 일한다. 매년 40여 개국 20만 명 이상이 지원하며, 지금까지 300명 넘는 젊은 리더를 배출한 이 프로그램은 업계의 대표적 인재육성 혁신 사례로 평가받는다. 아데코가 전 세계 사업장에서 "미

■■ 그림 3-3. 4BOX 인재 매트릭스

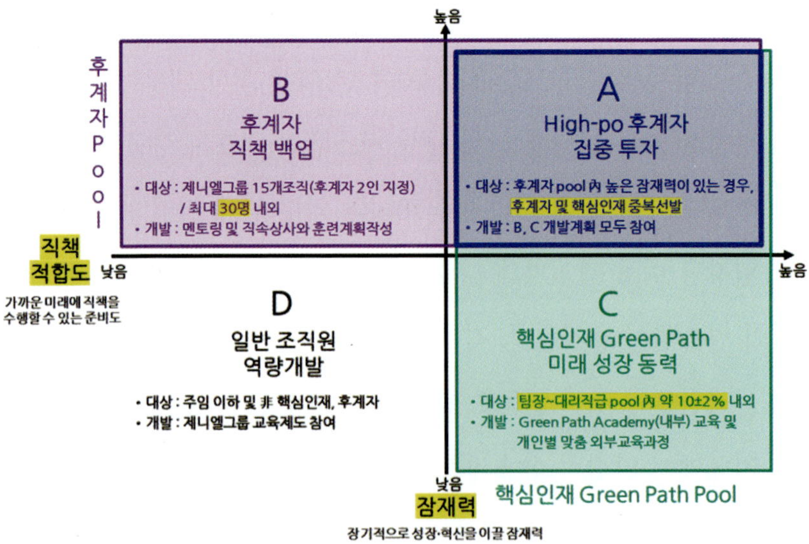

래 CEO"를 양성하듯, 제니엘 역시 전 직원에게 경영 역량을 배울 기회를 지속적으로 제공하고 있다[1].

리처드 브랜슨은 "사람을 잘 훈련시켜서 언제든 떠날 수 있게 하되, 너무 잘 대우해서 떠나고 싶지 않게 만들어라[4]"고 말했다. 이는 인재를 양성하는 조직의 최종 목적이 "이탈 방지"가 아니라 "동행 유지"에 있음을 강조한 말이다. 제니엘의 인재 철학은 이 문장을 증명하듯 보여주고 있다. 단지 직무 역량만을 키우는 것이 아니라, 한 사람의 경력을 설계하고 성장의 여정을 조직 안에서 지속할 수 있도록 체계를 만들어왔다. 회사는 직원이 자신의 커리어를 그려갈 수 있도록 "바라봄 나의 목표"를 통해 개인 목표와 직무 목표를 연결시키고, "수요 MBA"와 직무 순환 등 일상적인 학습의 장치를 조직 전반에 심어두었다. 이는 단순한 교육 차원을 넘어 제니엘을 하나의 학습 플랫폼이자 성장 파트너로 진화시킨 구조였다.

무엇보다 중요한 것은 유연한 인력 운영이다. 시니어 일자리와 장기근속 관리 프로그램을 병행해 젊은 인력의 이탈과 고령화 사회의 수요를 동시에 대응했다. 이처럼 탄력적 조직운영은 단순히 사람을 많이 확보하는 것이 아니라, 변화에 흔들리지 않는 인력 시스템을 설계하는 데 핵심이 있다. 직원은 조직 안에서 자신이 발전하고 있다는 감성을 느낄 때 회사를 직장이 아니라 경력 공동체로 인식하게 된다. 이처럼 구성원의 성장곡선이 회사의 성장곡선과 겹쳐지는 순간, 교육

4 Train people well enough so they can leave; treat them well enough so they don't want to.

은 비용이 아니라 미래를 앞당기는 투자로 전환된다.

윤리, 신뢰 기반의 따뜻한 조직문화

"옳은 일을 올바르게 한다." 제니엘은 이 단순하지만 분명한 원칙을 실천하며 윤리 경영과 인간 존중을 조직문화의 핵심에 두었다. 청렴과 따뜻함이 조화를 이루는 제니엘의 조직문화는 내부 구성원 간 신뢰는 물론, 고객과의 관계에서도 진정한 믿음과 지속 가능한 신뢰를 형성했다. 이는 지난 30년 동안 제니엘이 흔들림 없이 성장하고 외부의 변화와 도전 속에서도 꾸준히 발전할 수 있었던 든든한 토대였다.

아웃소싱 산업은 구조적으로 노무 관리의 리스크가 존재한다. 다수의 파견 인력과 복잡한 계약 관계 속에서 법적 규정 준수, 임금 지급, 근로환경 및 안전 관리가 철저히 이뤄지지 않으면 운영상 혼란과 평판 리스크로 직결된다. 실제로 일부 아웃소싱 기업에서는 최저임금 미지급, 임금 체불, 산업재해 은폐 등 문제가 발생하며 사회적 비난과 업계 전반의 신뢰 훼손을 초래한 사례가 여러 번 있었다. 대표적으로 2023년 영국 노동부가 브리티시 에어웨이즈(British Airways), 피자익스프레스(Pizza Express) 등의 글로벌 기업과 하청업체들의 최저임금 위반 사실을 적발해 명단을 공개한 사례는 이러한 아웃소싱 산업의 고질적 리스크를 잘 보여준다[6]. 국내에서도 2022년 한 아웃소싱 기업이 산재 발생 사실을 은폐하고 근로자에게 무급 휴직을 강요한 사건이 언론 보도되며 사회적 논란이 되었다. 이런 사건들은 일회적 문제를 넘어 업계 전체의 신뢰를 훼손시키는 결과로 이어지고 있다. 아웃소싱 분야에서는 신뢰와 윤리적 기준이 곧 기업의 경쟁력을 좌우한다. 서비스업 중심의 아웃소싱 기업일수록 조직 내 신뢰 문화와 직원의 심리적 안정감이 필수적이다. 만약 조직 문화가 권위적이고 직원의 존엄성이 보장되지 않는다면, 감정 소진과 직무 만족도 저하, 높은 이직률로 이어지는 악순환을 피하기 어렵다.

제니엘은 이러한 위험을 초창기부터 인식하고, "성장보다 중요한 것은 원칙을 지키는 윤리 경영"이라는 철학을 조직문화의 핵심으로 실천해왔다. 박인주 회장은 "기업은 사람을 행복하게 하기 위해 존재한다"는 가치관을 중심으로 조직 운영의 근본을 세웠다. "양복 주머니에 손 넣고 거래하지 마라"는 그의 표현은 투명한 경영과 윤리를 상징하는 메시지로 제니엘 구성원들에게 깊이 각인되어 있다. 그는 협력사나 거래처로부터 받은 선물을 되돌려 보내고, 20여 년간 접대비 카드를 한 번도 사용하지 않은 것으로도 유명하다. 이런 투명한 행동은 조직문화 전반에 깊이 영향을 미쳐, 구성원들에게 윤리 경영의 실천적 모델로 인식되었다.

조직 내부에서도 존중과 수평성을 강조해왔다. 제니엘에서는 회장부터 신입사원까지 직급보다는 서로를 존중하고 협력하는 수평적 소통 문화를 구축해왔다. 박인주 회장은 관리자들이 권위적으로 군림하는 태도를 엄격히 금지하고, 모든 직원들에게 "서로 존중하며 협력할 때 진정한 성과가 나온다"고 지속적으로 강조하고 있다. 그런 문화는 제도적 장치로도 이어진다. 특히 2007년부터 이어진 "바라봄 나의 목표" 프로그램은 조직을 개인의 삶과 연결시키는 대표적인 사례이다. 모든 직원은 자신의 인생 목표를 작성해서 공유하고, 동료들은 서로의 꿈을 응원한다. 모든 임직원이 연초에 자신의 인생 목표를 스스로 정의하고 작성해서 공유하는 이 프로그램은, 일이 단순한 생계가 아닌 삶의 여정이 될 수 있도록 돕기 위한 제도다. 목표의 주제는 자유롭다. "10년 뒤, 아이와 유럽 배낭여행을 떠나고 싶다", "아내에게 작은 꽃집을 열어주고 싶다", "부모님께 손편지를 드리겠다"처럼 각자의 삶에서 진심으로 바라는 소망이 담긴다. 이렇게 작성된 목표 카드는 사무실 책상이나 게시판에 붙고, 일부는 회장의 집무실 벽에도 전시된다. 박인주 회장은 이 목표들을 "직원이 회사를 믿고 자기 삶을 들려주는 순간이 회사가 존재할 이유다"라고 말한다. 서로의 꿈을 함께 지켜보고 응원하는 문화는 조직을 더 끈끈하게 만들고, "일과 삶의 연결"이라는 말에 온기를 더한다.

윤리와 신뢰에 기반한 제니엘의 따뜻한 문화는 수치화할 수 없는 가장 중요한 무형 자산이다. 지난 30년 동안 제니엘은 크고 작은 위기에도 윤리적 원칙과 인간 존중의 문화를 잃지 않았고, 그 덕분에 고객사와 장기적으로 신뢰를 쌓아왔다. 제니엘 직원들이 "우리 회사는 옳은 일을 한다"는 확신을 갖고 일하기 때문에, 고객사에서도 직원들이 믿음직하다는 긍정적인 평가를 꾸준히 받아왔다. 금융권, 공공기관 등 까다로운 고객들도 제니엘 직원들의 윤리적 태도와 전문성을 신뢰한

그림 3-4. 박인주 회장의 '바라봄의 나의 목표'(1993. 07)

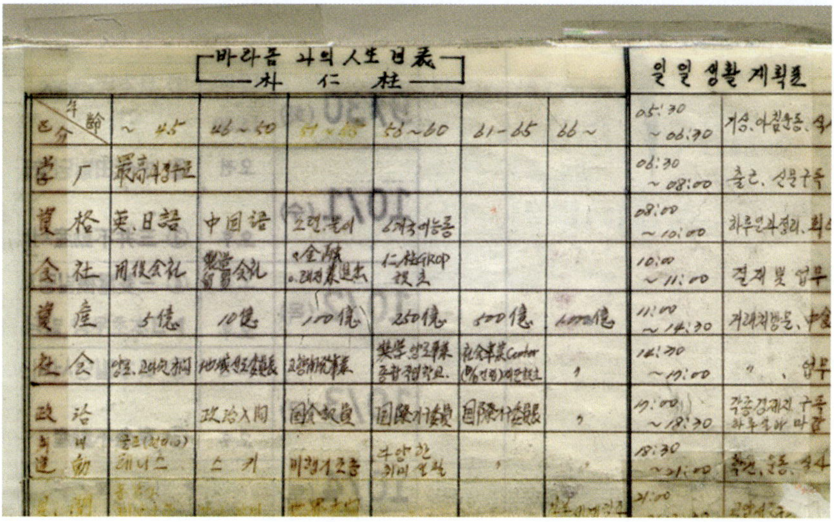

다. 윤리 중심 문화는 인재 확보와 유지에도 강력한 힘을 발휘하고 있다. 이에따라 제니엘의 존중과 수평 중심의 문화를 보고 입사를 결심하는 인재들이 점차 늘어나고 있다. 조직의 문화와 윤리가 곧 채용 경쟁력이 되는 시대이다. 제니엘이 30년 넘게 지속 성장할 수 있었던 배경에는 신뢰와 윤리 중심의 따뜻한 조직문화가 있었던 것이다.

14장

Gen Z세대와 일의 재정의
아웃소싱이 만나는 새로운 노동 감각

일의 의미는 어디로 가는가? – 직장보다 '내 서사'를 중시하는 루키들

자기 브랜딩으로서의 일: 정체성을 구성하는 중심축

과거 한국 사회에서 '일'이란 곧 '직장'으로 인식되었다. 어디에 다니는지, 어떤 직급인지, 얼마나 일 했느냐의 질문으로 그 사람의 성공과 성실성을 평가하는 기준으로 삼았다[1]. 불과 20여년 전까지만 해도 대기업이나 공공기관에 입사하면 정년까지 안정된 생활을 할 수 있다는 믿음이 있었지만, 지금의 상황은 과거와 많이 달라졌다. 사회 초년생인 Z세대는 이러한 사회적 구조와 현상을 의심하고 재정의 하기 시작했다[2]. 이들에게 일은 직장과 동의어가 아니다. 자기 서사(self-narrative)의 일부로서 일을 통합하려고 한다. '어디에 다니는가(근무하는가)'보다는 자신이 무엇을 했고, 그것이 '나'라는 사람을 어떻게 정의할 수 있을지가 중요해졌다[3][4]. 즉, 자기 브랜딩으로서 일을 인식하게 된 것이다. 일은 곧 자기 정체성을 구성하는 핵심 수단이 되었고, 단순히 생계를 유지하기 위해 일을 하는 것이 아니라 자신을 표현하기 위한 도구로서 의미를 지니게 되었다[5]. 따라서 과거 세대는 안정성과 조직의 충성을 통해 직장에 헌신하고 좋은 근로자가 되기를 원했다면, Z세대는 자신의 신념, 가치, 그리고 관심이 녹아 있는 일을 선호하고, '나'다운 사람이 되기를 원한다[6].

예를 들어, 마케팅 분야에서 활동하는 한 20대 기획자는 대기업을 퇴사한 후 프리랜서 프로젝트를 통해 다양한 캠페인을 기획하고 실행했다. 그는 이를 단순히 이력서에 "프리랜서 활동"으로 적지 않는다. 그 대신 본인의 블로그와 브런치에 각 프로젝트의 배경, 목표, 실행 전략, 결과, 피드백을 스토리 형식으로 정리했고, 이는 자신의 브랜딩 도구로 활용한다[5]. 기업 입장에서는 그가 실제 어떤 역량을 가지고 있는지, 어떤 문제를 어떻게 풀어냈는지를 판단, 평가를 하고, 개인은 이를 통해 다양한 기업과의 협업 기회를 지속적으로 얻을 수 있다. 또한, 일부 개발자들은 "깃허브(GitHub)"나 기술 블로그를 통해 자신의 기술적 전문성과 문제 해결 능력을 제시한다. 이는 이력서보다 더 강력한 신뢰를 형성한다[7][8]. 과거처럼 "어떤 회사를 다녔다"는 것이 아니라, '내가 무엇을 만들었는가'를 중심으로 '나'를 설명하는 시대가 열린 것이다[7].

직장 브랜드보다 나의 브랜드

이러한 시류 속에서 직장의 브랜드보다는 개인 브랜드가 핵심 가치 그리고 자산으로 부각되기 시작했다[9]. 물론 글로벌 대기업이나 공공기관의 사회적 위상은 여전히 존재하지만, Z세대에게는 이것만으로 충분하지 않다. "조직이 나와 맞는가?", "내가 하고 싶은 일을 할 수 있고 성장할 수 있는가?", "나의 서사를 써 내려갈 수 있는 환경인가?"를 더 중요한 요소로 판단한다[10]. 이와 연관된 중요한 흐름은 조기 퇴사 및 이직에 대한 가치 판단의 변화이다. 과거에는 한 직장에서 오랫동안 일하는 것이 성실성과 책임감을 상징했었고, 1년 이내의 퇴사는 인내심 부족 혹은 문제 있는 직원이라는 낙인이 따르기도 했다. 그러나 Z세대는 자신이 원하는 방향으로 성장할 수 없는 환경임을 감지하면, 이에 대해 과감히 결단을 내리고 조직을 떠난다[11]. "조직에 맞추는 나"가 아니라 "나에게 맞는 조직"을 찾는 것이 이들에게는 훨씬 자연스럽고 전략적인 선택이 된 것이다.

이러한 현상은 단순히 퇴사를 통한 도피가 아닌 자기 정체성 유지와 자기 브랜드 성장을 위한 선택이다[12]. 회사를 떠나는 것이 실패라는 기존의 인식에서 벗어나 오히려 "조직을 떠나도 나의 정체성과 커리어를 꾸준히 확장할 수 있다"는 신념을 가지고 있다[13]. 오픈채팅, 커리어 커뮤니티, 프리랜서 플랫폼 등 다양한 경로를 통해 자신만의 일을 설계하고, 동료를 찾고, 프로젝트를 완수한다[14]. 직장이 나를 대표하던 시대에서 이제는 내가 직장과 직업을 선택하고 재정의하는 시대로 접어들었다. 조직의 이름보다 자신이 걸어가는 길, 남기는 발자취, 그리고 만들어 나가는 브랜딩이 더 중요한 가치가 되었다. 이들은 조직이 제공하는 명성이나 안정성보다는 나답게 일할 수 있는가에 더 큰 의미를 두고 있으며, 이는 앞으로의 노동시장 구조와 기업문화에 상당한 영향을 미칠 것으로 예상된다.

'일'에 대한 인식 변화가 기업에 미치는 영향

Z세대의 인식 변화는 단순히 개인 차원의 트렌드에 그치지 않고, 산업 현장과 기업 경영 철학 전반에 변화를 일으키고 있다. 더 이상 높은 연봉과 안정적인 복지제도만으로 우수 인재를 유치하고 유지할 수 없는 시대가 도래한 것이다. 앞서 기술했듯이 이들은 자율성과 주도권, 개인 브랜드를 성장시킬 수 있는 조직 환경을 매우 중시한다. 자신을 확장, 성장시켜주는 직장을 선호하며 조직이 자신을 억제하거나 규격화된 경력 경로만을 강요할 경우 빠르게 이탈할 가능성이 높아졌다[9]. 이러한 변화 속에서 기업은 근본적인 패러다임 전환을 요구받고 있다. 단순한 고용관계를 넘어서 조직 구성원이 자신의 커리어 서사를 설계하고 확장해나갈 수 있도록 조력자이자 파트너로서의 역할을 수행해야만 한다[3]. 즉, 기업은 고용주 역할에서 커리어 내러티브 설계자(career narrative designer)로의 전환을 모색하고 있다. 이는 단순히 근무 환경을 유연하게 조성하는 것 뿐만 아니라 구성원이 자신의 브랜드를 구축하고 외부와 소통할 수 있는 구조적 장치를 마련해야

함을 의미하는 것이다[4].

실제로 일부 혁신 기업들은 이러한 변화를 능동적으로 수용하고 있다. 예컨대, 마이크로소프트는 사내 블로그와 테크 커뮤니티 활동을 장려하고 있으며, 구성원이 자신의 전문성과 성과를 외부에 알릴 수 있도록 지원하고 있다[4]. 직원들이 자발적으로 외부 컨퍼런스에 참여하고, 칼럼을 기고하거나 포트폴리오를 구성하는 것을 권장하는 문화는 Z세대의 자기 정체성과 개인 브랜드 구축 욕구를 존중하는 제도적 기반이라 할 수 있다. 또한 일부 국내 IT기업은 "사이드 프로젝트"를 공식적으로 인정하고, 일정 시간과 자원을 지원하기도 한다. 예컨대, 쿠팡이나 토스와 같은 스타트업 조직들은 외부 커뮤니티 참여, 자기 주도 학습, 인사이트 공유 등을 중요한 평가 기준으로 삼고 있으며, 이를 통해 '일-개인-브랜드'가 유기적으로 연결될 수 있도록 지원한다[9]. 구성원의 외부 강의, 워크숍 주관, 온라인 클래스 참여 등도 적극적으로 장려하는 분위기가 확산되고 있다. 이는 기업이 더 이상 구성원의 외부 활동을 통제하거나 제한하지 않고 오히려 "퍼스널 브랜딩"을 조직 성장의 한 축으로 인정하는 흐름으로 해석할 수 있다. 이런 전략은 단순한 인재 유지 차원을 넘어 조직 자체의 브랜드 가치를 제고하고 대외적인 신뢰 자산을 형성하는 데 기여함을 의미한다[10].

일의 의미와 아웃소싱 산업

이러한 세대적 변화는 아웃소싱 산업에도 구조적인 영향을 미치고 있다. 전통적으로 아웃소싱 산업은 비용 절감, 효율성 제고, 비핵심 업무 외주화에 중점을 두며 조직 내 비주체적 역할로 인식되는 경향이 있었다. 그러나 외주 인력 또한 자기 정체성과 커리어 설계의 주체로서 인식받아야 한다는 목소리가 강해지고 있다[11]. 이에 따라 아웃소싱 제공 기업들은 단순히 업무 수행력을 평가하기보다는 해당 인력이 특정 영역에서 어떤 전문성을 쌓고 이를 어떻게 확장 가능한 자산으로 전환할 수 있을지를 함께 고려하기 시작했다. 예를 들어, 콜센터 아웃소싱 인력에게도 "디지털 전환 교육", "고객 경험 분석 능력", "챗봇 기획 참여" 등 고부가가치 역량을 키울 수 있는 기회를 제공하고 이를 사내 등급 체계나 외부 인증과 연계하는 모델이 등장하고 있다.

또한, 클라이언트 기업 입장에서도 아웃소싱 파트너를 단순한 공급자가 아닌 공동 가치 창출 파트너(co-creator of value)로 인식하려는 노력이 확대되고 있다[9]. 이는 Z 세대 인재가 아웃소싱 기업에도 들어오고 이들이 그 안에서 성장하기를 기대하면서 비롯된 변화라 볼 수 있다. 결국, 아웃소싱 산업도 개인의 브랜드와 커리어 성장을 중심에 둔 구조 개편을 하지 않으면 우수 인재 확보가 어려워질 것이다. 바로 이러한 점에서, 아웃소싱 기업 내부에서도 인재를 성장시킬 수 있는 제도적 장치와 문화적 기반을 마련하는 시도가 확대되고 있다. 단순히 외주 인력을 관리하는 차원을 넘어, 이들이 장기적으로 전문성을 강화하고 자기 서사를 구축할 수 있도록 지원하는 것이 곧 기업의 경쟁력으로 이어지기 때문이다.

제니엘그룹은 이러한 흐름을 적극적으로 반영한 대표적 사례다. 제니엘은 인력을 단순한 파견 노동자가 아니라 지속적으로 성장할 수 있는 전문 인재로 육성하기 위해 다양한 내부 프로그램을 운영하고 있다. 앞에서도 소개되었듯이 "수요 MBA"를 통해 매주 직원들에게 최신 경영 이슈와 사례를 학습할 기회를 제공하고, 이를 통해 단순 업무 역량을 넘어 전략적 사고와 기획 능력까지 개발할 수 있도록 돕는다. 또한 직무 전문성을 강화하기 위한 교육 과정을 정기적으로 개설하여 콜센터·세일즈·경영지원 등 각 영역에서 필요로 하는 고부가가치 기술과 실무 능력을 습득할 수 있는 기반을 마련하고 있다. 나아가 제니엘은 사내 동아리 활동을 지원하여 직원들이 자기계발뿐 아니라 자발적 네트워킹과 협업 역량을 기를 수 있는 기회를 제공한다. 독서, 스포츠, 디지털 콘텐츠 제작 등 다양한 동아리 활동은 직원들이 업무 외 영역에서 창의성을 발휘하고, 이를 다시 직무와 연결시키는 선순환을 만든다. 이러한 노력들은 결국 Z세대가 중시하는 자기 정체성 확장과 자율적 성장의 요구에 부합하는 동시에, 기업이 인력을 단순한 '공급자'가 아닌 가치 창출의 동반자로 인식하도록 이끈다. 결국 제니엘의 사례는 아웃소싱 산업이 개인의 서사와 커리어 성장을 존중하고 체계적으로 지원하는 방향으로 변화하고 있음을 잘 보여준다.

일의 형식은 무너진다: 프리워크를 향한 세대의 열망'

정해진 형식 속 '일'의 종말

우리는 지금, 일의 형식이 무너지고 있는 시대를 살아가고 있다. 전통적으로 '일'이라는 것은 특정한 틀과 제도 안에서만 존재 가능한 것으로 여겨졌다. 직장은 물리적 공간이자 행위의 무대였고 출근과 퇴근이라는 반복적인 리듬 속에서 노동은 통제되고 관리되었다. 출근 시간은 대부분 아침 9시, 퇴근은 오후 6시. 복장은 단정한 정장, 커뮤니케이션은 수직적 보고 체계를 따르며 의사결정은 상사의 승인에 의존했다[15]. 직급은 연차와 나이에 따라 서열화되었고, 회사에서의 자신의 존재감은 얼마나 오래 근무했는지 얼마나 오랜 기간 충성했는지에 의해 결정되었다고 볼 수 있다. 이러한 규범은 오랜 시간 동안 정상적인 일의 조건으로 통용되었으며, 조직과 구성원 모두가 당연한 것으로 받아들여졌다[16].

그러나 사회에 이제 막 진입한 Z세대는 이러한 전제를 전면적으로 재검토하고 있다. 이들은 더 이상 정형화된 틀 안에서 일하는 것을 당연하게 여기지 않는다. 오히려 그 틀 자체가 개인의 자유를 제한하는 장치라고 느끼고 질문한다. "왜 아침 9시에 반드시 출근해야 하는가?", "왜 더 오래 다녔다는 이유만으로 더 많은 권한이 부여되는가?" 이 질문들은 단순한 불만이 아니다. 효율성과 자율성, 정체성의 관점에서 기존의 형식이 일의 본질을 오히려 방해하고 있다는 인식에서 비롯된 근본적이고 구조적인 문제의 제기로 볼 수 있다[17]. Z세대가 문제 삼는 것은 단순히 제도나 형식이 아니다. 그것은 일이라는 활동이 특정한 형식 속에서만 공식적인 것으로 인정되고 나머지는 비정상이나 이탈로 간주되는 사고방식이다. 이들은 회사에 오래 남는 것보다 얼마나 창의적으로 문제를 해결했는가를 중시하며 보고 체계보다는 실시간 협업을 선호한다. 한 명의 상사를 만족시키기보다는 많은 사용자나 고객의 반응에 더 주목한다. 이러한 사고는 단순한 개인의 선호를 넘어서 일에 대한 가치나 철학이 변화하고 있음을 보여주는 현상이라 볼 수 있다.

이러한 변화의 흐름에 속도를 더한 사건이 바로 코로나19 팬데믹이다. 팬데믹은 전통적인 업무 방식에 균열을 일으켰고, 전례 없는 속도로 재택근무와 비대면 협업이라는 비형식적 일의 방식이 일상화됐다. Z세대는 사회 진입과 동시에 이 전환기를 경험하며 형식 밖의 일을 체험했고, 그것이 일의 본질을 해치지 않고 오히려 더 높은 몰입과 유연성을 가능케 한다는 사실을 실감했다. 이 경험은 단지 일시적 위기 상황에서의 임시조치가 아니었다. 그것은 일의 새로운 형식을 구성할 수 있다는 가능성의 실험장이었고, 이 실험은 많은 젊은 세대들에게 되돌릴 수 없는 인식의 전환을 가져왔다[18].

이 시점에 새롭게 등장한 개념이 바로 "프리워크(free work)"다. 프리워크란 단순히 재택근무나 유연근무제를 지칭하는 용어가 아니다. 일의 본질과 형식을 분리하여 기존 업무 시간의 해방, 조직으로부터의 자율, 상명하복 문화로부터의 탈출을 지향하는 새로운 노동방식으로 볼 수 있다[19]. 즉, 프리워크는 물리적 장소에 구애받지 않으며 시간과 방식의 유연성을 인정하며 구성원 각자의 창의성과 주도성을 중심으로 일의 구조를 재설계하는 것을 의미한다.

Z세대의 열망 '프리워크'

Z세대가 프리워크에 열망을 품는 이유는 단순히 편해서가 아니다. 이들에게 프리워크는 삶과 일의 새로운 균형이자 자기 삶의 설계자가 되기 위한 조건이다. 회사에서 시키는 대로 일하고 월급을 받는다는 수동적 구조가 아니라 내가 가치 있다고 여기는 방식으로 의미있는 프로젝트를 수행하고 정당한 대가를 받는다는 적극적인 노동 철학이 저변에 깔려있다[20]. 따라서 프리워크는 결코 회피나 나태의 표현이 아닌 일과 삶, 노동과 존재의 방식에 대한 새로운 선언이며 이들이 추구하는 일의 민주화라고 볼 수 있다. 전통적 직장 개념이 무너지고 있는 시점에서 우리는 일이라는 개념을 새롭게 정의해야 할 시기이다. 그리고 그 정의는 조직이 주도하는 것이 아닌 Z세대가 경험하고, 질문하고, 재구성하는 방식 속에서 이루어져야 한다.

"일은 이렇게 하는 것이다"라는 고정관념은 점차 설득력을 잃어가고, 그 대신 어떻게 하면 더 의미있게 일할 수 있을지에 대한 질문이 새로운 형식을 만들어내고 있다. 이러한 전환점에서 프리워크는 단지 한 세대의 선택이 아니라 미래 일의 지형을 바꾸는 원동력으로 작용할 가능성이 높다. 그렇다면 Z세대가 바라는 프리워크의 구체적 요소는 무엇일까? 다섯 가지 주요 차원으로 나누어 살펴볼 수 있다[21].

표 3-2. 프리워크의 다섯 가지 요소

구분	핵심 개념	설명
1. 시간의 자유	언제 일할지는 자신이 정함	- 고정된 출퇴근 시간 대신, 개인의 몰입 리듬과 생체 주기에 맞춰 일함 - 업무 평가는 시간이 아닌 성과 중심으로 이루어짐
2. 공간의 자유	어디서 일할지는 자신이 선택함	- 사무실 외 카페, 코워킹스페이스, 해외 등 다양한 장소에서 일함 - 자신이 가장 몰입할 수 있는 환경을 직접 선택함
3. 관계의 자유	서열보다 파트너십을 중시함	- 상하관계가 아닌 수평적 협업 지향함 - 상사-부하 대신 협업자, 콜라보 파트너로 서로를 인식하며, 신뢰와 존중이 중심
4. 정체성의 자유	직장인만으로 자신을 설명하지 않음	- 단일한 직무 정체성 대신, 디자이너, 강연자, 콘텐츠 제작자 등 다양한 정체성을 병행하는 '멀티 워커'로서 자기서사 구성함
5. 결과 중심의 일	시간보다 임팩트로 평가받고 싶어함	- 근무 시간보다 성과와 영향력을 중시함 - 과잉 보고와 야근 대신, 짧고 집중도 높은 일 수행을 선호함

이처럼 프리워크는 일의 방식이 아니라, 삶을 구성하고 존재를 증명하는 하나의 세계관이다. 이들은 일을 통해 억눌리고 고립되기보다는 자신을 실현하고 세상과 연결되기를 원한다. 프리워크는 그들에게 일의 자율성과 삶의 주도권, 그리고 의미 중심의 성장을 가능하게 하는 미래형 노동 방식이라 할 수 있다.

디지털 전환이 이끄는 기업과 산업의 변화

프리워크는 어느 날 갑자기 등장한 트렌드가 아니다. 디지털 기술의 발달, 업무 자동화, 협업 플랫폼의 등장, 그리고 세대 간 일 인식의 전환이 함께 이루어지면서 서서히 현실화된 새로운 노동방식이다[22]. 특히 기업 차원의 디지털 전환은 프리워크의 확산을 가속화하는 핵심 배경이 되고 있다. 슬랙(Slack), 노션(Notion), 줌(Zoom), 구글 워크스페이스(Google Workspace)와 같은 협업 툴은 시간과 공간의 제약 없이 실시간으로 정보를 공유하고, 구성원 간의 업무 협업을 가능하게 만든다[23]. 클라우드 기반의 인프라는 사무실이라는 고정된 물리적 공간의 필요성을 약화시키며 일은 반드시 특정 장소에서 수행돼야 한다는 인식의 변화를 가져오고 있다.

이러한 기술 기반의 변화는 기업의 운영 시스템에도 변화를 불러왔다. 과거에는 근태 관리와 고정 좌석제 중심의 피라미드식 조직 운영이 일반적이었다면 오늘날은 점점 더 많은 기업들이 자율좌석제, 유연근무제, 결과 중심의 OKR(Objective and Key Results)등을 도입하면서 관리의 방식을 전환하고 있다[24]. 몇몇 기업은 구성원의 사이드 프로젝트 수행, 외부 발표, 창의적 활동을 공식적으로 장려하는 제도까지 도입하면서, 조직이라는 형식 자체를 유연하게 바꾸고 있다. 이는 단순한 복지나 근무 제도의 변화가 아닌 일과 사람을 바라보는 조직철학의 전환을 의미한다.

제니엘그룹 역시 이러한 변화 흐름을 반영하고 있다. 제니엘은 디지털 전환과 유연한 일 문화 확산을 위해 자율좌석제 스마트오피스를 도입하여, 구성원들이 직급이나 부서에 구애받지 않고 자유롭게 좌석을 선택하며 협업할 수 있는 환경을 제공하고 있다. 또한 직급별 회의체를 운영해, 각 직급별로 자유 주제를 가지고 토론할 수 있도록 하며, 활동비까지 지원함으로써 형식적 보고가 아닌 수평적 소통과 문제 해결 중심의 논의 문화를 정착시키고 있다. 더 나아가 아이디어 제안 게시판을 상시적으로 운영하여 직원들이 제안한 창의적 아이디어를 복지포인트와 연계 보상하고, 이를 통해 일상 속 자율적 혁신이 기업 운영에 반영될 수 있도록 하고 있다. 이처럼 제니엘의 사례는 프리워크적 가치가 단순히 제도적 구호에 머무는 것이 아니라, 실제 사무 공간과 제도 운영, 보상 체계 속에 구체적으로 녹아들 수 있음을 보여준다. 나아가 이는 Z세대가 중시하는 자율성, 수평적 관계, 창의적 기여를 실현하는 기반으로 작용하며, 아웃소싱 기업이 단순한 외주 파트너가 아닌 혁신과 협업을 촉진하는 플랫폼으로 변화할 수 있음을 시사한다.

무엇보다 중요한 점은, 이러한 변화가 특정 기업의 사례에 머물지 않고 산업 전반으로 확산되고 있다는 사실이다. 프리워크적 가치와 플랫폼 기반 협업은 개별 조직의 내부 혁신을 넘어, 아웃소싱과 프로젝트 단위 인력 활용 방식 전체를 재편하는 추세로 이어지고 있다. 특히 IT, 콘텐츠, 교육, 마케팅 분야를 중심으로 프로젝트 단위 외부 인력 활용이 일상화되고 있으며, 크몽(Kmong), 탈잉(Taling), 숨고(Soomgo), 위시켓(Wishket) 등의 플랫폼은 개인의 기술과 기업의 수요를 실시간으로 연결하는 중개 생태계를 구축하고 있다. 기업은 더 이상 모든 기능을 내부에 보유하려 하지 않는다. 핵심 인력만 조직 내부에 유지하고 나머지 기능은 온디맨드(on-demand) 인력이나 외부 협업자와 계약을 맺는 방식으로 유연하게 운용하고 있다. 이로써 산업 전반은 정규직 중심의 안정된 고용 구조에서 역량 중심의 유연 협업 구조로 전환하고 있으며 프리워크는 그 중심 기반으로서 역할을 한다. 즉, 기술 인프라의 발전은 일의 물리적·조직적 형식을 해체하고 산업의 고용 방식을 고정에서 유동, 내부에서 외부 중심으로 이동시키는 촉매 역할을 하고 있는 것이다.

그러나 프리워크의 확산이 기업에 단지 기회만을 제공하는 것은 아니다. 그에 상응하는 도전과 과제 역시 분명히 존재한다[25]. 첫째, 프리워크를 조직 내에 도입하려면 기존의 관리 체계, 인사제도, 평가방식을 근본적으로 재설계할 필요가 있습니다. 성과 중심의 평가는 본질적으로 업무의 가시성과 추적 가능성을 전제로 하는데 원격과 분산 환경에서는 성과의 기준이 모호해지기 쉬우며 명확한 평가 체계가 없을 경우 구성원 간의 신뢰가 흔들릴 수 있다. 둘째, 자율성과 책임은 동전의 양면이다. 특히 프리워크 환경에서는 자기주도적 업무 설계 능력, 시간 관리, 협업 커뮤니케이션 등 다양한 자기관리 역량이 요구된다. Z세대는 자율성을 원하지만, 사회생활 초기에는 실무 설계 경험이 부족하기 때문에, 적절한 피드백, 동료 학습, 멘토링 체계가 동반되지 않으면 생산성과 몰입도는 오히려 저하될 수 있다. 셋째, 프리워크는 일과 삶의 균형이라는 측면에서도 새로운 경계의 문제가 발생한다. 출퇴근이라는 물리적 구분이 사라지면 업무와 사생활이 구분되지 않는 무한 연결 상태가 지속될 수 있다. 실제로 디지털 노마드나 재택 프리랜서로 활동하는 일부 개인은 연결의 유연함이 오히려 피로감, 정서적 고립, 일중독 문제를 일으킨다고 비판한다. 따라서 프리워크는 단순히 유연한 근무제도나 기술 기반의 편의성으로 설명될 수 있는 개념이 아니다. 그것은 기업의 조직 운영 원리, 평가 철학, 구성원과의 관계 설정 그리고 일의 본질에 대한 성찰을 요구하는 새로운 패러다임인 것이다[26].

프리워크의 확산과 아웃소싱 산업의 구조적 전환

프리워크(free work)의 확산은 앞서 설명했듯이 산업 전반의 구조를 흔드는 핵심 변수로 작용하고 있다. 그중에서도 아웃소싱 산업은 프리워크가 만들어낸 노동시장 재편의 중심에 위치하고 있으며, 이에 따른 구조적 전환을 경험하고 있다[27]. 프리워크의 보편화는 기존의 아웃소싱 구조에 세 가지 근본적인 변화를 촉진하고 있다. 첫 번째 변화는 온디맨드 인력 관리 기능의 부상이다. 프리워크 환경에서는 기업들이 고정된 계약 관계보다는 필요한 프로젝트마다 전문 역량을 가진 외부 인재를 유연하게 활용하려는 경향이 강해질 수 밖에 없다. 이는 아웃소싱 기업에게 단순한 수탁자가 아닌 실시간 인재 매칭자의 역할을 요구한다. 즉, 고객사가 요구하는 특정 프로젝트나 과업에 맞춰 프리랜서, 크리에이터, 개발자 등의 전문가를 적시에 배치해야 하고, 이들의 업무 성과와 품질을 종합적으로 관리하는 인력 운영 플랫폼으로서의 역할이 아웃소싱 기업에 새롭게 부여되고 있는 것이다. 이는 기존의 인력 파견 또는 고정 업무 위탁 방식은 점차 사양화되고 있으며, 유연성, 속도, 전문성 중심의 아웃소싱 모델이 빠르게 대체되고 있다.

두 번째 변화는 외부 협력 방식의 질적 전환이다. 과거에는 발주자와 수탁자의 계약 관계가 명확히 구분되고 업무 흐름도 수직적으로 이뤄졌다면 프리워크 기반 구조에서는 동등한 파트너십과 실시간 공동 작업이 점점 더 일반화되고 있다. 클라이언트 기업과 아웃소싱 기업이 동일한 디지털 협업 플랫폼 내에서 작업을 하고 업무 산출물을 실시간으로 공유하며, 회의와 피드백도 동시적으로 이루어지는 형태는 단순 외주를 넘어서는 협업 모델이다. 이는 하이브리드 협업 생태계(hybrid collaborative ecosystem)의 출현으로 볼 수 있으며 아웃소싱 산업은 이에 적합한 민첩성, 설계 능력, 커뮤니케이션 문화를 갖춰야 한다. 아웃소싱 기업은 단순히 일을 대신해주는 업체가 아닌 문제를 함께 정의하고 해결책을 공동 기획하는 창의적 파트너로 자리 잡아야만 한다. 이는 전통적인 하도급식 위탁모델의 붕괴를 의미하기도 한다[27].

세 번째 변화는 아웃소싱의 '플랫폼화'다. 과거 아웃소싱 시장은 대기업 중심의 장기계약, 독점적 수주, 고정 단가 구조에 의존했으나 프리워크 기반의 노동 구조는 플랫폼 중심의 다자간 매칭 시장으로 빠르게 형성되고 있다. 예를 들어, 한 스타트업은 마케팅 캠페인을 기획할 때 내부 인력 대신 플랫폼을 통해 디자이너, 영상 제작자, 카피라이터를 각각 모집하여 단기 팀을 구성하고 프로젝트를 수행한다. 이 과정에서 아웃소싱 업체는 중개 플랫폼 또는 운영사로서 역할을 하며, 기존의 대형 수탁 모델은 점차 축소되고 있다[27]. 이처럼 아웃소싱은 이제 노동을 외부에 맡기는 일이 아닌 외부 자원과 네트워크를 연결하고 통합하여 가치를 창출하는 사업으로 재정의되고 있으며 그 과정에서 프리워크는 결정적인 인프라이자 사고방식의 전환을 의미한다. 프리워크는 아웃소싱을 디지털 인재 운용 산업으로 전환시키고 있으며, 이 전환에 성공하는 기업은 빠르게 성장할 수 있는 반면, 이에 적응하지 못하는 전통적 사업자는 급속히 시장에서 도태될 수 있다. 향후 아웃소싱 기업의 경쟁력은 단순한 공급역량보다 디지털 기반의 인력 운영, 협업 설계, 복합 프로젝트 관리 능력에서 결정될 것으로 예측된다.

외주를 넘어 플랫폼으로: 아웃소싱 산업의 대전환

젊은 세대의 감각적 참여는 아웃소싱 산업에도 몇 가지 뚜렷한 변화를 이끌고 있다[28].

표 3-3. Z세대의 감각과 아웃소싱 산업의 변화

구분	기존 아웃소싱	Z세대 기반 아웃소싱
기준	가격·경험·전문성 중심	감성·취향·스타일 중심
계약 방식	장기 위탁 중심	유연한 단기 프로젝트 단위
관계 구조	클라이언트-하청	파트너-콜라보레이터
브랜드 정체성	기업명·규모 중심	개인 포트폴리오·SNS 존재감 중심
선택 기준	객관적 이력	감각적 신뢰와 빠른 피드백

아웃소싱은 외주 위탁을 넘어 핵심 역량을 확보하고 산업 간 경계를 유연하게 넘나드는 전략적 플랫폼 기반 구조로 진화하고 있다. 단순 인력 파견·용역 산업이, 최근에는 디지털 콘텐츠·IT 개발·콜센터 운영뿐 아니라 인사관리(HR), 영업 지원, 공공서비스까지 플랫폼을 통한 고도화된 협업 구조로 확장되고 있다[29]. 이러한 변화 속에서 기업과 산업은 전례 없는 수준의 구조적 전환을 경험하고 있으며 이는 운영 방식의 변화가 아닌 조직의 정체성과 경쟁력 재편을 요구하는 중대한 패러다임 변화로 볼 수 있다[30]. 예컨대, 국내 대기업들은 과거와 달리 단순 외주 용역을 발주하는 수준을 넘어, 전문 플랫폼을 통해 프리랜서 기획자·개발자·마케터와 직접 연결하면서 새로운 가치 사슬을 만들고 있다.

디지털 콘텐츠, 마케팅, 교육, 창작 산업을 넘어 HR, R&D, 정책기획 등 고도의 전문성과 판단력을 요하는 영역으로까지 아웃소싱의 범위가 확장되면서 이 전략은 산업 전반에서 더 이상 보조 기능이 아닌 핵심 자산을 운용하는 메커니즘으로 자리 잡고 있다[31]. 정부·지자체에서도 청년 인턴십, 공공 데이터 구축, 콘텐츠 제작 프로젝트 등을 민간 아웃소싱 플랫폼과 협력해 수행하는 사례가 늘고 있다[32]. 특히 프로젝트 단위의 고숙련 인력 수요가 증가하는 흐름 속에서 고정 인력 중심의 전통적인 정규직 고용 모델은 변화의 속도와 감각의 다양성에 제대로 대응하지 못하는 구조적 비효율성을 드러내고 있다. 예를 들어, IT 스타트업이나 K-콘텐츠 기업들은 정규직으로 모든 인력을 고용하기보다, 크몽·위시켓 등 플랫폼을 통해 단기 프로젝트별 전문가를 확보하는 방식을 적극적으로 활용하고 있다[33][34].

이에 따라 기업은 모든 역량을 내부에서 고용해 보유하기보다는 필요한 순간에 적절한 파트너와 연결되어 성과를 도출하는 감각 기반 협업 능력을 새로운 경쟁력으로 인식한다. 이러한 협업 구조는 비용 효율을 넘어서 기업의 민첩성과 창의성을 극대화하는 전략으로 인식되고 있다[35]. 국내 기업들은 코로나19 팬데믹 이후 원격·재택 기반 협업이 일상화되면서, 플랫폼 기반 외부 협업을 혁신성과 민첩성을 강화하는 핵심 수단으로 적극 활용하고 있다. 예컨대, 글로벌 브랜드의 브랜딩 리뉴얼 과정에서는 기존처럼 하나의 대형 광고 대행사에 전부 위탁하는 방식에서 벗어나, 일러스트레이터, 크리에이티브 디렉터, 마케팅 전략가 등 각기 다른 전문가가 각자의 플랫폼을 통해 유입되어 협업하는 탈중앙화된 구조가 점차 보편화되고 있다[36]. 이 구조는 고정비를 줄이는 동시에 작업 결과물의 창의성과 정체성의 일치를 극대화하는 효과를 가져온다.

이처럼 감각 기반 아웃소싱이 산업 전반으로 확산되면서 기업 내부에서는 공급자 관리 역량의 근본적인 재정립이 불가피한 상황이 된 것이다. 기업은 더 이상 단순히 외부 인력을 관리하거나 계약만 체결하는 주체가 아닌 브랜드 정체성과 감각의 합을 고려하여 협업 파트너를 선별하고 지속 가능한 관계를 설계할 수 있는 큐레이션 역량을 확보해야 한다. 이는 기존의 인사 운영보다 더 본질적이 기업 전략의 중심축으로 부상할 가능성이 크기 때문이다. 따라서 많은 아웃소싱 기업들이 단순 용역 중심 비즈니스에서 벗어나, “큐레이션 기업” 혹은 “플랫폼 운영사”로 변신을 시도하고 있다[37]. 더불어 기업은 성과 평가 및 계약 체계에 있어서도 변화를 요구받고 있다. 시수 기반 단가 계약으로는 창의성과 감성, 협업 경험의 품질을 반영할 수 없기 때문이다. 이에 따라 결과 중심의 정량적 평가와 더불어 피드백의 순환성과 팀워크의 유연성 등 정성적 요소를 아우르는 다차원적 평가 체계가 도입되고 있다[38]. 이러한 변화는 단지 평가 항목의 수정이 아니라 일의 정의 자체를 새롭게 구성하는 작업이다.

아웃소싱을 중개하고 지원하는 플랫폼에도 급격한 변화의 흐름이 보인다. 플랫폼은 프리랜서 연결 시장을 넘어서 감각적 연결을 가능하게 하는 기술 인프라를 갖춘 운영 시스템으로 진화하고 있다[39]. 포트폴리오의 UI/UX, 알고리즘 기반 매칭 정밀도, 피드백 흐름의 시각화, 신뢰성 인증 절차 등은 플랫폼 경쟁력을 가르는 핵심 요소로 작용하며, 이들은 정량적 정보 외에도 스타일, 감성, 말투, 작업 리듬 같은 비형식적 요소들을 설명하고 연결할 수 있는 구조로 진화할 필요가 있다[40]. 국내 플랫폼 기업들도 단순 매칭을 넘어 AI 기반 매칭 정밀도 강화, 프리랜서 평판 관리 시스템 등을 고도화하고 있다. 특히 Z세대가 주도하는 프리워크 환경에서는 기능적 편리성 못지않게 경험의 미학과 감성적 호흡이 중요하게 작용하므로 플랫폼은 기술과 감각의 교차점을 설계할 수 있어야 한다[41].

이러한 산업 구조의 전환이 일시적 유행이 아닌 지속 가능한 패러다임으로 정착되려면 제도적 기반의 재구축이 병행되어야 한다[42]. 특히 기존 고용자와 프리랜서라는 이분법적 분류를 넘어서 프리랜서이면서도 일정 기간 동일 기업과 계약하는 '하이브리드 워커'에 대한 법적 지위와 세무 기준, 사회보험 체계 등 제반 제도가 새롭게 마련되어야 할 필요가 있다[43]. 한국에서도 고용노동부와 국회 차원에서 플랫폼 노동자 보호법안, 사회보험 확대 논의가 이루어지고 있으며, 이는 아웃소싱 기업에게도 직접적인 영향을 미치고 있다[44]. 또한 공정거래, 산업안전, 노동 윤리의 영역에서도 새로운 가이드라인과 기준이 필요하다. 동시에 감각 기반 아웃소싱에 적합한 실무 중심 교육체계도 마련되어야 한다[45]. 이는 직무 역량 개발을 넘어 브랜딩, 협업 커뮤니케이션, 디지털 창작 도구 활용 등 새로운 시대의 노동자가 요구하는 복합적 감각을 체계화하는 공공 교육 및 산업 훈련 프로그램으로 설계될 필요가 있다. 이와 관련하여 한국산업인력공단(HRD Korea)과 지자체 교육기관들은 최근 아웃소싱 인력 대상 디지털 역량 강화, 협업 커뮤니케이션 교육을 확대하고 있다[45].

오늘날 아웃소싱은 기업, 플랫폼, 산업 모두에게 철학, 문화, 기술, 제도의 총체적 재편을 요구하고 있다. 선택 가능한 감각의 매개체로서 아웃소싱은 더 이상 단순한 외부 위탁이 아닌 전략적 연결의 예술로 자리 잡고 있으며, 그 성공은 얼마나 정교하게 감각적 연결을 설계하고 경험을 운영할 수 있느냐에 달려 있다. 이 거대한 전환의 중심에는 유연성과 선택, 그리고 감각이라는 새로운 산업 언어가 자리하고 있다.

15장

실버 시프트와 아웃소싱

고령화시대, 다시 쓰는 노동의 시나리오

변화하는 인구구조, 변화하는 정책 - 실버 시프트에 응답하는 정부

2020년대에 접어든 한국 사회는 유례없는 인구구조의 격변을 목도하고 있다. 이른바 '실버 시프트(silver shift)'로 불리는 이 현상은 단지 65세 이상 고령 인구의 비율이 증가하는 통계적 흐름에 국한되지 않는다. 이는 한국 사회의 경제, 복지, 산업, 노동시장, 세대 간 관계와 사회적 연대 방식 전반을 근본적으로 재편하도록 요구하는 구조적 대전환이다. 이는 인구의 수적 변화 뿐만 아니라 인구구조의 질적 변화이며 사회 시스템 전체의 패러다임을 바꾸는 역사적 전환점이라 할 수 있다. 2025년 한국의 65세 이상 인구는 전체 인구의 20.6%를 넘었고 공식적으로 '초고령사회'로 진입했다. 이와 같은 추세는 단기적인 현상이 아니라 지속적인 흐름으로 2030년에는 고령인구 비율이 25%를 넘어설 것으로 전망된다. 반면 출산율은 2023년 기준 0.75로 세계 최저 수준을 기록하고 있다. 이로 인해 사회의 핵심 인적자원이라 할 수 있는 생산가능인구(15~64세)의 비중은 가파르게 감소하고 있으며, 이는 한국 사회의 지속가능성과 경쟁력에 중대한 도전 과제로 부상했다[1][2].

한국은 역사상 가장 빠른 속도로 고령화 사회에 진입하고 있는 나라 중 하나로 평가된다. 2000년대 초까지만 해도 65세 이상 인구 비율은 7.2%에 불과했으나, 25년 만에 그 수치는 세 배 가까이 증가했다. 이는 일본이나 독일, 이탈리아 등 전통적인 고령국가들과 유사한 고령화 흐름을 따르고 있지만 진행 속도 면에서 압도적으로 빠르다는 점에서는 다른 모습을 보이고 있다. 더욱이 출산율의 급격한 하락은 인구 구조의 왜곡을 심화시켜 전체 인구의 연령 분포는 점점 역삼각형 형태로 기울고 있다. 이는 곧 생산가능인구 한 명이 감당해야 할 부양 부담이 커지고 있다는 의미로 2000년 1인당 부양 고령자 수가 0.14명이었던 것에 비해, 2025년에는 0.42명에 달하고 있다. 이는 고령인구가 전체 인구의 주요 비중을 차지하면서도 복지와 건강, 생활을 뒷받침할 사회적 자원은 빠르게 줄어들고 있음을 의미한다. 노동공급 축소는 경제성장의 기반을 위협하고, 조세 기반의 약화는 국가 재정에 부담을 가중시키며, 소비구조의 변화는 산업 재편과 새로운 시장 수요 창출을 동시에 요구한다. 더불어 이러한 인구구조 변화는 가족구조, 지역사회, 세대 간 관계의 재조정까지 동반하면서 전방위적 사회 변화로 이어진다.

실버 시프트는 단순히 고령인구의 증가가 아니라, 인구의 나이 듦이 사회의 기능과 시스템 전반에 어떤 파급 효과를 미치는지를 반영하는 지표이자 경고다. 이제 한국 사회는 이러한 변화를 '위기'로만 받아들이는 것이 아니라, 새로운 기회로 전환할 수 있는 전략적 상상력과 정책적 역량을 동시에 요구받는 전환점에 서 있다. 고령 인구를 단순히 부양의 대상이 아닌 사회적 자산이자 적극적인 경제·사회 참여 주체로 인식하고, 이에 맞는 체계적 대응을 마련해 나가야 하는 시점이다.

경제·산업에 미치는 영향

한국은행 등 주요 연구기관들은 고령인구의 증가에 따라 생산가능인구가 급격히 감소하고 있으며, 이는 곧 경제성장률의 지속적인 하락을 초래할 수 있다고 경고하고 있다. 실제로 한국의 연간 경제성장률은 지속적으로 하락하고 있는데, 이는 단지 기술 진보나 자본 투자의 보완적 효과만으로는 극복하기 어려운 구조적인 문제이다. 이처럼 노동력 공급의 위축이 심화되면 생산성 향상에 대한 압력이 더욱 가중되면서 세대 간 분업 구조를 근본적으로 재편해야 할 필요성이 커지고 있다[3]. 한편 고령화는 경제적 측면에서도 복지 지출 증가와 조세 기반 약화라는 이중의 위기를 초래하고 있다. 연금, 건강보험, 장기요양 등 필수적인 사회보험 지출은 급격히 상승하는 반면, 이를 지탱할 수 있는 세금 납부 인구는 갈수록 줄어드는 불균형한 구조가 형성되고 있다. 특히 노년부양비가 2000년 7.2에서 2025년에는 2.4로 급격히 감소하면서, 세대 간의 조세 부담 분배 문제나 연금 개혁과 같은 민감한 이슈들이 정치적 쟁점으로 부상하고 있다[2][3]. 이러한 인구구조의 변화는 새로운 소비 주체의 등장을 의미하기도 한다. 고령 소비자들은 이전 세대와 달리 삶의 질과 건강, 주거환경, 문화적인 소비를 중시하는 소비 패턴을 보이고 있다. 이에 따라 실버산업과 에이지테크, 돌봄·헬스케어·여가산업 등 고령친화 산업은 연평균 7% 이상의 빠른 성장세를 기록하고 있으며, 고령층 소비자의 요구에 맞춰 건강관리 서비스, 재택 의료 서비스, 주택 개조, 맞춤형 금융서비스 등 다양한 새로운 제품과 서비스가 개발되고 있다. 이러한 변화는 산업 구조 전반의 혁신을 적극적으로 유도하고 있다[4].

고령화로 인해 노동시장의 모습도 빠르게 변화하고 있다. 고령자의 재취업이 증가하고 세대가 혼합된 노동 구조가 확산되면서, 체력에 기반한 단순 반복적 노동의 비중은 감소하고 대신 행정지원, 교육, 돌봄, BPO(비즈니스 프로세스 아웃소싱) 등과 같은 경험과 지식 기반 업무 영역에서 고령 인력의 활용이 늘어나고 있다. 아울러 디지털 기술의 중요성이 모든 연령층에서 더욱 강조됨에 따라, 디지털 격차를 해소하고 고령자를 대상으로 한 체계적인 재교육 시스템 구축의 필요성도 한층 부각되고 있다.

사회적 변화와 인식의 전환

고령화는 단순히 인구 구조의 변화에 머무는 것이 아니라, 우리 사회의 전반적인 인식과 구조적 전환을 요구하는 근본적인 사회적 과제가 되고 있다. 고령화의 진전으로 세대 간 갈등, 자산 격차, 복지의 불균형이 심화되고 있으며, 이는 곧 사회적 연대와 통합을 위협하는 요소로 작용하고 있다. 따라서 세대 간 상호 이해와 협력을 촉진하고, 연금·복지 개혁과 같은 민감하고 복잡한 사안에 대해 전 세대를 포괄하는 사회적 합의를 도출하는 것이 점점 더 시급한 과제로 부각되고 있다.

동시에 돌봄과 복지 시스템에서도 근본적인 혁신이 요구된다. 과거 가족 구성원들이 전적으로 책임지던 전통적인 돌봄 구조는 핵가족화, 맞벌이 증가 등의 사회적 변화로 인해 급속히 붕괴되고 있다. 이에 공공 돌봄서비스의 확충과 커뮤니티 케어, 그리고 노인복지의 사회화를 중심으로 한 인프라 혁신이 필수적으로 추진되고 있다. 이에 따라 노인을 단순히 사회적 부담으로 보는 시각에서 벗어나 그들의 풍부한 경험과 역량을 적극적으로 활용하고 사회에 환원될 수 있도록 제도적 기반을 마련하려는 움직임이 활발해지고 있다. 이는 고령자가 가진 지식과 경험이 미래 세대의 성장과 사회적 발전에 중요한 자산으로 인정받고 있음을 보여준다.

한편, 고령화는 농촌과 지방 지역의 인구 소멸 문제를 가속화하는 또 다른 심각한 사회적 현상과 연결되어 있다. 젊은 세대의 도시 집중 현상으로 인해 지방 공동체가 노년층 위주로 급속히 재편되면서, 지역의 존립 자체가 위협받고 있다. 이를 극복하기 위한 방안으로 귀농·귀촌 정책을 활성화하고, 세대 간 협력 기반의 일자리 창출이 모색되고 있으며, 디지털 기술과 친환경 산업을 접목한 지역 혁신 전략이 추진되고 있다. 일본 등 해외에서는 이미 노년층이 중심이 되어 운영되는 마을 디지털 커뮤니티 돌봄이 성공을 거두고 있으며, 이는 한국에서도 지역 재생과 지속가능한 지역사회 발전을 위한 효과적인 모델로 주목받고 있다[14][15]. 고령화가 가져오는 이러한 사회적 변화와 도전은 세대 간 연대, 돌봄 시스템의 혁신, 지역사회 재생이라는 다차원적인 접근을 통해 해결될 수 있으며, 이를 통해 사회 전체가 더욱 통합되고 포용적으로 발전할 수 있을 것이다.

정부 정책의 전환: 복지에서 '액티브 에이징'으로

정부는 고령화 사회 진입에 따라 기존의 복지 중심 정책에서 벗어나 고령자의 사회적 생산과 참여를 적극적으로 촉진하는 방향으로 정책적 패러다임을 전환하고 있다. 고령자의 노동시장 참여를 장려하기 위해 고령자친화기업 인증제, 시니어 인턴십, 신중년 사회공헌 활동 지원, 고령자 맞춤형 일자리 창출사업 등 다양한 프로그램을 추진하고 있으며[6], 특히 고령자친화기업 제도는 시니어 고용 비율, 근로 환경, 교육체계 등을 기준으로 우수 기업을 인증하고 정부가 적극적으로 지원하는 방식으로 운영되고 있다. 이에 따라 2023년에는 노인 일자리 사업 예산 규모가 1조 5천억 원을 넘어서는 등 전국적인 차원에서 강력한 지원체계를 마련했다[7]. 또한 정부는 2025년 액티브 시니어 150만 명 육성, 생애경력설계제 도입 등 개인의 전 생애주기를 포괄하는 고령사회 전환 정책을 추가로 진행하고 있다[8].

더불어 정부는 고령화 문제를 산업 발전 및 개인의 생애 주기와 긴밀히 연결하는 전략적 접근도 본격화하고 있다. 국가 고용 전략의 일환으로 세대 융합형 일자리, 시니어 창업과 멘토링 활성화, 디지털·AI·녹색산업 분야의 전문 인력으로 시니어 계층을 활용하는 등 다양한 고용 모델을 적극 추진하고 있다[7]. 고령자의 현장 경험과 전문 지식, 사회적 네트워크를 활용한 자문 및 프로젝트 기반의 유연한 고용 모델 또한 새로운 실험으로 시도되며 주목받고 있다[8].

고령화 문제에 대한 효과적인 해법은 각 지역의 고유한 환경과 특성에 맞게 설계되어야 한다는 인식 아래, 각 지방정부는 지역 기반의 맞춤형 사회정책과 커뮤니티 중심의 대응 전략을 마련하고 있다. 특히 에이지 프렌들리(Age-Friendly) 도시 설계, 지역 사회와 연계된 시니어 일자리 창출, 지역 복지관과 평생학습기관 간의 협력 네트워크 구축, 돌봄 서비스의 질적 개선과 같은 다양한 지역 특화 정책이 활발히 추진되고 있다[9][10]. 서울과 부산과 같은 대도시뿐 아니라, 농촌과 인구 소멸 위기 지역에서도 커뮤니티 재생 프로젝트, 귀촌 및 귀농 지원사업, 돌봄과 일자리를 결합한 통합전략 등 다채로운 형태의 시도가 이루어지고 있다[11]. 이러한 정부 및 지자체 차원의 다차원적 접근과 노력은 초고령사회 진입을 앞둔 한국 사회에 새로운 대응 모델을 제시하고 있다.

민간 부문에서 지역사회와 연계한 고령자 친화적 일자리 창출 모델을 실천하는 기업으로 제니엘 사례를 들 수 있다. 제니엘은 고령화와 청년 취업난이 동시에 심화되는 상황 속에서 지역 고용 증대와 취업난 해소를 위해 지역 맞춤형 일자리를 제공하는 데 앞장서고 있다. 이를 위해 제니엘은 지방자치단체와 협력하여 일자리 전담센터를 설치·운영하고 있으며, 각 지역의 특성과 수요를 반영한 고용 지원 체계를 구축하였다. 구체적으로는 시청, 읍·면·행정복지센터, 취업지원센터와 같은 공공기관과 연계하여 일자리 상담, 구인·구직 매칭, 취업 역량 강화 프로그램을 제공한다. 또한 시 단위 취업박람회를 정기적으로 개최하여 구직자에게는 다양한 취업 기회를, 기업에게는 지역 인재를 발굴할 수 있는 장을 마련하였다. 이러한 활동은 단순히 일자리를 연결하는 것을 넘어, 지역 공동체의 지속 가능한 고용 생태계를 조성하는 기반이 되고 있다. 제니엘 사례는 지방 소멸과 고령화 문제를 동시에 해결하기 위한 민간-지자체 협력형 고용 모델의 좋은 예로 꼽을 수 있다. 지역 주민에게 실질적이고 안정적인 일자리를 제공함으로써, 지역사회 유지와 활력을 동시에 추구하는 전략적 접근을 보여준다.

실버 시프트는 단순한 인구 고령화 현상이 아닌 사회 전반의 시스템을 근본적으로 재설계하게 만드는 메가트렌드이다. 이에 대응하기 위해서는 복지 확대를 넘어 새로운 성장동력의 발굴, 포괄적 사회통합, 기술혁신, 맞춤형 고령사회 전략이 필요하다. 노인은 이제 복지 수혜자가 아니라 경제, 사회, 문화의 생산자이자 소비자이며 이들을 중심으로 정부, 기업, 시민사회가 연대하여 지속가능한 고령사회 모델을 함께 만들어가야 할 시점이다[12].

시니어 인재를 새롭게 보는 눈 – 기업 고용정책의 구조적 전환

시니어 인재의 재조명: 변화하는 기업의 인식

한국 노동 시장에서 고령층의 역할은 점차 확대되고 있다. “OECD 고용전망 (Employment Outlook) 2025”에 따르면, 2024년 기준 55~64세 고용률은 69.9%로, OECD 평균 64.6%보다 약 5.3%포인트 높다. 이는 고령층이 노동시장에 활발히 참여하고 있음을 보여주는 긍정적인 신호이다. 그러나 고용의 질적인 측면에서는 개선이 필요한 부분이 많다. 2023년 기준으로 고령자의 비정규직 고용 비중은 61.2%, 그리고 소규모 사업장 근로자 비중도 49.4%에 달하는 것으로 조사되어, 임시·일용직 및 비정규직 중심의 노동 구조가 최근에도 심각한 문제로 지적되고 있다. 이는 고령층이 노동시장에 진입하고는 있지만, 그 지속성과 안정성 측면에서는 여전히 취약한 부분이 있음을 시사한다. 기업은 고령 인력에 대해 부정적인 인식을 가지는 경우가 많았다. 예를 들어 고령 인력의 신기술 적응력 부족, 인사·노무 관리의 어려움, 상대적으로 높은 임금, 약한 신체적 기능 등을 고용의 장애 요인으로 지적한다[17]. 특히 정년 연장 시 청년 일자리 감소(62.4%), 낮은 생산성 대비 높은 비용(43.8%) 등의 부정적 효과가 예상된다는 기업 설문 결과도 존재한다[18]. 그러나 이러한 부정적 인식은 고령 근로자의 실제 역량과 다를 수 있으며, 통계적 착시에 기인할 수 있다[19]. 많은 기업들은 고령 인력의 풍부한 지식과 경험, 좋은 근무 태도, 일에 대한 강한 책임감, 그리고 조직에 대한 높은 충성도 등을 고용의 장점으로 꼽기도 한다[17]. 특히 베이비붐 세대는 과거 고령 노동자들에 비해 학력 수준이 높아 고용 가능성이 크고 생산성 향상 잠재력이 높다[20].

기업들이 시니어 인력에 대해 높은 인건비와 신기술 적응력 부족이라는 부정적 인식을 가지면서도 동시에 풍부한 경험과 높은 책임감이라는 긍정적 강점을 인지하고 있다는 점은 흥미로운 이중적 인식을 보여준다[17]. 이는 시니어 인력 활용의 핵심이 단순히 '고용'을 넘어, 그들의 강점을 극대화하고 약점을 보완할 수 있는 '구조적 전환'에 있음을 시사한다. 즉, 기업은 시니어를 '비용'이 아닌 '자산'으로 인식하는 패러다임 전환이 필요하며 이를 위한 구체적인 인적자원(HR) 전략이 요구된다.

시니어 친화적 기업 고용정책의 구조적 전환 방안

기업은 고령화 시대에 시니어 인재를 효과적으로 활용하기 위해 고용정책의 구조적 전환을 모색해야 한다. 첫째, 정년 연장 및 재고용 제도의 확산이 필요하다. 현대자동차는 노사 합의를 통해 "정년퇴직 후 2년 재고용"을 도입하여 숙련된 생산직 근로자를 계속 활용하는 사례를 보여주었다[22]. 정부 또한 계속고용제도 도입 기업에 대한 재정 지원을 확대하고 우수 사례를 발굴·포상하여 자율적 확산을 유도하고 있다[24].

둘째, 직무 재설계 및 유연근무 시스템 도입을 통한 근무 환경 개선이 중요하다. 시니어의 신체적 부담이 적은 업무로 전환하거나, 팀 내에서 멘토 역할을 부여하는 등 직무를 재설계하는 것이 필요하다[25]. 예를 들어, 법률 해석, 회계 검사, 국제 통상 등 고도의 전문성이 필요한 분야나 번역·통역, 속기 등 전문적 지식 및 기술 활용 분야는 시니어 인재에게 적합한 직무로 꼽힌다[26]. 또한 유연한 근무 시간, 재택근무 옵션, 2주 단위 유연근로제 등 유연근무 시스템 도입을 통해 고령 직원이 자신의 건강 상태와 생활 패턴에 맞춰 일할 수 있도록 지원해야 한다[23]. 히타치사는 시니어 사원에게 하루 6시간 근무 또는 주 4일 근무제를 도입하고, 60세 이후 풀타임 고용 후에도 희망 시 단시간 근무로 전환할 수 있도록 하여 고령 인력의 능력을 최대한 활용하고 있다[27].

셋째, 직무급/성과급 중심의 임금체계 개편이 필수적이다. 한국 기업의 연공서열 임금체계는 고령 인력 활용의 가장 큰 걸림돌로 지목된다. 이를 직무급이나 성과급 등 역량과 공헌도를 직접 반영하는 공정한 보상 제도로 구축하는 것이 중요하다. 경영계에서는 정년 연장 수용을 위한 전제 조건으로 직무급제 도입을 강력히 요구하고 있다[28]. 이러한 임금체계 개편은 고령 인력의 생산성 저하 우려를 해소하고, 청년층과의 임금 갈등을 완화하는 데 기여할 수 있다.

넷째, 시니어 맞춤형 직업훈련 및 재교육 프로그램 강화가 필요하다. 기업이 디지털 전환을 추진할 때, 고령 인력에게도 데이터 분석 툴이나 로봇프로세스자동화(RPA: Robotic Process Automation) 활용법을 교육하는 등 직무 확장 기회를 부여하여 개인의 경험과 신기술 역량을 접목함으로써 시너지를 창출할 수 있다[29]. '국민내일배움카드' 및 '한국폴리텍대학 신중년 특화교육과정' 등 정부 지원 프로그램도 적극 활용 가능하다[24]. 고령 인력의 신기술 적응력에 대한 우려에도 불구하고, 인공지능(AI) 및 자동화 기술은 오히려 시니어의 생산성을 향상시키고 이들의 노동시장 잔류를 지원하는 강력한 도구가 될 수 있다[32]. 이는 시니어의 경험과 지혜라는 강점에 기술적 보완을 더함으로써, 연령이 생산성에 미치는 부정적 영향을 상쇄하고 새로운 가치를 창출하는 '에이지 프렌들리 테크놀로지'의 가능성을 보여준다.

다섯째, 세대 간 협력 증진을 위한 조직 문화 조성 및 멘토링 모델 도입이다. 시니어 인재의 풍부한 경험과 노하우를 신입 사원에게 전수하는 멘토형 고용 모델은 기업의 기술 단절을 방지하고 신입 사원의 실무 적응 기간을 단축하며, 동시에 시니어의 경제활동 지속을 가능하게 한다[25]. 3M의 경우 주니어들에게 창의적인 자유를, 시니어들에게는 경험 전수를 통한 멘토링 기회를 제공하여 세대 간 협업의 우수 사례로 꼽힌다[31]. 세대 간 이해 증진을 위한 워크숍, 팀 빌딩 프로그램 등을 통해 서로의 차이를 인식하고 협업 문화를 조성하는 것이 중요하다.

마지막으로, 고령자 친화적 작업 환경 개선 및 안전 보건 관리를 강화해야 한다. 고령 근로자의 신체적 특성을 고려한 작업장 개선, 안전·보건 가이드라인 마련, 재해 예방 교육 등을 통해 고령자도 안전하고 생산성을 발휘하며 일할 수 있는 환경을 조성해야 한다. 기업이 시니어 인력을 단순한 '비용'이 아닌 '경쟁력 있는 자산'으로 전환하기 위해서는 정년 연장, 유연근무, 직무 재설계, 임금체계 개편, 재교육, 세대 간 협력 증진 등 다각적이고 통합적인 인적자원(HR) 혁신이 필수적이다[32]. 이는 개별 정책의 나열이 아닌, 시니어 인력의 생애 주기를 고려한 맞춤형 경력 경로를 제공하고, 조직 전체의 생산성을 높이는 방향으로 나아가야 함을 의미한다. 이러한 HR 혁신은 기업의 지속 가능한 성장을 위한 핵심 동력이 될 것이다.

느리지만 강한 노동 – 에이지 프렌들리 워크와 아웃소싱 산업의 역할

에이지 프렌들리 워크(Age-Friendly Work)

'에이지 프렌들리(Age-Friendly)'는 고령자가 원하는 제품과 서비스를 선보이며 그들이 원하는 바에 맞춰 전략을 구사하는 기업과 사회의 철학을 의미한다[33]. 노동 시장에 적용될 때, '에이지 프렌들리 워크'는 고령층의 신체적, 정신적 변화를 고려하여 작업 환경과 직무를 재설계함으로써, 이들이 안전하고 효율적으로 일할 수 있도록 돕는 것을 포함한다[29]. 이는 단순히 노인 복지 차원을 넘어, 고령층의 높은 건강 수준과 근로 의욕을 사회적 자산으로 활용하여 경제 성장에 기여하는 중요한 개념으로 부상하고 있다. 고령층의 건강 상태가 과거보다 향상되고 있으며, 50대와 60세 이상에서 자신의 건강 상태가 좋다고 생각하는 비중이 10년 전보다 각각 11.3%p, 9.9%p 증가했다는 통계는 이러한 변화의 배경이 된다[34]. 에이지 프렌들리 워크는 경제 및 사회 전반에 걸쳐 긍정적인 영향을 미친다. 고령층 인력의 활용도를 높이는 것은 취업자가 과거보다 오랜 기간 노동시장에 머물게 하며, 이는 노동 투입을 확대하고 재정 수입을 늘려 국가의 경제·사회 시스템을 유지하는 데 도움을 준다. 고령층 취업자는 더 많은 소득을 얻고 국가에 더 많은 세수를 내게 되어 GDP를 높이는 데 기여한다. 또한, 유연한 근무 일정, 낮은 직업 스트레스, 재택근무 기회 등을 제공하는 노령 친화적 일자리는 고령층의 경제활동 참가율을 더욱 활발하게 하여, 고령화로 인한 노동력 감소 폭을 줄이고 잠재성장률을 높이는 데 기여할 수 있다. 1990년에서 2020년 사이에 전체 일자리의 약 75%가 노령 친화성이 높아진 것으로 나타나, 노동시장이 점차 고령 근로자들의 요구에 부응하는 방향으로 변화하고 있음을 보여준다[34].

고령층의 노동 참여를 단순히 '일자리 제공'을 넘어 '생산성 향상'과 '경제 활력 제고'의 관점에서 접근한다. 특히 고령층의 높아진 건강 수준과 인공지능(AI), 로봇 등의 기술 발전을 결합하면 생산성을 더욱 높일 수 있는 잠재력을 가지고 있다. 이는 고령화가 경제 성장의 걸림돌이라는 인식을 전환하고 새로운 성장 동력을 모색하는 중요한 전환점이 될 수 있다. 고령층의 풍부한 경험과 노하우는 신기술과 결합될 때 시너지를 발휘하여 조직의 혁신과 생산성 향상에 기여할 수 있기 때문이다.

아웃소싱 산업의 시니어 인력 활용 현황과 잠재력

아웃소싱 산업은 고령화 시대에 시니어 인력을 활용하는 중요한 대안으로 부상하고 있다. 아웃소싱 산업은 고령화로 인한 시니어 고객층 증가에 발맞춰 시니어 인력을 적극적으로 활용하는 모델을 개발하고 있다[35]. 이러한 노동시장의 변화 흐름 속에서, 고령 인력을 효과적으로 활용하기 위한 구체적 실천 사례로 제니엘의 활동을 살펴볼 수 있다.

제니엘은 고령화 시대에 맞는 인적자원 활용 방안을 모색하며, 실버 사업 분야에서 두드러진 성과를 보여주고 있다. 특히 제니엘푸른꿈일자리재단을 설립하여 고령자의 재취업과 사회적 참여를 체계적으로 지원하고 있다. 이 재단은 시니어 인턴십, 노인 일자리 사업, 취업역량 강화 캠프, 모의면접 등 다양한 프로그램을 운영하며 중장년층이 노동 시장에서 경쟁력을 유지하도록 돕는다. 이러한 프로그램은 단순히 일자리를 연결하는 차원을 넘어, 고령자가 가진 풍부한 경험과 직무 능력을 사회적 자산으로 전환하는 데 기여한다. 또한 제니엘은 고령 인력에 적합한 맞춤형 일자리 모델을 개발하여, 체력에 과도한 부담을 주는 단순 노동 대신 행정지원, 상담, 교육, 돌봄 등 경험과 지식 기반의 영역으로 고용 기회를 확장하고 있다. 이를 통해 고령 인력이 지닌 강점인 경험, 신중함, 대인관계 능력이 실제 산업 현장에서 활용될 수 있도록 지원한다.

아울러 제니엘은 단순 고용 확대를 넘어, 실버 친화적 서비스 산업 생태계를 조성하고 있다는 점에서도 주목할 만하다. 고령자를 위한 전문 교육 과정, 현장 적응 훈련, 지속적인 커리어 관리 프로그램을 통해 '단발성 일자리 제공'이 아닌 '지속 가능한 고용 체계'를 구축하고 있다. 이는 단순히 기업의 사회적 책임을 넘어, 고령화 사회에 대응하는 전략적 경영 모델로 평가될 수 있다. 제니엘 사례는 고령자에게 새로운 경제적 기회를 제공할 뿐 아니라, 세대가 혼합된 노동 구조 속에서 다양한 연령층이 조화를 이루며 일할 수 있는 환경을 만드는 모범적인 실천 사례로 자리매김하고 있다.

아웃소싱은 고령층에게 유연한 노동 기회를 제공하고 재취업을 촉진하는 데 핵심적인 역할을 한다. 아웃소싱은 고령층에게 유연한 근무 일정과 낮은 직업 스트레스를 제공하는 직업에 대한 강한 근로 의지를 충족시키며, 정규직 배송원 고용 등 안정적인 일자리를 제공하기도 한다[36]. 이는 고령층이 주된 일자리에서 퇴직한 후에도 숙련도를 활용하여 재취업할 수 있는 중요한 경로가 된다[38]. 아웃소싱은 기업이 필요에 따라 소수 또는 대규모 인력을 유연하게 채용할 수 있게 하여, 고령 인력 활용의 문턱을 낮추는 효과가 있다. 이로써 기업은 내부 인력을 추가로 고용하거나 비수기에 불필요한 인건비를 지불할 필요 없이, 필요한 시점에 필요한 만큼의 고령 인력을 활용할 수 있게 된다[39].

또다른 아웃소싱 사례로 내이루리의 '옹고잉' 서비스는 60세 이상

시니어 인력을 정규직 배송원으로 고용하여 고객 신뢰도를 높이고 시니어의 경제활동 지속과 삶의 균형을 동시에 추구하는 성공 사례로 꼽힌다[30]. 이 외에도 치매 예방 콘텐츠 및 두뇌 건강 관리를 하는 실비아헬스, 저시력자 및 시각장애인을 위한 디지털 솔루션을 제공하는 에이티랩, AI 돌봄 로봇 '초롱이'를 통한 노인 정서적 케어 및 정신 건강관리를 하는 미스터마인드 등 다양한 시니어테크 스타트업들이 간병, 요양, 헬스케어 분야에서 시니어 인력을 활용하거나 시니어를 위한 서비스를 제공하며 성장하고 있다[36].

이러한 기업들은 시니어 인력을 단순히 노동력 부족을 해결하기 위한 수단으로 보는 것을 넘어, 그들의 경험과 특성을 활용하여 새로운 가치를 창출하고 있다[40]. 아웃소싱의 유연성과 시니어 인력 활용의 시너지는 고령화 사회의 노동 시장에 새로운 활력을 불어넣을 수 있는 중요한 요소이다. 아웃소싱은 기업의 인력 운영 부담을 줄이면서도, 고령층에게는 맞춤형 일자리를 제공하여 노동시장 참여를 확대하는 효과적인 방안이 된다. 이는 고령층이 자신의 경험과 지식을 활용하여 사회에 기여하고, 동시에 경제적 안정과 삶의 만족도를 높일 수 있는 기회를 제공한다.

아웃소싱을 통한 고령화 시대 노동 시장의 재편 전략

고령화 시대 노동 시장의 지속 가능성을 확보하기 위해서 아웃소싱 산업은 전략적 역할을 수행해야 한다. 첫째, 아웃소싱은 노동력 부족 문제와 숙련 기술 단절 문제를 해결하는 데 기여할 수 있다. 고령화로 인해 기업이 필요로 하는 젊은 인력 확보가 어려워지는 상황에서, 아웃소싱은 숙련된 고령 인력을 활용하여 인력 부족을 해소하고, 이들의 노하우를 다음 세대로 전수하는 통로 역할을 할 수 있다[30]. 특히 제조업 등 숙련 기술이 중요한 산업에서는 정년퇴직한 고령 기술자들을 재고용하거나 아웃소싱 형태로 활용하여 기술 단절을 방지하고 생산성을 유지하는 것이 가능하다.

둘째, 인적자원(HR) 아웃소싱은 시니어 인력 관리에 특화된 전문성을 제공할 수 있다. 아웃소싱 기업은 다양한 산업과 직무에서 고령 인력을 관리해온 경험을 바탕으로, 시니어 친화적인 직무 개발, 유연 근무제 설계, 맞춤형 교육 훈련 프로그램 제공 등 전문적인 HR 서비스를 제공할 수 있다[17]. 예를 들어, 아웃소싱 관리자는 여러 근무지에 흩어져 있는 시니어 직원들의 출퇴근 및 근무 현황을 효율적으로 관리할 수 있는 시스템을 활용하여 업무 효율성을 높일 수 있다. 또한, 시니어 전문가를 중소기업에 매칭하여 고용을 창출하는 '탤런트뱅크'와 같은 서비스는 기업이 시니어 인력을 효과적으로 활용하도록 돕는다[37].

셋째, 정부와 산업계는 시니어 친화적 아웃소싱 모델을 더욱 적극적으로 육성하고 지원해야 한다. 정부는 '고령자 고용 인프라 확충'을 통해 고령자 고용 지원이 필요한 기업과 개인에게 적합한 서비스를 제공하도록 기관별 역할을 명확히 재정립해야 한다. 고용센터는 일반적인 취업·채용 지원과 장려금 지급을, 지자체는 지역 특성에 맞는 일자리 발굴 및 확산을, 중장년일자리센터는 기업 지원 및 전문직 재취업 지원을, 고령자인재은행은 상시 취업이 어려운 고령층 일자리 매칭을 담당하는 등 역할 분담을 통해 시너지를 창출할 수 있다[42]. 또한, 고령층이 취약한 디지털 활용 능력을 높여 육체노동이 아닌 정신노동 위주의 고령 노동력을 활용할 수 있도록 교육 프로그램을 강화해야 한다[34].

아웃소싱 산업의 전략적 중요성은 고령화 시대의 노동 시장 변화에 대한 유연하고 효율적인 대응 방안을 제공한다는데 있다. 아웃소싱은 기업이 인력 구조를 유연하게 조정하고, 필요한 전문성을 외부에서 조달하며, 동시에 고령층에게는 다양한 형태의 노동 참여 기회를 제공하는 중요한 플랫폼 역할을 수행한다. 이는 노동력 감소와 숙련 인력 부족이라는 거시적 문제를 해결하는 동시에, 고령층의 경제활동 참여를 확대하여 사회 전체의 활력을 유지하는 데 기여할 수 있다. 따라서 아웃소싱 산업은 단순한 인력 공급을 넘어, 고령화 시대의 새로운 노동 시나리오를 쓰는 핵심 주체로 자리매김할 것이다.

제니엘의 시니어 친화적 고용정책

이러한 아웃소싱 산업의 전략적 역할을 구체적으로 보여주는 사례가 바로 제니엘이다. 제니엘은 고령 인력의 경험과 역량을 활용해 시니어 친화적 고용정책을 실천하며, 고령화 시대 노동시장의 재편을 이끄는 대표적 기업으로 자리매김하고 있다. 제니엘은 그동안 중장년층과 고령자를 대상으로 다양한 취업지원 및 일자리 사업을 운영하며 사회적 책임을 실천해왔다. 특히 고령화 속도가 가속화되는 상황에서, 단순한 일자리 알선 차원을 넘어 보다 구조적이고 체계적인 시니어 친화적 고용정책을 실질적으로 추진하고 있다.

첫째, 제니엘은 정년 이후에도 경력을 이어갈 수 있는 재고용 및 재취업 지원 제도를 운영하고 있다. 이를 통해 숙련된 인력이 노동시장에서 조기에 이탈하지 않고, 기업 현장에서 쌓아온 경험과 기술이 단절되지 않도록 돕고 있다.

둘째, 제니엘은 콜센터, 인사·행정지원, BPO 서비스 영역 등에서 고령 인력에 적합한 직무를 발굴·재설계하고 있다. 체력적 부담이 덜한 업무로 전환하거나 멘토 역할을 부여하는 방식으로 고령 인력이 장기적으로 일할 수 있는 근무 환경을 마련하고 있으며, 일부 사업장에서는 단시간·탄력근무제를 적용해 시니어 근로자의 생활 패턴을 고려한 고용을 확대하고 있다.

셋째, 제니엘은 직무성과 중심의 인사·보상 체계를 도입해 고령 인력의 기여도를 공정하게 평가하고 있다. 이는 연공 중심의 임금구조에서 벗어나, 경험과 전문성에 따른 합리적인 보상이 가능하게 함으로써 청년층과의 세대 간 갈등을 완화하고 있다.

넷째, 제니엘은 디지털 격차 해소를 위한 재교육 프로그램을 강화하고 있다. 자체적으로 개발한 모바일 업무 관리 시스템(ZEMOS)을 현장에 도입해 고령 직원도 손쉽게 출퇴근과 근무 현황을 관리할 수 있도록 지원하며, 나아가 데이터 활용, RPA(로봇프로세스자동화) 기초 교육 등을 제공하여 시니어 인력이 새로운 업무 환경에 적응하도록 돕고 있다.

다섯째, 제니엘은 세대 간 협력과 멘토링 문화를 장려하고 있다. 다양한 아웃소싱 현장에서 시니어 직원은 주니어에게 실무 노하우를 전수하고, 청년층은 최신 디지털 업무 방식을 공유하면서 상호 학습이 이루어지고 있다. 이를 통해 조직 내 지식 단절을 방지하고 협업 문화를 강화하고 있다.

마지막으로, 제니엘은 시니어 친화적 작업 환경과 안전 보건 관리에도 힘쓰고 있다. 고령 근로자의 신체적 특성을 고려한 현장 설계와 안전 교육을 실시하며, 사고 예방을 통해 안정적인 고용 지속성을 확보하고 있다.

이처럼 제니엘이 추진 중인 시니어 친화적 고용정책은 단순한 일자리 제공을 넘어, 재고용-직무 재설계-성과 중심 보상-재교육-세대 협력-안전 관리로 이어지는 종합적 인적자원 관리 모델로 확산되고 있다. 이는 고령 인력을 사회적 비용이 아니라 지속가능한 경쟁력의 자산으로 전환시키는 모범 사례로 평가된다.

고령화 시대, 지속 가능한 노동 시나리오를 향하여

한국 사회는 전례 없는 속도로 진행되는 '실버 시프트'에 직면해 있으며, 이는 노동 시장과 사회 시스템 전반에 걸쳐 근본적인 변화를 요구한다. 저출산과 기대수명 연장이 복합적으로 작용하여 생산가능인구는 급감하고 노년부양비는 폭증하고 있다. 기존의 점진적 정책으로는 대응하기 어려운 복합적인 위기를 예고한다. 정부는 고령층 고용 촉진 및 연금 개혁을 위한 다양한 정책을 시도하고 있으나, 정책의 비효율성과 사회적 합의 도출의 어려움이라는 한계에 부딪히고 있다. 이는 단순히 예산 투입을 늘리는 것을 넘어, 정책 설계 방식과 거버넌스, 그리고 사회적 합의 과정 전반에 대한 근본적인 패러다임 전환이 필요함을 시사한다.

기업의 역할 또한 매우 중요하다. 시니어 인력에 대한 이중적인 인식, 즉 높은 인건비와 신기술 적응력 부족이라는 우려와 동시에 풍부한 경험과 높은 책임감이라는 강점을 인지하는 현실은, 기업이 시니어를 '비용'이 아닌 '경쟁력 있는 자산'으로 전환해야 할 필요성을 강조한다.

이러한 맥락에서 '에이지 프렌들리 워크' 개념과 아웃소싱 산업의 역할은 고령화 시대의 지속 가능한 노동 시나리오를 재구성하는 데 핵심적인 축이 된다. 에이지 프렌들리 워크는 고령층의 노동 참여를 단순한 일자리 제공을 넘어 생산성 향상과 경제 활력 제고의 관점에서 접근하며, 이들의 경험과 지혜를 사회적 자산으로 활용하는 데 중점을 둔다. 아웃소싱 산업은 이러한 에이지 프렌들리 워크를 실현하는 효과적인 플랫폼으로 기능한다. 시니어 인력 활용 아웃소싱 모델은 고령층에게 유연한 노동 기회를 제공하고 재취업을 촉진하며, 기업에게는 인력 부족 해소와 숙련 기술 유지라는 이점을 제공한다. 배송, 간병, 헬스케어, 전문가 매칭 등 다양한 분야에서 시니어 아웃소싱의 성공 사례가 나타나고 있으며, 이는 아웃소싱이 고령화 시대의 노동 시장에 새로운 활력을 불어넣을 수 있는 잠재력을 보여준다.

궁극적으로 고령화 시대의 노동 시나리오를 다시 쓰는 것은 정부, 기업, 그리고 개인 모두의 유기적인 협력과 인식 전환을 요구한다. 정부는 정책의 실효성을 높이고 사회적 합의를 이끌어내는 리더십을 발휘해야 하며, 기업은 시니어 인력을 미래 성장의 동력으로 인식하고 과감한 HR 혁신을 단행해야 한다. 개인 또한 평생 학습과 직무 전환에 대한 열린 자세를 가져야 한다. 이러한 노력들이 결합될 때, 한국 사회는 '실버 시프트'를 단순한 위기가 아닌, 모든 세대가 함께 성장하고 공존하는 지속 가능한 사회로 나아가는 기회로 전환할 수 있을 것이다. 아웃소싱 산업은 실버 시프트가 현실 경영현장에서 긍정적으로 작동하게 만드는 연결고리이다. 따라서 아웃소싱 기업이 혁신적으로 이들을 활용한다면, 초고령화 사회로 나아가는 한국 사회의 신성장동력이 될 것이다.

16장

AI 공존 시대의 아웃소싱 자동화 너머, 인간의 재배치

4차 산업혁명과 디지털 변화의 흐름은 단순히 기술만 바뀌는 것이 아니다. 기의 모든 산업에서 일하는 방식 자체가 근본적으로 달라지고 있다. 그 중에서도 AI의 발전이 가장 눈에 띈다. 예전에는 단순하고 반복되는 일만 기계가 대신했는데, 이제는 복잡한 판단이 필요한 일, 고객 응대, 창의적인 기획 같은 고차원적인 업무까지 AI가 담당하기 시작했다. 이런 변화는 단지 일의 효율성을 높이는 것을 넘어서, 기업의 조직 구조와 전략 자체를 바꾸고 있다.

아웃소싱 업계는 이런 변화의 최전선에 있다. 예전에는 비용을 줄이고 중요하지 않은 업무를 밖으로 빼내기 위해서 반복적이고 정형화된 일들을 외주로 맡겼다. 하지만 AI 기술이 발달하면서 기업들은 더 근본적인 질문을 하게 되었다. "우리가 직접 해야 할 일과 밖에 맡겨도 될 일을 어떻게 구분할까?", "외주는 단순히 업무를 넘기는 것이 아니라, 함께 협력해서 새로운 가치를 만드는 방법이 될 수 있을까?" 같은 본질적인 고민들이다. 이제 아웃소싱은 단순한 하청 개념에서 벗어나 기술을 바탕으로 함께 가치를 만드는 메커니즘으로 바뀌고 있다. AI와 디지털 자동화는 단순히 사람을 대체하는 것이 아니라, 업무를 새롭게 설계하고 역할을 재정의해서 '누가, 언제, 어디서, 무엇을 할 것인가'라는 근본적인 문제를 다시 생각하게 만들고 있다. 결국 AI는 기업들로 하여금 아웃소싱 전략을 다시 생각하게 만들고, 장기적인 가치 창출의 관점에서 외주화의 방향을 새롭게 찾아가게 하고 있다[1].

전통적 아웃소싱의 한계

아웃소싱 산업은 외환위기 이후 기업들이 경쟁력을 키우기 위한 대표적인 효율화 방법으로 자리잡았다. 특히 인건비를 줄이고 고정비용을 줄여서 비용 효율성을 높이고, 기업이 가장 잘하는 핵심 업무에 집중할 수 있는 여유를 만드는 수단으로 활용되었다. 그래서 많은 기업들이 콜센터 운영, 대량 데이터 입력, 회계 처리, IT 기술 지원, 시설·경비 관리 같은 반복적이고 정형화된 업무를 직접 하지 않고 해당 분야 전문 아웃소싱 업체에 맡겨서 시간과 자원을 아끼려고 했다. 이런 전략은 단순히 비용만 줄이는 것이 아니라, 숙련된 외부 인력을 활용해서 일정 수준 이상의 품질을 유지하면서 조직 내부가 복잡해지는 것을 방지하는 장점도 있었다.

하지만 전통적인 아웃소싱 모델은 구조적으로 여러가지 한계를 가지고 있었다. 첫째, 외부 인력에 의존하다 보니 작업의 일관성을 확보하기 어렵고, 서비스 품질을 정밀하게 관리하기가 쉽지 않았다. 둘째, 발주 기업과 수행사 간의 소통 과정에서 예상보다 많은 시간과 비용이 들었고, 업무 지시와 결과 해석 과정에서 의사소통 오류가 자주 발생해서 추가 조정 비용이 들었다. 셋째, 일부 기업이 인건비를 줄이기 위해 해외 인력을 활용하는 경우 시차·언어·문화 차이 때문에 실시간 대응이 어려워지고, 이로 인해 고객 불만이 커지거나 문제 해결이 늦어지는 경우가 생겼다. 넷째, 디지털 변화와 온라인 플랫폼이 확산되면서 '실시간 고객 대응'이 서비스의 기본이 된 오늘날, 이런 한계들은 브랜드 가치 하락, 고객 이탈, 서비스 충성도 저하로 이어지며 점점 심각한 경영 리스크로 인식되었다[2].

결국 전통적 아웃소싱은 디지털 변화 이후 고객 경험과 서비스 품질이 핵심 경쟁력이 된 경영 환경에서는 점점 한계에 부딪히게 되었다. 그래서 아웃소싱 전략도 단순한 효율화 중심에서 벗어나서, 품질과 신뢰를 바탕으로 지속가능성을 중시하는 새로운 방향으로 바뀌어야 한다는 요구가 커지고 있다.

AI 도입의 본질과 그 파급력

앞서 언급한 전통적 아웃소싱의 구조적 한계를 근본적으로 바꾸는 핵심 동력이 바로 인공지능(AI)이다. AI는 엄청난 양의 복잡한 데이터를 실시간으로 분석하고, 규칙에 따른 반복 업무를 자동화하는 데 뛰어난 성능을 보여준다. 이런 기술적 특성은 기존 아웃소싱 영역의 기반을 흔들고 있으며, 기업의 업무 처리 방식은 물론 외주화 전략 전반을 다시 구성하는 촉매가 되고 있다.

최근 콜센터 현장에서는 AI 기반의 챗봇과 음성봇이 본격적으로 도입되면서 상담 대기 시간을 획기적으로 줄이고 있다. 실제로 일상적인 고객 문의의 약 60~70%를 무인 시스템이 처리하는 사례가 확산되고 있으며, 이는 단순한 업무 속도 향상을 넘어 서비스의 일관성과 정확성을 동시에 강화했다. AI는 동일한 품질의 응대를 24시간 제공함으로써 고객 경험의 표준화를 가능하게 만든다. 금융 산업에서는 AI가 회계 데이터를 자동으로 분류하고 이상 거래를 실시간으로 찾아내는 데 활용되며, 제조업 분야에서는 예측 정비, 설비 이상 감지, 물류 경로 최적화 등에서 이미 핵심 역할을 하고 있다. IT 분야 역시 예외가 아니며, AI는 코드 검수와 오류 진단, 시스템 로직 분석 등 복잡한 개발 과정의 일부를 실시간으로 자동화하고 있다[3].

이런 기술의 적용은 단순한 작업 보조 수준을 넘어서, 이전에는 불가능했던 고차원의 실시간 의사결정과 문제 예측을 가능하게 하면서 아웃소싱 산업의 구조 자체를 빠르게 재편하고 있다. 실제로 고객 상담, 데이터 분류, 회계 입력 같은 전통적 아웃소싱 영역은 이제 AI가 중심 역할을 하는 분야로 바뀌고 있으며, 이에 따라 기존 BPO 기업의 시장 점유율은 상대적으로 줄어들고 있다. 대신 AI 솔루션을 중심으로 한 기술 기반 서비스 기업들이 새로운 시장의 주도권을 빠르게 차지해 나가고 있다[4].

AI는 아웃소싱을 대체하는가?

AI는 특정 조건, 즉 명확한 규칙에 따라 반복해서 할 수 있고 충분한 데이터가 쌓인 업무에서 기존 아웃소싱을 획기적으로 대체하고 있다. 대표적으로 은행, 카드사, 공공기관 등에서의 1차 고객 응대는 이미 상당 부분 AI 기반 솔루션으로 바뀌고 있으며, 이는 과거 해외 저가 인력에 의존하던 아웃소싱 모델을 구조적으로 변화시키고 있다[5]. 이런 흐름 속에서 자동화 기술을 가진 솔루션 기업은 전통적 BPO 업체가 차지하던 일부 시장을 빠르게 잠식하며 새로운 생태계를 만들어가고 있다. 반복성과 표준화가 강한 업무가 AI로 대체되면서 단순 BPO 시장은 전반적으로 줄어드는 추세다. 기존 외주 인력이 하던 업무의 상당 부분 'AI 내장형 자동화 솔루션'으로 바뀌었고, 이에 따라 단순히 인력을 공급하는 모델보다는 시스템 유지 및 고도화를 중심으로 기술 기반 서비스가 새로운 비즈니스 모델로 부상하고 있다[5].

이와 관련해 제니엘 이장석 부사장은 인공지능(AI) 콜센터 도입 사례를 예로 들며, AI가 단순 문의를 처리하면 인력 수요는 줄어들 수 있지만 그 대신 이전에 제공하지 않았던 IT 운영 영역을 추가로 제공함으로써 서비스 범위를 넓히고 가치를 높일 수 있다고 설명했다. 그는 "사람이 하던 일을 기술로 대체하되, 단순한 대체에 그치지 않고 서비스의 가치를 키우는 모델을 추구하는 것이 제니엘이 지향하는 방향"이라고 강조했다.

기술과 서비스의 접점 – 하이브리드 협업 구조의 부상

AI는 단순히 사람의 일을 '대체'하는 기술이 아니다. 반복적이고 규칙에 따른 업무를 자동화함으로써, 사람들은 더 전략적이고 창의적인 과제와 감정 조율, 상황 판단이 필요한 고차원 업무에 집중할 수 있는 환경이 만들어지고 있다. 예를 들어, AI는 고객 문의를 자동으로 분류하고 1차 응대를 한 뒤, 복잡하거나 예외적인 사안, 문화적 감수성이 필요한 민원은 사람 상담사로 연결하는 방식이 점점 표준이 되고 있다[6].

이런 변화의 흐름 속에서 제니엘이 추진 중인 증강현실(AR) 기반 전자기기 유지보수 서비스는 하이브리드 아웃소싱 모델의 대표 사례로 꼽힌다. 제니엘은 원격 AR 진단을 통해 현장에 나가지 않고도 문제의 80% 이상을 해결하며, 서비스 효율성을 획기적으로 높이고 있다. 이를 통해 초도 수리 해결율(first-time fix rate)을 업계 평균 72%에서 85% 수준으로 끌어올린다는 목표를 세웠으며, 이는 현장 대응 시간을 줄이고 고객 만족도를 높이는 데 중요한 역할을 하고 있다. 결국 이런 기술 활용은 AI와 사람이 각자의 강점을 발휘해 시너지를 만드는 '하이브리드 아웃소싱 모델'로 이어지고 있다. 이 모델은 고객 만족도, 업무 효율성, 브랜드 신뢰도 등 다양한 지표에서 좋은 성과를 거두고 있으며, 기업이 외주 전략을 더욱 정교하게 설계할 수 있는 기반을 제공한다[5]. 특히 반복 업무 중심의 전통적 BPO에서 벗어나, 높은 수준의 판단력과 분석력을 요구하는 KPO(지식 기반 아웃소싱), 전략 기획, 리서치, 고급 고객 분석 등 고부가가치 분야로 아웃소싱 영역이 확장되고 있다[4].

앞으로 아웃소싱의 핵심 경쟁력은 단순히 AI를 도입하는 것이 아니라, 현장에서 AI와 사람이 얼마나 유기적으로 협업하는지에 달려 있다. 자연어 처리(NLP), 감정 분석, 이미지 인식, 자동 추천 시스템 등 첨단 AI 기술은 고객 응대의 정확성과 일관성을 높이는 동시에, 개별 고객 맞춤형 서비스 제공과 시장 변화에 대한 민감한 대응을 가능하게 한다. 이미 국내 주요 금융기관과 제조·유통·IT 기업의 BPO 조직은 AI와 사람 전문가 간 단계별 협업 체계를 구축하여, AI가 초기 분류 및 분석을 담당하고 사람이 복합적 해석과 감성적 응대를 맡는 구조를 정착시키고 있다[7]. 따라서 아웃소싱 산업의 미래는 기술이 모든 것을 대체하는 것이 아니라, 사람의 직관, 창의 그리고 감정 해석 능력이 AI 기반 플랫폼 위에서 더욱 부각되는 상호보완적 협업 구조에 있다. 이런 진화된 모델은 서비스 품질과 생산성을 동시에 향상시키며, 장기적으로는 고객사와 아웃소싱 기업 모두의 경쟁력을 강화하는 핵심 전략이 될 것이다.

AI가 촉발한 새로운 일자리와 비즈니스 모델

AI의 확산은 일부 단순 노동의 축소를 불러오기도 하지만, 이는 곧 새로운 일자리와 비즈니스 모델 창출이라는 역동적 변화로 이어지고 있다. 특히 "사람과 AI가 결합된 하이브리드 업무 환경"에서는 전통적인 직무가 해체되는 동시에, 데이터 기반의 정밀한 분석과 설계, 윤리적 판단, 창의적 응용이 요구되는 고부가가치 직종이 새롭게 나타나고 있다. 대표적으로 데이터 테스터, 인공지능 학습용 데이터 수집자 및 트레이너, AI 품질관리자, 고객경험(UX) 설계자, 하이브리드 서비스 컨설턴트 등은 과거에는 존재하지 않았던 전문 직군으로, 기술과 사람 능력이 결합된 새로운 유형의 일자리다[8]. 이들은 AI 시스템이 제공하는 정보나 분류 결과를 검증하고, 현장에 적용될 수 있도록 설계·보완하는 핵심적 역할을 한다.

또한 플랫폼 기반 아웃소싱 기업의 등장, IT 및 AI 전문 기업과의 전략적 협업, 그리고 중소기업의 AI 바우처 활용 등은 기술 기반 아웃소싱 시장을 빠르게 성장시키고 있으며, 산업 전반에 걸쳐 다층적 생태계가 형성되고 있다[9]. 이런 흐름은 기존 아웃소싱 모델이 가졌던 단일화된 업무 구조를 해체하고, 보다 유연하고 진화된 아웃소싱 패러다임을 가능하게 만든다.

AI 아웃소싱 도입의 과제와 정책적 대응

AI 기술이 빠르게 퍼지면서, 그 도입과 활용 과정에서 해결해야 할 몇 가지 구조적 과제가 분명해지고 있다. 특히 이런 과제들은 앞으로 AI 기반 아웃소싱 전략의 지속가능성을 좌우하는 핵심 요소로 작용할 것이다.

먼저, AI 기반 서비스는 대규모 데이터를 활용한다는 점에서 데이터 보안과 개인정보 보호 문제가 본질적인 이슈로 떠오른다. 데이터 유출, 알고리즘 편향, 정보의 오용은 단순한 기술적 문제가 아니라 기업의 신뢰도와 직결되는 핵심 사안이며, 시스템 해킹이나 데이터 왜

곡은 아웃소싱 기반의 운영체계 전반을 위협할 수 있다. 이에 따라 각국 정부와 산업계는 AI 윤리 가이드라인 마련, 알고리즘 투명성 확보, 개인정보 보호 규제 강화 등 선제적이고 구조적인 대응 방안을 지속적으로 고민하고 있다[10].

제니엘의 경우 생성형 AI를 올바르게 사용하기 위해 윤리원칙과 가이드라인을 만들어서 적용하고 있다. 이는 그룹사 차원에서 정보보호와 보안 강화를 최우선 목표로 삼은 것으로, ① 정보보호 최우선, ② 책임 있는 생성 및 사용, ③ 정확성과 투명성 확보, ④ 편향과 차별 방지, ⑤ 법률 및 내부 규정 준수라는 5대 윤리원칙을 기반으로 운영된다. 이런 원칙은 AI 기술 활용 과정에서 발생할 수 있는 잠재 리스크를 예방하고, 기술 혁신과 사회적 신뢰를 동시에 확보하기 위한 제니엘의 전략적 선택이라 할 수 있다. 특히, 원칙을 만든 이후 전사 교육과 내부 모니터링 체계를 함께 운영함으로써, 단순한 선언에 그치지 않고 실질적 실행력을 확보하고 있다는 점에서 주목할 만하다.

이와 함께 AI 도입은 일자리 구조의 근본적인 전환을 요구한다. 반복적이고 정형화된 업무는 AI에 의해 대체될 수 있으나, 동시에 데이터 분석, 전략 수립, 사람 중심 서비스 등 고도화된 직무가 새롭게 생겨난다. 하지만 이런 직무 전환은 자동적으로 이뤄지지 않으며, 상당한 사회적 혁신이 동반되어야 한다. 따라서 정부와 기업은 인력 재교육, 평생직업훈련, AI 업무에 맞는 직무 재설계 등 포괄적이고 지속가능한 대응 체계를 마련해야 한다. 이는 단순히 실업률을 낮추기 위한 차원을 넘어서, 새로운 기술 생태계에 유연하게 적응할 수 있는 노동 시장 재구조화 전략의 일환으로 이해되어야 할 것이다[1].

한편, AI 기술 도입에 있어 중소기업의 접근성 문제는 산업 전반의 불균형을 초래할 수 있는 또 하나의 주요 과제로 지적된다. 대기업에 비해 상대적으로 자본력과 인적 자원이 부족한 중소기업은 AI 기술 도입 초기비용, 전문 인력 확보의 어려움, 자사에 맞는 맞춤형 솔루션 부재 등 다양한 한계에 직면하고 있다. 이에 대응하여 정부는 AI 바우처 제공, 스마트공장 구축 지원, 중소기업 대상 AI 전문인력 양성 프로그램 운영 등 다양한 디지털 전환 촉진 정책을 시행하고 있으며, 이는 기술 불균형을 해소하고 중소기업의 경쟁력 확보를 위한 중요한 기반이 되고 있다[11].

이처럼 데이터 윤리, 일자리 전환, 기술 접근성이라는 세 축은 AI 아웃소싱이 지속가능한 방식으로 확산되기 위해 반드시 해결되어야 할 정책적·산업적 과제이며, 이에 대한 종합적 대응이 앞으로의 기술 기반 경제구조 전환의 성패를 가를 결정요인이 될 것이다.

공진화의 조건 – AI와 함께 일하는 BPO 생태계

BPO(Business Process Outsourcing) 산업은 AI 도입을 계기로 근본적인 전환을 맞이하고 있다. 과거에는 콜센터, 데이터 입력, 회계 등 반복적이고 규칙에 따른 작업을 외부에 맡기는 것이 주된 전략이었다. 그러나 이제 이런 단순 업무는 AI가 자동화하고 있으며, 사람은 복합적 문제 해결, 전략 판단, 감정적 공감 같은 고부가가치 활동에 집중하고 있다[1]. 이런 분업 구조는 AI와 사람이 함께 진화하는 공진화(co-evolution) 시스템을 만든다. 공진화가 성공적으로 뿌리내리려면, 업무 설계, 인력 교육, 기업문화, 리더십 등 조직 전반의 역량 혁신이 필수적이다. 단순한 기술 도입이 아닌, 비즈니스 가치사슬 전체를 재편하는 시스템적 전환이 필요하며, 이를 위해 다음과 같은 전략이 요구된다[1][3].

AI-BPO 공진화의 핵심 전략

AI는 이제 특정 부서만의 전유물이 아니라, 전 조직이 경쟁력을 높이기 위해 반드시 활용해야 하는 핵심 도구로 자리잡고 있다. 제니엘 역시 이런 변화 흐름 속에서 전 구성원이 디지털 환경에 유연하게 적응하고 문제 해결 능력을 갖춘 인재로 성장할 수 있도록, 지속적인 학습과 성장 기회를 제공하고 있다.

AI-BPO 공진화의 핵심 전략은 크게 세 가지 측면에서 추진될 수 있다. 첫째, 업무를 세분화하고 단순 반복적인 과제는 AI가, 비정형적 상황 대처와 감정 응대, 전략 판단이 필요한 과제는 사람이 담당하는 이원화 구조를 갖추는 것이다. 예를 들어 AI는 초기 문의 접수와 사전 분류를 처리하고, 예외적이거나 고난도의 상담은 전문 인력이 이어받는 방식이다. 이를 위해 시장 변화에 따라 역할 경계를 주기적으로 다시 검토하고, AI와 사람 간 협업 결과를 통합 KPI로 관리하는 체계가 필요하다[4].

둘째, 인재 고도화와 재교육 체계를 강화해야 한다. 특히 현장 인력에는 데이터 분석, AI 모델 평가, 챗봇 품질 관리 등 실무 중심 교육을, 시니어 인력에는 맥락 해석력과 윤리 판단력을, 청년 인력에는 IT·AI 활용 능력과 데이터 분석 역량을 집중적으로 제공해야 한다. 여기에 데이터 윤리와 고객 공감 능력 등 하이브리드 환경 필수 역량을 함께 기르는 것이 중요하다[6].

셋째, 계층 없는 조직과 협업 플랫폼을 통해 수평적 소통 문화를 확산시키고, AI 기반 피드백·모니터링 시스템 등 디지털 협업 도구를 적극 활용해야 한다. 또한 변화에 즉시 대응할 수 있도록 AI 전담 태스크포스 등 내부 혁신 촉진 체계를 운영할 필요가 있다[12].

이런 전략은 제니엘의 "그룹 생성형 AI 경진대회" 사례에서도 잘 드러난다. 제니엘은 구성원들이 AI 기술을 단순히 배우는 데 그치지 않고, 실제 업무에 접목해 실질적 성과를 만들어내도록 돕고 있다. 경진대회는 단순한 아이디어 공모를 넘어, 생성형 AI 기반으로 실무에 바로 적용 가능한 솔루션을 발굴하고, 이를 조직 내에서 공유하며 학습하는 문화를 만드는 데 초점을 맞추고 있다. 이를 통해 제니엘은 AI 활용 역량을 조직 전반에 확산시키고, 공진화 시대의 핵심 경쟁력인 "사람과 AI의 협업 능력"을 한층 강화하고 있다.

한국 BPO 산업의 AI 통합 사례

최근 한국의 BPO 산업은 AI 기술의 도입을 통해 서비스 제공 방식에 근본적인 전환을 시도하고 있다. 우선 공공 및 금융 분야에서는 AI가 단순 민원 응대, 서류 처리, 행정 안내 등 기본적인 업무를 전담하고, 사람 상담사는 고난이도 민원, 복합적인 고객 불만 처리, 감정적 요소가 개입된 상황 대응에 집중하는 이원화된 체계를 갖추고 있다[12]. 대표적으로 국민건강보험공단, 국세청, 국민연금공단 등은 AI 기반 챗봇을 도입하여 대기 시간을 줄이고 민원 처리 효율을 크게 향상시켰으며, 국민은행과 우리은행 등 주요 금융기관은 고객 서비스의 일관성과 정확성을 유지하기 위한 AI-인간 협업형 콜센터를 운영 중이다[1].

제조 및 물류 분야에서도 AI는 점점 핵심적인 역할을 하고 있다. 스마트 팩토리 시스템을 중심으로 IoT 센서 기반 생산 설비 모니터링, 예측 정비, 물류 경로 최적화 등 고도화된 외주 서비스가 빠르게 확산되고 있다[10]. 특히 대기업 협력사로 구성된 외부 아웃소싱 업체들이 실시간 데이터 기반의 설비 이상 탐지, 품질 불량 예측, 자동화 보고 시스템 등을 운영하면서 제조 공정의 신뢰도와 생산성을 동시에 높이고 있다.

또한 고객 경험(CX) 혁신 측면에서도 AI는 중요한 촉매제로 작용하고 있다. 예를 들어 한 대형 아웃소싱 전문기업은 AI 기반 상담 자동화를 도입하면서 단순 문의 처리 속도를 70% 이상 향상시킨 바 있으며, 이로 인해 사람 상담사들은 복잡한 민원 분석, 고객 유형별 대응 전략 수립, 응대 품질 평가 등 고차원적인 업무에 집중할 수 있게 되었다[10]. 이는 단순한 업무 효율성 개선을 넘어서, 고객 만족도와 브랜드 충성도를 동시에 강화하는 전략으로 주목받고 있다.

공진화를 가로막는 장애요인

AI와 사람이 함께 진화하는 공진화(BPO-AI coevolution) 구조는 이상적으로 들리지만, 현실의 산업 현장에서는 다양한 실천적 제약과 구조적 장애 요인에 직면하고 있다. 이런 요소들은 기술 도입 이후의 적용 단계에서 특히 강하게 드러나며, 시스템의 확산과 고도화를 방해하는 주요 원인으로 작용한다.

공진화를 저해하는 첫 번째 장애요인은 교육 및 훈련 인프라의 부족으로 실질적인 현장 적용이 어렵다는 점이다. AI 기술이 빠르게 도입되고 있음에도 불구하고, 실제 업무를 수행하는 BPO 현장 인력에 대한 디지털 리터러시, AI 트레이닝, 융합형 실무교육은 여전히 미비한 상태다. 이에 따라 AI 시스템이 도입되었더라도, 현장 적용 과정에서 기술과 사람 간의 간극이 발생하며 생산성과 품질 관리에 어려움이 따르게 된다[11].

둘째, 데이터의 신뢰성과 품질관리 문제는 AI 기반 서비스의 정확성과 예측력을 약화시키는 주요 변수다[13]. 잘못된 학습 데이터, 알고리즘의 편향, 불완전한 정제 과정 등으로 인해 AI가 내리는 판단이나 추천이 신뢰성을 잃을 경우, 고객 만족도와 브랜드 평판에 직격탄을 맞을 수 있다. 특히 고객 응대나 금융업무 등 신뢰가 핵심인 영역에서

이는 치명적인 장애 요소로 작용한다.

셋째, 조직 내 소통 단절과 변화 저항은 공진화 전략의 확산을 제약하는 내부 요인이다. 많은 기업들이 여전히 수직적이고 폐쇄적인 의사결정 구조를 유지하고 있어, AI 도입과 관련된 전략이 상부 주도형으로 일방적으로 추진되는 경우가 많다. 이로 인해 현장 인력의 의견 반영, 업무 재설계에 대한 주체성 확보가 부족하며, 부서 간 정보 단절 또한 통합 운영의 걸림돌이 된다.

넷째, 사회적 수용 저항 또한 무시할 수 없다. AI 기술이 일자리를 대체할 것이라는 불안감, 사람 특유의 감정노동이 사라짐으로써 발생할 수 있는 정서적 단절, 기술 격차에 따른 계층 간 불평등 확대 등에 대한 우려는 여전히 광범위하게 존재한다[6]. 이런 사회적 저항은 정부 정책, 기업의 커뮤니케이션 전략, 노동시장 대응 시스템과 유기적으로 연결되지 않으면 극복하기 어렵다.

결국, 이런 장애요인들은 단순히 기술 능력 부족의 문제가 아니라, 교육, 데이터, 조직구조 및 사회제도 전반의 구조적 문제로 연결되어 있다. 따라서 AI-BPO 공진화가 안정적으로 뿌리내리기 위해서는 기술 도입에 앞서 현장 수용성 확보, 데이터 품질 관리, 개방적 조직문화, 사회적 신뢰 형성, 법·제도 정비라는 다섯 축이 균형 있게 강화되어야 할 것이다.

AI와 인간의 공존: 대체가 아닌 협력의 시대

인공지능(AI)과 자동화 기술의 고도화는 흔히 사람의 일자리를 대체하거나 줄일 것이라는 우려를 낳곤 한다. 특히 반복적인 단순 업무, 수치 기반의 의사결정, 정형화된 문서 처리 등에서 AI가 뛰어난 효율성과 정밀도를 보이면서, 많은 이들은 이를 곧 사람의 역할이 줄어들 것이라는 신호로 해석하기 쉽다. 하지만 실제 산업현장과 아웃소싱 생태계에서 벌어지는 구조적 변화는 이와는 다르게 전개되고 있으며, 기술 발전은 오히려 사람 고유의 능력과 개입이 더욱 필요하고 주목받는 방식으로 산업 구조를 재편하고 있다.

특히 BPO와 KPO 현장에서 관찰되는 사례들은 이 같은 '공존적 진화'를 뚜렷이 보여준다. 고객 응대, 민원 처리, 고충 상담, 교육 및 훈련 설계, 법률 및 정책 자문, 창작 콘텐츠 기획과 같은 업무는 여전히 사람의 정성적 판단과 상호작용을 필요로 하며, AI가 제공할 수 없는 비정형적 판단력과 감정적 민감성, 맥락 인식 능력이 핵심 역량으로 떠오르고 있다. 이는 단순히 '기술로 대체되지 않는' 수준을 넘어서, 기술이 구축한 기반 위에서 사람이 더 높은 부가가치를 만들어낼 수 있는 구조로 이동하고 있다는 증거다.

이런 관점에서 볼 때, AI는 사람을 대체하는 것이 아니라 사람이 더욱 '필요한 존재'가 되도록 환경을 설계하는 동력으로 작용한다. AI가 데이터 수집, 정리 및 처리에 집중할수록, 사람은 그 결과를 해석하고 맥락에 맞게 재구성하며, 윤리적·사회적 판단을 통해 실행하는 '결정의 주체'로서의 역할을 수행하게 된다. 다시 말해, 기술은 '정보를 생성'하고, 사람은 '의미를 해석'하는 협력적 메커니즘이 형성되고 있는 것이다.

이런 패러다임 전환은 아웃소싱 산업의 구조에도 본질적인 재정의를 요구한다. 과거의 아웃소싱이 비용 절감과 효율성 확보를 위한 전략적 선택이었다면, 이제는 기술과 사람의 공존을 설계하고, 정형 업무와 창의 업무를 분리한 뒤 그에 맞는 협업 방식을 최적화하는 전략적 플랫폼으로 기능하고 있다. AI가 대체하는 것은 사람이 아닌 '사람이 하지 않아도 되는 일'이며, 사람은 오히려 기술이 대체할 수 없는 영역에서 공감, 신뢰, 비판적 사고, 문화적 이해, 윤리적 균형 감각 등을 발휘하며 조직과 사회의 복잡성과 다양성에 대응하고 있다. 더 나아가 이런 변화는 단순한 업무 분장 차원을 넘어 노동의 의미와 가치의 재정의를 동반한다. 사람이 감당해야 하는 노동이 단순한 반복이 아닌 해석과 판단, 관계와 공감의 가치로 이동하면서, 노동 자체가 '기계와의 경쟁'이 아닌 '기계와의 협력'을 기반으로 한 전환적 성장 경험으로 자리잡고 있다. 이는 앞으로 인재 교육, HR 전략, 조직 설계에까지 영향을 미치며, 아웃소싱 산업의 패러다임을 기술 중심에서 "인간과 기술의 통합 중심"으로 재편하는 방향으로 이어질 것이다.

결국, 인공지능은 사람의 역할을 위축시키는 것이 아니라, 사람이 더 사람답게 기능할 수 있도록 산업과 조직의 기반을 정비하는 촉진자이며, 아웃소싱 산업 역시 이런 변화의 선봉에서 "사람이 빠지지 않는 기술 생태계"를 구축하는 핵심 플랫폼으로 진화하고 있다. 이는 ESG 시대의 윤리적 경영과도 맞닿아 있으며, 기술이 아닌 사람을 중심에 둔 조직 전략이 기업의 지속가능성과 직결된다는 점에서, 아웃소싱은 다시금 사람 중심의 산업으로 회귀하고 있는 것이다.

아웃소싱 산업의 인간적 가치 재발견

아웃소싱 산업은 단순 반복 업무 중심의 BPO에서 지식기반 고부가가치 외주인 KPO로 확장되며, 사람 전문가의 역할과 가치가 폭넓게 확대되고 있다. 전략컨설팅, R&D, 정책 분석, 의료 및 법률 상담, 맞춤형 디자인 등 복잡하고 정교한 영역에서는 AI가 방대한 데이터를 전처리하고 기초 분석을 담당하지만 최종적인 전략 설계, 윤리적 조정, 사회문화적 판단은 사람 전문가의 해석과 통찰력에 의해 수행되는 하이브리드 협업 구조가 표준이 되고 있다. 이는 특히 글로벌 기업이나 연구기관에서 전략적 의사결정의 품질을 높이는 핵심 기반으로 작용하고 있다[5]. 이런 흐름은 단순히 사람의 보완적 역할을 넘어, 데이터 시대에 사람만이 수행할 수 있는 고차원적 해석력과 통합적 사고 능력이 얼마나 중요한지를 보여주는 사례다.

또한 아웃소싱 산업은 시니어 인력을 포함한 다세대 인적 자원을 재조명하며, 기술 중심의 생산성을 사람의 경험 중심 지속가능성으로 전환하는 데 기여하고 있다. 비록 퇴직자나 고령 인력이 빠른 기계 조작이나 최신 기술 습득에 일정한 한계를 가질 수는 있으나, 이들은 오랜 현장 경험에서 비롯된 통찰력, 윤리적 감식 능력, 사회적 맥락에 대한 민감한 이해를 보유하고 있어 아웃소싱 업무에 있어 대체불가능한 자산으로 작용한다[8]. 이를 기반으로 정부와 민간 기업들은 시니어 인력을 대상으로 한 디지털 전환 교육, 현장 중심의 멘토링 프로그램, BPO 부문 재배치 사업 등을 추진하며, 다양한 세대가 기술과 경험을 함께 공유하고 결합하는 다세대 협업 구조를 강화하고 있다. 이런 구조는 아웃소싱 산업이 단기적 효율성을 넘어서, 기술과 사람, 경험과 혁신이 공존하는 지속가능한 생태계로 진화하는 데 핵심적인 기틀이 되며, 결과적으로 산업 전반의 역동성과 회복탄력성을 강화하는 데 기여하고 있다.

아웃소싱 산업 구조의 지속가능성

산업 구조의 지속가능성을 확보하기 위해서는 기술 효율성뿐 아니라 윤리적 기준, 신뢰 기반, 사회적 책임이 반드시 병행되어야 하며, 이는 AI와 아웃소싱이 결합하는 현재의 산업 전환 국면에서 더욱 중요하게 부각되고 있다. 특히 데이터 윤리, 알고리즘 책임성 및 정보보호는 단순한 기술적 요건을 넘어, 서비스 제공자가 고객 및 사회와 신뢰를 구축하는 핵심 전제 조건으로 자리 잡고 있다. 아웃소싱 기업이 개인정보 보호, 알고리즘 투명성, 데이터 활용의 정당성, 오류나 오판 발생 시 책임소재 명확화에 적극적으로 대응하지 않으면, AI 기반 아웃소싱 구조 자체에 대한 사회적 신뢰가 무너질 수 있다. 이에 따라 기업은 개인정보보호법과 국제 데이터보호 기준을 철저히 준수하고, 알고리즘의 판단 근거를 설명 가능하도록 만드는 "설명가능한 AI (explainable AI)" 도입 등 보다 선제적인 대응 체계를 마련해야 한다. 이런 윤리적 실천은 단지 리스크를 줄이는 수준을 넘어서, 장기적으로는 브랜드 평판 강화와 고객 충성도 제고로 연결되며 산업 전체의 신뢰도를 높이는 토대가 될 것이다[2].

한편, AI와 BPO의 공진화로 인해 단순 반복적이고 규칙 기반의 업무가 점점 자동화되면서, 해석·판단·관계설정·신뢰 형성·창의성 등 사람 고유의 능력이 요구되는 영역이 중심으로 떠오르고 있다. 이는 단순히 일자리 수의 감소나 전환을 의미하는 것이 아니라, 일의 성격 자체가 '정형화된 노동'에서 '질적 가치가 높은 전문 노동'으로 변화하고 있다는 점에서 산업 전반에 걸친 노동 구조의 질적 재편을 의미한다[14]. 아웃소싱 산업은 이와 같은 변화에 발맞춰 사람 중심의 고숙련 일자리 창출을 모색하고 있으며, 특히 시니어 인력이나 지역 기반 인재 등 다양한 계층의 참여 기회를 확대하는 방식으로 사회적 포용성을 실현하고 있다.

또한, 지속가능한 산업 구조를 위한 또 하나의 핵심 축은 바로 아웃소싱 기업의 사회적 책임 이행이다. 최근에는 단순한 서비스 외주화를 넘어서, 노동환경의 질적 향상, 근로자 권익 보호, 안전보건 시스템 구축, 공정한 거래 관행 확립 등이 중요한 ESG 경영의 실천 요소로 떠오르고 있으며, 기업들은 이를 위해 협력사와의 윤리강령 공유, CSR 프로그램 운영, 노동인권 실사 강화 등 다양한 전략을 구사하고 있다. 나아가 지역사회와의 연계 및 사회적경제 조직(예: 협동조합, 사회적기업)과의 협업을 통해 지역 일자리 창출, 사회적 가치 확대, 지속가능한 생태계 구축을 지향하는 방향으로 전략을 다각화하고 있다[15].

이처럼 AI 기술 도입과 함께 윤리, 신뢰, 사회적 책임의 가치를 체계적으로 내재화하는 기업만이 아웃소싱 산업의 지속가능한 미래를 선도해 나갈 수 있으며, 이런 방향성은 기술 중심 산업 전환의 진정한 완성도를 가늠하는 기준이 될 것이다.

'사람이 빠지지 않는 기술' 시대를 위한 전략

'사람이 빠지지 않는 기술' 시대를 준비하기 위해서는 기술 중심의 효율성 추구를 넘어 사람 중심의 가치와 결합된 아웃소싱 전략으로 전환해야 하며, 이를 위해 기업, 정부, 교육기관은 다음의 세 가지 핵심 전략을 중심으로 통합적이고 체계적인 생태계를 구축해 나가야 한다.

우선 첫째로, AI와 사람이 공존하는 생태계 설계가 필수적이다. AI 기술은 반복적이고 정형화된 업무를 자동화하는 데 뛰어난 성능을 발휘하지만, 창의적 문제해결, 공감, 직관, 윤리적 판단과 같이 사람 고유의 능력은 여전히 대체 불가능하다. 따라서 기업은 AI를 단순한 비용 절감이나 생산성 향상 도구로만 보지 말고, 사람의 능력을 보완하고 확장하는 공존적 파트너십 기술로 인식해야 한다. 이를 위해 조직 내 서비스 프로세스 전반에 걸쳐 사람과 기술의 상호작용이 설계된 하이브리드 업무 시스템을 구축하고, '기술 중심'이 아닌 '사람 중심' 설계 원칙을 명문화하여, 디지털 전환이 곧 사람 소외로 이어지지 않도록 해야 한다. 특히 고객상담, 교육, 의료, 공공서비스 등 정서적·인지적 접점이 중요한 영역에서는 사람의 개입을 기본값으로 설정하고, AI는 이를 보조하는 도구로 활용하는 구조가 중요하다[11].

둘째, 현장 기반의 평생교육 및 재교육 체계 강화가 지속가능한 기술-사람 융합 전략의 핵심 기반이 되어야 한다. AI 기술 변화 속도에 적응하기 위해서는 특정 시기에 주입식으로 받는 교육이 아니라, 전 생애에 걸친 능력 재설계가 필요하다[10]. 특히 시니어 인력에게는 디지털 도구 활용과 데이터 해석 능력을, 청년층에게는 비판적 사고, 협업 능력, 직업적 탄력성을 동시에 개발할 수 있는 맞춤형 교육과정이 요구된다. 이를 위해 산업계와 교육기관 간 산학협력 플랫폼, 경험 기반의 현장 멘토링, 고용 유지를 위한 직업 전환 컨설팅, AI와 사람의 역할을 결합한 융합형 실무훈련이 병렬적으로 제공되어야 하며, 이런 프로그램은 특히 BPO·KPO 등 아웃소싱 고도화가 이뤄지는 산업에서 서비스 인력의 재배치와 고부가가치화를 가능하게 만든다. 또한 기업 내부에서도 자체 교육 플랫폼을 통해 인재의 기술 적응성을 강화하고, 내부 고령 인력을 중심으로 한 디지털 능력 재정의가 병행되어야 한다[10].

셋째, 서비스 품질 혁신과 신뢰 기반 경영은 기술 중심의 아웃소싱 전략을 사람 중심으로 전환하는 필수적인 가치이다. 사람이 개입하는 접점, 특히 고객 응대, 협상, 디자인, 프로젝트 조율 등의 역할은 단순 기능적 수행을 넘어 '신뢰 창출'이라는 핵심 가치를 만드는 영역으로 재정의되어야 하며, 이 가치를 기업 내부적으로 제도화하고 평가체계에 반영해야 한다. 예를 들어, 콜센터 상담사의 공감능력이나 KPO 영역의 컨설턴트의 상황 판단력 등은 기술이 쉽게 재현할 수 없는 무형자산으로, 이를 성과보상, 직무설계, 인사제도에 적극 반영해야 한다[7]. 나아가 고객 신뢰, 직원 만족도, 사회적 평판은 기업의 ESG 성과 지표로도 연결되기 때문에, 이런 사람 개입 요소를 브랜드 전략과 통합적으로 연계해 나가는 것이 중요하다.

궁극적으로 이런 모든 전략은 '사람이 빠지지 않는 기술'이라는 시대적 요청에 응답하는 동시에, 사람 고유의 창의성과 신뢰, 윤리성, 감성 능력이 기술의 확장성과 효율성과 유기적으로 융합되는 지속가능하고 혁신적인 아웃소싱 생태계 구축으로 이어져야 한다. 이는 단순한 기술 도입 전략을 넘어, 기술과 사람이 조화롭게 작동하는 조직문화와 산업구조의 재편을 의미하며, 미래형 노동시장의 기본 인프라로 기능하게 될 것이다.

17장

ESG 시대의 아웃소싱
책임 있는 외주, 지속가능한 가치

요즘 기업을 평가할 때 얼마나 많은 이익을 달성했는지만 보지 않는다. 환경을 얼마나 고려하는지, 사회적 책임을 얼마나 충실히 이행하는지, 그리고 투명하게 경영하는지가 중요한 기준이다. 이를 ESG라고 부르는데, E는 환경(Environment), S는 사회(Social), G는 거버넌스(Governance)를 의미한다. 아웃소싱 업체들도 이제 단순히 싸고 빠르게 과업을 처리하는 시대는 끝났다. 환경을 보호하고, 직원들을 잘 존중하며, 투명하게 경영할 때에만 고객사들로부터 지속적으로 신뢰와 일을 맡을 수 있다. 즉, ESG는 선택이 아니라 생존의 필수조건이 된 것이다. 따라서 아웃소싱은 '책임 있는 외주'를 통해 '지속가능한 가치'를 창출하는 전략적 활동으로 전환되어야 한다.

환경을 중시하는 아웃소싱

아웃소싱 산업의 탄소 줄이기

삼성전자, SK하이닉스, 현대자동차 같은 대기업들은 2023년부터 협력업체들에게도 환경 실사를 요구하고 있다. 친환경 원자재를 사용하고, 에너지 효율성을 인증받고, 온실가스 배출량을 정확히 측정해서 보고해야 한다.[1] 실제 현장에서는 생산공정별로 탄소배출 데이터를 체계적으로 기록하고, 신재생에너지에 투자하고, 친환경 포장재를 사용하고, 산업폐기물을 줄이는 것이 납품 단가나 사업권 경쟁에서 결정적인 요소가 되고 있다. 환경경영 보고서 없이는 신규 발주를 받기 어려운 상황이다.[2] 해외 아웃소싱업체들도 CBAM(탄소국경조정제도) 같은 무역장벽 때문에 친환경 제조설비로 교체하고 탄소배출 관리체계 심사를 받는 것이 기본이 되었다.[2]

현장에서 실천하는 친환경 방법들

ESG 경영 흐름에 따라 기업들은 환경을 생각하는 경영을 해야 한다는 압박을 다각도로 받고 있다. 그런데 이것이 단순히 규제 때문만은 아니다. 친환경으로 바뀌는 것이 오히려 경쟁력을 높이고 새로운 사업기회를 만드는 일이라는 걸 깨달았기 때문이다. 가장 먼저 눈에 띄는 변화는 재료와 장비를 바꾸는 것이다. 예전에 쓰던 플라스틱이나 화학제품 대신 재활용할 수 있고 탄소 배출이 적은 재료를 쓰기 시작했다. 전등도 LED로 바꾸고, 냉난방 시설도 스마트한 시스템으로 교체하고 있다. 여러 기업이 힘을 합쳐서 친환경 재료를 함께 사면 비용도 줄이고 환경에도 더 도움이 된다는 걸 알게 되면서, 이런 협력이 점점 늘어나고 있다.

공장도 훨씬 똑똑해지고 있다. IoT와 빅데이터라는 기술을 써서 기계들을 실시간으로 관리한다. 전력 사용량이나 온도, 습도를 자동으로 조절해 에너지를 10~40%나 절약할 수 있다. 돈도 아끼고 환경도 보호하고, 게다가 생산성까지 올라가니 일석삼조인 셈이다. 투명하게 정보를 공개하는 것도 중요해졌다. 제품을 만들고 배송하는 과정에서 얼마나 온실가스가 나왔는지 꼼꼼히 기록해서, 이를 가격에 반영하는 '그린 포인트제'를 운영하는 기업이 나타나고 있다. 현대자동차나 LG이노텍 같은 대기업들은 협력업체들과 탄소 정보를 공유하는 시스템을 만들어서, 전체 공급망에서 얼마나 탄소가 나오는지 함께 관리하고 있다.

정부에서도 친환경 기업들을 도와주고 있다. K-ESG 인증을 받거나 환경부, 산업부에서 하는 그린팩토리, 업사이클링 사업에 참여하면 공공사업에서 우대해 주거나 녹색펀드 지원을 받을 때 유리하다. 친환경 투자를 하면 손해가 아니라 오히려 이익이 되도록 만들어준 것이다. 가장 흥미로운 점은 여러 기업이 함께 협력하는 방식이다. 부산항에서는 물류기업들이 모여서 친환경 클러스터를 구축했고, 시화·반월산단에서는 기업들끼리 에너지를 사고파는 실험을 진행하고 있다.

이는 혼자서는 하기 어려운 일도 여러 기업이 힘을 모으면 가능해진다는 걸 보여주는 사례다.

결국 기업들의 친환경 변화는 돈 드는 일이 아니라 미래를 위한 투자이다. 기술을 발전시키고 다른 회사들과 협력하면서, 환경도 보호하고 사업도 잘되는 새로운 방법을 찾아가고 있는 것이다. 이런 변화가 계속되면서 우리 경제 전체가 더 지속가능한 방향으로 나아가고 있다.

현장 문화와 교육의 중요성

현장 작업자들을 중심으로 한 환경보호 문화 만들기도 중요하다. 에너지, 자원, 폐기물 분리에 대한 친환경 현장교육, 지역사회 환경캠페인, 마을 정화활동이나 공동재활용장 운영, 학교·지자체·사회단체와 연계한 친환경 인재양성 및 봉사활동이 국내외 BPO 영역에서 빠르게 확대되고 있다.

작업자 안전·건강·환경관리 마스터교육을 의무적으로 실시하고, 지역사회에 수익의 1%를 기부하고, 환경 마일리지 제도를 운영하고, 현장 환경관리 개선 아이디어 공모제를 하는 것들이 실제 경쟁력의 원천이 된다.[5] 현장 중심의 '녹색 성장 마인드 셋'은, 각종 환경가이드라인 대응을 넘어 실질적으로 시장 수요, 고객 신뢰 그리고 기업 브랜드 가치까지 좌우한다. 2025년부터 시행되는 ESG 정보의 '공시 의무화'와 원청-하청 연쇄 평가제도는, "문서 속 친환경"이 아니라 진짜 현장 실행의 대변혁을 촉진할 것이다.[6]

아웃소싱 산업의 미래 환경 대응 전략

글로벌 경제 환경과 ESG 경영의 확산은 아웃소싱 기업이 환경 분야에서 단순 실행자 역할을 넘어, 전략적 환경 솔루션 제공자로 진화할 것을 요구하고 있다. 제조·생산 아웃소싱에서는 탄소배출 저감과 친환경 공정의 도입이 필수 과제로 떠오르고 있으며, 시설·운영관리 아웃소싱에서는 스마트 빌딩과 IoT 기술을 활용한 에너지 효율 기반 서비스가 핵심 경쟁력으로 부상하고 있다. 향후 아웃소싱 기업의 지속가능성은 이 두 축을 통합적으로 발전시키는 전략으로 결정될 것이다.

첫째, 제조·생산 아웃소싱의 환경 대응전략은 저탄소 생산 구조로의 전환이 핵심이다. 공정 최적화와 에너지 사용량 절감을 위해 제조라인의 에너지 흐름을 분석하고, 고효율 설비와 재생에너지 사용을 확대한다. 이를 통해 전력 소비와 온실가스 배출을 동시에 줄일 수 있다. 친환경 소재 전환을 위해 재활용 원료나 생분해성 소재의 사용을 늘려 원자재 생산과정에서 발생하는 탄소발자국을 감소시킨다. 폐기물 최소화와 자원 순환을 위해 생산 과정에서 발생하는 폐기물의 재활용률을 높이고, 폐열·폐수를 회수하여 재사용하는 순환형 생산 구조를 구축한다. 디지털 기반 환경 모니터링을 위해 IoT 센서와 데이터 분석 플랫폼을 통해 공정별 배출량과 에너지 효율을 실시간 관리하고, 이를 고객사와 공유하여 환경 성과를 가시화한다. 이러한 전략은 단순히 발주기업의 요구사항을 충족하는 차원을 넘어 아웃소싱 기업 자체의 브랜드 가치를 높이고 새로운 친환경 시장을 개척하는 토대가 될 것이다.

둘째, 시설·운영관리 아웃소싱의 환경 전략 시설·운영관리 영역에서는 스마트 빌딩과 에너지 효율 기반 운영관리가 미래 성장의 핵심 동력이다. IoT 기반 실시간 에너지 관리를 위해 건물 내 조명, 냉난방, 환기 시스템에 센서를 설치해 사용 패턴과 에너지 소비량을 분석하고, 자동 제어를 통해 불필요한 소비를 줄인다. 예측 유지보수를 통해 설비 고장 가능성을 사전에 예측하여 불필요한 에너지 낭비와 운영 중단을 방지한다. 재생에너지 통합 운영을 위해 태양광, 지열, 소형 풍력 등의 재생에너지 설비를 건물 운영에 연계하고, 에너지 저장 시스템(ESS)을 통해 수요·공급 균형을 최적화한다. 이러한 서비스는 단순 유지관리의 범위를 넘어, 고객사의 ESG 목표 달성에 기여하는 전략적 파트너십으로 발전하게 될 것이다.

셋째, 제조·운영 융합형 아웃소싱 기업의 환경 전략은 제조·생산 부분과 시설·운영관리 부문을 상호 보완적으로 결합하는 데 있다. 예를 들어, 제조 현장의 저탄소 설비와 친환경 공정 데이터를 시설 운영 플랫폼과 연계해, 생산·운영 전 과정을 통합 모니터링하고 최적화할 수 있다. 이를 통해 고객사는 단일 파트너와의 협력을 통해 공급망 전반의 환경 성과를 관리할 수 있고, 아웃소싱 기업은 지속가능성 중심의 차별화된 서비스를 제공할 수 있을 것이다.

사람을 중시하는 아웃소싱

한국 아웃소싱 노동의 현실

국내 아웃소싱과 관련된 사업지원 서비스업은 약 100만 명을 고용해서 한국 경제의 중요한 축을 담당하고 있다. 그러나 간접고용, 비정규직, 용역, 파견 등 다양한 고용 형태가 섞여 있어서 노동 시장이 복잡하고, 이러한 구조 속에서 근로계약의 불안정성과 임금 격차, 산업재해 위험이 동시에 나타난다. 다수의 아웃소싱 근로자들은 단기 계약이나 비정규직으로 고용되어 생활이 불안정하고 장기적 경력 개발이 어렵고, 원청 계약 종료 시 고용이 단절되는 사례도 빈번하다.[7] 동일하거나 유사한 업무를 수행하더라도 원청 소속 근로자보다 낮은 임금을 받는 경우가 많으며, 특히 물류·제조 등 현장에서는 안전 관리의 사각지대에 놓여 위험한 작업에 배치되는 경우가 많아 산업재해 가능성도 높아진다. 일부 관리자들의 인권 감수성 부족은 이러한 문제를 더욱 악화시키며, 특히 컨택센터 등 고객 접점 서비스 분야에서는 감정노동과 스트레스 관리가 시급한 과제로 부각되고 있다.[8] 이러한 현실에서 정부와 원청기업, 시민사회는 임금, 근로시간, 복지, 고용안정, 차별금지, 안전대책 등 윤리경영의 준수 없이는 대형 수주, 공공 입찰, 시장 신뢰 확보가 어렵다는 점을 분명히 하고 있으며[9] 이는 아웃소싱 산업이 과거의 비용 중심 관행에서 벗어나 인권 존중과 사회적 책임 이행을 핵심 가치로 삼아야 함을 강하게 시사하고 있다.

아웃소싱 기업의 윤리경영

아웃소싱 산업에서 윤리경영은 단순한 기업 이미지 제고를 넘어, 기업의 생존과 지속 가능한 성장을 위한 필수 요소가 되었다. 이는 모든 근로자의 기본적인 인권을 존중하고, 공정하며 안전한 노동 환경을 제공하는 것을 핵심으로 한다. 윤리경영은 기업이 경제적·법적 책임을 준수하는 것을 넘어, 사회적 통념과 기대에 부응하는 윤리적 판단과 행동을 실천하는 것이다.[10] 아웃소싱 산업의 특성상 비용 절감이 주요 동기가 되는 경우가 많아, 근로조건이 취약해지기 쉬운 구조적 한계가 존재한다. 이에 따라 윤리경영의 핵심 축은 공정한 노동 관행과 인권 존중이다. 즉, 근로자에게 적절한 임금을 지급하고, 합리적인 근로시간을 준수하며, 안전하고 위생적인 작업 환경을 보장해야 한다. 이는 근로기준법 등 관련 법규 준수를 넘어, 근로자의 복리 증진과 건강권 보호를 위한 선제적 노력을 포함한다.

또한 차별 금지와 인권 침해 예방 역시 필수적이다. 성별, 연령, 학력, 국적, 장애 여부 등에 따른 차별을 배제하고, 직장 내 괴롭힘이나 성희롱 등 인권 침해로부터 근로자를 보호하는 명확한 정책과 절차를 마련해야 한다. 이를 위해서는 투명한 의사소통과 고충 처리 채널이 필요하다. 근로자들이 자신의 의견을 자유롭게 개진하고, 업무 관련 고충이나 인권 침해 사례를 익명으로 제보할 수 있는 신뢰할 수 있는 시스템이 마련되면, 잠재적인 위험 요소를 사전에 발견·해결할 수 있으며, 이는 기업 리스크 관리와 근로자 만족도 제고에도 기여할 것이다.

이에 발맞추어 국내 대형, 중견 아웃소싱 기업들은 윤리경영을 선언적 구호에 그치지 않고 실질적인 제도로 구현하기 위한 노력을 강화하고 있다. 원청 대기업과 공공기관 또한 협력업체 선정·평가에서 윤리경영 준수 여부를 핵심 기준으로 반영하면서, 윤리경영의 제도화는 선택이 아닌 필수 요건이 되었다.

이러한 변화의 흐름 속에서 제니엘은 윤리경영을 조직 전반에 체계적으로 내재화하고 있다. 제니엘은 업계에서 드물게 감사실과 안전보건팀을 사내에 두어 윤리경영과 근로자 안전을 전담 관리한다. 감사실은 신규 계약 체결 시 모든 계약 건을 점검하고, 윤리경영과 관련된 사안을 상시 모니터링함으로써 투명성과 신뢰성을 확보하고 있다. 제니엘 이노베이션 김용석 대표는 "일반 아웃소싱 업체 중 감사실을 둔 곳이 많지 않은데, 제니엘은 이를 통해 모든 신규 계약을 검토하고, 윤리경영 관련 사항을 점검합니다. 이런 체계가 직원들의 신뢰를 높이고 있습니다"라고 강조했다. 안전보건팀 역시 제니엘의 차별화된 강점이다. 전 사업장의 위험성 평가를 정기적으로 실시하고, 수주 후 30일 이내에 현장을 점검해 잠재 위험 요인을 식별하고 개선한다. 위험 요소가 발견되면 원청사와 공유하여 개선 조치를 이끌어내고, 현장 관리 책임자가 주기적으로 점검 결과를 업데이트한다. 김 대표는 "현장에서는 산재 사고가 발생할 수밖에 없는데, 안전보건팀이 이를 상시 관리해 고객사 평가에서도 긍정적인 평가를 받습니다"라고 밝혔다.

제니엘의 사례는 윤리경영이 단순한 선언이 아니라 구체적인 제도와 실행 체계를 갖출 때, 근로자 만족도와 안전성을 높이고 고객사와의 신뢰를 강화하며, 궁극적으로 기업의 지속 가능성과 시장 경쟁력 확보로 이어진다는 점을 보여준다. 이는 아웃소싱 산업 전반이 나아가야 할 방향이며, 윤리경영이야말로 비용 중심의 과거 관행을 넘어 인권과 지속가능성을 중심에 둔 새로운 경쟁 패러다임임을 시사한다.

다양성 실현과 포용성 확대

아웃소싱 산업에서의 다양성은 단순한 인력 구성의 차이를 넘어, 사회적 책임과 기업 경쟁력을 동시에 강화하는 핵심 가치로 자리 잡고 있다. 특히 국내 아웃소싱 산업은 여성과 장애인처럼 노동시장 진입에 상대적으로 제약이 있었던 인재들에게 안정적이고 지속 가능한 고용 기회를 제공함으로써, 경력단절 해소와 사회적 포용 확대에 중요한 역할을 수행해 왔다. 이러한 여성·장애인 고용 확대는 단순한 채용 수치 향상을 넘어, 이들의 잠재력이 현장에서 충분히 발휘될 수 있도록 지원하는 포용적 문화와 제도 구축으로 이어져야 한다.

국내 아웃소싱 산업에서도 여성 근로 비중이 증가하는 추세다. 전체 고용 시장에서 여성 비율이 46%에 달하고 있다.[11] 특히 컨택센터, 사무지원, 물류관리, 교육·훈련 분야 등에서 여성 인력의 참여가 두드러진다. 이는 경력단절 여성의 재취업 경로 확보와 가사·육아 병행 가능 직무 확대에 긍정적인 영향을 미쳤다. 그러나 여전히 일부 분야에서는 승진 기회 제한, 장기 근속 유인 부족, 비정규직 비중 과다 등의 문제가 존재한다.

장애인 고용 역시 아웃소싱 산업이 사회적 책임을 수행하는 중요한 축이다. 고용노동부 자료에 따르면, 아웃소싱 연관 업종의 장애인 고용률은 2.4% 수준으로, 전체 민간 평균(약 3%)에 비해 낮지만, 경비, 고객상담, IT 모니터링 등 다양한 직무에서 점차 확대되는 추세다.[13] 장애인 고용은 단순한 법정 의무 이행이 아니라, 기업이 포용성과 인권 중심 경영을 실천하는 핵심 지표로 평가된다. 이를 위해서는 장애인 친화 작업장이나 보조기기 제공 등을 통한 물리적 접근성 개선과 직무 맞춤형 교육, 멘토링 제도 등이 함께 구축돼야 한다. 또한, 장애인 근로자의 장기 근속을 위해 직무 재설계와 경력 경로 다양화가 필수적이다.

제니엘은 장애인 고용을 단순한 법적 의무가 아닌 지속 가능한 사회공헌 활동이자 조직문화 혁신 전략으로 실천하고 있다. 대표적인 사례가 장애인 고용 카페 운영이다. 이 카페는 사업적으로는 적자를 감수하고 있지만, 장애인의 자립과 사회 참여를 지원하는 사회공헌 사업으로서 꾸준히 이어오고 있다. 제니엘은 이를 통해 장애인에게 단순 보조 업무가 아닌, 고객 응대·음료 제조·매장 운영 등 전문성과 책임감을 요구하는 역할을 부여함으로써 '일하는 주체'로서의 자존감을 높이고 있다. 카페 운영은 단기 고용이 아닌 장기근속 유도형 구조로 설계돼 있으며, 신규 채용 시 직무 적응 훈련과 장애 유형별 맞춤 지원을 제공한다. 특히, 매장 접근성 개선, 보조기기 설치, 수어·그림

카드 안내 등 근무 환경을 장애 친화적으로 조성해 근무 안정성을 높였다. 이 과정에서 매장 관리자와 동료 직원들도 장애인과의 협업 경험을 통해 포용적 인식을 확산시켰다.

이와 함께 제니엘은 장애인 직원들의 성과와 노고를 인정하기 위해 '장애인 우수사원 제주 국내 연수 프로그램'을 운영했다. 이 프로그램은 직무태도와 장기근속에서 우수한 장애인 사원 10명과 케어 동반 관리자 4명을 선정해 2박 3일간 제주에서 연수를 진행하는 것으로, 우수사원 보상과 사기 진작, 조직 소속감 강화, 정서적 회복과 사회적 견문 확대, 직무 가치와 사회적 책임 인식 제고를 목적으로 한다. 연수 과정에서는 장애인 고용 카페, 안전체험관, 올레길 트래킹, 자회사형 장애인 표준사업장 '행복공작소' 등을 견학하며, 참가자들이 현장에서 다양한 장애인 고용 모델을 직접 체험하도록 했다. 케어 동반 관리자는 이동 안전, 건강 관리, 응급 상황 대응, 정서 지원을 맡아 안정적인 참여를 보장했다. 그 결과, 참가자들의 고객 응대 적극성, 동료 간 교류, 근무 태도 등이 향상되었고, 타 지점 직원들과의 네트워크도 활발해졌다.

이러한 활동은 ESG 경영에서 사회(Social) 부문의 대표적 성공 사례로 꼽힌다. 제니엘은 단기 수익보다 사회적 가치 창출을 우선하며, 포용성과 신뢰를 기반으로 한 조직문화를 강화하고 있다. 나아가 향후 연수 프로그램을 매뉴얼화해 장애 유형별 지원 프로토콜을 정립하고, 직무별 우수사례 DB를 구축하며, 카페 운영 경험을 다른 사업장과 연계해 장애인 고용 영역을 더욱 확대할 계획이다. 제니엘의 사례는 적자를 감수하더라도 사회적 책임을 지속하는 모델이 장기적으로는 조직 신뢰, 브랜드 가치, ESG 평가 경쟁력까지 높일 수 있음을 보여주는 실질적인 증거다.

사회적 책임의 확장 - 취약계층 지원과 일자리 창출

다양성 실현은 단순히 채용 단계에서 끝나지 않는다. 국내 아웃소싱 기업들은 여성과 장애인 고용뿐만 아니라, 취약 가정, 청년 구직자, 장기 실직자 등 사회적 배려 대상자를 위한 일자리 창출과 역량 개발에도 적극 나서고 있다.

그 대표 사례가 제니엘의 사회공헌 사업과 '푸른꿈 일자리재단'이다. 제니엘은 설립 초기부터 사내 봉사동호회 활동, 장학금 지원, 특성화고·대학교 산학 협력 등을 통해 취업 취약계층을 지원해 왔다. 그러나 단발적 사업의 한계를 인식하고, 2014년 재단법인 제니엘푸른꿈 일자리재단을 설립해 체계적인 사회공헌 컨트롤타워를 마련했다. 재단은 설립 자금 10억 원과 매년 회사 이익금 일부를 재원으로 하여, 취업 애로계층을 위한 멘토링 서비스, 진로적성검사·상담, 직장체험, 취업역량 강화 교육, 연구·학술 세미나 등을 진행하고 있다. 과거에는 특성화고 취업특강, 청년 잡콘서트, 대기업 입사 실전 면접 지원 등 주로 청년층 중심의 활동이 이루어졌지만, 현재는 중장년 전직 지원, 북한이탈 주민 취업 지원, 장애인 맞춤형 직업훈련 등으로 범위를 확대했다. 특히, 최근에는 고령자와 경력단절 여성까지 포용하는 '맞춤형 직무 재설계'와 '현장 멘토링'을 강화하고 있으며, 지역 고용센터·사회복지기관과 협력해 취약가정 구성원 대상 장기 고용 연계 프로그램도 운영하고 있다.

앞으로 재단은 디지털 전환 시대에 맞춰 온라인 취업 역량 강화 플랫폼을 구축하고, 인공지능 기반 직무 매칭 서비스와 원격 직업훈련 과정을 도입할 계획이다. 또한, 사회공헌과 ESG 경영을 연계해 취약계층 고용 성과를 공급망 평가와 연동하고, 이를 원청과 공유함으로써 산업 전반의 포용성 지표 향상에 기여할 방침이다.

이처럼 제니엘의 사회공헌 모델은 단발성 복지 활동을 넘어, 일자리 창출과 취업 역량 강화로 이어지는 지속 가능한 구소를 갖추고 있으며, 현재와 미래의 아웃소싱 산업이 지향해야 할 '사회(Social) 부문의 선순환 모델'을 제시하고 있다.

사람이 중심이 되는 아웃소싱 산업으로

한국 아웃소싱 산업은 지난 수십 년간 경제 성장과 고용 창출에 기여해 왔지만, 이제는 지속 가능한 발전을 위해 '사람'을 최우선 가치로 삼는 근본적 전환을 요구받고 있다. 근로계약의 취약성, 고용 불안정, 임금 격차, 산업재해 위험, 낮은 인권 인식 등 구조적 문제들은 코로나19 팬데믹과 급격한 디지털 전환 과정을 거치며 더욱 부각되었다. 그러나 이러한 도전은 동시에 산업 전반의 체질을 개선하고 질적 성장을 이루는 계기가 될 수 있다.

앞서 살펴본 바와 같이, 윤리경영의 제도화와 실천, 다양성의 가치 실현, 포용적 조직문화 구축은 이제 선언이 아닌 생존 전략으로 자리 잡았다. 전자근로계약 도입, 익명 고충센터 운영, 고용 안정성 제고, 정기적 심리 상담과 안전 교육, 무관용 원칙의 인권 보호 정책 등 구체적인 실행 전략은 근로자의 권익을 보장하고, 기업의 사회적 책임을 실질적으로 수행하는 토대가 된다. 나아가 국내 아웃소싱 현장에서 여성·고령자·장애인 고용이 확대되고, 정부가 포용정책을 지속 지원하는 흐름은 다양성이 곧 기업 혁신과 성장의 원천임을 입증하고 있다.

궁극적으로 한국 아웃소싱 산업은 '인권 중심 아웃소싱'이라는 장기 비전을 확립해야 한다. 이를 위해 공급망 전반에 인권 실사(due diligence)를 도입하고, 노동 존중 문화를 확산하며 사회적 가치 창출을 지속적으로 추진해야 한다. 현장의 목소리를 반영해 근로 조건 표준화, 기초 복지제도 의무화, 인권·윤리 교육 강화, 외부 감시 거버넌스 도입 등 실질적인 정책 과제를 실행에 옮기는 것이 필요하다.[14]

결론적으로, 아웃소싱 산업이 진정한 ESG 혁신의 장으로 자리매김하려면 '사람이 중심에 서는 노동 윤리와 다양성 존중'이 기업 내부 문화, 경영 정책, 공급망 전반에 뿌리내려야 한다. 윤리적 노동과 포용성이 구현되는 현장은 장기적인 신뢰, 경쟁력, 그리고 시장 확대의 기반이 되며, 이는 원청과 수행사가 함께 만들어가야 할 시대적 과제다. 이러한 노력이 축적될 때, 한국 아웃소싱 산업은 더욱 견고하고 지속 가능하며, 사회로부터 신뢰와 존경을 받는 산업으로 발전할 수 있을 것이다.

투명성과 회복탄력성 – 리스크 대응을 위한 아웃소싱 파트너십의 재정의

아웃소싱 산업에 '지배구조'가 중요한 이유

아웃소싱 산업은 쉽게 말해 기업이 직접 하지 않는 일을 전문 업체에 맡기는 방식이다. 예를 들어, 콜센터 운영, 물류 배송, IT 시스템 관리 같은 업무를 외부 업체가 대신 처리하는 구조다. 그런데 이 과정에서 한 번에 한 업체만 쓰는 것이 아니라, 또 다른 하위 업체로 일이 넘어가기도 한다. 이렇게 여러 단계를 거치다 보면 누가 어떤 책임을 지는지가 흐려지기 쉽다.[15]

첫째, 정보 전달의 단절 문제가 있다. 원청 기업이 아무리 규칙과 기준을 세워도, 이를 하위 업체까지 동일하게 지키게 만드는 것은 쉽지 않다. 중간 단계에서 규정이 변형되거나 아예 전달되지 않는 경우도 있다. 그러면 안전 규정이나 품질 기준이 지켜지지 않아 사고나 품질 저하 같은 문제가 발생할 수 있다.[16]

둘째, 책임 전가의 문제가 있다. 하위 협력사에서 사고나 법 위반이 발생했을 때, 각 단계에서 "우리 책임이 아니다"라며 서로 책임을 미루는 경우가 생긴다. 그러나 최근 법과 사회는 이런 책임 회피를 인정하지 않는 방향으로 가고 있다. 실제로 하도급법과 공정거래법은 원청이 협력사를 관리·감독하지 않으면 직접적인 법적 책임을 지도록 강화되고 있다.[17]

셋째, 규제 환경의 변화다. 유럽연합(EU)의 '기업 지속가능성 실사 지침(CSDDD)'이나 독일의 공급망 실사법처럼, 협력업체까지 포함해 환경·인권·안전 기준을 지키도록 하는 규제가 세계적으로 강화되고 있다. 국내에서도 공공 입찰이나 대기업 발주 시 협력사의 ESG 평가를 요구하는 사례가 빠르게 늘고 있다.[18]

넷째, 리스크 전파 속도의 문제다. 아웃소싱 산업은 IT 시스템, 인력 서비스, 제조·물류 등 핵심 운영 영역을 외부에 맡기는 경우가 많아, 한 협력사의 장애나 사고가 전체 공급망과 고객사 서비스에 직접적인 피해를 줄 수 있다. 데이터 유출, 산업재해, 서비스 중단 같은 사건이 대표적이다.

결국 아웃소싱 산업에서 지배구조는 단순히 '회사 내부 규칙'을 의미하는 것이 아니라, 모든 협력사가 믿고 일할 수 있는 안전장치라는 의미를 가진다. 체계가 잘 잡혀 있으면 문제 발생 시 신속하게 대응하고, 위기를 기회로 바꿀 수 있다. 반대로 이런 체계가 없으면 작은 사건 하나가 기업의 평판, 재무 성과, 그리고 산업 전체의 신뢰를 무너뜨릴 수 있는 구조다.

아웃소싱 산업에서 지배구조의 핵심 원칙

아웃소싱 산업에서 견고한 지배구조는 원청과 협력사가 안정적이고 신뢰할 수 있는 관계를 유지하기 위한 기본 틀이다. 다단계로 구성된 협력 구조 속에서는 각 단계의 역할과 책임을 명확히 정의하는 것이 무엇보다 중요하다. 계약서에는 업무 범위와 책임 소재를 구체적으로 명시하고, 변경 사항이 발생하면 모든 단계에 동일하게 전달될 수 있는 절차를 마련해야 한다.[19] 이를 통해 의사결정 과정에서 발생할 수 있는 혼선을 줄이고 분쟁 발생 시 신속한 해결이 가능해진다.

업무 위탁 과정에서 적용되는 계약과 규정은 공급망 전반에서 일관성을 유지해야 한다. 품질 관리, 안전 규정, 근로 조건 등 핵심 항목은 어느 단계에서든 동일하게 적용되어야 하며, 이를 보장하기 위해 표준계약서와 운영 매뉴얼을 도입하는 것이 효과적이다. 정보 공유와 기록 관리 또한 필수 요소다. 현장 상황, 성과 지표, 사고 보고 등 주요 데이터를 단계별로 실시간 공유하고 이를 기록으로 남겨야 한다. 이렇게 확보된 정보는 문제 발생 시 원인을 신속히 파악하고 대응책을 마련하는 데 활용된다.[20]

또한 위험 관리 체계가 뒷받침되어야 한다. 인력, 기술, 설비, 공급망 등에서 발생할 수 있는 잠재적 위험을 사전에 식별하고, 대응 계획과 책임 주체를 명확히 하는 리스크 매뉴얼을 마련하는 것이 중요하다. 정기적인 현장 점검과 모의 훈련을 통해 이러한 계획이 실제 상황에서도 효과적으로 작동하도록 해야 한다.[21] 마지막으로, 다양한 이해관계자와의 원활한 소통 구조가 필요하다. 아웃소싱 사업에는 원청, 협력사, 근로자, 고객, 규제기관 등 여러 이해관계자가 얽혀 있으므로, 각 주체와의 상시 소통 채널을 운영하며 중요한 변화나 위험 요소를 신속하게 알릴 수 있어야 한다. 이를 통해 불필요한 오해를 줄이고 신뢰를

강화할 수 있으며, 장기적인 파트너십의 기반을 마련할 수 있다.[22]

체계적이고 일관된 지배구조는 단순한 관리 체계를 넘어 위기 상황에서도 빠르게 대응하고 장기적인 협력 관계를 유지하는 토대가 된다. 반대로 이러한 구조가 취약하면 작은 사건 하나가 기업의 평판과 계약, 나아가 산업 전반의 신뢰를 무너뜨리는 결과로 이어질 수 있다.

투명성을 강화하는 구조적 접근

아웃소싱 산업에서 투명성이란 원청, 수행사, 근로자 등 모든 이해관계자가 동일한 정보에 접근하고, 업무 전 과정이 명확하게 기록이 공유되는 상태를 의미한다. 투명성은 단순한 '정보 공개'를 넘어 신뢰와 장기적 파트너십의 기반이 된다. 국내 선도 아웃소싱 기업들은 다음과 같은 방법으로 투명성을 높이고 있다.

표준 계약서 도입을 통해 공정거래위원회가 제정한 표준 하도급·용역 계약서를 사용해 계약 조건의 불확실성을 줄이고, 분쟁 발생 가능성을 사전에 차단한다.[23] 실시간 정보 공유 시스템을 구축해 인력 배치, 비용 집행, 안전·품질 점검 결과를 원청과 수행사가 동시에 열람할 수 있는 플랫폼을 구축해 정보 비대칭을 해소한다. 성과·리스크 지표 공개를 통해 매출, 계약 이행률, 안전사고 건수, 인력 이직률 등 재무·비재무 지표를 공시함으로써 기업의 책임성과 신뢰를 강화한다. 특히 제니엘은 투명성을 강화하기 위해 '제모스(JEMOS) V4'라는 자체 개발 모바일 솔루션을 도입했다. 2018년 4월 첫 출시된 제모스 V4

는 전자근로계약서, 입·퇴사 관리, 근태 관리, 판매관리시스템, 환자이송프로그램 등 아웃소싱 현장 관리 전반을 모바일에서 처리할 수 있도록 했다. 이를 통해 계약부터 인력 관리, 실적 집계까지 모든 과정이 기록되고 공유돼 업무의 불필요한 중복과 정보 누락을 최소화했다. 2024년 4월에는 제모스 V4로 업그레이드해 생산성 관리, 명확한 실적 관리, 인사 관리, 안전보건 기능 등을 강화했다. 이로써 원청과 협력사, 현장 근로자가 모두 동일한 데이터 기반으로 업무를 파악하고 대응할 수 있는 체계를 마련했다.[24]

이처럼 표준화된 계약과 IT 기반의 실시간 관리 체계는 아웃소싱 산업에서 투명성을 실질적으로 구현하는 대표적인 방법이며, 정보 접근의 평등성을 확보해 장기적인 신뢰를 구축하는 핵심 도구가 된다.

회복탄력성 강화를 위한 파트너십 재정의

회복탄력성(resilience)이란 예기치 못한 위기 상황에서도 업무 품질과 계약을 안정적으로 유지하고, 필요한 경우 신속하게 복구할 수 있는 능력을 말한다. 아웃소싱 산업에서는 단순히 계약 기간 동안만 서비스를 제공하는 관계를 넘어, 장기적이고 안정적인 협력 구조를 만드는 것이 이러한 회복탄력성을 높이는 핵심이다.

먼저, 리스크 분담 계약 조항을 마련하는 것이 중요하다. 물가 변동, 팬데믹, 원자재 가격 급등 등 기업이 예측하기 어려운 외부 충격은 언제든 발생할 수 있다. 이런 상황에서 모든 부담을 한쪽이 떠안게 되면 협력 관계가 쉽게 붕괴된다. 따라서 계약서에 비상 상황 발생 시 원청과 협력사가 비용과 책임을 합리적으로 나누는 규정을 명시하면, 위기 시에도 관계를 유지하며 문제를 해결할 수 있는 기반이 된다.[25]

둘째, 다중 공급망 구축이 필요하다. 한 곳의 발주처나 공급원에만 의존하면, 해당 업체나 국가에서 문제가 발생했을 때 전체 사업이 중단될 위험이 크다. 여러 개의 협력사와 공급선을 미리 확보해 두면, 한 곳에서 문제가 생겨도 다른 경로를 통해 빠르게 대체할 수 있어 리스크를 최소화할 수 있다.[26]

셋째, 공동 비상대응 계획을 만드는 것이 효과적이다. 재난, 산업재해, 사이버 보안 위협 등 위기는 예고 없이 찾아온다. 이런 상황에 대비해 원청과 협력사가 함께 위기 대응 매뉴얼을 만들고, 정기적인 모의훈련을 실시하면 실제 상황에서도 당황하지 않고 신속하고 효과적으로 대응할 수 있다.

결국, 투명성과 회복탄력성은 단순한 경영 유행어가 아니라, 위기 속에서도 신뢰를 잃지 않고 사업을 이어갈 수 있는 핵심 전략이다. 이런 구조를 갖춘 아웃소싱 기업은 단기 외주 제공자가 아닌, 장기적 동반자로서 고객사의 신뢰와 시장 경쟁력을 동시에 확보할 수 있다. 아웃소싱 산업에서 투명성과 회복탄력성은 ESG 경영의 '지배구조' 핵심 가치이자, 장기적인 경쟁력의 토대다. 투명한 계약과 정보 공유, 공정한 리스크 분담, 그리고 장기적 신뢰를 바탕으로 한 파트너십은 위기 상황에서도 서비스 품질을 지키고 고용을 유지하는 힘이 된다. 앞으로 국내 아웃소싱 산업은 단순 비용 절감형 외주 구조에서 벗어나, '신뢰 기반의 협력 생태계'를 구축해야 한다. 이는 ESG 시대에 아웃소싱 기업이 선택해야 할 지속 가능한 경영의 길이다.

ESG를 기반으로 한 아웃소싱의 미래

한국 아웃소싱 산업은 지난 수십 년간 경제 성장과 고용 창출에 기여해 왔지만, 이제는 지속 가능한 발전을 위해 '사람'을 최우선 가치로 삼는 근본적 전환이 필요하다. 근로계약의 취약성, 고용 불안정, 임금 격차, 산업재해 위험, 낮은 인권 인식 등 구조적 문제들은 코로나19 팬데믹과 급격한 디지털 전환 과정을 거치며 더욱 부각되었다.

그러나 이러한 도전은 동시에 산업 전반의 체질을 개선하고 질적 성장을 이루는 계기가 될 수 있다. 윤리경영의 제도화와 실천, 다양성의 가치 실현, 포용적 조직문화 구축은 이제 선언이 아닌 생존 전략으로 자리 잡았다. 궁극적으로 한국 아웃소싱 산업은 '인권 중심 아웃소싱'이라는 장기 비전을 확립해야 한다. 이를 위해 공급망 전반에 인권 실사를 도입하고, 노동 존중 문화를 확산하며, 사회적 가치 창출을 지속적으로 추진해야 한다. 현장의 목소리를 반영해서 근로 조건 표준화, 기초 복지제도 의무화, 인권·윤리 교육 강화, 외부 감시 거버넌스 도입 등 실질적인 정책 과제를 실행에 옮기는 것이 필요하다.

아웃소싱 산업이 진정한 ESG 혁신의 장으로 자리매김하려면 '사람이 중심에 서는 노동 윤리와 다양성 존중'이 기업 내부 문화, 경영

정책, 공급망 전반에 뿌리내려야 한다. 윤리적 노동과 포용성이 구현되는 현장은 장기적인 신뢰, 경쟁력, 그리고 시장 확대의 기반이 되며, 이는 원청과 수행사가 함께 만들어가야 할 시대적 과제다. 이러한 노력이 축적될 때, 한국 아웃소싱 산업은 더욱 견고하고 지속 가능하며, 사회로부터 신뢰와 존경을 받는 산업으로 발전할 수 있을 것이다.

참고문헌

1장

[1] 이효상, "[챗GPT로 알아 보는 아웃소싱 뉴스] 부정적인 아웃소싱 산업의 인식을 바꾸기 위해 무엇을 해야 하나?," 아웃소싱타임스, 2023.05.18.

[2] P. Coy, "IBM to take over Kodak's data processing," The Washington Post, Jul. 26, 1989.

[3] 제니엘그룹 경영진 인터뷰, 2025.05.13. (인터뷰 요약 정리)

[4] J. Liker and T. Y. Choi, "Building deep supplier relationships," Harvard Business Review, Dec. 2004.

[5] 안소희, "아웃소싱 전문성과 고객신뢰 경쟁력… '업계 선도하며 지속 성장해 나갈 것'," 동아일보, 2024.09.27.

[6] J. C. Perez, "P&G awards $3B outsourcing contract to HP," Computerworld, Apr. 11, 2003.

[7] Sujata Sangwan, "10 powerful quotes by Sunil Bharti Mittal that will inspire and motivate entrepreneurs," YourStory, Mar. 13, 2020.

[8] B. Evans, "IBM outsourcing deal with India's Bharti triples to $2.5B," InformationWeek, Apr. 6, 2009.

2장

[1] Shahzad Yaqoob, "History of Business Process Outsourcing (BPO)," IdeasUnlimited Blog, Jan. 16, 2024

[2] John Ribeiro, "IBM's Indian BPO Subsidiary Grows to 20,000 Staff," CIO.com (IDG News Service), May 30, 2006

[3] Karl Flinders, "A history of IT outsourcing," Computer Weekly, Jul. 8, 2016

[4] Retro Report, "From Y2K to 2038, Lessons Learned…," Transcript, 2019

[5] The Economist, "Outsourcing 2.0: Indian IT Firms Boom," Apr. 2, 2022

[6] 구용현, "[알아봅시다] 지식프로세스아웃소싱(KPO)," 디지털타임스, 2011.02.21

[7] Eicra, "The Evolution of Knowledge Process Outsourcing: A Comprehensive Guide," 2023

[8] Information Week, "In Depth: When Outsourcing Goes Bad," 2006

[9] Evalueserve, "KPO Industry Growth Impacted by the Great Recession," Aug. 2010

[10] Reference for Business. Capita Group PLC - Company Profile, Information, Business Description, History, Background Information on Capita Group PLC

3장.

[1] 유성재, "파견근로자보호 등에 관한 법률 제정 배경과 주요 내용," 국가기록원 정책해설, 2006.

[2] 이준, "제2의 전성기 맞는 日 노동자파견사업시장, 이유는?" 프레스맨,

2018.05.06.

[3] Ulmer Zeitarbeit, "History of temporary employment," ulmer-zeitarbeit.de, (accessed July 2025).

[4] Erin Hatton, The Temp Economy: From Kelly Girls to Permatemps in Postwar America, Temple University Press, 2011.

[5] U.S. Bureau of Labor Statistics, "Temp workers, permanent effects: how temps changed the U.S. workforce," Monthly Labor Review, Dec 2016.

[6] Wikipedia, "Temporary work," (accessed July 2025).

[7] 한겨레경제, "'불법파견 2년 넘으면 정규직' 논란 정리," 한겨레신문, 2014.08.14.

[8] 김승종, "일본 파견법 개정과 최근 논의," 일본노동연구저널, vol.5, 2018.

[9] ILO, "Employment and Labor Policy in Korea," ILO Database, 2021.

[10] 전성열, "한국노총에서 바라본 파견법 개정", 월간인재경영, 2016.08 제138호.

[11] 양주열, "파견법상 고용간주 또는 고용의무 규정에 대한 보호법익의 한계", 노동법률, 2022.12.14.

[12] 경인일보, "이재명 대통령 '노란봉투법·더 센 상법' 국무회의 의결", 2025.09.2.

[13] 한국경제. "'숙련도·근속연수 달라도 동일임금…"勞勞갈등 불가피"", 2025.08.10

[14] 한국경제, "노란봉투법 다음은 '동일노동 동일임금'…법제화 '밑작업'", 2025.09.01.

4장.

[1] 위키백과. "구의역 스크린도어 사망 사고," Wikipedia, 2016. https://ko.wikipedia.org/wiki/구의역_스크린도어_사망_사고 (accessed Aug. 2025).

[2] 신문웅. “태안화력, 또 ‘끼임’사망…고 김용균 사망 사고 현장,” 오마이뉴스, 2025.06.02

[3] 김정화. “김용균 죽고도 처벌받은 사람 ‘0명’…결국 반복된 ‘죽음의 외주화’ 비극,” 경향신문, 2025.06.04.

[4] 김동욱. “중대재해 사고 사망자 10명 중 8명 ‘하청 노동자’,” 세계일보, 2021.02.18.

[5] MBC 뉴스. “‘카트’의 배경된 ‘이랜드 대량 해고’…어떤 사건이었나?” MBC 저녁뉴스, 2014.11.14.

[6] 윤다혜. “인천공항, 1만명 정규직 전환…3천명 직접 고용,” 비즈워치, 2017.12.26.

[7] 이문석. “정규직의 66%… 비정규직 상대임금 최대 폭 감소,” YTN, 2025.05.06.

[8] 카스워크 블로그. “안전사고는 우연이 아니다. 처벌이 아니라 예측과 예방을 통한 안전관리가 되어야 한다,” 2025.08.22.

[9] 이민규. “민간발주처 최저가낙찰제 부작용 우려…개선책 마련 절실,” 정보통신신문, 2025.01.23

[10] 김시균. “제니엘그룹, 국내 아웃소싱 시장 개척 인재고용 서비스 전문기업,” 매일경제. 2023.05.31

[11] 아웃소싱타임스. “2025년 한국 HR서비스 10대기업 선정,” 아웃소싱타임스. 2025.06.30

[12] 이윤희. “[한국HR서비스 10대기업] 더 케이텍, 최근 충격 딛고 윤리경영 통한 환골탈태 선언,” 아웃소싱타임스, 2023.06.27.

[12] 매일경제신문사·LG경제연공동기획. “세계초우량기업 경영현장을 가다 (11) 도요타 협력업체와 이익까지 공동결정,” 매일경제, 1996.04.04.

[13] PetfoodIndustry. “P&G sells Europe petfood brands to Spectrum Brands,” Sep. 24, 2014.

5장

[1] Insignia Resources, "HR Outsourcing Statistics: 2025 Benchmarks & Insights," Insignia Research, Jun. 9, 2025.

[2] 아웃소싱을 탐색하다, "B2B HR 플랫폼의 역할과 미래: 아웃파인드가 보는 HR 플랫폼의 미래," 티스토리, 2025.03.03.

[3] Sean Baker, "What is the difference between HRO and RPO?," microsourcing, March 19, 2025

[4] ADDA, "The ROI of Outsourcing Your HR in 2025: Why It's a Smart Investment, Not a Cost," ADDA's Newsletter, January 20, 2025

[5] 허진, "HR 아웃소싱 모든 기업에 적합한가," LG경제연구원, 2003.01.01.

[6] Insignia Resources, "HR Outsourcing Statistics: 2025 Benchmarks & Insights," Insignia Research, Jun. 9, 2025.

[7] 최지원, "대한민국의 아웃소싱 시장규모는 2022년 기준 약 106조 8000억원으로 추정됩니다," LinkedIn 포스팅, Oct. 2024.

[8] 김우람, "한국 HR 서비스 시장, 성장 잠재력 세계 3위," 프라임경제, 2024.10.21.

[9] SIA, "Largest Staffing Firms Globally 2022," Staffing Industry Analysis, November 30 2022

[10] 강석균, "[2025년 HR서비스 10대기업] 더케이텍, 준법·안전·ESG 3대 원칙으로 39년 성장 견인," 아웃소싱플랫폼, 2025.07.04.

[11] 이진호, "사람인, AI 접목한 '채용 센터' 솔루션 출시…업무 자동화 지원," Nate뉴스, 2025.07.01.

[12] 이유미, "아웃파인드, 'HR 아웃소싱 플랫폼'으로 우수스타트업대상," 머니투데이, 2025.04.14.

[13] 김민아, “실제 채용 담당자와 대화하는 듯한 AI 서비스 제공할 것,” ZDNET Korea, 2025.05.08.

[14] 박준철, “인천 맨홀 사고도 죽음의 외주화…‘불법 하청→재하청→또 재하청’,” 경향신문, 2025.07.08.

[15] 김시균, “제니엘그룹, 국내 아웃소싱 시장 개척 인재고용 서비스 전문기업,” 매일경제, 2023.05.31.

[16] 이예지, “제니엘 박춘홍 대표, 계속 성장할 수 있었던 비결? “30년 동안 해온 교육 때문”,” D사례뉴스, 2024. 5. 10.

[17] 김민수, “스타업 성공의 비밀 병기, ‘백오피스 아웃소싱’,” 아웃소싱타임즈, 2025.03.31.

6장.

[1] Statista Market Forecast. (2024년). “IT Outsourcing - South Korea.” https://www.statista.com/outlook/tmo/it-services/it-outsourcing/south-korea

[2] 고용노동부. (2024년). “직종별사업체노동력조사보고서.”

[3] IBK기업은행 경제연구소. (2023년). “중소기업 인력난 현황 및 시사점.”

[4] KDI 경제교육·정보센터. (2021년). “스마트팩토리 활성화 정책… 세계 각국의 대응과 전략.”

[5] 위키백과. “이재명 정부.” https://ko.wikipedia.org/wiki/이재명_정부

[7] 대한민국 정책브리핑. “국정기획위, 이재명 정부의 국정 청사진 제시…123대 국정과제 담아.” 2025년 8월 13일.

[8] 월간노동법률. “한국노총-이재명, ‘노동 중심 정의로운 전환’ 정책협약 체결.”

[9] 월간노동법률. “[대선 노동공약 어디로] 이재명 ‘주4.5일제’ vs 김문수 ‘주52시간 완화’.”

[10] 디지털조선일보(2022.01.26.) "제니엘, 소비자가 뽑은 가장 신뢰하는 드랜드 대상 선정"

7장.

[1] AutoStore System. (2025). 제3자 물류(3PL)의 의미.

[2] 트레드링스. (2024). 물류 서비스 제공자의 이해: 1PL, 2PL, 3PL, 4PL의 차이점.

[3] Shopify. (2025). 제3자 물류(3PL)란 무엇인가요? 업체 선정 방법.

[4] Mordor Intelligence. (2024). South Korea 3PL Market - Third Party Logistics - Companies, Size & Share.

[5] MarkNtel Advisors. (2024). South Korea Third-Party Logistics (3PL) Market Growth, Share & Size By 2030.

[6] Spherical Insights. (2023). South Korea Third-Party Logistics (3PL) Market Size, Demand to 2032.

[7] 인베스트코리아. (2024). 물류 | 산업.

[8] 해양신문. (2024). "물류산업, 코로나 이후 지속 성장세".

[9] 첼로스퀘어. (2024). 물류 용어집 1PL / 2PL / 3PL / 4PL 무엇이 다를까?

[10] 트레드링스. (2024). 3PL 물류(수출)는 무엇일까요?

[11] 로지켓. (2021). 물류대행, 3자물류, 3PL이 뭔가요?

[12] AutoStore System. (2025). AI에 따른 물류 환경의 변화 | 10가지 이점.

[13] 물류신문. (2024). [생활물류] 2024년 생활물류산업 리뷰와 2025년 주목해야 할 핵심 키워드.

[14] Colliers. (2024). 한국 물류시장 투자 보고서.

[15] 첼로스퀘어. (2024). 물류 분야의 생성형 AI 도입 위한 프레임워크와 사례.

[16] AI타임즈. (2020). AI는 알고 있다... 가장 효율적인 물류 운송 경로.

[17] LG CNS. (2024). 생성형 AI 만난 스마트물류, 생산성을 극대화하다!

[18] 리터니즈. (2024). 3년 간 매출 2배 상승 비결, 물류 AI 스마트물류 사례 6.

[19] Mordor Intelligence. (2024). South Korea 3PL Market - Industry Overview.

[20] CJ대한통운. (2024). 3PL의 A to Z : 기업이 알아야 할 물류 서비스 혁신.

[21] Spherical Insights. (2023). South Korea Third-Party Logistics (3PL) Market - Competitive Analysis.

[22] 물류신문. (2003). [창간 6주년 기념 특집/ 물류아웃소싱]-3PL 무엇이 문제인가?

[23] 슈퍼브 AI. (2024). 물류 산업에서의 AI.

8장.

[1] Mordor Intelligence, South Korea Retail Sector Market Size & Share Analysis - Growth Trends & Forecasts (2025 - 2030)

[2] 산업통상자원부, "'24년 연간 주요 유통업체 매출 8.2% 증가" 보도자료 (2025-01-23).

[3] 아웃소싱타임스, "[판매판촉] 단순판매원 공급에서 '고객경험' 초점 둔 '통합판매솔루션'으로 진화 ..." (2025-06-13).

[4] Business Research Insights, Field Marketing Market Scope [2033].

[5] 한국경제신문. (2022, January 25). MZ세대에게 공정은 '철학 아닌 실용'...기업들 소통으로 답하라. Retrieved August 31, 2025, from

[6] 프리즘. 「이유 있는 소비, MZ세대 소비심리 변화」 (2025).

[7] 현대경제연구원(HRI). 「국내 5대 소비분화 현상과 시사점」 (2023).[8] Medallia. 「옴니채널 고객 경험을 개선하는 방법」 (2024).

[9] Grand View Research, Omni-channel Retail Solutions Market Size Report.

[10] NetSuite, "25 Retail KPIs & Metrics to Track."

[11] Akkermans, H. et al., "Contracting outsourced services with collaborative KPIs." Journal of Operations Management, 2019.

[12] 아웃소싱타임스, "리테일 아웃소싱 혁신의 화두, 제니엘의 '제모스'"

[13] 디지틀조선TV "제니엘, 실적↑ 앱기반 현장관리 강화"

[14] 제니엘, '모바일 어워드 코리아 2024' 대상 수상

[15] 조선일보, "현장별 근태관리 '제모스V4'로 한번에"

[16] 아웃소싱타임스, "맨토스파워 현장 판촉 리딩기업 선정"

[17]사람인, "맨토스파워 기업정보"

[18] 인크루트, "맨토스파워 연혁·수상"

[18]아웃소싱타임스, "아리오 — 현장경험, 특화 역량 강조"

[20] TENANT news, "아리오씨오에스, 패션리테일 전문 아웃소싱 기업"

[21] HRbox, 공식 사이트 https://hrbox.co.kr/

[22] 뉴비즈원, "2025년 리테일 전담 부서 신설"

[23] 산업연구원. (2024). 「산업의 디지털 전환 현황과 혁신 활성화를 위한 연구」.

[24] FasterCapital. (2023). 「앰배서더 프로그램을 통한 브랜드 인지도 구축」.

[25] 한국인터넷진흥원(NIPA). (2024, June 17). 2023년 가상증강현실(VR·AR) 산업 실태조사 보고서.

[26] 정연승. (2017). 유통산업에서 증강현실(AR)과 가상현실(VR)의 흐름과 확산. 한

국학술지인용색인(KCI).

[27]삼정KPMG. (2021, December). ESG 시대, 유통·소비재 기업의 미래 전략. Retrieved August 31, 2025, from

[28] ESG 경영, 무엇부터 시작해야 하나?. KoreaBiz Review.

[29]뉴스펫 (2025). Pet Fair Asia 2025' 역대 최대 규모 개최…中 상하이 20~24일,

[30]김창봉, 선석기. (2024). 4IR 시대 글로벌 아웃소싱 활용이 수출성과에 미치는 영향 연구: 국제인증관리의 조절효과. 통상정보연구,, 27-47.

[31] The Business Research Company. (2025, January). Event and exhibition global market report 2025: Segmenting by B2B, B2C, hybrid events, and more.

9장.

[1] Mordor Intelligence. (2025년). "컨택센터 아웃소싱 시장 규모."

[2] Grand View Research. "Healthcare Digital Marketing Outsourcing Market Size, Share & Trends Analysis Report."

[3] 하룹. (2025년). "병원마케팅 국내 최대규모 기업."

[4] Ominext. (2024년). "인공지능 AI로 의료 혁신: 다섯 가지 핵심 트렌드."

[5] 보건복지부. (2024년). "인공지능 기반 의료기술 혁신으로 국민건강 증진."

[6] 프라임경제. (2023년). "[심층분석] 컨택센터 사용업계, 91개 산업군 1159개사 분석 '아웃소싱 600개사'."

[7] 아웃소싱타임스. (2023년). "[아웃소싱 23결산, 24전망-컨택센터산업] 비용절감이 아닌 전문성이 '주'가 되는 컨택센터 산업 절실."

[8] 의학신문. (2023년). "AI 도입 가속화, 의료서비스 제공방식 변화 일으킨다."

[9] 스타닥마케팅. (2025년). "병원마케팅 전문 | 의사가 대표인 스타닥마케팅."

10장.

[1] Cognitive Market Research. (2025년). "Asia Pacific Contact and Call Centre Outsourcing Industry Report 2025 | Market Size 24192.4 USD Million, Share, CAGR (10%), Forecast 2031."

[2] Cognitive Market Research. (2025년). "Asia Pacific BPO Services Industry Report 2025 | Market Size 64754.7 USD Million, Share, CAGR (11.6%), Forecast 2031."

[3] 한국경제. (2024년), "AICC 시장을 잡아라…스타트업·대기업, 치열한 선점 경쟁."

[4] 뉴스프라임. (2020년). "콜센터 아웃소싱 업계 '4조원' 잠재시장 못보고 '1500억' 시장 목매달아."

[5] Business Research Insights. (2025년). "컨택 센터 시장 규모, 공유 | 성장 연구 -2033."

[6] 네이버 블로그 (lbucess). (2024년). "컨택센터, 상담사 트렌드와 변화하는 고객 요구에 대한 대응 전략."

[7] 더화이트커뮤니케이션 블로그. (2025년). "콜센터 아웃소싱? 더 이상 고민하지 마세요!"

[8] 지디넷코리아. (2021년). "콜센터회사의 AI기업 선언 "컨택센터의 플랫폼 되겠다""

[9] 네이버 블로그 (lbucess). (2024년). "2025년 컨택센터 트렌드."

[10] Market Research Intellect. (2023년). "콜센터 아웃소싱 트렌드 2023- 고객 참여 강화."

[11] Mordor Intelligence. (2024년). "컨택센터 아웃소싱 회사 - 상위 회사 목록."

[12] 잡코리아. (2023년). "메타엠 기업분석보고서."

[13] 프라임경제. (2023년). "[심층분석] 컨택센터, 언택트 일상화...고질적 인력난 여전."

[14] 프라임경제. (2025년). "[심층분석] 컨택센터, 9조8811억원, 종사자 19만4203명 AICC 확산세."

[15] DeungZan, ICT Lamp 티스토리. (2021년)."[컨텍센터] 컨택센터 산업동향."

[16] 네이버 블로그 (m41870). (2024년). "[아웃소싱 이슈] 아웃소싱 기업, 미래생존 위해선 IT기업이 되어야."

11장.

[1] 아웃소싱타임스. (2025년). "[아웃소싱 24결산, 25전망-건물시설관리 산업] 건물시설관리, 2025 스마트 FM의 원년될까".

[2] 아웃소싱타임스. (2025년). "[초점] 시설 관리 아웃소싱의 진화, 아웃소싱 기업의 역할이 달라진다".

[3] Global Growth Insights. (2025년). "통합 시설 관리(IFM) 시장 규모, 성장 | CAGR 7.27%." 2024.

[4] Fortune Business Insights. (2025년). "Facility Management Market Size, Share, Trends | Report [2032]."

[5] Mordor Intelligence. (2025년). "United States Facility Management Market - Share, Companies & Trends."

[6] Fortune Business Insights. (2025년). "Europe Facility Management Market Size & Growth Report, 2030."

[7] 네이버 블로그 (m41870). (2024년). "[연말 기획] 올 한해 사용기업이 호평한 명품

아웃소싱서비스 기업 31개사".

12장.

[1] 아웃소싱타임스. "[아웃소싱 23결산, 24전망-외식 아웃소싱 시장] 다이닝 프리미엄 유지, 컨세션 급성장, 컨벤션 하락 예상." 2023년 12월 20일.

[3] 삼정KPMG. (2025년). "10대 트렌드로 살펴본 식자재 유통·단체급식 시장의 현주소." 네이트뉴스.

[4] 아웃소싱타임스. (2024년). "[2024 HR서비스 10대기업] 아람인테크, 단체급식 인력운영 분야 전문성 최고 기업 정평."

[5] 아웃소싱타임스. (2024년). "[2024 리딩컴퍼니] 제니엘, 업계 최초 신기술 접목에 앞장서는 진정한 리딩기업 면모."

13장.

[1] Adecco Group. "The Adecco Group invites applications for CEO for One Month, 2022." Nov. 2022

[2] ISS World. "Transforming workplaces through innovation" July. 30. 2025

[3] ManpowerGroup Inc. "ManpowerGroup Named One of World's Most Ethical Companies for 14th Year," Mar. 13. 2023

[4] Business Standard. "IBM to manage Airtel's African IT systems," Jan. 21. 2013

[5] 일본 경제산업성(経済産業省). 편의점 미래상 검토회 보고서(コンビニの未来像検討会報告書). 2021

[6] UK Department for Business and Trade. "More than 200 companies named for not paying staff minimum wage," GOV.UK. June. 21. 2023

14장.

[1] 한국노동연구원. (2021). 「MZ세대의 노동 가치관과 일의 의미」.

[2] 김난도 외. (2020). 『트렌드 코리아 2021』. 미래의창.

[3] Deloitte. (2022). Gen Z and the Future of Work. Deloitte Insights.

[4] Harvard Business Review. (2021). "Why Gen Z Questions Traditional Work."

[5] 매일경제. (2021.07.12). "MZ세대, 직장보다 나를 택하다."

[6] 브런치스토리. (2023). "MZ세대 프리랜서의 브랜딩 전략."

[7] GitHub Careers Report. (2022). "How Developers Build Trust."

[8] 한국산업연구원. (2021). 「디지털 전환과 아웃소싱 산업 구조 변화」.

[9] 아웃소싱타임스. (2020). "Z세대 이직과 프리랜서 증가."

[10] Deloitte. (2022). The Rise of RPA and BPO Transformation.

[11] 권순원. (2021). 「프리워크와 노동의 미래」. 한국노동연구원.

[12] 한국고용정보원. (2021). 「코로나19와 원격근무 확산」.

[13] 마이크로소프트. (2022). "Employees' external engagement and branding." Microsoft WorkLab.

[14] 위시켓 블로그. (2023). "Z세대 프리랜서의 특성과 일하는 방식."

[15] 한국노동연구원. (2021). 「MZ세대의 노동 가치관과 일의 의미」.

[16] Harvard Business Review. (2021). Why Gen Z Questions Traditional Work.

[17] Deloitte. (2022). Gen Z and the Future of Work. Deloitte Insights.

[18] 권순원. (2021). 「프리워크와 노동의 미래」. 한국노동연구원.

[19] 김난도 외. (2020). 『트렌드 코리아 2021』. 미래의창.

[20] 매일경제. (2021.07.12). "MZ세대, 직장보다 나를 택하다."

[21] 브런치스토리. (2023). "MZ세대 프리랜서의 브랜딩 전략."

[22] Deloitte. (2022). The Rise of RPA and BPO Transformation.

[23] Slack. (2022). The Future of Work is Here.

[24] Microsoft WorkLab. (2022). "Hybrid Work Trend Report."

[25] 아웃소싱타임스. (2020). "Z세대 이직과 프리랜서 증가."

[26] 한국산업연구원. (2021). 「디지털 전환과 아웃소싱 산업 구조 변화」.

[27] 위시켓 블로그. (2023). "Z세대 프리랜서의 특성과 일하는 방식."

[28] 한국노동연구원. (2021). 「MZ세대의 노동 가치관과 일의 의미」.

[29] 한국산업연구원. (2021). 「디지털 전환과 아웃소싱 산업 구조 변화」.

[30] Harvard Business Review. (2021). Why Gen Z Questions Traditional Work.

[31] 문화체육관광부. (2022). 「K-콘텐츠 산업 동향과 정책 방향」.

[32] 고용노동부. (2022). 「플랫폼 노동자 보호법 추진 현황」.

[33] 아웃소싱타임스. (2020). "Z세대 이직과 프리랜서 증가."

[34] 위시켓 블로그. (2023). "Z세대 프리랜서의 특성과 일하는 방식."

[35] Slack. (2022). The Future of Work is Here.

[36] Deloitte. (2022). The Rise of RPA and BPO Transformation.

[37] 한국노동연구원. (2021). 「MZ세대의 노동 가치관과 일의 의미」.

[38] Deloitte. (2022). Gen Z and the Future of Work. Deloitte Insights.

[39] 한국산업연구원. (2021). 「디지털 전환과 아웃소싱 산업 구조 변화」.

[40] GitHub Careers Report. (2022). "How Developers Build Trust."

[41] 매일경제. (2021.07.12). "MZ세대, 직장보다 나를 택하다."

[42] 고용노동부. (2022). 「플랫폼 노동자 보호법 추진 현황」.

[43] 아웃소싱타임스. (2020). "Z세대 이직과 프리랜서 증가."

[44] 문화체육관광부. (2022). 「K-콘텐츠 산업 동향과 정책 방향」.

[45] 한국산업인력공단. (2022). 「디지털 역량 강화 교육 현황」.

15장.

[1] 통계청, 「2023 고령자통계」, 2023, pp.7-18. [2] 미래전략연구원, 「한국 인구구조 전망과 정책과제」, 2024, pp.24-29. [3] 한국보건사회연구원, 「고령화와 인구변동에 따른 사회경제 변화」, 2023, pp.35-53.

[4] 보건복지부, 「제4차 고령사회 기본계획」, 2022, pp.19-40. [5] 고용노동부, 「2024 노인일자리 및 사회활동 지원사업 안내」, 2024, pp.8-17.

[6] 대통령직속 저출산고령사회위원회, 「2025 고령사회대응 종합계획」, 2023,

[7] 산업연구원, 「신중년 세대의 산업별 인재활용 전략」, 2023,

[8] 고용노동부, 「디지털 신산업 시니어 일자리 창출방안」, 2024,

[9] 서울시복지재단, 「에이지 프렌들리 도시와 커뮤니티」, 2024,

[10] 한국노인인력개발원, 「2023 시니어사회서비스 일자리 실태조사」, 2023, pp.15-37.

[11] 경총, 「2024 시니어 인재관리 백서」, 2024, pp.27-45.

[12] 대한상공회의소, 「50+세대 글로벌 고용 트렌드 리서치」, 2023, pp.41-58.

[13] 산업연구원, 「장년층 생산직 고용 혁신모델 사례연구」, 2023, pp.32-54.

[14] 중소기업진흥공단, 「중소기업 시니어 인재경영 실태조사」, 2024, pp.17-24.

[15] LG경제연구원, 「정년제도의 변화와 기업 대응」, 2023, pp.9-23.

[16] 조선일보(2025), 일터로 내몰린 고령층… 65세 이상 고용률 40% 돌파 OECD 평균 13.6%보다 크게 높아

[17] 한국노인인력개발원. (2017). 60세 이상 고령근로자의 생산성에 대한 인식연구: 통계적 차별과 접촉가설을 중심으로.

[18] 한국경제연구원. (2025). 고령자 고용정책 관련 전문가 진단 및 인식 조사

[19] 한국노인인력개발원. (2007). 고령자고용 장애요인분석: 노동정책을 중심으로

[20] 한국개발연구원. (2019). 고령화 사회, 경제성장 전망과 대응방향.

[21] 대한상공회의소. (2024). 대기업의 중고령 인력 운영 실태조사.

[22] 한국경제. (2024). 현대차, 정년 후 2년간 '계속고용'

[23] 고용노동부. (2024). 2024 다시 시작하는 중장년 우수사례집.

[24] 고용노동부. (2025). 고령자가 받을 수 있는 직업능력개발훈련 프로그램을 알고 싶어요.

[25] 월간인재경영. (2025). 초고령사회의 장년층 인력운영방안

[26] 사람인 HR Insight. (2020). 고령화에 따른 생산직 근로자 근무환경 개선 방법

[27] 보건복지부. (2006). 고령친화적 기업경영모델 개발과 확산에 관한 연구

[28] 한국경제. (2025). 임금체계 손질나선 대기업들…"연공서열 시스템 바꿔야

[29] HR인사이트. (2024). 고령 인력 시대, 한국 기업이 살아남는 방법.

[30] 소비자평가. (2025). 일하는 시니어 시대, 기업은 GG세대를 어떻게 활용할 것인가?.

[31] 한국경제. (2023). 문제 발굴·해결 '세대 간 협업'이 기업 성공 좌우

[32] 고용노동부. (2023). 고령층의 숙련과 경험이 미래성장동력으로 이어지기 위한 고용전략

[33] 한국산업인력공단. (2023). 노인을 위한 시장은 있다.

[34] 대한상공회의소, (2024). 고령층 일자리의 재발견 : 고령층의 노동력 공급과 생산성 향상을 중심으로. SGI Brief, 19

[35] 아웃소싱타임스. (2024). 1천만 시니어시대, 새 먹거리 '실버 프로젝트'를 실시하라

[36] 아웃소싱타임스. (2024). 혁신적 시니어테크 스타트업...고령화 사회의 미래를 열다.

[37] 아웃소싱타임스. (2024). 아웃소싱 기업들이 주목해야 할 노인 일자리 창출 전략.
[38] 한국노동연구원. (2021). 중고령자 생애 일자리 퇴직 후 재취업 시 숙련 근로 조건 등에서 하향 이동하는 경향.

[39] 인스글로벌컨설팅. (2024). 채용 프로세스 아웃소싱(RPO)은 외부 전문 업체가 귀사의 내부 채용팀처럼 역할하며.

[40] 아웃소싱타임스. (2024). 2024년 국내외 기업의 시니어 고용 트랜드...인력 부족 해법과 성장 전략

[41] 고용노동부. (2021). 고령자 고용 활성화

16장.

[1] 홍순직, 「4차 산업혁명과 노동시장 변화의 방향」, 한국고용정보원, 2021, pp.41-50.

[2] 한국노동연구원, 「아웃소싱 확산에 따른 고용구조 변화와 정책과제」, 2016, pp.35-37.

[3] 김충호, 「IT서비스 산업의 아웃소싱 활용실태와 정책과제 분석」, 정보통신정책

연구원, 2020, pp.49-58.

[4] 오재식, 「아웃소싱 활용이 사업체 성과에 미치는 효과 연구」, 한국노동연구원, 2018, pp.28-37.

[5] 김대호 외, 「국내 제조업·서비스업의 아웃소싱 혁신 사례와 시사점」, 산업연구원, 2022, pp.63-79.

[6] 정보통신정책연구원, 「AI 챗봇의 고객응대 적용현황과 발전방향」, 2021, pp.22-35.

[7] 서울산업진흥원, 「AI 플랫폼 기반 국내 일자리 창출 전략」, 2022, pp.12-18.

[8] 고용노동부, 「2023년 고령자 디지털 직무훈련 사업 운영계획」, 2023, pp.7-8.

[9] 중소벤처기업부, 「AI 바우처 지원사업 성과보고서」, 2022, pp.8-15.

[10] 한국정보화진흥원, 「중소기업 디지털 전환 현황과 과제」, 2021, pp.28-40.

[11] 과학기술정보통신부, 「지능화 혁신전략(2022~2025)」, 2022, pp.43-57.

[12] MDPI, "AI-Powered Innovation in Digital Transformation: Key Pillars and Industry Impact", 2024, pp.14-28.

[13] arXiv, "Generative AI at Work", 2024, pp.7-12.

[14] 베인앤드컴퍼니, 「글로벌 BPO 시장의 혁신과 아웃소싱 인력 변화」, 2023, pp.19-24.

[15] 이정민, 「지속가능한 외주화: 사회적 책임과 협력 네트워크 혁신」, 중앙경제연구소, 2023, pp.64-67.

17장.

[1] 한국생산성본부. (2024). 'ESG 실사' 및 환경 경영 동향.

[2] 한국생산성본부. (2024). 일터혁신 상생컨설팅 사업안내.

[3] 한국능률협회컨설팅(KMAC). (2024). 녹색공정·스마트산단 혁신사례.

[4] 한국생산성본부. (2024). BPO현장 친환경 혁신 및 인증 실천사례.

[5] 한국생산성본부. (2025). BPO 컨설팅 서비스 및 친환경 문화·교육자료.

[6] 조선일보. (2024). "ESG 공시, 현장 실행 대변혁 이끈다."

[7] 월간노동법률, 「아웃소싱과 고용관계」, 2013년 11월호 vol.270,

[8] 서강대학교 서강법률논총 제 4 권 제 1 호, 「중소기업의 인권경영 실태조사 및 법령제도 개선방안 연구」

[9] 사업지원 서비스업 노동시장 특성 및 전망, 한국고용정보원/웹진, 2021

[10] 공정거래위원회. (2024). 2024년 하도급 · 아웃소싱 거래 실태조사.

[11] 강우량. "급여·일당 받는 여성 근로자, 1000만명 첫 돌파." 조선일보, 2024년 10월

[12] 고용노동부, 「일·가정 양립 지원제도 안내」, 2025.

[13] 고용노동부. (2024). '2024년 장애인 고용동향 및 실태조사'

[14] 유엔글로벌콤팩트 한국협회. 기업과 인권 지침서. 서울: 유엔글로벌콤팩트 한국협회, 2021.

[15] 공정거래위원회. 「2023년도 하도급거래 실태조사 결과」, 2023.

[16] 고용노동부. 「하도급·간접고용 노동자 보호 가이드라인」, 2022.

[17] 법제처. 「하도급거래 공정화에 관한 법률」, 2024. https://www.law.go.kr/법령/하도급거래공정화에관한법률

[18] 산업통상자원부. 「공급망 ESG 경영 가이드라인」, 2023.

[19] 공정거래위원회. 「2023년도 하도급거래 실태조사 결과」, 2023.

[20] 법제처. 「하도급거래 공정화에 관한 법률」, 2024. 하도급거래공정화에관한법률

[21] 고용노동부. 「하도급·간접고용 노동자 보호 가이드라인」, 2022.

[22] 한국경영자총협회. 「협력사 소통 및 상생 협력 가이드라인」, 2022.

[23] 공정거래위원회. 「2023년도 하도급거래 실태조사 결과」, 2023.

[24] 프라임경제. (2024년 4월 17일). 제니엘 '제모스V4' 모바일경영부문 대상 수상

[25] 기획재정부. 「공공계약 표준계약서 개정(물가연동 조항 포함)」, 2023.

[26] 산업통상자원부. 「공급망 다변화를 통한 리스크 대응 정책」, 2022. 매뉴얼 및 비상대응 체계 구축 안내」, 2023.

집필진 소개

대표집필진_이윤철

현재 (사)산업정책연구원 부이사장, 한국항공대학교 교수로 재직 중으로 동 대학 기획처장, 입학처장 등의 보직을 역임했다. 현재 사례연구학회 회장이며, 한국전략경영학회 회장, 전략경영연구 편집위원장 등 다양한 학술단체 임원으로 활동했고, ㈜현대백화점 사외이사를 역임하는 등 경영실무와 연구를 겸비하였다. 서울대학교를 졸업하고 동 대학에서 경영학석사, 경영학박사학위를 취득하였다.

김상현

현재 서울과학종합대학원(aSSIST) AI전략경영 석사과정의 주임교수이며, 글로벌 경영교육과 산업 현장 간의 연결을 이끌고 있다. aSSIST 영업혁신연구센터장, Huvepharma Korea 대표, Elanco 및 DSM에서 영업책임자로 근무하며, 기업 경영의 실무와 연구를 겸비하였다. Aalto대학에서 EMBA를, aSSIST에서 경영학박사학위를 취득하였다.

김지희

현재 한국항공대학교 경영전략 분야 교수이며, 한국전략경영학회, 한국항공경영학회 이사 등 다양한 학술단체 임원으로 활동하고 있다. 연구와 더불어 기업컨설팅, 액션러닝 등의 교육으로 전략이론과 경영현장의 연결을 이끌고 있다. 한국항공대학교를 졸업하고, KAIST에서 경영공학 박사학위를 취득하였다.

박민수

서울과학종합대학원(aSSIST)에서 융합박사학위본부를 이끌고 있으며, IBS컨설팅그룹에서 다양한 산업들에 대한 분석과 경영컨설팅을, 대기업에서는 사업전략 기획 업무를 수행해 왔다. 기업 재직자들을 위한 현장 중심적 연구와 학습프로그램의 연결에 몰입해 있다. 홍익대에서 석사학위를, aSSIST에서 박사를 수료하였다.

오성호

글로벌 대기업에서 30년 동안 인사·교육·조직문화·노사 분야에서 풍부한 HR 실전 사례를 축적한 현장형 변화관리 전문가이다. ThunderBird MBA, 서울과학종합대학원 박사 학위를 취득하고 현재는 동 대학원에서 인적자원관리 객원교수 및 생성형 AI 기반의 인적자원 컨설턴트·저자로 활동하고 있는 피플그로쓰컨설팅 대표이다.

(사)산업정책연구원(IPS) 소개

산업정책연구원(IPS, Institute for Industrial Policy Studies)은 1993년 설립된 산업통상자원부 등록 사단법인으로, 국내외 산업정책 연구, 정부 정책자문, 기업 전략 수립과 경영자 교육을 선도하는 대표적인 연구기관입니다. 정기 학술 세미나와 심포지엄을 통해 대중의 경제·경영 인식을 넓히고, 방대한 연구 데이터를 기반으로 지식과 정보를 공유하고 있습니다. IPS의 연구 역량은 경쟁력, 브랜드, 지속경영 분야에서 두드러집니다.

첫째, 경쟁력 연구를 선도하는 기관입니다. 국가경쟁력과 도시경쟁력 평가를 포함한 다양한 분석을 수행하며, 협력 기관인 (사)국제경쟁력연구원과 함께 매년 국제적으로 공인된 국가경쟁력 보고서를 발간합니다. 도시경쟁력 평가에서는 국내 주요 도시의 정주, 방문, 사업 경쟁력을 다각도로 분석하여 발표합니다.

둘째, 브랜드 연구를 대표하는 기관입니다. 2000년 산업통상자원부와 함께 브랜드 가치를 화폐 가치로 평가하는 모델을 개발한 이래, 25년간 기업, 국가, 도시 브랜드 자산가치를 꾸준히 발표하고 있습니다. IPS는 정부 포상인 '대한민국브랜드대상'을 주관하며, (사)국가브랜드진흥원과 협업해 매년 다양한 브랜드 연구와 행사를 진행하고 있습니다.

셋째, 윤리경영 및 지속가능경영 분야를 견인하는 기관입니다. 국내 최초로 윤리경영을 표방하며 '윤경 포럼'을 발족한 IPS는 윤리경영, 지속가능경영, ESG 경영의 흐름을 선도해 왔습니다. 사회적 가치 제고를 위해 국가·산업·기업·개인 차원의 지속가능 이슈를 발굴하고 공론화하며, 서울과학종합대학원(aSSIST), 지속경영학회 등과 협업해 매년 혁신적인 지속경영 사례를 발굴하고 있습니다.

제니엘그룹 소개

제니엘그룹은 1996년 창립 이후 '사람 중심의 아웃소싱'이라는 핵심 가치를 기반으로 종합 HR·경영지원 서비스를 제공해온 기업입니다. 근로자 파견, 도급, 채용대행 등 전통적인 인사관리 영역을 넘어 고객사의 업무 프로세스를 실질적으로 개선하는 비즈니스 파트너로서 기능을 확대해왔습니다. 30년간 축적한 현장 운영 역량과 안정적인 관리 체계를 바탕으로 인재 확보부터 운영·성과관리까지 전 과정을 표준화된 솔루션으로 제공합니다.

제니엘은 단순 인력 지원을 넘어 IT 기반의 경영위탁(Management Outsourcing) 모델을 핵심 전략으로 추진하고 있습니다. 자체 개발한 모바일 운영 플랫폼(ZEMOS), 환자이송 플랫폼 'MEDILOOK', IT 오프쇼어링, 스마트 안전 DX 솔루션 'ZEN-i Plus' 등 데이터 기반 기술을 접목해 고객사의 생산성, 비용 효율, 안전관리 수준을 높이는 구조적 혁신을 수행하고 있습니다. 이를 통해 고객사의 경영 리스크를 줄이고 운영 효율을 극대화하는 실질적 파트너십을 구축하고 있습니다.

제니엘, 제니엘시스템, 제니엘휴먼, 제니엘이노베이션, 제니엘메디컬, 이노파크 등 각 계열사는 HR 운영, IT, 제조·물류 인력솔루션, 시설·서비스 운영, 의료·간병 등 전문 영역에서 유기적으로 협업하고 있습니다. 이러한 그룹 구조는 산업별 특성과 고객사 요구에 대응하는 맞춤형 서비스 제공을 가능하게 하고, 지속 가능한 운영 역량을 높이는 기반이 되고 있습니다.

제니엘그룹은 앞으로도 사람·기술·경영을 연결하는 'Total Outsourcing Partner'로서 고객의 내일을 설계하는 기업을 지향합니다. 일자리의 질을 높이고 사회적 가치를 창출하는 기업으로서의 책임을 다하며, 변화하는 노동시장과 산업환경 속에서 혁신적 솔루션을 제시하는 대한민국 대표 아웃소싱 그룹으로 도약해 나가겠습니다.

창조적 지속경영을 위한 전략적 아웃소싱

2025년 12월 24일 | 제1판 1쇄 인쇄
2025년 12월 31일 | 제1판 1쇄 발행

지 은 이 이윤철, 김상현, 김지희, 박민수, 오성호
발 행 인 이민동
발 행 처 (주)서울경제경영출판사
북 디 자 인 에이팩토리

주 소 03767 서울특별시 서대문구 신촌로 205, 201호
전 화 02) 313-2682
팩 스 02) 313-8860

등 록 1998년 1월 12일 제5-63호

ISBN 979-11-6282-146-6
정가 19,000원

※ 파본은 바꾸어 드립니다.